日 本 の 統 計

2 0 2 4

総 務 省 統 計 局

まえがき

　本書は、我が国の国土、人口、経済、社会、文化などの広範な分野に関して、よく利用される基本的な統計を選んで体系的に編成し、ハンディで見やすい形に取りまとめたもので、昭和31年に創刊し、39年からは毎年刊行しているものです。

　分野構成、収録内容等については、社会経済の変化に対応して改訂を重ね、各方面の利用に応えてきたところです。本書の内容は、総務省統計局のホームページでも掲載していますので、併せて御活用ください。

　今後も一層の改善を重ねてまいりますので、皆様からの御意見、御要望をお寄せいただければ幸いです。

　なお、統計局では、我が国の統計データを幅広く網羅した「日本統計年鑑」や世界各国の統計データをコンパクトに取りまとめた「世界の統計」なども刊行していますので、どうぞ御利用ください。

　　令和6年（2024年）3月

　　　　　　　　　総務省統計局長

　　　　　　　　岩　佐　哲　也

利用上の注意

1．統計表について
表番号
　統計表の表番号は、各章ごとの通し番号とし「章番号－統計表番号」となっています。

年次
　注記のない限り、年次は暦年、年度は会計年度を示しています。

説明・注釈
　統計表に関する説明及び注釈については、数字又はアルファベットを付して脚注に示しています。

2．データの表記について
数値
　原則として単位未満で四捨五入しています。このため、合計と内訳の計は必ずしも一致しません。

統計表の記号
```
0
0.0    表章単位に満たないもの
0.00
```
　－　　皆無又は定義上該当数値がないもの
　…　　数値が得られないもの
　x　　数値が秘匿されているもの
　＃　　主要な項目を「内数」で掲げたことを示す。
　P　　速報値又は暫定値であることを示す。
　＊　　複数項目をくくって数値を表章したことを示す。

（例）

	A	B	C
区分X	＊123	＊	＊
区分Y			
区分Z			

A欄の数値 123 は、A、B及びC欄の項目の数値の合計を示す。

3．国及び地域について
国名
　「国・地域」（外務省ホームページ）に準拠しつつ、誤解の生じない限り簡略なものを用いました。

中国の数値

　原則として、香港（1997 年 7 月中国に返還）、マカオ（1999 年 12 月中国に返還）及び台湾を含みません。

４．その他

データの入手時期

　本書は、原則として、令和 5 年（2023 年）11 月 30 日までに入手した原資料により編集しています。

本書の引用（転載）について

　本書の内容を著作物に引用（転載）する場合には、必ず本書の書名を次のように明記してください。

```
出典　総務省統計局「日本の統計 2024」
```

正誤情報について

　刊行後に誤りが判明した場合は、統計局ホームページに正誤表を掲載します。

本書の統計局ホームページ掲載

　「日本の統計」：　https://www.stat.go.jp/data/nihon/index1.html

本書に関する問合せ先

　総務省統計局統計情報利用推進課統計編集第一係
　電話　03-5273-1136

統計表の主要変更点一覧

2024 年版における主な変更点は、次のとおりです。

新規に掲載した統計表

1-2　都道府県別島の数
1-4　地目別面積
12-8　情報通信業の産業別民営事業所数、従業者数と売上金額
12-9　電子商取引の市場規模

様式を変更した統計表

9-10　各種機械の生産高
9-11　各種製品の生産量と販売額
9-12　パルプ・紙の生産量
9-13　繊維製品の生産量と販売額
12-1　情報通信業の従業者数と売上高

目次

統計表

† 　今回新しく収録した統計表

I部　地理・人口

第1章　国土・気象

第2章　人口・世帯

Ⅲ部　企業・事業所

第7章　企業活動

第8章　農林水産業

第9章　鉱工業

第10章　建設業

viii

表紙写真：姫路城（兵庫県姫路市）
提　　供：姫路市
日本地図：株式会社武揚堂

グラフでみる日本の統計

1 国土利用の割合（令和２年）

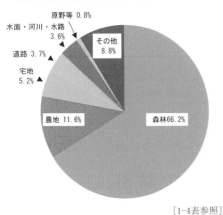

原野等 0.8%
水面・河川・水路 3.6%
道路 3.7% ▲
宅地 5.2% ▲
その他 8.8%
農地 11.6%
森林66.2%

[1-4表参照]

2 経済成長率

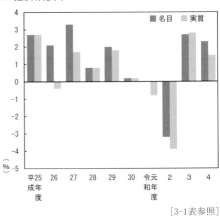

名目　実質

平25成年度 26 27 28 29 30 令元和年度 2 3 4

[3-1表参照]

3 我が国の人口ピラミッド（令和４年10月１日現在）

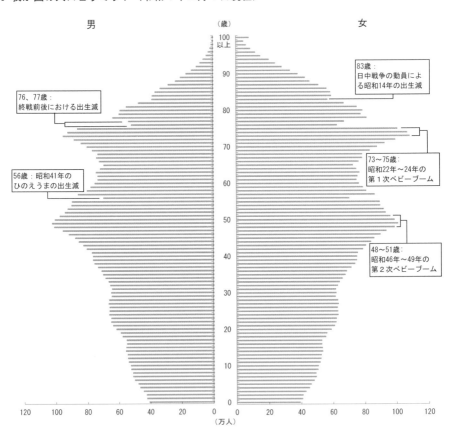

男　（歳）　女

83歳：
日中戦争の動員による昭和14年の出生減

76、77歳：
終戦前後における出生減

56歳：昭和41年のひのえうまの出生減

73～75歳：
昭和22年～24年の第１次ベビーブーム

48～51歳：
昭和46年～49年の第２次ベビーブーム

（万人）

[2-4表参照]

4 総人口の推移

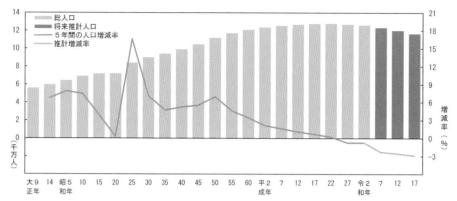

[2-1表参照]

5 マネーストック（平均残高）の増減率

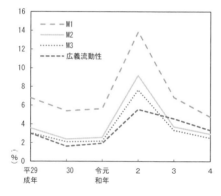

[4-3表参照]

6 一般会計、特別会計歳出予算額

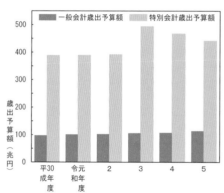

[5-2表参照]

7 一般会計歳入・歳出予算額の構成比
（令和5年度）

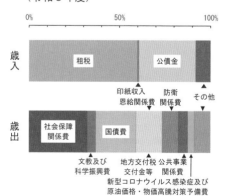

[5-4、5-6表参照]

8 国民所得に対する租税負担率

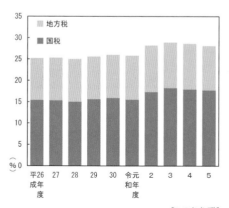

[5-8表参照]

9　財政投融資計画

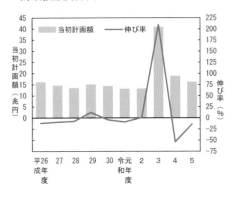

[5-11表参照]

10　相手国（地域）別輸出入額（令和4年）

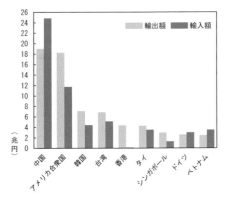

[6-1、6-2表参照]

11　国際収支

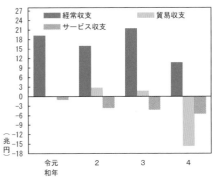

[6-7表参照]

12　海外経済協力（二国間政府開発援助）
　　（令和3年）

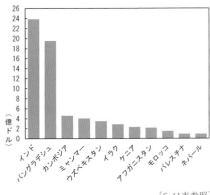

[6-11表参照]

13　産業別民営事業所数と従業者数の構成比（令和3年）

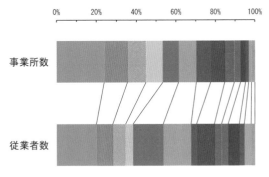

[7-1、7-3表参照]

14 経営組織別民営事業所数と 従業者数の構成比（令和3年）

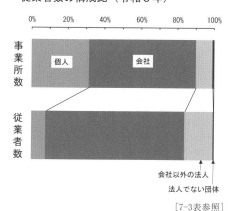

［7-3表参照］

15 基幹的農業従事者

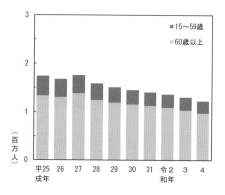

［8-3表参照］

16 水稲の作付面積と収穫量

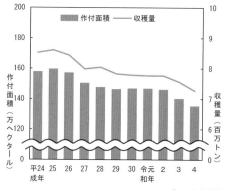

［8-8表参照］

17 食料自給率

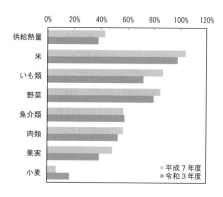

［8-26表参照］

18 鉱工業生産・出荷・在庫指数

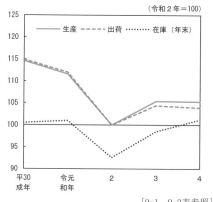

［9-1、9-2表参照］

19 製造工業稼働率指数

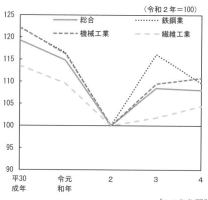

［9-3表参照］

20　製造業の産業中分類別構成比
　（令和4年）

　　■機械器具　　　　　　■金属製品
　　■食料品　　　　　　　プラスチック製品
　　■印刷・同関連業　　　■繊維工業
　　■窯業・土石製品　　　■パルプ・紙・紙加工品
　　■その他

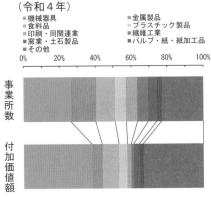

[9-6表参照]

21　着工新設住宅戸数

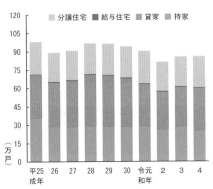

[10-5表参照]

22　公共機関からの受注工事請負契約額の
　割合（令和4年度）

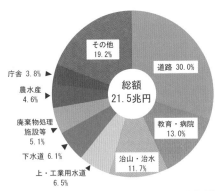

[10-8表参照]

23　一次エネルギー国内供給量

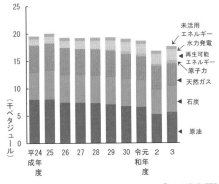

[11-2表参照]

24　世帯における情報通信機器の保有率

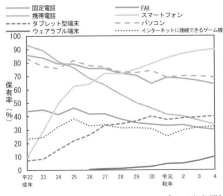

[12-2表参照]

25　自動車貨物の品目別輸送量割合
　（令和4年度）

　　■砂利・砂・石材 15.3%　　　■窯業品 9.3%
　　■機械 9.0%　　　　　　　　　■廃土砂 7.7%
　　■廃棄物 6.6%　　　　　　　　■食料工業品 5.4%
　　■日用品 4.5%　　　　　　　　■金属 4.2%
　　■石油製品 4.1%　　　　　　　■化学工業品 3.4%
　　■木材 3.2%　　　　　　　　　■製造食品 3.0%
　　■金属製品 2.8%　　　　　　　■その他 21.4%

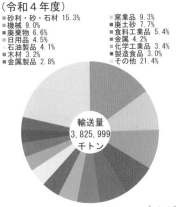

[13-4表参照]

26 商業販売額指数

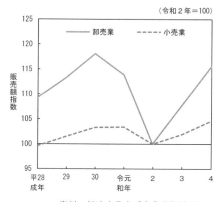

(令和2年＝100)

資料　経済産業省「商業動態統計年報」

27 第3次産業活動指数

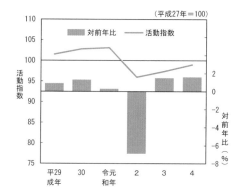

(平成27年＝100)

[15-4表参照]

28 金利

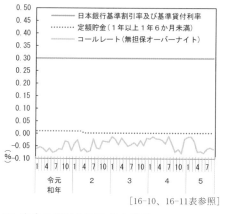

[16-10、16-11表参照]

29 ごみの資源化量とリサイクル率

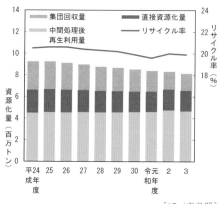

[17-4表参照]

30 完全失業率と有効求人倍率

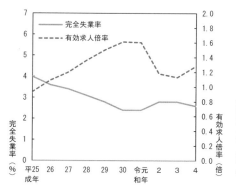

[19-2表参照]

資料　厚生労働省「一般職業紹介状況」

31 労働力人口の推移

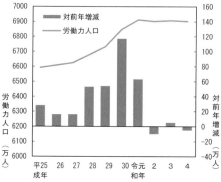

[19-2表参照]

32 国内企業物価指数

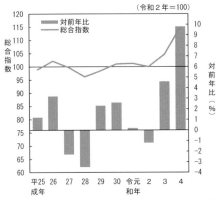

[20-1表参照]

33 消費者物価指数

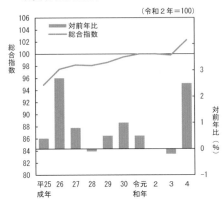

[20-5表参照]

34 圏域別地価変動率（全用途平均）

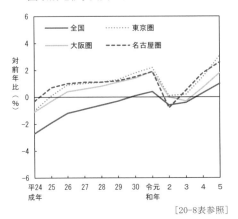

[20-8表参照]

35 住宅の所有の関係別住宅数

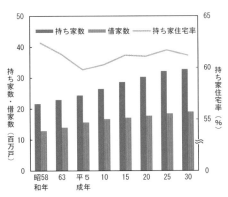

[21-5表参照]

36 消費構造（二人以上の世帯）

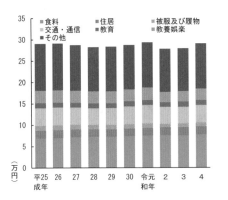

[22-2表参照]

37 貯蓄と負債の現在高（二人以上の世帯）
（令和4年）

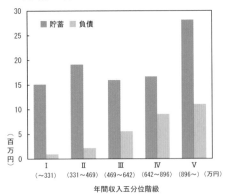

[22-7表参照]

38　部門別社会保障給付費

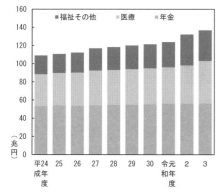

［23-1表参照］

39　児童虐待相談の年齢別対応件数

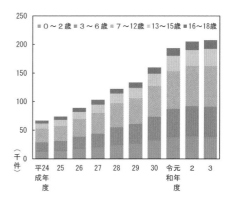

［23-22表参照］

40　主要死因別死亡者数

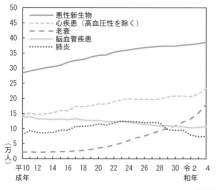

［24-8表参照］

41　媒体別広告費の推移

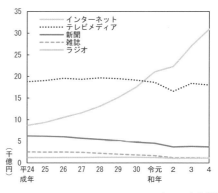

［26-10表参照］

42　幼稚園・保育所の在園者数と
　　　利用児童（在所児）数

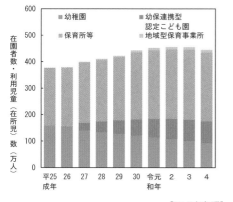

［25-3表参照］

43　日本の大学に在籍する外国人学生数

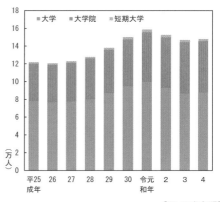

［25-15表参照］

44 児童・生徒１人当たり学習費（公立）（令和３年度）

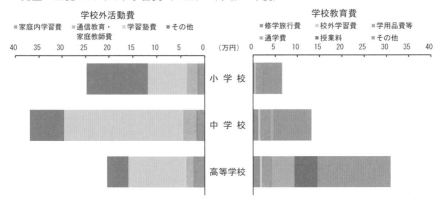

[25-14表参照]

45 国家公務員数・地方公務員数

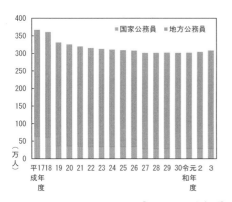

[27-1、27-2表参照]

46 刑法犯検挙人員の年齢階級別構成比（令和４年）

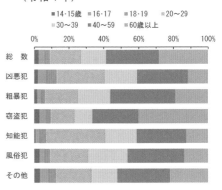

[28-1表参照]

47 特別法犯の検挙人員の割合（交通関係法令を除く）（令和４年）

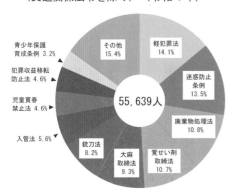

[28-3表参照]

48 道路交通事故件数・死者数

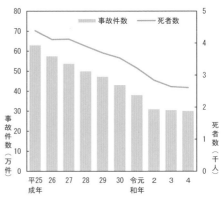

[29-5表参照]

統計表

第1章　国土・気象

1-1　主な島（令和5年）

島名		面積 (km²)	所在 都道府県	島名		面積 (km²)	所在 都道府県
択捉島	えとろふとう	3,166.64	北海道	利尻島	りしりとう	182.08	北海道
国後島	くなしりとう	1,489.27	北海道	中通島	なかどおりしま	168.39	長崎
沖縄島	おきなわじま	1,208.43	沖縄	平戸島	ひらどしま	163.44	長崎
佐渡島	さどしま	854.81	新潟	宮古島	みやこじま	158.54	沖縄
大島	おおしま	712.41	鹿児島	小豆島	しょうどしま	153.22	香川
対馬	つしま	695.74	長崎	奥尻島	おくしりとう	142.70	北海道
淡路島	あわじしま	592.44	兵庫	壱岐島	いきしま	134.63	長崎
下島	しもしま	574.95	熊本	屋代島	やしろじま	128.49	山口
屋久島	やくしま	504.25	鹿児島	沖永良部島	おきのえらぶじま	93.65	鹿児島
種子島	たねがしま	443.67	鹿児島	江田島・能美島	えたじま・のうみじま	91.38	広島
福江島	ふくえじま	326.36	長崎	大島	おおしま	90.73	東京
西表島	いりおもてじま	289.62	沖縄	長島	ながしま	90.67	鹿児島
徳之島	とくのしま	247.85	鹿児島	礼文島	れぶんとう	81.25	北海道
色丹島	しこたんとう	247.65	北海道	加計呂麻島	かけろまじま	77.25	鹿児島
島後	どうご	241.53	島根	倉橋島	くらはしじま	69.46	広島
上島	かみしま	225.85	熊本	八丈島	はちじょうじま	69.11	東京
石垣島	いしがきじま	222.24	沖縄	下甑島	しもこしきしま	65.54	鹿児島

面積65km²以上のもの。7月1日現在。
資料　国土交通省国土地理院「全国都道府県市区町村別面積調」

1-2　都道府県別島の数

都道府県	島の数 1)	2府県にまたがる 島の数	都道府県	島の数 1)	2府県にまたがる 島の数
全国	14,125	–	滋賀	–	–
北海道	1,473	–	京都	111	1
青森	264	–	大阪	–	–
岩手	861	–	兵庫	203	1
宮城	666	–	奈良	–	–
秋田	144	–	和歌山	655	–
山形	82	–	鳥取	52	–
福島	18	–	島根	600	–
茨城	13	–	岡山	102	3
栃木	–	–	広島	171	2
群馬	–	–	山口	396	1
埼玉	–	–	徳島	206	1
千葉	244	–	香川	133	2
東京	635	–	愛媛	391	1
神奈川	97	–	高知	400	1
新潟	333	–	福岡	115	–
富山	5	–	佐賀	71	–
石川	251	–	長崎	1,479	–
福井	180	1	熊本	299	–
山梨	–	–	大分	285	–
長野	–	–	宮崎	403	–
岐阜	–	–	鹿児島	1,256	–
静岡	243	–	沖縄	691	–
愛知	61	–	本州、四国、九州	3	–
三重	540	–			

令和4年1月時点の2万5千分1地形図の基となる地図データ（電子国土基本図）を用いて計数。
1)　計数した島の数は、ある時点での我が国の国土の一面を表したものであり、地殻変動等や計数時点での測量技術の進歩の影響を受けうる。
資料　国土交通省国土地理院「我が国の島の数　一覧」

1-3　都道府県別面積

都道府県		面積 (km²)	千分比 (0/00)	都道府県		面積 (km²)	千分比 (0/00)
全国		377,974.85	1,000.0	三重	1)	5,774.48	15.3
北海道		83,421.62	220.7	滋賀	1)	4,017.38	10.6
青森		9,645.10	25.5	京都		4,612.20	12.2
岩手		15,275.02	40.4	大阪		1,905.34	5.0
宮城	1)	7,282.29	19.3	兵庫		8,400.95	22.2
秋田		11,637.52	30.8	奈良		3,690.94	9.8
山形	1)	9,323.15	24.7	和歌山		4,724.68	12.5
福島		13,784.39	36.5	鳥取		3,507.13	9.3
茨城		6,097.56	16.1	島根		6,707.81	17.7
栃木		6,408.09	17.0	岡山	1)	7,114.60	18.8
群馬		6,362.28	16.8	広島		8,478.94	22.4
埼玉	1)	3,797.75	10.0	山口		6,112.50	16.2
千葉		5,156.72	13.6	徳島		4,146.99	11.0
東京	1)	2,199.93	5.8	香川	1)	1,876.87	5.0
神奈川		2,416.32	6.4	愛媛		5,675.92	15.0
新潟	1)	12,583.88	33.3	高知		7,102.28	18.8
富山	1)	4,247.54	11.2	福岡	1)	4,987.65	13.2
石川		4,186.20	11.1	佐賀		2,440.68	6.5
福井		4,190.54	11.1	長崎		4,131.06	10.9
山梨	1)	4,465.27	11.8	熊本	1)	7,409.18	19.6
長野	1)	13,561.56	35.9	大分		6,340.70	16.8
岐阜		10,621.29	28.1	宮崎	1)	7,734.16	20.5
静岡	1)	7,777.02	20.6	鹿児島	1)	9,186.20	24.3
愛知	1)	5,173.09	13.7	沖縄		2,282.08	6.0

令和5年7月1日現在。　1)　都道府県にまたがる境界未定地域を含む。
資料　国土交通省国土地理院「全国都道府県市区町村別面積調」

1-4　地目別面積

(単位　面積　万ha)

都道府県	総面積	農地	森林	原野等 1)	水面・河川・水路	道路 2)	宅地	その他
令和2年	3,780	437	2,503	31	135	142	197	334
構成比(%)	100.0	11.6	66.2	0.8	3.6	3.7	5.2	8.8

1)　採草放牧地を含む。　2)　一般道路、農道及び林道。
資料　国土交通省「土地白書」

1-5　主な湖 (令和5年)

湖名		面積 (km²)	所在都道府県	湖名		面積 (km²)	所在都道府県
琵琶湖	びわこ	669.26	滋賀	風蓮湖	ふうれんこ	64.17	北海道
霞ヶ浦	かすみがうら	168.20	茨城	小川原湖	おがわらこ	61.96	青森
サロマ湖	さろまこ	151.63	北海道	十和田湖	とわだこ	61.10	青森、秋田
猪苗代湖	いなわしろこ	103.24	福島	能取湖	のとろこ	58.20	北海道
中海	なかうみ	85.82	鳥取、島根	北浦	きたうら	35.04	茨城
屈斜路湖	くっしゃろこ	79.54	北海道	厚岸湖	あっけしこ	32.70	北海道
宍道湖	しんじこ	79.25	島根	網走湖	あばしりこ	32.28	北海道
支笏湖	しこつこ	78.48	北海道	八郎潟	はちろうがた	27.75	秋田
洞爺湖	とうやこ	70.72	北海道	調整池	ちょうせいち		
浜名湖	はまなこ	64.91	静岡	田沢湖	たざわこ	25.80	秋田

面積20km²以上のもの。　7月1日現在。
資料　国土交通省国土地理院「全国都道府県市区町村別面積調」

1-6　主な山

山名			標高 (m)	所在 都道府県	山名			標高 (m)	所在 都道府県
富士山	ふじさん	1)	3,776	山梨、静岡	中岳	なかだけ		3,084	長野、岐阜
［剣ヶ峯］	［けんがみね］				荒川岳	あらかわだけ		3,084	静岡
北岳	きただけ		3,193	山梨	［中岳］	［なかだけ］			
（白根山）	（しらねさん）				御嶽山	おんたけさん	1)	3,067	長野
間ノ岳	あいのだけ		3,190	山梨、静岡	［剣ヶ峰］	［けんがみね］			
（白根山）	（しらねさん）				塩見岳	しおみだけ		3,052	長野、静岡
奥穂高岳	おくほたかだけ		3,190	長野、岐阜	農鳥岳	のうとりだけ		3,051	山梨、静岡
槍ヶ岳	やりがたけ		3,180	長野	［西農鳥岳］	［にしのうとりだけ］			
東岳	ひがしだけ		3,141	静岡	仙丈ヶ岳	せんじょうがたけ		3,033	山梨、長野
（悪沢岳）	（わるさわだけ）				南岳	みなみだけ		3,033	長野、岐阜
赤石岳	あかいしだけ		3,121	長野、静岡	乗鞍岳	のりくらだけ	1)	3,026	長野、岐阜
涸沢岳	からさわだけ		3,110	長野、岐阜	［剣ヶ峰］	［けんがみね］			
北穂高岳	きたほたかだけ		3,106	長野、岐阜	立山	たてやま		3,015	富山
大喰岳	おおばみだけ		3,101	長野、岐阜	［大汝山］	［おおなんじやま］			
前穂高岳	まえほたかだけ		3,090	長野	聖岳	ひじりだけ		3,013	長野、静岡
					［前聖岳］	［まえひじりだけ］			

標高3,000m以上の山。複数の峰（山頂）を持つ山は、全体を総称する名称を山名とした。さらにその最高峰が山名とは異なる名称がある場合の山頂名を［　］をつけて併記した。（　）内は山名の別称。　1)　火山
資料　国土交通省国土地理院「日本の主な山岳標高」　気象庁「火山」

1-7　主な水系 (令和4年)

水系名			流域 面積 (km²)	幹川流路 延長 (km)	水系名		流域 面積 (km²)	幹川流路 延長 (km)
利根川	とねがわ		16,840	322	高梁川	たかはしがわ	2,670	111
石狩川	いしかりがわ		14,330	268	岩木川	いわきがわ	2,540	102
信濃川	しなのがわ		11,900	367	斐伊川	ひいかわ	2,540	153
北上川	きたかみがわ		10,150	249	釧路川	くしろがわ	2,510	154
木曽川	きそがわ		9,100	229	新宮川	しんぐうがわ	2,360	183
十勝川	とかちがわ		9,010	156	大淀川	おおよどがわ	2,230	107
淀川	よどがわ		8,240	75	渡川	わたりがわ	2,186	196
阿賀野川	あがのがわ		7,710	210	吉井川	よしいがわ	2,110	133
最上川	もがみがわ		7,040	229	馬淵川	まべちがわ	2,050	142
天塩川	てしおがわ		5,590	256	常呂川	ところがわ	1,930	120
阿武隈川	あぶくまがわ		5,400	239	由良川	ゆらがわ	1,880	146
天竜川	てんりゅうがわ		5,090	213	球磨川	くまがわ	1,880	115
雄物川	おものがわ		4,710	133	矢作川	やはぎがわ	1,830	118
米代川	よねしろがわ		4,100	136	五ヶ瀬川	ごかせがわ	1,820	106
富士川	ふじかわ		3,990	128	旭川	あさひがわ	1,810	142
江の川	ごうのかわ		3,900	194	紀の川	きのかわ	1,750	136
吉野川	よしのがわ		3,750	194	加古川	かこがわ	1,730	96
那珂川	なかがわ		3,270	150	太田川	おおたがわ	1,710	103
荒川	あらかわ	1)	2,940	173	相模川	さがみがわ	1,680	109
九頭竜川	くずりゅうがわ		2,930	116	尻別川	しりべつがわ	1,640	126
筑後川	ちくごがわ		2,863	143	川内川	せんだいがわ	1,600	137
神通川	じんづうがわ		2,720	120	仁淀川	によどがわ	1,560	124

「河川管理統計」（4月30日現在）による。流域面積1,500km²以上の一級河川の水系。「幹川流路延長」とは本川の上流端から下流端までの長さをいう。　1)　埼玉県、東京都
資料　国土交通省「河川管理統計」

1-8　気温（平年値）（平成３年～令和２年）

観測地点	平均気温（℃）												
	平均	1月	2月	3月	4月	5月	6月	7月	8月	9月	10月	11月	12月
札幌	9.2	-3.2	-2.7	1.1	7.3	13.0	17.0	21.1	22.3	18.6	12.1	5.2	-0.9
青森	10.7	-0.9	-0.4	2.8	8.5	13.7	17.6	21.8	23.5	19.9	13.5	7.2	1.4
盛岡	10.6	-1.6	-0.9	2.6	8.7	14.5	18.8	22.4	23.5	19.3	12.6	6.2	0.8
仙台	12.8	2.0	2.4	5.5	10.7	15.6	19.2	22.9	24.4	21.2	15.7	9.8	4.5
秋田	12.1	0.4	0.8	4.0	9.6	15.2	19.6	23.4	25.0	21.0	14.5	8.3	2.8
山形	12.1	-0.1	0.4	4.0	10.2	16.2	20.3	23.9	25.0	20.6	14.1	7.7	2.4
福島	13.4	1.9	2.5	5.9	11.7	17.2	20.7	24.3	25.5	21.6	15.6	9.5	4.3
水戸	14.1	3.3	4.1	7.4	12.3	17.0	20.3	24.2	25.6	22.1	16.6	10.8	5.6
宇都宮	14.3	2.8	3.8	7.4	12.8	17.8	21.2	24.8	26.0	22.4	16.7	10.6	5.1
前橋	15.0	3.7	4.5	7.9	13.4	18.6	22.1	25.8	26.8	22.9	17.1	11.2	6.1
熊谷	15.4	4.3	5.1	8.6	13.9	18.8	22.3	26.0	27.1	23.3	17.6	11.7	6.5
千葉	16.2	6.1	6.6	9.6	14.5	18.9	21.9	25.7	27.1	23.8	18.6	13.4	8.6
東京	15.8	5.4	6.1	9.4	14.3	18.8	21.9	25.7	26.9	23.3	18.0	12.5	7.7
横浜	16.2	6.1	6.7	9.7	14.5	18.8	21.8	25.6	27.0	23.7	18.5	13.4	8.7
新潟	13.9	2.5	3.1	6.2	11.3	16.7	20.9	24.9	26.5	22.5	16.7	10.5	5.3
富山	14.5	3.0	3.4	6.9	12.3	17.5	21.4	25.5	26.9	22.8	17.0	11.2	5.7
金沢	15.0	4.0	4.2	7.3	12.6	17.7	21.6	25.8	27.3	23.2	17.6	11.9	6.8
福井	14.8	3.2	3.7	7.2	12.8	18.1	22.0	26.1	27.4	23.1	17.1	11.3	5.9
甲府	15.1	3.1	4.7	8.6	14.0	18.8	22.3	26.0	27.1	23.2	17.1	10.8	5.4
長野	12.3	-0.4	0.4	4.3	10.6	16.4	20.4	24.3	25.4	21.0	14.4	7.9	2.3
岐阜	16.2	4.6	5.4	9.0	14.5	19.4	23.2	27.0	28.3	24.5	18.7	12.5	7.0
静岡	16.9	6.9	7.7	10.7	15.2	19.2	22.4	26.1	27.4	24.5	19.4	14.3	9.3
名古屋	16.2	4.8	5.5	9.2	14.6	19.4	23.0	26.9	28.2	24.5	18.6	12.6	7.2
津	16.3	5.7	5.9	9.0	14.2	19.0	22.7	26.8	27.9	24.4	18.8	13.2	8.1
彦根	15.0	3.9	4.2	7.3	12.4	17.6	21.8	26.1	27.5	23.6	17.7	11.7	6.5
京都	16.2	4.8	5.4	8.8	14.4	19.5	23.3	27.3	28.5	24.4	18.4	12.5	7.2
大阪	17.1	6.2	6.6	9.9	15.2	20.1	23.6	27.7	29.0	25.2	19.5	13.8	8.7
神戸	17.0	6.2	6.5	9.8	15.0	19.8	23.4	27.1	28.6	25.4	19.8	14.2	8.8
奈良	15.7	4.5	5.1	8.5	14.0	19.0	22.9	26.8	27.8	23.8	17.7	11.8	6.8
和歌山	16.9	6.2	6.7	9.9	15.1	19.7	23.2	27.2	28.4	24.9	19.3	13.8	8.6
鳥取	15.2	4.2	4.7	7.9	13.2	18.1	22.0	26.2	27.3	22.9	17.2	11.9	6.8
松江	15.2	4.6	5.0	8.0	13.1	18.0	21.7	25.8	27.1	22.9	17.4	12.0	7.0
岡山	15.8	4.6	5.2	8.7	14.1	19.1	22.7	27.0	28.1	23.9	18.0	11.6	6.6
広島	16.5	5.4	6.2	9.5	14.8	19.6	23.2	27.2	28.5	24.7	18.8	12.9	7.5
山口	15.6	4.4	5.5	9.0	13.9	19.0	22.6	26.4	27.4	23.5	17.7	11.9	6.4
徳島	16.8	6.3	6.8	9.9	15.0	19.4	22.9	27.1	28.1	24.6	19.1	13.6	8.5
高松	16.7	5.9	6.3	9.4	14.7	19.8	23.3	27.5	28.6	24.7	19.0	13.2	8.1
松山	16.8	6.2	6.8	9.9	14.8	19.4	22.9	27.1	28.1	24.6	19.1	13.6	8.5
高知	17.3	6.7	7.8	11.2	15.8	20.0	23.1	27.0	27.9	25.0	19.9	14.2	8.8
福岡	17.3	6.9	7.8	10.8	15.4	19.9	23.3	27.4	28.4	24.7	19.6	14.2	9.1
佐賀	16.9	5.8	7.0	10.4	15.3	20.0	23.5	27.2	28.2	24.5	19.1	13.3	7.8
長崎	17.4	7.2	8.1	11.2	15.6	19.7	23.0	26.9	28.1	24.9	20.0	14.5	9.4
熊本	17.2	6.0	7.4	10.9	15.8	20.5	23.7	27.5	28.4	25.2	19.6	13.5	8.0
大分	16.8	6.5	7.2	10.2	14.8	19.3	22.6	26.8	27.7	24.2	19.1	13.8	8.7
宮崎	17.7	7.8	8.9	12.1	16.4	20.3	23.2	27.3	27.6	24.7	20.0	14.7	9.7
鹿児島	18.8	8.7	9.9	12.8	17.1	21.0	24.0	28.1	28.8	26.3	21.6	16.2	10.9
那覇	23.3	17.3	17.5	19.1	21.5	24.2	27.2	29.1	29.0	27.9	25.5	22.5	19.0

資料　気象庁「2020年平年値」第３版

1-9　降水量（平年値）（平成3年～令和2年）

観測地点	降水量（mm）												
	年計	1月	2月	3月	4月	5月	6月	7月	8月	9月	10月	11月	12月
札幌	1,146.1	108.4	91.9	77.6	54.6	55.5	60.4	90.7	126.8	142.2	109.9	113.8	114.5
青森	1,350.7	139.9	99.0	75.2	68.7	76.7	75.0	129.5	142.0	133.0	119.2	137.4	155.2
盛岡	1,279.9	49.4	48.0	82.1	85.4	106.5	109.4	197.5	185.4	151.7	108.7	85.6	70.2
仙台	1,276.7	42.3	33.9	74.4	90.2	110.2	143.7	178.4	157.8	192.6	150.6	58.7	44.1
秋田	1,741.6	118.9	98.5	99.5	109.9	125.0	122.9	197.0	184.6	161.0	175.5	189.1	159.8
山形	1,206.7	87.8	63.0	72.1	63.9	74.5	104.8	187.2	153.0	123.8	105.1	74.4	97.2
福島	1,207.0	56.2	41.1	75.7	81.8	88.5	121.2	177.7	151.3	167.6	138.7	58.4	48.9
水戸	1,367.5	54.5	53.8	102.8	116.7	144.5	135.7	141.8	116.9	186.3	185.4	79.7	49.6
宇都宮	1,524.7	37.5	38.5	87.7	121.5	149.2	175.2	215.4	198.5	217.2	174.4	71.1	38.5
前橋	1,247.4	29.7	26.5	58.3	74.8	99.4	147.8	202.1	195.6	204.3	142.2	43.0	23.8
熊谷	1,305.8	36.5	32.3	69.0	90.7	115.1	149.5	169.8	183.3	198.2	177.1	53.5	30.9
千葉	1,454.7	67.5	59.1	111.3	110.4	122.3	150.9	136.5	115.7	204.7	225.7	94.1	56.8
東京	1,598.2	59.7	56.5	116.0	133.7	139.7	167.8	156.2	154.7	224.9	234.8	96.3	57.9
横浜	1,730.8	64.7	64.7	139.5	143.1	152.6	188.8	182.5	139.0	241.5	240.4	107.6	66.4
新潟	1,845.9	180.9	115.8	112.0	97.2	94.4	121.1	222.3	163.4	151.9	157.7	203.5	225.9
富山	2,374.2	259.0	171.6	164.6	134.5	122.8	172.6	245.6	207.0	218.1	171.9	224.8	281.6
金沢	2,401.5	256.0	162.6	157.2	143.9	138.0	170.2	233.4	179.3	231.9	177.1	250.8	301.1
福井	2,299.6	284.9	167.7	160.7	137.2	139.1	152.8	239.8	150.7	212.9	153.8	196.1	304.0
甲府	1,160.7	42.7	44.1	86.2	79.5	85.4	113.4	148.8	133.1	178.7	158.5	52.7	37.6
長野	965.1	54.6	49.1	60.1	56.9	69.3	106.1	137.7	111.8	125.5	100.3	44.4	49.4
岐阜	1,860.7	65.9	77.5	132.4	162.4	192.6	223.7	270.9	169.5	242.7	161.6	87.1	74.5
静岡	2,327.3	79.6	105.3	207.1	222.2	215.3	268.9	296.6	186.5	280.6	250.3	134.2	80.7
名古屋	1,578.9	50.8	64.7	116.2	127.5	150.3	186.5	211.4	139.5	231.6	164.7	79.1	56.6
津	1,612.9	48.5	57.1	104.5	129.0	167.3	201.8	173.9	144.5	276.6	186.1	76.4	47.2
彦根	1,610.0	112.0	99.6	114.9	117.3	146.5	175.6	219.0	124.6	167.7	140.7	85.8	105.9
京都	1,522.9	53.3	65.1	106.2	117.0	151.4	199.7	223.6	153.8	178.5	143.2	73.9	57.3
大阪	1,338.3	47.0	60.5	103.1	101.9	136.5	185.1	174.4	113.0	152.8	136.0	72.5	55.5
神戸	1,277.8	38.4	55.6	94.2	100.6	134.7	176.7	187.9	103.4	157.2	118.0	62.4	48.7
奈良	1,365.1	52.4	63.1	105.1	98.9	138.5	184.1	173.5	127.9	159.0	134.7	71.2	56.8
和歌山	1,414.4	48.7	62.0	96.9	98.4	146.6	183.5	175.8	101.8	181.3	160.8	95.9	62.7
鳥取	1,931.3	201.2	154.0	144.3	102.2	123.0	146.0	188.6	128.6	225.4	153.6	145.9	218.4
松江	1,791.9	153.3	118.4	134.0	113.0	130.3	173.0	234.1	129.6	204.1	126.1	121.6	154.5
岡山	1,143.1	36.2	45.4	82.5	90.0	112.6	169.3	177.4	97.2	142.2	95.4	53.3	41.5
広島	1,572.2	46.2	64.0	118.3	141.0	169.8	226.5	279.8	131.4	162.7	109.2	69.3	54.0
山口	1,927.7	76.3	85.0	145.6	168.1	197.2	282.9	342.6	205.8	179.1	91.3	83.5	70.5
徳島	1,619.9	41.9	53.0	87.8	104.3	146.6	192.6	177.0	193.0	271.2	199.5	89.2	63.9
高松	1,150.1	39.4	45.8	81.4	74.6	100.9	153.1	159.8	106.0	167.4	120.1	55.0	46.7
松山	1,404.6	50.9	65.7	105.1	107.3	129.5	228.7	223.5	99.0	148.9	113.0	71.3	61.8
高知	2,666.4	59.1	107.8	174.8	225.3	280.4	359.5	357.3	284.1	398.1	207.5	129.6	83.1
福岡	1,686.9	74.4	69.8	103.7	118.2	133.7	249.6	299.1	210.0	175.1	94.5	91.4	67.5
佐賀	1,951.3	54.1	77.5	120.6	161.7	182.9	327.0	366.8	252.4	169.3	90.1	89.4	59.5
長崎	1,894.7	63.1	84.0	123.2	153.0	160.7	335.9	292.7	217.9	186.6	102.1	100.7	74.8
熊本	2,007.0	57.2	83.2	124.8	144.9	160.9	448.5	386.8	195.4	172.6	87.1	84.4	61.2
大分	1,727.0	49.8	64.1	99.2	119.7	133.6	313.6	261.3	165.7	255.2	144.8	72.9	47.1
宮崎	2,625.5	72.7	95.8	155.7	194.5	227.6	516.3	339.3	275.5	370.9	196.7	105.7	74.9
鹿児島	2,434.7	78.3	112.7	161.0	194.9	205.2	570.0	365.1	224.3	222.9	104.6	102.5	93.2
那覇	2,161.0	101.6	114.5	142.8	161.0	245.3	284.4	188.1	240.0	275.2	179.2	119.1	110.0

資料　気象庁「2020年平年値」第3版

1-10 気象官署別気温 (令和 4 年)

気象官署	気温												
	平均	1月	2月	3月	4月	5月	6月	7月	8月	9月	10月	11月	12月
札幌	10.2	-3.2	-2.2	2.6	9.1	14.9	16.8	23.1	22.7	19.8	12.6	7.1	-1.4
青森	11.3	-1.2	-0.8	3.7	10.1	14.7	18.4	23.2	23.6	21.0	13.7	8.7	0.8
盛岡	11.2	-2.3	-1.3	3.5	10.6	15.7	19.1	24.4	23.3	20.6	12.3	7.8	0.3
仙台	13.5	1.7	1.9	6.4	11.8	16.5	20.2	24.9	25.1	22.2	15.5	11.9	4.2
秋田	12.6	-0.1	0.6	4.8	10.9	16.4	19.6	25.6	25.0	22.3	14.2	9.8	2.5
山形	12.6	-0.8	-0.1	4.4	11.6	16.9	21.0	25.8	25.4	22.1	13.9	9.4	2.1
福島	13.9	1.1	1.6	6.8	13.1	17.6	21.0	25.9	25.8	23.1	15.2	11.3	4.1
水戸	14.8	2.8	3.4	8.3	13.9	17.5	21.8	26.1	26.3	23.2	16.0	12.7	5.5
宇都宮	14.9	2.2	3.1	9.1	14.3	17.8	22.2	26.6	26.6	23.6	16.0	12.4	5.0
前橋	15.7	3.3	3.9	9.6	15.0	18.5	23.2	27.5	27.4	24.0	16.6	13.2	6.1
熊谷	16.0	3.9	4.3	10.3	15.2	18.8	23.4	27.8	27.7	24.2	16.8	13.3	6.3
千葉	16.7	5.5	5.9	10.9	15.3	19.0	22.8	a)27.4	27.7	24.8	17.9	15.2	8.4
東京	16.4	4.9	5.2	10.9	15.3	18.8	23.0	27.4	27.5	24.4	17.2	14.5	7.5
横浜	16.7	5.5	5.8	11.3	15.4	19.0	22.9	27.1	27.6	24.7	17.9	15.2	8.4
新潟	14.5	2.5	2.5	7.3	12.5	17.5	21.7	26.6	26.6	23.8	15.8	12.2	4.7
富山	15.1	2.0	2.3	8.4	13.8	18.1	23.3	26.8	27.4	23.9	16.6	13.1	5.1
金沢	15.7	3.4	3.3	8.9	13.8	18.5	23.4	27.3	27.9	24.5	17.2	13.6	6.1
福井	15.4	2.4	2.6	8.6	14.4	18.5	23.8	27.8	28.0	24.6	16.8	13.1	5.3
甲府	15.7	2.6	3.5	10.9	15.6	18.8	23.2	26.9	27.5	24.7	16.2	12.6	5.3
長野	12.7	-1.5	-0.7	5.6	12.3	16.3	21.4	25.6	25.7	22.5	13.6	9.6	2.4
岐阜	16.7	4.0	4.0	10.7	16.8	19.6	24.4	27.6	28.4	26.1	18.4	14.6	6.3
静岡	17.4	6.3	6.7	12.6	16.2	19.4	23.1	26.8	28.0	25.8	19.1	16.1	8.9
名古屋	16.9	4.1	4.5	11.0	16.8	19.5	24.3	27.5	28.5	26.1	18.7	14.6	6.6
津	16.9	5.3	5.3	10.6	16.0	19.1	23.5	27.6	28.2	25.6	18.5	15.0	7.7
彦根	15.7	3.4	3.3	8.6	14.5	17.9	23.4	27.0	28.3	25.0	17.4	13.3	a)6.2
京都	16.8	4.2	4.5	10.5	16.5	19.7	24.4	28.1	29.0	25.9	18.1	14.1	6.4
大阪	17.5	5.6	5.5	11.4	16.8	20.0	24.4	28.4	29.5	26.2	19.0	15.2	7.9
神戸	17.5	5.7	5.6	11.5	16.6	19.8	23.9	28.0	29.2	26.7	19.5	15.8	7.9
奈良	16.2	3.8	4.0	10.1	16.0	19.4	23.8	27.5	28.3	25.1	17.2	13.2	6.1
和歌山	17.3	5.6	5.4	11.6	16.5	19.4	24.0	27.8	29.2	26.2	18.9	15.3	7.9
鳥取	15.7	3.7	3.0	9.6	14.4	18.5	23.7	27.5	28.1	24.3	16.8	13.7	5.6
松江	15.8	4.7	4.0	9.8	14.2	18.5	23.7	27.0	27.9	23.9	16.8	13.4	6.2
岡山	16.4	4.3	3.8	10.5	15.9	19.3	23.9	27.8	28.9	25.5	17.7	13.6	5.9
広島	17.1	5.3	4.8	11.5	16.4	20.0	24.2	28.1	29.2	26.0	18.9	14.9	6.4
山口	16.3	4.1	3.8	10.8	15.5	19.5	23.7	27.5	28.5	24.8	17.7	13.8	5.4
徳島	17.2	6.0	5.5	11.5	16.1	19.6	23.7	27.8	28.8	25.9	19.0	15.6	7.4
高松	17.3	5.5	5.1	11.1	16.2	19.8	24.2	28.6	29.8	26.1	18.8	14.9	7.3
松山	17.3	5.9	5.2	11.9	15.9	19.3	24.1	27.8	29.1	26.2	19.2	15.5	7.4
高知	17.7	6.5	6.4	12.8	17.1	19.7	23.7	27.4	29.1	26.5	19.8	15.8	7.5
福岡	18.0	6.9	6.3	12.7	16.4	20.6	24.8	28.5	29.7	25.7	19.6	16.2	7.7
佐賀	17.7	6.2	5.8	12.4	16.5	20.7	24.3	28.7	28.9	25.9	19.4	15.9	6.7
長崎	17.8	7.1	6.5	12.9	16.4	20.0	24.1	27.8	28.6	25.9	19.6	16.5	7.8
熊本	17.7	6.1	5.6	12.6	17.1	20.7	24.6	28.4	29.1	26.4	19.6	15.8	6.4
大分	17.4	6.6	5.9	12.0	15.7	19.6	23.7	27.5	29.0	25.2	19.5	16.0	7.7
宮崎	18.2	7.8	7.7	13.6	17.1	19.8	24.2	27.7	29.2	26.0	20.2	16.9	8.5
鹿児島	19.3	9.0	8.3	14.4	18.4	20.9	24.6	28.8	29.8	27.4	22.0	18.4	9.4
那覇	23.7	17.7	17.2	20.4	22.7	23.5	27.0	29.4	29.9	28.3	26.0	23.6	18.6

a) 準正常値

資料 気象庁「過去の気象データ」

第2章　人口・世帯

2-1　人口の推移と

| 年次 | 総人口 (1,000人) | | | 人口増減 (1,000人)　1) | | | | 社会増減 |
	総数	男	女	増減数 2)	自然増減	出生児数	死亡者数	
大正 9 年	55,963	28,044	27,919	…	…	…	…	…
14	59,737	30,013	29,724	861	913	2,148	1,235	-1
昭和 5 年	64,450	32,390	32,060	989	950	2,135	1,185	53
10	69,254	34,734	34,520	945	1,012	2,182	1,170	-92
15	a)71,933	a)35,387	a)36,546	553	886	2,110	1,224	-273
20	c)72,147	…	…	d)-1,691	-245	1,902	2,147	-1,462
25	84,115	41,241	42,873	1,427	1,510	2,417	907	28
30	90,077	44,243	45,834	1,036	1,061	1,769	708	-5
35	94,302	46,300	48,001	777	911	1,624	713	-50
40	99,209	48,692	50,517	1,093	1,099	1,811	712	4
45	104,665	51,369	53,296	1,184	1,211	1,932	721	10
50	111,940	55,091	56,849	1,367	1,242	1,948	707	-3
55	117,060	57,594	59,467	906	894	1,616	722	8
60	121,049	59,497	61,552	744	714	1,452	738	13
平成 2 年	123,611	60,697	62,914	406	417	1,241	824	2
7	125,570	61,574	63,996	305	297	1,222	925	-50
12	126,926	62,111	64,815	259	226	1,194	968	38
17	127,768	62,349	65,419	-19	9	1,087	1,078	-53
22	128,057	62,328	65,730	26	-105	1,083	1,188	0
25　5)	127,414	61,985	65,429	-179	-232	1,045	1,277	14
26　5)	127,237	61,901	65,336	-177	-252	1,022	1,274	36
27	127,095	61,842	65,253	-142	-275	1,025	1,301	94
28	127,042	61,816	65,226	-53	-296	1,004	1,300	134
29	126,919	61,753	65,165	-123	-377	966	1,343	151
30	126,749	61,673	65,076	-170	-425	945	1,370	161
令和 元 年	126,555	61,588	64,967	-193	-485	895	1,380	209
2	126,146	61,350	64,797	-409	-501	871	1,372	42
3	125,502	61,019	64,483	-644	-609	831	1,440	-35
4	124,947	60,758	64,189	-556	-731	799	1,530	175
将来人口								
令和 7 年	123,262	59,882	63,380	-581	-750	774	1,525	…
12	120,116	58,302	61,814	-655	-822	774	1,596	…
17	116,639	56,574	60,065	-723	-890	755	1,645	…
27	108,801	52,782	56,020	-818	-967	672	1,640	…
37	100,508	48,738	51,771	-846	-987	566	1,553	…
47	91,587	44,290	47,296	-922	-1,048	521	1,569	…
57	82,517	40,004	42,513	-881	-986	470	1,456	…
67	74,246	36,054	38,192	-792	-888	404	1,292	…
77	66,511	32,226	34,285	-760	-847	362	1,209	…

大正9年～平成22年、27年、令和2年は国勢調査（昭和20年は人口調査）による人口（総人口に年齢不詳を含む）。平成25、26、28年～令和元年、令和3年は国勢調査人口を基礎とした10月1日の推計人口。昭和20～45年は沖縄県を除く（昭和25年以降は総人口の総数、男女及び年齢3区分別人口には沖縄県を含む）。将来人口は、令和2年国勢調査人口等基本集計結果及び同年人口動態統計の確定数が公表されたことを踏まえた、国立社会保障・人口問題研究所による各年10月1日の中位推計値。人口密度は、国勢調査年以外は「全国都道府県市区町村別面積調」を用いて算出しているが、当該資料は平成26年から測定方法を変更した。昭和20年以降の人口密度計算に用いた面積は歯舞群島、色丹島、国後島、択捉島及び竹島を除く。
1)　前年の10月からその年の9月末までの数値。ただし、将来人口の自然増減、出生児数、死亡者数については各年1～12月の数値。　　2)　人口9年～令和元年は各回国勢調査間の補正数を含む。

将来人口

対前年増減率（人口1,000につき）	人口密度（人/km²）	年齢3区分別人口（1,000人）　3)			年齢3区分別人口構成比（%）　4)			年次
		0〜14歳（年少人口）	15〜64（生産年齢人口）	65歳以上（老年人口）	0〜14歳（年少人口）	15〜64（生産年齢人口）	65歳以上（老年人口）	
…	146.6	20,416	32,605	2,941	36.5	58.3	5.3	大正　9　年
14.6	156.5	21,924	34,792	3,021	36.7	58.2	5.1	14
15.6	168.6	23,579	37,807	3,064	36.6	58.7	4.8	昭和　5　年
13.8	181.0	25,545	40,484	3,225	36.9	58.5	4.7	10
7.8	188.0	b) 26,369	b) 43,252	b) 3,454	36.1	59.2	4.7	15
d) -22.9	c) 195.8	26,477	41,821	3,700	36.8	58.1	5.1	20
17.5	226.2	29,786	50,168	4,155	35.4	59.6	4.9	25
11.7	242.1	30,123	55,167	4,786	33.4	61.2	5.3	30
8.4	253.5	28,434	60,469	5,398	30.2	64.1	5.7	35
11.3	266.6	25,529	67,444	6,236	25.7	68.0	6.3	40
11.5	281.1	25,153	72,119	7,393	24.0	68.9	7.1	45
12.4	300.5	27,221	75,807	8,865	24.3	67.7	7.9	50
7.8	314.1	27,507	78,835	10,647	23.5	67.4	9.1	55
6.2	324.7	26,033	82,506	12,468	21.5	68.2	10.3	60
3.3	331.6	22,486	85,904	14,895	18.2	69.7	12.1	平成　2　年
2.4	336.8	20,014	87,165	18,261	16.0	69.5	14.6	7
2.0	340.4	18,472	86,220	22,005	14.6	68.1	17.4	12
-0.1	342.7	17,521	84,092	25,672	13.8	66.1	20.2	17
0.2	343.4	16,803	81,032	29,246	13.2	63.8	23.0	22
-1.4	341.7	16,390	79,010	31,898	12.9	62.1	25.1	25
-1.4	341.1	16,233	77,850	33,000	12.8	61.3	26.0	26
-1.1	340.8	15,887	76,289	33,465	12.6	60.7	26.6	27
-0.4	340.6	15,809	76,673	34,560	12.4	60.4	27.2	28
-1.0	340.3	15,641	76,190	35,087	12.3	60.0	27.6	29
-1.3	339.8	15,473	75,796	35,479	12.2	59.8	28.0	30
-1.5	339.3	15,259	75,542	35,754	12.1	59.7	28.3	令和　元　年
-3.2	338.2	14,956	72,923	35,336	12.1	59.2	28.7	2
-5.1	336.5	14,784	74,504	36,214	11.8	59.4	28.9	3
-4.4	335.0	14,503	74,208	36,236	11.6	59.4	29.0	4
-4.7	…	13,633	73,101	36,529	11.1	59.3	29.6	令和　7　年
-5.4	…	12,397	70,757	36,962	10.3	58.9	30.8	12
-6.2	…	11,691	67,216	37,732	10.0	57.6	32.3	17
-7.5	…	11,027	58,323	39,451	10.1	53.6	36.3	27
-8.4	…	9,659	53,070	37,779	9.6	52.8	37.6	37
-10.0	…	8,360	48,093	35,134	9.1	52.5	38.4	47
-10.6	…	7,651	42,569	32,297	9.3	51.6	39.1	57
-10.6	…	6,805	37,669	29,772	9.2	50.7	40.1	67
-11.3	…	5,919	34,085	26,507	8.9	51.2	39.9	77

3)　昭和15年〜平成22年（昭和20、45年を除く）、27年、令和2年は年齢不詳を除く。　4)　昭和15年〜平成22年（昭和20、45年を除く）、27年、令和2年は分母から不詳を除いて算出。　5)　総人口は、国勢調査及び人口動態統計の値を用いて算出した補正人口。総人口以外は補正前数値のため総数に一致しない。　a)　国勢調査による人口73,114,308から海外にいる軍人・軍属の推計数1,181,000を差し引いた補正人口。　b)　外国人を除く。　c)　11月1日現在の人口調査による人口71,998,104に軍人・軍属及び外国人の推計人口149,000を加えた補正人口。　d)　沖縄県を除く昭和19年人口73,839,000により算出。

資料　総務省統計局「国勢調査結果」「我が国の推計人口」「人口推計」
国立社会保障・人口問題研究所　「日本の将来推計人口（令和5年推計）」

2-2 都道府県別人口と人口増減率

都道府県	国勢調査人口					令和4年推計人口		
	平成27年 (1,000人)	令和2年 (1,000人)	人口集中地区 1)	人口密度 (人/km²) 2)	人口増減率 (平成27〜令和2年) (%)	総人口 (1,000人)	人口性比 (女性100に対する男性)	人口増減率 (対前年) (人口1,000につき)
全国	127,095	126,146	88,286	338.2	-0.7	124,947	94.7	-4.4
北海道	5,382	5,225	3,973	66.6	-2.9	5,140	89.4	-8.2
青森	1,308	1,238	587	128.3	-5.4	1,204	89.2	-13.9
岩手	1,280	1,211	400	79.2	-5.4	1,181	93.3	-13.2
宮城	2,334	2,302	1,509	316.1	-1.4	2,280	95.2	-4.4
秋田	1,023	960	341	82.4	-6.2	930	89.5	-15.9
山形	1,124	1,068	492	114.6	-5.0	1,041	94.1	-13.1
福島	1,914	1,833	773	133.0	-4.2	1,790	97.6	-12.0
茨城	2,917	2,867	1,169	470.2	-1.7	2,840	99.7	-4.3
栃木	1,974	1,933	929	301.7	-2.1	1,909	99.6	-6.5
群馬	1,973	1,939	810	304.8	-1.7	1,913	98.0	-6.9
埼玉	7,267	7,345	5,999	1,934.0	1.1	7,337	98.6	-0.5
千葉	6,223	6,284	4,824	1,218.5	1.0	6,266	98.2	-1.5
東京	13,515	14,048	13,844	6,402.6	3.9	14,038	96.4	2.0
神奈川	9,126	9,237	8,744	3,823.2	1.2	9,232	98.4	-0.4
新潟	2,304	2,201	1,119	174.9	-4.5	2,153	94.5	-11.2
富山	1,066	1,035	414	243.6	-3.0	1,017	94.8	-8.7
石川	1,154	1,133	610	270.5	-1.9	1,118	94.4	-6.7
福井	787	767	355	183.0	-2.5	753	95.6	-10.0
山梨	835	810	255	181.4	-3.0	802	96.6	-4.3
長野	2,099	2,048	720	151.0	-2.4	2,020	95.7	-6.5
岐阜	2,032	1,979	806	186.3	-2.6	1,946	94.4	-7.7
静岡	3,700	3,633	2,237	467.2	-1.8	3,582	97.3	-7.0
愛知	7,483	7,542	5,942	1,458.0	0.8	7,495	99.3	-2.9
三重	1,816	1,770	774	306.6	-2.5	1,742	95.6	-7.7
滋賀	1,413	1,414	754	351.9	0.0	1,409	97.4	-1.1
京都	2,610	2,578	2,176	559.0	-1.2	2,550	91.3	-4.5
大阪	8,839	8,838	8,479	4,638.4	-0.0	8,782	91.7	-2.7
兵庫	5,535	5,465	4,306	650.5	-1.3	5,402	90.5	-5.5
奈良	1,364	1,324	888	358.8	-2.9	1,306	88.9	-7.2
和歌山	964	923	348	195.3	-4.3	903	89.2	-11.3
鳥取	573	553	211	157.8	-3.5	544	91.7	-9.1
島根	694	671	172	100.1	-3.3	658	93.8	-10.5
岡山	1,922	1,888	918	265.4	-1.7	1,862	92.7	-7.4
広島	2,844	2,800	1,831	330.2	-1.6	2,760	94.1	-7.2
山口	1,405	1,342	684	219.6	-4.5	1,313	90.6	-10.6
徳島	756	720	242	173.5	-4.8	704	91.5	-11.4
香川	976	950	315	506.3	-2.7	934	93.5	-8.7
愛媛	1,385	1,335	721	235.2	-3.6	1,306	90.4	-10.9
高知	728	692	307	97.3	-5.0	676	89.7	-12.2
福岡	5,102	5,135	3,787	1,029.8	0.7	5,116	90.0	-1.5
佐賀	833	811	283	332.5	-2.6	801	90.3	-6.4
長崎	1,377	1,312	631	317.7	-4.7	1,283	88.9	-10.6
熊本	1,786	1,738	866	234.6	-2.7	1,718	90.1	-5.7
大分	1,166	1,124	548	177.2	-3.6	1,107	90.6	-6.8
宮崎	1,104	1,070	510	138.3	-3.1	1,052	89.5	-8.4
鹿児島	1,648	1,588	661	172.9	-3.6	1,563	89.5	-8.7
沖縄	1,434	1,467	1,023	642.9	2.4	1,468	96.9	-0.1

「国勢調査」「人口推計」（10月1日現在）による。　1)　人口密度の高い基本単位区（人口密度が1km²当たり約4,000人以上）が市区町村の境域内で互いに隣接して、それらの隣接した地域の人口が国勢調査時に人口5,000人以上を有する地域。　2)　算出に用いた面積は、「令和2年全国都道府県市区町村別面積調（10月1日現在）」による。歯舞群島、色丹島、国後島、択捉島及び竹島を除き算出。
資料　総務省統計局「国勢調査結果」「人口推計」

2-3　都市別人口 （令和5年）

市（区）	人口	市（区）	人口	市（区）	人口	市（区）	人口
北海道		むつ	53,884	**山形県**		稲敷	38,377
札幌	1,959,512	つがる	30,185	山形	240,441	かすみがうら	40,628
中央区	244,032	平川	30,126	米沢	77,232	桜川	39,041
北区	285,671	**岩手県**		鶴岡	120,398	神栖	94,710
東区	261,288	盛岡	282,960	酒田	97,395	行方	32,502
白石区	213,006	宮古	48,038	新庄	33,374	鉾田	47,181
豊平区	225,221	大船渡	33,540	寒河江	40,086	つくばみらい	53,004
南区	134,537	花巻	92,385	上山	28,584	小美玉	49,224
西区	218,455	北上	92,056	村山	22,232	**栃木県**	
厚別区	124,667	久慈	32,645	長井	25,276	宇都宮	517,497
手稲区	141,260	遠野	25,058	天童	61,052	足利	142,510
清田区	111,375	一関	109,697	東根	47,982	栃木	155,669
函館	244,431	陸前高田	17,970	尾花沢	14,433	佐野	115,088
小樽	108,548	釜石	30,624	南陽	29,848	鹿沼	94,606
旭川	324,186	二戸	25,138	**福島県**		日光	77,546
室蘭	78,252	八幡平	23,975	福島	270,744	小山	167,277
釧路	160,483	奥州	111,632	会津若松	114,200	真岡	79,391
帯広	164,014	滝沢	55,273	郡山	317,486	大田原	69,455
北見	113,036	**宮城県**		いわき	310,890	矢板	30,946
夕張	6,729	仙台	1,067,486	白河	58,743	那須塩原	116,733
岩見沢	76,753	青葉区	295,255	須賀川	74,634	さくら	43,984
網走	33,444	宮城野区	189,431	喜多方	45,078	那須烏山	24,601
留萌	19,234	若林区	137,911	相馬	33,355	下野	60,140
苫小牧	168,299	太白区	234,493	二本松	52,162	**群馬県**	
稚内	31,644	泉区	210,396	田村	34,264	前橋	331,771
美唄	19,500	石巻	136,822	南相馬	57,527	高崎	369,314
芦別	11,976	塩竈	52,474	伊達	57,558	桐生	104,647
江別	119,169	気仙沼	58,926	本宮	29,958	伊勢崎	212,128
赤平	9,008	白石	31,968	**茨城県**		太田	222,403
紋別	20,618	名取	79,630	水戸	270,010	沼田	45,305
士別	17,283	角田	27,262	日立	169,785	館林	74,427
名寄	26,020	多賀城	62,204	土浦	141,418	渋川	73,968
三笠	7,722	岩沼	43,656	古河	140,959	藤岡	62,884
根室	23,546	登米	74,795	石岡	71,817	富岡	46,427
千歳	97,664	栗原	63,299	結城	50,349	安中	55,245
滝川	38,062	東松島	38,919	龍ケ崎	75,813	みどり	49,423
砂川	15,909	大崎	125,444	下妻	42,419	**埼玉県**	
歌志内	2,790	富谷	52,399	常総	61,562	さいたま	1,339,333
深川	19,161	**秋田県**		常陸太田	48,222	西区	94,583
富良野	20,223	秋田	300,470	高萩	26,866	北区	149,826
登別	45,226	能代	49,353	北茨城	41,448	大宮区	124,002
恵庭	70,179	横手	84,294	笠間	73,787	見沼区	165,005
伊達	32,395	大館	68,083	取手	106,011	中央区	103,059
北広島	57,351	男鹿	24,784	牛久	84,293	桜区	96,304
石狩	57,954	湯沢	41,479	つくば	252,202	浦和区	168,522
北斗	44,366	鹿角	28,473	ひたちなか	156,435	南区	193,471
青森県		由利本荘	72,753	鹿嶋	66,274	緑区	132,308
青森	271,544	潟上	31,836	潮来	26,890	岩槻区	112,253
弘前	164,243	大仙	76,537	守谷	70,414	川越	353,183
八戸	221,229	北秋田	29,339	常陸大宮	39,370	熊谷	193,132
黒石	31,557	にかほ	23,047	那珂	53,839	川口	604,715
五所川原	51,637	仙北	24,100	筑西	101,606	行田	78,741
十和田	59,024			坂東	52,639		
三沢	38,274						

「住民基本台帳に基づく人口、人口動態及び世帯数」（1月1日現在）による。

2-3　都市別

市（区）	人口	市（区）	人口	市（区）	人口	市（区）	人口
秩父	59,244	旭	63,379	青梅	130,274	横須賀	388,197
所沢	344,070	習志野	174,812	府中	259,924	平塚	256,005
飯能	78,445	柏	433,733	昭島	114,259	鎌倉	176,460
加須	112,179	勝浦	16,097	調布	238,505	藤沢	445,177
本庄	77,526	市原	270,085	町田	430,831	小田原	187,880
東松山	90,651	流山	208,401	小金井	124,756	茅ヶ崎	246,394
春日部	231,726	八千代	204,717	小平	196,924	逗子	58,959
狭山	149,360	我孫子	130,964	日野	187,254	三浦	41,297
羽生	53,951	鴨川	31,277	東村山	151,814	秦野	159,646
鴻巣	117,798	鎌ケ谷	109,564	国分寺	128,238	厚木	223,836
深谷	141,681	君津	81,176	国立	76,168	大和	244,421
上尾	230,229	富津	41,773	福生	56,201	伊勢原	99,910
草加	250,966	浦安	169,552	狛江	82,749	海老名	138,969
越谷	343,866	四街道	96,226	東大和	84,870	座間	131,527
蕨	75,282	袖ヶ浦	65,659	清瀬	74,702	南足柄	41,057
戸田	141,887	八街	67,396	東久留米	116,839	綾瀬	84,376
入間	145,718	印西	109,953	武蔵村山	71,296		
朝霞	144,062	白井	62,845	多摩	148,210	**新潟県**	
志木	76,416	富里	49,404	稲城	93,421	新潟	773,914
和光	83,962	南房総	35,593	羽村	54,504	北区	71,869
新座	165,730	匝瑳	34,338	あきる野	79,807	東区	133,060
桶川	74,680	香取	71,868	西東京	205,876	中央区	173,153
久喜	150,987	山武	49,103			江南区	68,237
北本	65,751	いすみ	35,896	**神奈川県**		秋葉区	75,210
八潮	92,365	大網白里	48,417	横浜	3,753,645	南区	43,150
富士見	112,839			鶴見区	293,430	西区	155,001
三郷	142,410	**東京都**		神奈川区	242,940	西蒲区	54,234
蓮田	61,211	特別区部	9,569,211	西区	104,408	長岡	261,287
坂戸	99,763	千代田区	67,911	中区	152,949	三条	93,403
幸手	49,404	中央区	174,074	南区	198,745	柏崎	78,901
鶴ヶ島	70,190	港区	261,615	保土ケ谷区	203,266	新発田	94,098
日高	54,615	新宿区	346,279	磯子区	166,575	小千谷	33,722
吉川	73,001	文京区	229,653	金沢区	194,944	加茂	25,052
ふじみ野	114,156	台東区	207,479	港北区	354,558	十日町	49,172
白岡	52,748	墨田区	279,985	戸塚区	282,160	見附	39,045
		江東区	532,882	港南区	214,052	村上	55,919
千葉県		品川区	404,196	旭区	243,849	燕	77,401
千葉	977,016	目黒区	278,635	緑区	181,749	糸魚川	39,772
中央区	211,942	大田区	728,425	瀬谷区	122,164	妙高	30,345
花見川区	176,669	世田谷区	915,439	栄区	121,318	五泉	47,274
稲毛区	157,905	渋谷区	229,412	泉区	152,035	上越	184,941
若葉区	147,717	中野区	333,593	青葉区	309,573	阿賀野	40,353
緑区	130,064	杉並区	570,786	都筑区	214,930	佐渡	50,651
美浜区	152,719	豊島区	288,704	川崎	1,524,026	魚沼	33,722
銚子	56,373	北区	353,732	川崎区	232,123	南魚沼	53,962
市川	491,577	荒川区	216,814	幸区	172,312	胎内	27,718
船橋	647,037	板橋区	568,241	中原区	261,075		
館山	44,677	練馬区	738,914	高津区	230,205	**富山県**	
木更津	136,303	足立区	690,114	多摩区	215,269	富山	409,075
松戸	497,120	葛飾区	464,175	宮前区	234,495	高岡	165,714
野田	153,661	江戸川区	688,153	麻生区	178,547	魚津	39,919
茂原	87,358	八王子	562,145	相模原	719,118	氷見	44,076
成田	130,944	立川	185,483	緑区	167,923	滑川	32,878
佐倉	171,460	武蔵野	147,964	中央区	272,439	黒部	40,072
東金	57,268	三鷹	189,916	南区	278,756	砺波	47,347

人口 （令和5年）（続き）

市（区）	人口	市（区）	人口	市（区）	人口	市（区）	人口
小矢部	28,602	大町	26,085	藤枝	142,387	高浜	49,154
南砺	47,778	飯山	19,705	御殿場	85,267	岩倉	47,821
射水	91,450	茅野	54,637	袋井	88,562	豊明	68,325
		塩尻	66,118	下田	20,099	日進	93,774
石川県		佐久	98,198	裾野	49,779	田原	59,596
金沢	447,181	千曲	59,529	湖西	58,400	愛西	61,618
七尾	49,259	東御	29,557	伊豆	28,872	清須	69,194
小松	106,405	安曇野	96,605	御前崎	30,706	北名古屋	86,271
輪島	24,021			菊川	47,738	弥富	43,861
珠洲	12,948	**岐阜県**		伊豆の国	47,261	みよし	61,485
加賀	63,486	岐阜	402,400	牧之原	43,497	あま	88,787
羽咋	20,166	大垣	159,280			長久手	60,985
かほく	35,931	高山	84,338	**愛知県**			
白山	112,916	多治見	107,278	名古屋	2,294,854	**三重県**	
能美	49,708	関	85,537	千種区	159,535	津	272,645
野々市	54,130	中津川	75,401	東区	82,598	四日市	309,719
		美濃	19,494	北区	161,871	伊勢	121,770
福井県		瑞浪	36,105	西区	147,096	松阪	159,000
福井	257,941	羽島	67,076	中村区	134,970	桑名	139,563
敦賀	63,662	恵那	47,564	中区	92,840	鈴鹿	196,461
小浜	28,317	美濃加茂	57,220	昭和区	105,980	名張	76,190
大野	30,969	土岐	55,842	瑞穂区	107,509	尾鷲	16,319
勝山	21,821	各務原	145,570	熱田区	65,265	亀山	49,503
鯖江	68,863	可児	100,612	中川区	216,956	鳥羽	17,215
あわら	26,900	山県	25,545	港区	142,485	熊野	15,738
越前	80,726	瑞穂	55,985	南区	133,361	いなべ	44,797
坂井	89,369	飛騨	22,527	守山区	176,879	志摩	46,159
		本巣	33,092	緑区	249,657	伊賀	87,168
山梨県		郡上	39,115	名東区	160,293		
甲府	186,393	下呂	30,118	天白区	157,569	**滋賀県**	
富士吉田	47,298	海津	32,582	豊橋	370,761	大津	344,552
都留	29,168			岡崎	384,422	彦根	111,648
山梨	33,511	**静岡県**		一宮	380,201	長浜	115,009
大月	22,204	静岡	683,739	瀬戸	128,122	近江八幡	82,025
韮崎	28,356	葵区	247,808	半田	117,747	草津	138,336
南アルプス	71,631	駿河区	207,710	春日井	308,937	守山	85,619
北杜	45,984	清水区	228,221	豊川	186,524	栗東	70,578
甲斐	76,598	浜松	792,704	津島	60,623	甲賀	89,038
笛吹	67,641	中区	235,561	碧南	72,645	野洲	50,711
上野原	22,019	東区	129,754	刈谷	152,372	湖南	54,601
甲州	29,925	西区	107,797	豊田	417,432	高島	46,394
中央	30,802	南区	101,578	安城	188,843	東近江	112,586
		北区	92,140	西尾	170,332	米原	37,761
長野県		浜北区	99,643	蒲郡	78,666		
長野	368,785	天竜区	26,231	犬山	72,733	**京都府**	
松本	236,447	沼津	189,632	常滑	58,452	京都	1,385,190
上田	153,507	熱海	34,433	江南	99,039	北区	108,282
岡谷	47,691	三島	107,204	小牧	150,434	上京区	75,584
飯田	97,322	富士宮	129,250	稲沢	134,281	左京区	152,205
諏訪	48,385	伊東	66,286	新城	43,812	中京区	104,980
須坂	49,776	島田	96,496	東海	113,625	東山区	33,336
小諸	41,623	富士	249,094	大府	92,828	下京区	76,535
伊那	66,016	磐田	167,520	知多	84,002	南区	99,969
駒ヶ根	31,892	焼津	137,199	知立	72,030	右京区	192,282
中野	43,030	掛川	115,873	尾張旭	83,986	伏見区	268,716

2-3　都市別

市（区）	人口	市（区）	人口	市（区）	人口	市（区）	人口
山科区	127,792	泉大津	73,282	小野	47,451	**岡山県**	
西京区	145,509	高槻	348,530	三田	108,387	岡山	702,020
福知山	76,075	貝塚	83,156	加西	42,265	北区	295,309
舞鶴	78,194	守口	142,014	丹波篠山	39,923	中区	147,194
綾部	31,959	枚方	396,252	養父	21,969	東区	92,651
宇治	182,144	茨木	284,921	丹波	61,717	南区	166,866
宮津	16,721	八尾	261,998	南あわじ	45,193	倉敷	477,799
亀岡	87,090	泉佐野	98,545	朝来	28,676	津山	97,645
城陽	74,591	富田林	108,105	淡路	42,437	玉野	55,721
向日	56,794	寝屋川	227,544	宍粟	35,309	笠岡	45,534
長岡京	81,946	河内長野	100,484	加東	39,719	井原	38,064
八幡	69,469	松原	116,966	たつの	74,081	総社	69,678
京田辺	71,367	大東	117,294			高梁	27,650
京丹後	51,981	和泉	183,761	**奈良県**		新見	27,244
南丹	30,499	箕面	139,128	奈良	351,418	備前	32,068
木津川	80,109	柏原	67,226	大和高田	62,845	瀬戸内	36,525
		羽曳野	108,961	大和郡山	83,891	赤磐	43,392
大阪府		門真	117,937	天理	62,081	真庭	42,586
大阪	2,741,587	摂津	86,457	橿原	119,985	美作	26,035
都島区	105,343	高石	56,992	桜井	55,508	浅口	33,382
福島区	79,199	藤井寺	63,336	五條	28,039		
此花区	65,269	東大阪	480,137	御所	24,070	**広島県**	
西区	105,944	泉南	59,635	生駒	117,946	広島	1,184,731
港区	79,247	四條畷	54,765	香芝	78,782	中区	136,435
大正区	62,503	交野	77,363	葛城	37,805	東区	118,603
天王寺区	81,573	大阪狭山	58,292	宇陀	27,941	南区	141,179
浪速区	73,794	阪南	51,579			西区	186,779
西淀川区	97,337			**和歌山県**		安佐南区	244,053
東淀川区	171,158	**兵庫県**		和歌山	359,654	安佐北区	139,552
東成区	84,985	神戸	1,510,917	海南	47,910	安芸区	77,232
生野区	125,938	東灘区	212,005	橋本	60,295	佐伯区	140,898
旭区	89,393	灘区	132,572	有田	26,214	呉	209,241
城東区	169,828	兵庫区	109,645	御坊	22,049	竹原	23,586
阿倍野区	111,488	長田区	96,019	田辺	69,716	三原	89,154
住吉区	151,500	須磨区	158,105	新宮	26,924	尾道	130,007
東住吉区	131,440	垂水区	214,978	紀の川	59,981	福山	460,684
西成区	104,875	北区	212,127	岩出	54,215	府中	36,563
淀川区	181,197	中央区	139,208			三次	49,557
鶴見区	112,177	西区	236,258	**鳥取県**		庄原	32,629
住之江区	117,991	姫路	528,459	鳥取	183,269	大竹	26,064
平野区	190,366	尼崎	458,895	米子	146,139	東広島	190,353
北区	136,637	明石	305,404	倉吉	44,969	廿日市	116,219
中央区	112,405	西宮	482,796	境港	32,985	安芸高田	26,979
堺	821,428	洲本	41,826			江田島	21,393
堺区	146,786	芦屋	95,378	**島根県**			
中区	120,223	伊丹	202,539	松江	197,843	**山口県**	
東区	86,127	相生	27,974	浜田	50,681	下関	250,645
西区	136,136	豊岡	77,758	出雲	173,835	宇部	160,353
南区	136,432	加古川	259,884	益田	44,355	山口	188,598
北区	158,176	赤穂	45,440	大田	32,773	萩	43,685
美原区	37,548	西脇	38,716	安来	36,391	防府	113,927
岸和田	189,396	宝塚	230,788	江津	22,134	下松	57,120
豊中	407,695	三木	74,872	雲南	35,738	岩国	128,609
池田	103,074	高砂	88,166			光	49,461
吹田	381,316	川西	155,098			長門	31,664

人口（令和5年）（続き）

市（区）	人口	市（区）	人口	市（区）	人口	市（区）	人口
柳井	30,201	戸畑区	55,857	佐世保	240,473	小林	43,554
美祢	22,166	小倉北区	179,217	島原	43,169	日向	59,390
周南	138,104	小倉南区	207,516	諫早	134,691	串間	16,990
山陽小野田	60,209	八幡東区	63,784	大村	98,305	西都	28,867
		八幡西区	248,686	平戸	29,162	えびの	18,050
徳島県		福岡	1,581,398	松浦	21,369		
徳島	249,040	東区	321,864	対馬	28,452	**鹿児島県**	
鳴門	54,746	博多区	238,810	壱岐	24,956	鹿児島	597,834
小松島	35,894	中央区	197,535	五島	35,025	鹿屋	100,767
阿南	69,954	南区	266,714	西海	25,747	枕崎	19,715
吉野川	38,872	西区	208,583	雲仙	41,829	阿久根	18,914
阿波	35,315	城南区	126,243	南島原	42,556	出水	52,191
美馬	27,354	早良区	221,649			指宿	38,487
三好	23,530	大牟田	108,421	**熊本県**		西之表	14,417
		久留米	302,383	熊本	731,476	垂水	13,624
香川県		直方	55,655	中央区	176,120	薩摩川内	92,248
高松	422,424	飯塚	125,753	東区	191,299	日置	46,992
丸亀	111,575	田川	45,704	西区	89,954	曽於	33,600
坂出	50,931	柳川	63,182	南区	133,161	霧島	124,751
善通寺	30,682	八女	60,943	北区	140,942	いちき串木野	26,468
観音寺	57,738	筑後	49,403	八代	122,625	南さつま	32,279
さぬき	45,822	大川	32,359	人吉	30,734	志布志	29,808
東かがわ	28,498	行橋	72,635	荒尾	50,415	奄美	41,670
三豊	62,258	豊前	24,195	水俣	22,709	南九州	32,745
		中間	39,912	玉名	64,066	伊佐	23,967
愛媛県		小郡	59,760	山鹿	49,397	姶良	78,077
松山	503,865	筑紫野	106,442	菊池	47,103		
今治	151,608	春日	112,765	宇土	36,483	**沖縄県**	
宇和島	70,019	大野城	102,809	上天草	25,015	那覇	317,030
八幡浜	31,293	宗像	97,319	宇城	57,562	宜野湾	100,269
新居浜	115,314	太宰府	71,542	阿蘇	24,751	石垣	49,530
西条	105,616	古賀	59,234	天草	75,101	浦添	115,702
大洲	40,580	福津	68,481	合志	64,474	名護	64,290
伊予	35,805	うきは	28,213			糸満	62,569
四国中央	83,426	宮若	26,746	**大分県**		沖縄	142,679
西予	35,232	嘉麻	35,532	大分	476,556	豊見城	65,954
東温	33,250	朝倉	50,903	別府	113,735	うるま	125,973
		みやま	35,481	中津	83,101	宮古島	55,562
高知県		糸島	103,702	日田	62,080	南城	45,928
高知	319,724	那珂川	49,994	佐伯	67,126		
室戸	12,015			臼杵	36,137		
安芸	16,235	**佐賀県**		津久見	15,868		
南国	46,328	佐賀	229,427	竹田	19,890		
土佐	26,334	唐津	116,972	豊後高田	22,177		
須崎	20,268	鳥栖	74,537	杵築	27,295		
宿毛	19,178	多久	18,285	宇佐	53,395		
土佐清水	12,271	伊万里	52,721	豊後大野	33,415		
四万十	32,460	武雄	47,705	由布	33,531		
香南	33,009	鹿島	27,914	国東	26,179		
香美	25,381	小城	44,365				
		嬉野	25,090	**宮崎県**			
福岡県		神埼	30,624	宮崎	399,576		
北九州	929,396			都城	161,605		
門司区	93,746	**長崎県**		延岡	117,563		
若松区	80,590	長崎	401,195	日南	49,989		

資料　総務省「住民基本台帳に基づく人口、人口動態及び世帯数」

2-4　年齢各歳別人口 （令和4年）

（単位　1,000人）

年齢	総数	男	女	年齢	総数	男	女	年齢	総数	男	女
総数	124,947	60,758	64,189								
0歳	798	409	389	35	1,374	701	673	70	1,677	803	874
1	828	424	404	36	1,393	711	682	71	1,762	839	923
2	835	427	408	37	1,443	734	710	72	1,874	884	990
3	871	446	425	38	1,491	757	734	73	2,034	954	1,080
4	915	468	447	39	1,510	766	745	74	1,990	925	1,065
5	938	480	458	40	1,512	766	746	75	1,864	862	1,003
6	978	502	477	41	1,524	773	751	76	1,143	519	624
7	1,004	514	490	42	1,591	806	784	77	1,206	537	668
8	1,002	514	488	43	1,629	827	803	78	1,447	636	810
9	1,026	525	501	44	1,690	856	834	79	1,370	597	773
10	1,030	527	503	45	1,734	879	855	80	1,375	591	784
11	1,055	541	514	46	1,815	920	895	81	1,299	551	748
12	1,064	546	519	47	1,889	957	932	82	1,142	475	667
13	1,069	548	521	48	1,995	1,011	984	83	954	389	565
14	1,089	558	531	49	2,030	1,025	1,005	84	973	386	587
15	1,084	556	528	50	1,992	1,007	984	85	948	367	582
16	1,075	551	524	51	1,933	976	957	86	894	335	559
17	1,077	553	524	52	1,873	944	929	87	792	284	508
18	1,128	579	549	53	1,842	926	916	88	691	238	453
19	1,148	591	557	54	1,796	902	894	89	630	206	424
20	1,201	618	584	55	1,789	898	891	90	550	171	379
21	1,243	638	605	56	1,396	697	699	91	469	137	332
22	1,264	650	614	57	1,717	859	859	92	386	106	280
23	1,266	649	617	58	1,607	803	805	93	322	83	239
24	1,290	662	628	59	1,565	780	785	94	262	63	199
25	1,287	660	626	60	1,512	753	760	95	190	43	147
26	1,284	660	624	61	1,479	734	744	96	146	30	116
27	1,297	666	630	62	1,485	734	751	97	104	19	85
28	1,288	662	626	63	1,508	745	763	98	71	12	59
29	1,257	646	611	64	1,461	718	743	99	49	7	42
30	1,266	650	616	65	1,417	695	722	100歳	87	10	77
31	1,257	644	613	66	1,482	724	758	以上			
32	1,280	655	625	67	1,522	742	780				
33	1,302	665	637	68	1,515	734	780				
34	1,340	685	655	69	1,599	770	829				

「国勢調査」による人口を基礎とした推計人口（10月1日現在）による。
資料　総務省統計局「人口推計」

2-5　年齢5歳階級別人口

（単位　1,000人）

年次		総数	0～4歳	5～9	10～14	15～19	20～24	25～29	30～34	35～39	40～44
総数											
平成 12	年	126,926	5,904	6,022	6,547	7,488	8,421	9,790	8,777	8,115	7,800
17		127,768	5,578	5,928	6,015	6,568	7,351	8,280	9,755	8,736	8,081
22		128,057	5,297	5,586	5,921	6,063	6,426	7,294	8,341	9,786	8,742
27		127,095	4,988	5,300	5,599	6,008	5,968	6,410	7,291	8,316	9,732
令和 2	年	126,146	4,516	5,089	5,351	5,617	5,931	6,032	6,485	7,312	8,291
3		125,502	4,389	5,038	5,357	5,580	6,263	6,379	6,556	7,354	8,173
4		124,947	4,247	4,948	5,308	5,512	6,263	6,412	6,446	7,212	7,946
男											
平成 12	年	62,111	3,023	3,083	3,353	3,834	4,307	4,965	4,437	4,096	3,924
17		62,349	2,855	3,037	3,081	3,373	3,755	4,199	4,933	4,403	4,065
22		62,328	2,711	2,860	3,032	3,109	3,266	3,692	4,221	4,950	4,400
27		61,842	2,551	2,715	2,868	3,085	3,046	3,256	3,685	4,204	4,914
令和 2	年	61,350	2,311	2,607	2,742	2,880	3,018	3,074	3,297	3,697	4,189
3		61,019	2,246	2,581	2,746	2,864	3,205	3,276	3,352	3,736	4,144
4		60,758	2,174	2,535	2,720	2,830	3,216	3,295	3,300	3,668	4,028
女											
平成 12	年	64,815	2,882	2,938	3,193	3,654	4,114	4,825	4,340	4,019	3,876
17		65,419	2,724	2,892	2,934	3,195	3,596	4,081	4,822	4,333	4,015
22		65,730	2,586	2,726	2,889	2,954	3,160	3,602	4,120	4,836	4,341
27		65,253	2,437	2,585	2,731	2,923	2,922	3,154	3,606	4,112	4,818
令和 2	年	64,797	2,205	2,482	2,608	2,737	2,913	2,958	3,188	3,615	4,102
3		64,483	2,144	2,457	2,611	2,716	3,058	3,103	3,204	3,618	4,029
4		64,189	2,073	2,413	2,588	2,682	3,047	3,118	3,146	3,544	3,918

年次		45～49	50～54	55～59	60～64	65～69	70～74	75～79	80～84	85～89	90歳以上
総数											
平成 12	年	8,916	10,442	8,734	7,736	7,106	5,901	4,151	2,615	1,532	701
17		7,726	8,796	10,255	8,545	7,433	6,637	5,263	3,412	1,849	1,077
22		8,033	7,644	8,664	10,037	8,210	6,963	5,941	4,336	2,433	1,362
27		8,663	7,930	7,515	8,455	9,644	7,696	6,277	4,961	3,117	1,770
令和 2	年	9,650	8,540	7,767	7,297	8,075	9,012	6,931	5,297	3,670	2,351
3		9,732	9,252	7,824	7,391	7,869	9,672	6,712	5,563	3,872	2,526
4		9,462	9,435	8,075	7,445	7,535	9,337	7,030	5,743	3,955	2,637
男											
平成 12	年	4,468	5,210	4,290	3,750	3,357	2,670	1,626	915	477	176
17		3,868	4,383	5,077	4,155	3,545	3,040	2,256	1,223	555	256
22		4,028	3,810	4,287	4,920	3,922	3,226	2,583	1,693	744	303
27		4,355	3,968	3,730	4,151	4,660	3,582	2,787	1,994	1,057	405
令和 2	年	4,863	4,277	3,865	3,593	3,910	4,249	3,093	2,196	1,303	593
3		4,927	4,658	3,908	3,654	3,824	4,565	2,991	2,310	1,387	645
4		4,792	4,756	4,036	3,684	3,665	4,405	3,151	2,392	1,429	681
女											
平成 12	年	4,448	5,232	4,444	3,986	3,749	3,230	2,525	1,699	1,055	525
17		3,858	4,413	5,178	4,390	3,888	3,598	3,006	2,190	1,294	822
22		4,005	3,835	4,376	5,117	4,288	3,738	3,358	2,644	1,688	1,059
27		4,308	3,962	3,786	4,304	4,984	4,113	3,489	2,967	2,061	1,365
令和 2	年	4,787	4,263	3,902	3,704	4,165	4,763	3,838	3,101	2,366	1,758
3		4,804	4,594	3,916	3,737	4,045	5,106	3,722	3,253	2,485	1,882
4		4,671	4,680	4,038	3,761	3,870	4,932	3,878	3,350	2,525	1,955

10月1日現在。国勢調査による人口であり、総数には年齢不詳を含む。令和3、4年は国勢調査人口を基礎とした推計人口による。
資料　総務省統計局「国勢調査結果」「人口推計」

2-6 都道府県、年齢3区分別人口 (令和4年)

(単位 1,000人)

都道府県	総数	0～14歳	15～64	65歳以上	75歳以上
全国	124,947	14,503	74,208	36,236	19,364
北海道	5,140	530	2,924	1,686	888
青森	1,204	123	663	419	217
岩手	1,181	125	648	408	217
宮城	2,280	258	1,363	659	332
秋田	930	86	484	359	192
山形	1,041	113	566	362	191
福島	1,790	197	1,007	586	295
茨城	2,840	321	1,655	864	442
栃木	1,909	217	1,121	572	285
群馬	1,913	216	1,108	589	311
埼玉	7,337	847	4,483	2,007	1,066
千葉	6,266	717	3,796	1,753	938
東京	14,038	1,535	9,301	3,202	1,762
神奈川	9,232	1,053	5,797	2,383	1,303
新潟	2,153	235	1,195	722	381
富山	1,017	111	570	335	185
石川	1,118	132	648	338	181
福井	753	92	426	235	124
山梨	802	89	460	252	134
長野	2,020	235	1,129	657	364
岐阜	1,946	231	1,111	604	322
静岡	3,582	417	2,064	1,101	587
愛知	7,495	948	4,628	1,920	1,032
三重	1,742	204	1,008	531	285
滋賀	1,409	186	845	378	196
京都	2,550	282	1,512	755	417
大阪	8,782	1,002	5,349	2,432	1,351
兵庫	5,402	644	3,151	1,608	869
奈良	1,306	148	735	423	229
和歌山	903	101	495	307	167
鳥取	544	66	298	180	94
島根	658	79	350	229	125
岡山	1,862	225	1,063	574	316
広島	2,760	340	1,594	826	450
山口	1,313	147	704	462	253
徳島	704	75	382	246	129
香川	934	110	522	302	162
愛媛	1,306	147	716	443	237
高知	676	72	360	244	135
福岡	5,116	654	3,013	1,449	748
佐賀	801	105	444	251	129
長崎	1,283	158	690	435	225
熊本	1,718	223	943	552	290
大分	1,107	131	600	376	200
宮崎	1,052	136	565	352	182
鹿児島	1,563	201	838	523	268
沖縄	1,468	240	884	344	160

国勢調査による人口を基礎とした推計人口 (10月1日現在) による。
資料 総務省統計局「人口推計」

2-7　年齢階級、配偶関係別15歳以上人口

（単位　1,000人）

年次、年齢階級	男				
	総数 1)	未婚	有配偶	死別	離別
平成12年	52,503	16,680	32,448	1,397	1,418
17	53,086	16,686	32,260	1,515	1,744
22	53,155	16,639	31,859	1,608	1,999
27	52,880	16,324	31,236	1,656	2,109
令和2年	52,098	15,836	30,138	1,574	2,054
15〜19 歳	2,880	2,855	6.5	0.2	0.5
20〜24	3,018	2,670	127	0.4	5.7
25〜29	3,074	2,009	724	0.5	24
30〜34	3,297	1,440	1,544	1.1	56
35〜39	3,697	1,198	2,167	3.0	100
40〜44	4,189	1,155	2,655	6.9	155
45〜49	4,863	1,254	3,113	16	237
50〜54	4,277	984	2,793	25	261
55〜59	3,865	726	2,669	42	266
60〜64	3,593	536	2,613	69	249
65〜69	3,910	466	2,938	130	249
70〜74	4,249	334	3,323	225	236
75〜79	3,093	129	2,490	256	125
80〜84	2,196	53	1,726	286	61
85 歳以上	1,897	27	1,250	513	29

年次、年齢階級	女				
	総数 1)	未婚	有配偶	死別	離別
平成12年	55,721	13,201	32,435	7,233	2,428
17	56,679	13,147	32,323	7,660	2,957
22	57,123	13,090	31,927	7,801	3,283
27	56,874	12,918	31,389	7,923	3,487
令和2年	56,160	12,651	30,331	7,509	3,548
15〜19 歳	2,737	2,714	9.1	0.2	0.8
20〜24	2,913	2,538	196	0.9	14
25〜29	2,958	1,721	979	1.3	56
30〜34	3,188	1,070	1,843	3.2	120
35〜39	3,615	823	2,448	8.2	202
40〜44	4,102	769	2,881	19	298
45〜49	4,787	814	3,331	45	441
50〜54	4,263	626	2,976	79	446
55〜59	3,902	430	2,814	141	414
60〜64	3,704	285	2,736	246	356
65〜69	4,165	239	2,997	479	361
70〜74	4,763	229	3,141	894	368
75〜79	3,838	150	2,117	1,200	224
80〜84	3,101	106	1,219	1,478	130
85 歳以上	4,124	137	646	2,915	115

「国勢調査」（10月1日現在）による。日本人・外国人の別不詳を含む。　1）　配偶関係不詳を含む。
資料　総務省統計局「国勢調査結果」

2-8　国籍別在留外国人数

国籍・地域	令和2年末	3年末	4年末
総数	2,887,116	2,760,635	3,075,213
アジア			
# アフガニスタン	3,509	3,782	5,306
イラン	4,121	4,055	4,237
インド	38,558	36,058	43,886
インドネシア	66,832	59,820	98,865
韓国	426,908	409,855	411,312
カンボジア	16,659	14,736	19,604
シンガポール	2,958	2,738	3,306
スリランカ	29,290	28,986	37,251
タイ	53,379	50,324	56,701
台湾	55,872	51,191	57,294
中国	778,112	716,606	761,563
朝鮮	27,214	26,312	25,358
トルコ	6,212	5,900	6,080
ネパール	95,982	97,109	139,393
パキスタン	19,103	19,120	22,118
バングラデシュ	17,463	17,538	22,723
フィリピン	279,660	276,615	298,740
ベトナム	448,053	432,934	489,312
マレーシア	10,318	9,659	11,045
ミャンマー	35,049	37,246	56,239
モンゴル	13,504	12,425	16,580
北アメリカ			
# アメリカ合衆国	55,761	54,162	60,804
カナダ	10,103	9,848	10,926
南アメリカ			
# アルゼンチン	2,966	2,903	3,151
ブラジル	208,538	204,879	209,430
ペルー	48,256	48,291	48,914
ボリビア	6,119	6,227	6,403
ヨーロッパ			
# イギリス	16,891	16,163	18,959
イタリア	4,263	4,044	4,987
ウズベキスタン	3,632	3,670	5,513
スペイン	3,240	3,017	3,708
ドイツ	6,114	5,553	8,264
フランス	12,264	11,319	14,339
ロシア	9,249	9,118	10,681
アフリカ			
# ナイジェリア	3,315	3,347	3,672
オセアニア			
# オーストラリア	9,758	8,960	10,831
ニュージーランド	3,280	3,160	3,497
無国籍	627	503	484

「在留外国人統計」による。
資料　出入国在留管理庁「在留外国人統計」

2-9　海外在留邦人数

国（地域）	令和2年	3年	4年	#永住者
総数　　　　　　1)	1,357,724	1,344,900	1,308,515	557,034
アジア、中東				
#アラブ首長国連邦	4,358	4,428	4,370	147
インド	9,239	9,313	8,145	346
インドネシア	18,191	16,539	15,972	1,644
韓国	40,500	41,238	41,717	15,004
シンガポール	36,585	36,200	32,743	4,032
タイ	81,187	82,574	78,431	2,089
台湾	24,552	24,162	20,345	6,458
中国　　　　　　2)	111,769	107,715	102,066	4,140
フィリピン	16,990	15,728	14,522	5,725
ベトナム	23,437	22,185	21,819	377
マレーシア	30,973	27,256	24,545	2,093
北米、中米				
#アメリカ合衆国	426,354	429,889	418,842	223,260
カナダ	70,937	70,892	74,362	50,510
メキシコ	11,659	11,390	10,143	2,764
南米				
#アルゼンチン	11,440	11,406	11,189	10,781
コロンビア	1,203	1,212	1,221	792
チリ	1,641	1,632	1,576	629
パラグアイ	5,603	5,330	3,722	3,445
ブラジル	49,689	48,703	47,472	43,794
ペルー	3,174	3,182	3,117	2,696
ボリビア	2,825	2,735	2,706	2,584
ヨーロッパ				
#イギリス	63,030	63,653	65,023	27,179
イタリア	14,435	14,020	12,614	6,120
オーストリア	3,140	3,234	3,236	1,944
オランダ	10,460	10,670	9,920	2,495
スイス	11,627	11,792	11,980	7,348
スウェーデン	4,240	4,476	4,635	3,579
スペイン	9,170	9,462	9,745	4,007
ドイツ	41,757	42,135	42,266	17,496
フランス	37,134	36,347	36,104	12,572
ベルギー	5,780	5,827	5,546	2,034
アフリカ				
#エジプト	755	719	764	256
ガーナ	229	267	272	34
ケニア	652	674	681	52
南アフリカ	1,039	1,112	1,033	233
モロッコ	368	355	352	57
オセアニア				
#オーストラリア	97,532	93,451	94,942	61,237
ニュージーランド	21,694	20,430	19,730	11,783

「海外在留邦人数調査統計」による。各年10月1日現在の日本国籍（重国籍を含む）を有する海外長期滞在者
（3か月以上）及び永住者。　1)　南極を含む。　2)　香港、マカオを含む。
資料　外務省「海外在留邦人数調査統計」

2-10 都市別海外在留邦人数

国（地域）	令和2年	3年	4年
総数　　　　　　　　1)	1,357,724	1,344,900	1,308,515
アジア			
# クアラルンプール	16,404	14,051	12,553
上海（中国）	39,801	37,968	36,614
シンガポール	36,585	36,200	32,743
ソウル特別市	12,201	12,665	12,967
台北（台湾）	12,377	11,756	9,306
ハノイ	7,945	8,624	8,569
ホーチミン	12,481	10,768	10,475
香港（中国）	23,791	24,097	23,166
バンコク	58,783	59,744	56,232
マニラ首都圏	8,208	7,225	6,963
北米			
# サンノゼ都市圏（米国）	15,498	15,600	15,763
サンフランシスコ都市圏	19,765	20,089	20,236
サンディエゴ	8,613	8,589	8,243
シアトル都市圏	11,583	11,856	12,580
シカゴ都市圏	11,973	12,271	12,166
トロント大都市圏	16,878	16,589	17,999
ニューヨーク都市圏	39,850	39,932	38,263
バンクーバー都市圏	26,661	26,885	28,197
ホノルル	23,735	23,863	23,529
ロサンゼルス都市圏	67,501	67,107	65,044
南米			
# サンパウロ	11,193	11,013	10,999
ヨーロッパ			
# 大ロンドン市	32,257	32,371	32,947
パリ	11,230	10,491	10,688
デュッセルドルフ	7,280	7,144	6,844
オセアニア			
# オークランド都市圏	10,486	10,201	10,001
シドニー都市圏	31,405	28,742	28,872
パース都市圏	7,611	7,362	7,560
メルボルン都市圏	19,896	18,561	18,074
ゴールドコースト	10,522	9,799	10,073
ブリスベン都市圏	11,915	11,063	9,517

「海外在留邦人数調査統計」による。各年10月1日現在の日本国籍（重国籍を含む）を有する海外長期滞在者
（3か月以上）及び永住者。
1)　南極を含む。
資料　外務省「海外在留邦人数調査統計」

2-11　家族類型別一般世帯数

（単位　1,000世帯）

年次	総数	計	核家族世帯				核家族以外の世帯
			夫婦のみ	夫婦と子供	男親と子供	女親と子供	夫婦と両親
平成17年	49,063	34,246	9,625	14,631	605	3,465	246
22	a) 51,842	34,516	10,244	14,440	664	3,859	232
27	a) 53,332	34,315	10,718	14,288	703	4,045	191
令和2年	a) 55,705	33,890	11,159	13,949	738	4,265	159
（再掲）							
# 18歳未満の世帯員のいる世帯	10,734	10,679	0.2	8,122	107	1,080	0.0
# 65歳以上の世帯員のいる世帯	22,655	15,807	6,848	3,083	451	2,146	151

年次	核家族以外の世帯				非親族を含む世帯	単独世帯
	夫婦とひとり親	夫婦、子供と両親	夫婦、子供とひとり親	その他		
平成17年	737	1,177	1,819	1,939	360	14,457
22	731	920	1,516	1,910	456	16,785
27	676	710	1,214	1,770	464	18,418
令和2年	609	499	918	1,594	504	21,151
（再掲）						
# 18歳未満の世帯員のいる世帯	0.0	350	399	622	47	8.0
# 65歳以上の世帯員のいる世帯	598	464	871	1,195	131	6,717

「国勢調査」（10月1日現在）による。一般世帯とは、住居と生計を共にしている人の集まり又は一戸を構えて住んでいる単身者、別に生計を維持している間借りの単身者又は下宿屋などに下宿している単身者及び寄宿舎、独身寮などに居住している単身者をいう。　a）　家族類型不詳を含む。
資料　総務省統計局　「国勢調査結果」

2-12 都道府県、世帯人員別一般世帯数と世帯の種類別世帯人員 (令和2年)

(単位 1,000)

都道府県	一般世帯								施設等の世帯人員
	世帯人員別世帯数						世帯人員	1世帯当たり人員(人)	
	総数	1人	2	3	4	5人以上			
全国	55,705	21,151	15,657	9,230	6,630	3,038	123,163	2.21	2,983
北海道	2,469	1,000	793	371	222	84	5,033	2.04	192
青森	510	169	154	92	58	37	1,192	2.34	46
岩手	491	163	142	87	56	42	1,174	2.39	36
宮城	981	362	262	169	118	69	2,251	2.30	51
秋田	384	117	119	71	45	31	924	2.41	36
山形	397	113	110	74	53	47	1,035	2.61	33
福島	740	245	208	131	90	66	1,789	2.42	44
茨城	1,182	386	342	213	154	86	2,803	2.37	64
栃木	795	262	225	144	106	59	1,892	2.38	41
群馬	803	260	237	146	108	52	1,885	2.35	54
埼玉	3,158	1,072	918	581	429	157	7,205	2.28	140
千葉	2,768	1,003	795	485	352	132	6,166	2.23	118
東京	7,217	3,626	1,695	1,002	698	196	13,839	1.92	208
神奈川	4,210	1,651	1,160	713	524	162	9,060	2.15	177
新潟	863	266	243	159	113	82	2,141	2.48	60
富山	403	120	114	77	56	37	1,008	2.50	27
石川	469	163	130	81	60	35	1,097	2.34	35
福井	291	86	79	52	41	32	746	2.57	20
山梨	338	110	102	60	43	23	790	2.34	20
長野	830	258	250	149	107	66	1,999	2.41	49
岐阜	779	229	226	143	113	68	1,937	2.49	42
静岡	1,481	472	429	270	197	113	3,551	2.40	82
愛知	3,233	1,175	861	553	445	199	7,412	2.29	130
三重	741	245	220	130	99	47	1,728	2.33	42
滋賀	571	182	155	102	86	46	1,391	2.44	22
京都	1,189	490	326	184	135	54	2,524	2.12	54
大阪	4,127	1,727	1,122	639	470	169	8,660	2.10	178
兵庫	2,399	863	706	407	303	121	5,356	2.23	109
奈良	544	159	175	101	76	33	1,293	2.38	31
和歌山	393	128	128	69	48	22	896	2.28	26
鳥取	219	71	62	39	27	21	535	2.44	18
島根	268	89	79	45	31	25	645	2.40	26
岡山	800	285	226	135	101	54	1,836	2.30	52
広島	1,241	463	367	202	145	63	2,725	2.20	75
山口	597	218	193	95	62	29	1,294	2.17	48
徳島	307	110	91	53	36	18	693	2.26	26
香川	406	140	123	70	49	23	921	2.27	29
愛媛	600	225	186	97	63	29	1,295	2.16	40
高知	314	123	97	49	31	14	664	2.11	28
福岡	2,318	943	635	360	256	124	4,986	2.15	149
佐賀	311	94	88	56	40	32	782	2.51	30
長崎	556	191	177	92	59	37	1,260	2.27	53
熊本	717	243	212	121	85	55	1,679	2.34	60
大分	488	175	151	80	53	28	1,082	2.22	42
宮崎	469	168	152	74	48	27	1,030	2.20	39
鹿児島	726	283	233	106	69	35	1,528	2.11	60
沖縄	613	230	157	100	72	55	1,430	2.33	37

「国勢調査」(10月1日現在)による。施設等の世帯とは、一般世帯以外の世帯を構成する人又はその集まりをいい、学校の寮・寄宿舎の学生・生徒、病院・療養所などの入院者、社会施設の入所者、自衛隊の営舎内・艦船内の居住者、矯正施設の入所者などから成る世帯をいう。
資料 総務省統計局「国勢調査結果」

2-13　都道府県別昼間人口と自宅外就業・通学者数（令和2年）

（単位　1,000人）

都道府県	昼間人口	昼夜間人口比率	自宅外就業・通学者数			
			自市区町村で従業・通学	県内他市町村で従業・通学	他県で従業・通学	他県より従業・通学
全国	126,146	100.0	35,050	15,765	5,456	5,456
北海道	5,223	100.0	1,745	375	5.3	3.8
青森	1,237	99.9	489	128	7.2	6.0
岩手	1,208	99.8	488	142	13	10
宮城	2,303	100.1	677	311	21	23
秋田	958	99.8	394	82	4.5	2.8
山形	1,065	99.7	398	158	8.3	5.5
福島	1,835	100.1	705	201	18	19
茨城	2,803	97.8	837	482	150	86
栃木	1,915	99.1	642	278	75	57
群馬	1,938	100.0	645	322	63	62
埼玉	6,582	89.6	1,513	1,038	1,020	257
千葉	5,672	90.3	1,360	852	798	186
東京	16,315	116.1	2,254	1,157	495	2,762
神奈川	8,469	91.7	1,814	992	1,086	318
新潟	2,200	100.0	832	205	6.8	5.8
富山	1,033	99.8	409	160	10	7.8
石川	1,134	100.2	437	179	10	12
福井	768	100.1	307	120	6.7	7.8
山梨	804	99.3	234	170	17	10
長野	2,043	99.7	761	313	15	9.3
岐阜	1,912	96.6	632	318	118	51
静岡	3,625	99.8	1,251	472	42	34
愛知	7,630	101.2	2,066	1,377	89	176
三重	1,745	98.6	629	238	56	31
滋賀	1,369	96.9	437	231	87	43
京都	2,622	101.7	585	224	145	190
大阪	9,182	103.9	1,687	1,518	258	602
兵庫	5,250	96.1	1,429	670	348	133
奈良	1,206	91.1	281	190	172	54
和歌山	908	98.5	309	104	33	18
鳥取	553	99.8	221	61	9.1	8.2
島根	672	100.1	312	41	8.6	9.2
岡山	1,889	100.0	644	209	23	24
広島	2,804	100.2	970	237	26	31
山口	1,337	99.6	548	124	20	15
徳島	717	99.6	222	115	6.9	4.1
香川	951	100.1	341	134	8.9	10
愛媛	1,336	100.1	538	97	7.0	8.0
高知	691	99.9	237	79	3.0	2.3
福岡	5,140	100.1	1,347	693	66	70
佐賀	814	100.4	290	108	38	41
長崎	1,309	99.7	555	112	11	7.9
熊本	1,732	99.6	540	221	21	15
大分	1,123	99.9	481	83	12	11
宮崎	1,069	99.9	454	79	8.3	7.5
鹿児島	1,587	99.9	694	114	10	8.2
沖縄	1,467	100.0	410	253	1.6	1.4

「国勢調査」（10月1日現在）による。昼間人口は、常住人口（夜間人口）に、他地域への従業・通学者を差し引き、他地域からの従業・通学者を加えたものであり、昼夜間人口比率は、常住人口100人当たりの昼間人口の割合である。
資料　総務省統計局「国勢調査結果」

2-14 都道府県別転出入者数 （令和4年）

都道府県	都道府県内移動者数	他都道府県からの転入者数	他都道府県への転出者数	転入超過数（－は転出超過）
全国	2,519,845	2,255,362	2,255,362	0
北海道	175,441	49,084	53,107	-4,023
青森	14,757	16,247	20,624	-4,377
岩手	16,418	15,555	19,933	-4,378
宮城	50,562	44,528	43,566	962
秋田	9,080	10,348	13,306	-2,958
山形	13,414	11,780	15,540	-3,760
福島	23,917	22,123	28,775	-6,652
茨城	40,724	47,981	46,817	1,164
栃木	22,495	31,159	32,780	-1,621
群馬	24,117	27,362	29,053	-1,691
埼玉	134,533	164,381	145,111	19,270
千葉	113,190	144,533	125,793	18,740
東京	398,523	399,269	365,360	33,909
神奈川	203,617	214,924	192,432	22,492
新潟	32,877	20,558	26,522	-5,964
富山	9,718	11,818	13,332	-1,514
石川	14,509	16,411	18,574	-2,163
福井	8,152	8,439	10,970	-2,531
山梨	13,212	13,587	13,599	-12
長野	32,127	27,822	27,962	-140
岐阜	25,290	25,126	29,787	-4,661
静岡	62,793	48,811	54,849	-6,038
愛知	182,770	103,743	108,916	-5,173
三重	21,774	25,059	28,934	-3,875
滋賀	18,171	25,974	25,462	512
京都	45,042	52,400	55,735	-3,335
大阪	215,201	156,398	148,994	7,404
兵庫	93,319	84,235	90,225	-5,990
奈良	15,294	22,265	23,977	-1,712
和歌山	10,047	11,077	13,431	-2,354
鳥取	5,440	7,967	9,279	-1,312
島根	7,169	9,637	11,073	-1,436
岡山	30,693	26,002	29,507	-3,505
広島	53,607	41,546	47,590	-6,044
山口	17,052	20,738	23,502	-2,764
徳島	9,779	8,906	10,789	-1,883
香川	10,256	15,118	17,291	-2,173
愛媛	16,315	16,724	20,121	-3,397
高知	10,102	8,746	10,228	-1,482
福岡	146,009	98,913	90,027	8,886
佐賀	9,947	15,003	16,131	-1,128
長崎	19,076	20,952	26,125	-5,173
熊本	41,169	27,636	28,292	-656
大分	13,954	17,364	19,164	-1,800
宮崎	14,707	16,962	18,765	-1,803
鹿児島	30,112	24,483	26,987	-2,504
沖縄	43,374	25,668	27,025	-1,357

「住民基本台帳人口移動報告」による。日本人移動者。
資料　総務省統計局「住民基本台帳人口移動報告」

2-15　出生・死亡数と婚姻・離婚件数

年次	出生数	死亡数	婚姻件数	離婚件数	人口1,000につき					乳児死亡率（出生1,000につき）
					出生率	死亡率	自然増減率	婚姻率	離婚率	
昭和 48 年	2,091,983	709,416	1,071,923	111,877	19.4	6.6	12.8	9.9	1.04	11.3
49	2,029,989	710,510	1,000,455	113,622	18.6	6.5	12.1	9.1	1.04	10.8
50	1,901,440	702,275	941,628	119,135	17.1	6.3	10.8	8.5	1.07	10.0
51	1,832,617	703,270	871,543	124,512	16.3	6.3	10.0	7.8	1.11	9.3
52	1,755,100	690,074	821,029	129,485	15.5	6.1	9.4	7.2	1.14	8.9
53	1,708,643	695,821	793,257	132,146	14.9	6.1	8.8	6.9	1.15	8.4
54	1,642,580	689,664	788,505	135,250	14.2	6.0	8.3	6.8	1.17	7.9
55	1,576,889	722,801	774,702	141,689	13.6	6.2	7.3	6.7	1.22	7.5
56	1,529,455	720,262	776,531	154,221	13.0	6.1	6.9	6.6	1.32	7.1
57	1,515,392	711,883	781,252	163,980	12.8	6.0	6.8	6.6	1.39	6.6
58	1,508,687	740,038	762,552	179,150	12.7	6.2	6.5	6.4	1.51	6.2
59	1,489,780	740,247	739,991	178,746	12.5	6.2	6.3	6.2	1.50	6.0
60	1,431,577	752,283	735,850	166,640	11.9	6.3	5.6	6.1	1.39	5.5
61	1,382,946	750,620	710,962	166,054	11.4	6.2	5.2	5.9	1.37	5.2
62	1,346,658	751,172	696,173	158,227	11.1	6.2	4.9	5.7	1.30	5.0
63	1,314,006	793,014	707,716	153,600	10.8	6.5	4.3	5.8	1.26	4.8
平成 元 年	1,246,802	788,594	708,316	157,811	10.2	6.4	3.7	5.8	1.29	4.6
2	1,221,585	820,305	722,138	157,608	10.0	6.7	3.3	5.9	1.28	4.6
3	1,223,245	829,797	742,264	168,969	9.9	6.7	3.2	6.0	1.37	4.4
4	1,208,989	856,643	754,441	179,191	9.8	6.9	2.9	6.1	1.45	4.5
5	1,188,282	878,532	792,658	188,297	9.6	7.1	2.5	6.4	1.52	4.3
6	1,238,328	875,933	782,738	195,106	10.0	7.1	2.9	6.3	1.57	4.2
7	1,187,064	922,139	791,888	199,016	9.6	7.4	2.1	6.4	1.60	4.3
8	1,206,555	896,211	795,080	206,955	9.7	7.2	2.5	6.4	1.66	3.8
9	1,191,665	913,402	775,651	222,635	9.5	7.3	2.2	6.2	1.78	3.7
10	1,203,147	936,484	784,595	243,183	9.6	7.5	2.1	6.3	1.94	3.6
11	1,177,669	982,031	762,028	250,529	9.4	7.8	1.6	6.1	2.00	3.4
12	1,190,547	961,653	798,138	264,246	9.5	7.7	1.8	6.4	2.10	3.2
13	1,170,662	970,331	799,999	285,911	9.3	7.7	1.6	6.4	2.27	3.1
14	1,153,855	982,379	757,331	289,836	9.2	7.8	1.4	6.0	2.30	3.0
15	1,123,610	1,014,951	740,191	283,854	8.9	8.0	0.9	5.9	2.25	3.0
16	1,110,721	1,028,602	720,418	270,804	8.8	8.2	0.7	5.7	2.15	2.8
17	1,062,530	1,083,796	714,265	261,917	8.4	8.6	-0.2	5.7	2.08	2.8
18	1,092,674	1,084,451	730,973	257,475	8.7	8.6	0.1	5.8	2.04	2.6
19	1,089,818	1,108,334	719,822	254,832	8.6	8.8	-0.1	5.7	2.02	2.6
20	1,091,156	1,142,407	726,106	251,136	8.7	9.1	-0.4	5.8	1.99	2.6
21	1,070,036	1,141,865	707,740	253,354	8.5	9.1	-0.6	5.6	2.01	2.4
22	1,071,305	1,197,014	700,222	251,379	8.5	9.5	-1.0	5.5	1.99	2.3
23	1,050,807	1,253,068	661,898	235,720	8.3	9.9	-1.6	5.2	1.87	2.3
24	1,037,232	1,256,359	668,870	235,407	8.2	10.0	-1.7	5.3	1.87	2.2
25	1,029,817	1,268,438	660,622	231,385	8.2	10.1	-1.9	5.3	1.84	2.1
26	1,003,609	1,273,025	643,783	222,115	8.0	10.1	-2.1	5.1	1.77	2.1
27	1,005,721	1,290,510	635,225	226,238	8.0	10.3	-2.3	5.1	1.81	1.9
28	977,242	1,308,158	620,707	216,856	7.8	10.5	-2.6	5.0	1.73	2.0
29	946,146	1,340,567	606,952	212,296	7.6	10.8	-3.2	4.9	1.70	1.9
30	918,400	1,362,470	586,481	208,333	7.4	11.0	-3.6	4.7	1.68	1.9
令和 元 年	865,239	1,381,093	599,007	208,496	7.0	11.2	-4.2	4.8	1.69	1.9
2	840,835	1,372,755	525,507	193,253	6.8	11.1	-4.3	4.3	1.57	1.8
3	811,622	1,439,856	501,138	184,384	6.6	11.7	-5.1	4.1	1.50	1.7
4	770,759	1,569,050	504,930	179,099	6.3	12.9	-6.5	4.1	1.47	1.8

「人口動態調査」による。日本において発生した日本人に関するもの。
資料　厚生労働省「人口動態統計」

2-16　都道府県別出生・死亡数と婚姻・離婚件数（令和4年）

都道府県	出生数	死亡数	婚姻件数	離婚件数	人口1,000につき					乳児死亡率（出生1,000につき）
					出生率	死亡率	自然増減率	婚姻率	離婚率	
全国　　1)	770,759	1,569,050	504,930	179,099	6.3	12.9	-6.5	4.1	1.47	1.8
北海道	26,407	74,437	18,665	8,398	5.2	14.6	-9.4	3.7	1.65	2.2
青森	5,985	20,117	3,656	1,664	5.0	16.8	-11.8	3.1	1.39	1.5
岩手	5,788	19,342	3,508	1,492	4.9	16.5	-11.6	3.0	1.27	2.6
宮城	12,852	28,040	8,431	3,046	5.7	12.4	-6.7	3.7	1.35	1.5
秋田	3,992	17,256	2,447	1,068	4.3	18.6	-14.3	2.6	1.15	1.3
山形	5,674	16,883	3,184	1,197	5.5	16.3	-10.9	3.1	1.16	2.8
福島	9,709	27,394	6,088	2,561	5.5	15.4	-10.0	3.4	1.44	2.5
茨城	15,905	37,256	10,163	3,900	5.7	13.5	-7.7	3.7	1.41	2.7
栃木	10,518	24,992	7,154	2,658	5.6	13.4	-7.8	3.8	1.43	1.3
群馬	10,688	26,589	6,704	2,765	5.8	14.4	-8.6	3.6	1.49	1.6
埼玉	43,451	82,221	28,823	10,259	6.1	11.5	-5.4	4.0	1.44	1.5
千葉	36,966	72,258	24,824	8,605	6.1	11.8	-5.8	4.1	1.41	1.9
東京	91,097	139,264	75,179	19,255	6.8	10.4	-3.6	5.6	1.43	1.6
神奈川	56,498	98,821	40,191	12,797	6.3	11.0	-4.7	4.5	1.42	1.9
新潟	11,732	32,313	6,823	2,415	5.5	15.1	-9.6	3.2	1.13	2.0
富山	6,022	15,052	3,496	1,074	6.0	15.1	-9.0	3.5	1.08	1.5
石川	7,075	14,316	4,214	1,255	6.4	13.0	-6.6	3.8	1.14	1.8
福井	4,861	10,519	2,815	850	6.6	14.3	-7.7	3.8	1.15	1.9
山梨	4,759	11,090	2,875	1,128	6.1	14.1	-8.1	3.7	1.44	2.3
長野	12,143	28,503	7,288	2,559	6.1	14.4	-8.2	3.7	1.29	1.6
岐阜	11,124	26,175	6,525	2,565	5.9	13.9	-8.0	3.5	1.36	2.5
静岡	20,575	47,334	13,127	4,957	5.9	13.6	-7.7	3.8	1.42	2.1
愛知	51,152	81,183	33,434	11,061	7.1	11.2	-4.2	4.6	1.53	1.9
三重	10,489	23,341	6,443	2,481	6.2	13.8	-7.6	3.8	1.47	0.9
滋賀	9,766	15,043	5,642	1,836	7.1	11.0	-3.8	4.1	1.34	1.8
京都	15,068	31,491	9,571	3,514	6.1	12.7	-6.6	3.9	1.41	2.1
大阪	57,315	106,277	40,362	14,462	6.7	12.5	-5.7	4.7	1.70	1.7
兵庫	33,565	66,541	20,844	7,902	6.3	12.5	-6.2	3.9	1.49	1.2
奈良	7,315	17,166	4,205	1,780	5.7	13.3	-7.6	3.3	1.38	2.2
和歌山	5,238	14,308	3,193	1,386	5.8	16.0	-10.1	3.6	1.55	1.7
鳥取	3,752	8,031	1,981	763	7.0	14.9	-7.9	3.7	1.42	1.3
島根	4,161	10,434	2,167	813	6.4	16.1	-9.7	3.3	1.25	1.0
岡山	12,371	24,901	7,399	2,787	6.8	13.6	-6.8	4.0	1.52	1.3
広島	17,903	34,940	10,883	3,962	6.6	12.9	-6.3	4.0	1.46	0.9
山口	7,762	20,687	4,593	1,757	6.0	15.9	-10.0	3.5	1.35	1.0
徳島	4,148	10,968	2,375	1,008	5.9	15.7	-9.8	3.4	1.44	1.2
香川	5,802	13,552	3,435	1,472	6.3	14.7	-8.4	3.7	1.60	1.2
愛媛	7,572	19,993	4,477	1,928	5.9	15.5	-9.6	3.5	1.49	1.7
高知	3,721	11,472	2,189	1,065	5.5	17.1	-11.6	3.3	1.59	2.4
福岡	35,970	61,302	21,840	8,444	7.2	12.2	-5.0	4.3	1.68	1.8
佐賀	5,552	11,204	2,951	1,041	7.0	14.1	-7.1	3.7	1.31	1.1
長崎	8,364	19,309	4,410	1,751	6.6	15.2	-8.6	3.5	1.38	1.2
熊本	11,875	24,427	6,349	2,482	7.0	14.4	-7.4	3.7	1.46	2.6
大分	6,798	16,266	4,037	1,635	6.2	14.9	-8.7	3.7	1.50	1.5
宮崎	7,136	16,111	3,805	1,759	6.8	15.4	-8.6	3.6	1.68	1.8
鹿児島	10,540	23,925	5,619	2,455	6.8	15.4	-8.6	3.6	1.58	2.5
沖縄	13,594	15,054	6,546	3,087	9.4	10.4	-1.0	4.5	2.13	1.7

「人口動態調査」による。日本において発生した日本人に関するもの。　1)　出生数には外国9人、死亡数には外国123人、不詳829人を含む。
資料　厚生労働省「人口動態統計」

2-17　女性の年齢階級別出生数と出生率

年次	女性の年齢階級							
	総数 1)	15～19歳 2)	20～24	25～29	30～34	35～39	40～44	45～49 3)
出生数								
昭和 50 年	1,901,440	15,999	479,041	1,014,624	320,060	62,663	8,727	319
55	1,576,889	14,590	296,854	810,204	388,935	59,127	6,911	258
60	1,431,577	17,877	247,341	682,885	381,466	93,501	8,224	245
平成 2 年	1,221,585	17,496	191,859	550,994	356,026	92,377	12,587	224
7	1,187,064	16,112	193,514	492,714	371,773	100,053	12,472	414
12	1,190,547	19,772	161,361	470,833	396,901	126,409	14,848	402
17	1,062,530	16,573	128,135	339,328	404,700	153,440	19,750	598
22	1,071,305	13,546	110,956	306,910	384,386	220,101	34,609	792
27	1,005,721	11,930	84,465	262,266	364,887	228,302	52,561	1,308
30	918,400	8,778	77,023	233,754	334,906	211,021	51,258	1,659
令和 元 年	865,239	7,782	72,092	220,933	312,582	201,010	49,191	1,649
2	840,835	6,948	66,751	217,804	303,436	196,321	47,899	1,676
3	811,622	5,542	59,896	210,433	292,439	193,177	48,517	1,617
出生率 4)								
昭和 50 年	62.8	4.1	107.0	190.0	69.6	15.0	2.1	0.1
55	51.8	3.6	77.0	181.4	73.1	12.9	1.7	0.1
60	46.7	4.1	61.8	177.8	85.5	17.6	1.8	0.1
平成 2 年	39.2	3.6	44.8	139.8	93.2	20.8	2.4	0.0
7	38.7	3.9	40.4	116.0	94.4	26.2	2.8	0.1
12	41.3	5.5	39.9	99.5	93.5	32.1	3.9	0.1
17	38.8	5.2	36.6	85.3	85.6	36.1	5.0	0.2
22	40.4	4.6	36.1	87.4	95.3	46.2	8.1	0.2
27	39.5	4.1	29.4	85.1	103.3	56.4	11.0	0.3
30	37.3	3.1	26.6	81.1	102.0	57.4	11.7	0.4
令和 元 年	35.7	2.8	24.9	77.2	98.5	55.8	11.7	0.3
2	35.0	2.5	23.0	74.7	97.3	55.3	11.8	0.4
3	34.4	2.1	20.8	72.2	96.2	55.5	12.4	0.3

「人口動態調査」による。日本において発生した日本人に関するもの。　1)　年齢不詳を含む。　2)　15歳未満を含む。　3)　50歳以上を含む。　4)　該当当年齢の女性人口、総数は15～49歳女性人口についての出生率。
資料　国立社会保障・人口問題研究所「人口統計資料集」

2-18　標準化人口動態率と女性の人口再生産率

年次	標準化人口動態率 (‰)　1)			女性の人口再生産率　2)		
	出生率	死亡率	自然増加率	合計特殊出生率 3)	総再生産率 4)	純再生産率 5)
平成 7 年	9.90	2.58	7.32	1.42	0.69	0.69
12	9.51	2.25	7.26	1.36	0.66	0.65
17	8.72	2.07	6.66	1.26	0.61	0.61
22	9.40	1.87	7.53	1.39	0.67	0.67
27	9.62	1.67	7.94	1.45	0.71	0.70
30	9.24	1.60	7.65	1.42	0.69	0.69
令和 元 年	8.84	1.57	7.27	1.36	0.66	0.66
2	8.69	1.55	7.14	1.33	0.65	0.64
3	8.46	1.57	6.89	1.30	0.64	0.63

率算出の基礎人口は、日本人人口を用いている。　1)　昭和5年全国人口を用いた任意標準人口標準化法（直接法）による。　2)　国勢調査人口及びそれに基づく推計人口、人口動態統計による出生数及び生命表の生残率による。
3)　算定された年齢別出生率に基づいて、1人の女性が再生産年齢（15～49歳）を経過する間に子供を生んだと仮定した場合の平均出生児数。　4)　合計特殊出生率は男女児を両方含んでいるが、女児だけについて求めた同様な指標。　5)　総再生産率の出生女児について、さらに各年次の死亡率を考え、生命表の静止人口によって生き残って次の世代に母となるべき女児の数。
資料　国立社会保障・人口問題研究所「人口問題研究」

2-19 日本人の平均余命（令和4年）

(単位 年)

年齢	男	女	年齢	男	女	年齢	男	女	年齢	男	女
0歳	81.05	87.09	27	54.58	60.51	54	28.86	34.39	81	8.31	11.00
1	80.20	86.23	28	53.61	59.53	55	27.97	33.46	82	7.75	10.29
2	79.22	85.25	29	52.63	58.54	56	27.08	32.53	83	7.21	9.59
3	78.23	84.26	30	51.66	57.56	57	26.19	31.60	84	6.69	8.92
4	77.24	83.27	31	50.69	56.58	58	25.32	30.68	85	6.20	8.28
5	76.25	82.28	32	49.71	55.60	59	24.45	29.76	86	5.73	7.66
6	75.26	81.28	33	48.74	54.61	60	23.59	28.84	87	5.29	7.07
7	74.26	80.29	34	47.77	53.63	61	22.74	27.92	88	4.88	6.51
8	73.27	79.29	35	46.80	52.65	62	21.90	27.01	89	4.50	5.97
9	72.27	78.30	36	45.83	51.68	63	21.07	26.10	90	4.14	5.47
10	71.28	77.30	37	44.86	50.70	64	20.25	25.20	91	3.80	5.00
11	70.28	76.30	38	43.90	49.72	65	19.44	24.30	92	3.49	4.56
12	69.28	75.31	39	42.93	48.75	66	18.64	23.41	93	3.20	4.14
13	68.29	74.31	40	41.97	47.77	67	17.85	22.52	94	2.93	3.76
14	67.30	73.32	41	41.01	46.80	68	17.07	21.64	95	2.68	3.41
15	66.31	72.33	42	40.06	45.83	69	16.31	20.76	96	2.45	3.10
16	65.32	71.34	43	39.10	44.86	70	15.56	19.89	97	2.23	2.83
17	64.33	70.35	44	38.15	43.90	71	14.82	19.03	98	2.03	2.58
18	63.35	69.36	45	37.20	42.93	72	14.11	18.17	99	1.85	2.36
19	62.37	68.38	46	36.25	41.97	73	13.40	17.33	100	1.69	2.16
20	61.39	67.39	47	35.31	41.01	74	12.72	16.49	101	1.53	1.98
21	60.42	66.41	48	34.37	40.06	75	12.04	15.67	102	1.39	1.82
22	59.45	65.43	49	33.44	39.11	76	11.38	14.86	103	1.26	1.67
23	58.48	64.44	50	32.51	38.16	77	10.73	14.06	104	1.15	1.54
24	57.50	63.46	51	31.59	37.21	78	10.10	13.27	105歳	1.04	1.41
25	56.53	62.48	52	30.67	36.27	79	9.48	12.49	以上		
26	55.56	61.49	53	29.76	35.33	80	8.89	11.74			

0歳の平均余命を平均寿命という。
資料　厚生労働省「簡易生命表」

2-20　日本人の平均寿命

(単位　年)

年次	男	女
平成 2 年	75.92	81.90
7	76.38	82.85
12	77.72	84.60
17	78.56	85.52
22	79.55	86.30
27	80.75	86.99
令和 元 年	81.41	87.45
2	81.56	87.71
3	81.47	87.57
4	81.05	87.09

平均寿命とは0歳の平均余命。令和元、3、4年は簡易生命表
による。
資料　厚生労働省「生命表」「簡易生命表」

2-21　年齢階級別死亡数と死亡率 (令和4年)

年齢階級	死亡数		死亡率 (人口10万につき)		
	男	女	総数	男	女
総数　　　1)	799,420	769,630	1,285.8	1,347.8	1,227.2
0～ 4歳	995	856	44.5	46.7	42.1
5～ 9	167	144	6.4	6.7	6.1
10～14	233	189	8.1	8.7	7.4
15～19	777	488	23.3	27.9	18.5
20～24	1,401	745	36.8	46.9	26.1
25～29	1,451	806	38.0	47.9	27.7
30～34	1,797	1,022	46.4	58.0	34.3
35～39	2,754	1,660	63.6	78.0	48.7
40～44	4,550	2,721	94.3	116.0	71.8
45～49	8,672	5,172	149.2	184.0	113.3
50～54	14,069	7,732	235.5	300.3	169.1
55～59	19,156	9,486	361.0	481.3	239.9
60～64	28,869	13,104	571.3	792.3	353.8
65～69	47,837	20,868	920.6	1,316.4	544.9
70～74	97,014	44,324	1,522.4	2,214.5	904.0
75～79	109,955	60,237	2,433.4	3,506.7	1,561.2
80～84	144,728	102,759	4,327.5	6,072.8	3,080.6
85～89	159,604	161,043	8,133.8	11,199.6	6,398.0
90～94	110,745	185,138	14,913.5	19,811.3	12,992.1
95～99	38,692	116,473	27,708.0	34,857.7	25,940.5
100歳以上	5,608	34,575	46,187.4	56,080.0	44,902.6

「人口動態調査」による。　1)　年齢不詳を含む。
資料　厚生労働省「人口動態統計」

2-22　国籍別出入国者数

国籍・地域	令和3年		4年	
	入国者数	出国者数	入国者数	出国者数
総数	**904,325**	**1,084,938**	**6,978,469**	**6,547,705**
# 日本人	500,938	512,244	2,662,840	2,771,770
外国人	353,119	504,937	4,198,045	3,647,503
アジア				
# イスラエル	737	785	8,042	7,775
インド	11,060	16,055	62,884	56,508
インドネシア	6,543	14,280	124,255	72,302
韓国	36,171	42,988	1,095,702	1,045,830
シンガポール	1,107	1,306	133,440	118,934
タイ	5,670	9,801	212,978	182,178
台湾	8,606	11,727	345,038	311,265
中国	64,761	132,233	232,611	177,519
中国（その他）　1)	60	100	1,399	1,002
中国（香港）	1,476	1,900	258,269	222,215
ネパール	13,141	17,808	79,260	40,899
フィリピン	20,275	26,696	187,240	159,483
ベトナム	27,747	46,711	301,394	286,695
マレーシア	2,121	2,990	76,409	67,189
北アメリカ				
# アメリカ合衆国	27,288	30,729	345,974	302,850
カナダ	4,495	4,982	59,755	52,477
メキシコ	1,366	1,561	9,844	8,378
南アメリカ				
# アルゼンチン	882	1,000	2,539	2,114
ブラジル	10,959	16,325	32,788	29,545
ペルー	2,707	3,296	6,834	6,407
ヨーロッパ				
# アイルランド	918	999	4,951	4,554
イギリス	8,537	9,527	63,355	56,644
イギリス（香港）2)	223	253	12,789	10,978
イタリア	4,152	4,672	25,513	22,140
オランダ	1,993	2,165	12,526	10,898
スイス	1,596	1,720	9,549	8,347
スウェーデン	1,285	1,455	8,498	7,217
スペイン	3,394	3,856	17,007	15,086
ドイツ	5,993	6,721	48,312	42,992
フランス	8,468	9,926	57,466	51,285
ベルギー	1,230	1,332	7,036	6,398
ロシア	5,735	6,778	12,508	9,881
アフリカ				
# エジプト	1,376	1,554	2,576	2,275
南アフリカ	880	948	2,684	2,273
オセアニア				
# オーストラリア	3,809	4,678	92,675	67,531
ニュージーランド	1,589	1,723	13,133	10,640
無国籍	38	52	147	148

「出入国管理統計」による。　1)　中国国籍を有する者で、中国及び香港を除く政府（例えば、マカオ等）が発給した身分証明書等を所持する者。　2)　香港の居住権を有する者で、イギリス政府が発給したBNO旅券を所持する者。
資料　出入国在留管理庁「出入国管理統計年報」

第3章　国民経済計算

3-1　国内総生産（支出側）

（単位　金額　10億円）

項目	令和2年度	3年度	4年度
名目			
民間最終消費支出	289,441.7	298,188.6	315,849.2
政府最終消費支出	113,834.2	118,769.0	122,091.6
総資本形成	136,141.1	143,373.6	151,521.4
民間総固定資本形成	106,000.2	111,312.5	118,690.4
住宅	19,928.0	21,471.9	21,799.6
企業設備	86,072.2	89,840.6	96,890.8
公的総固定資本形成	30,814.3	29,794.6	29,278.2
在庫変動	−673.4	2,266.5	3,552.8
民間企業	−573.5	2,275.5	3,616.6
公的	−99.9	−9.0	−63.8
財貨・サービスの純輸出	−407.9	−6,689.0	−22,972.5
財貨・サービスの輸出	84,403.4	103,819.4	123,245.1
（控除）財貨・サービスの輸入	84,811.3	110,508.3	146,217.6
国内総生産（支出側）	**539,009.1**	**553,642.3**	**566,489.7**
対前年増加率(%)	−3.2	2.7	2.3
実質（連鎖方式、平成27暦年連鎖価格）			
民間最終消費支出　　　　　　(A)	285,316.6	290,391.4	298,122.1
政府最終消費支出　　　　　　(B)	113,991.9	117,666.0	119,333.9
総資本形成	133,393.9	135,371.9	136,664.6
民間総固定資本形成	104,333.9	105,795.1	108,026.3
住宅　　　　　　　　　　(C)	18,909.7	18,937.5	18,288.4
企業設備　　　　　　　　(D)	85,450.0	86,907.3	89,873.9
公的総固定資本形成　　　　(E)	29,438.7	27,536.9	25,852.5
在庫変動	−503.9	2,307.3	3,041.7
民間企業　　　　　　　　(F)	−377.9	2,279.8	3,025.3
公的　　　　　　　　　　(G)	−94.3	12.2	36.6
財貨・サービスの純輸出　　(H) 1)	−4,093.4	471.4	−1,936.5
財貨・サービスの輸出	92,400.3	103,855.0	108,774.2
（控除）財貨・サービスの輸入	96,493.7	103,383.6	110,710.7
国内総生産（支出側）　　(I)	**528,797.7**	**543,649.3**	**551,813.9**
開差　　　(I−(A+B+C+D+E+F+G+H))	256.4	−553.2	−782.4
デフレーター（連鎖方式、平成27暦年=100）			
民間最終消費支出	101.4	102.7	105.9
政府最終消費支出	99.9	100.9	102.3
総資本形成	102.1	105.9	110.9
民間総固定資本形成	101.6	105.2	109.9
住宅	105.4	113.4	119.2
企業設備	100.7	103.4	107.8
公的総固定資本形成	104.7	108.2	113.3
在庫変動	−	−	−
民間企業	−	−	−
公的	−	−	−
財貨・サービスの輸出	91.3	100.0	113.3
（控除）財貨・サービスの輸入	87.9	106.9	132.1
国内総生産（支出側）	**101.9**	**101.8**	**102.7**
対前年増加率(%)	0.7	−0.1	0.8

平成27年基準　(2008SNA)　　1)　連鎖方式での計算ができないため、財貨・サービスの輸出−財貨・サービスの輸入により求めている。
資料　内閣府経済社会総合研究所「国民経済計算年次推計」

Ⅱ　マクロ経済活動

3-2　国内家計最終消費支出の内訳

（単位　金額　10億円）

支出の目的	令和2年度	3年度	4年度
名目			
食料・非アルコール	46,173.4	46,802.1	49,005.2
アルコール飲料・たばこ	7,723.6	7,995.4	8,109.9
被服・履物	9,363.7	9,689.5	11,271.5
住宅・電気・ガス・水道	73,597.5	74,794.1	76,422.3
家具・家庭用機器・家事サービス	12,065.2	12,809.4	13,884.6
保健・医療	11,439.0	11,680.1	12,311.1
交通	23,587.9	24,526.6	27,372.8
情報・通信	17,177.9	17,186.5	17,483.4
娯楽・スポーツ・文化	17,200.4	18,606.2	19,731.2
教育サービス	5,631.4	5,746.5	5,496.3
外食・宿泊サービス	15,360.4	15,025.7	18,641.7
保険・金融サービス	17,718.8	19,279.3	20,964.9
個別ケア・社会保護・その他	24,116.5	26,203.3	28,254.2
国内家計最終消費支出	**281,155.9**	**290,344.6**	**308,949.1**
実質（連鎖方式、平成27暦年連鎖価格）			
食料・非アルコール	44,035.3	44,303.2	43,773.2
アルコール飲料・たばこ	6,878.9	6,786.6	6,673.7
被服・履物	9,026.1	9,320.0	10,606.6
住宅・電気・ガス・水道	75,503.4	75,492.6	75,841.9
家具・家庭用機器・家事サービス	11,809.2	12,467.8	12,784.8
保健・医療	11,606.3	11,906.0	12,673.4
交通	22,925.0	22,778.3	24,870.8
情報・通信	18,669.9	19,413.5	19,177.3
娯楽・スポーツ・文化	16,399.0	17,442.1	18,152.5
教育サービス	5,631.4	5,630.2	5,298.6
外食・宿泊サービス	14,629.7	14,148.1	16,762.3
保険・金融サービス	17,029.5	18,448.6	19,090.0
個別ケア・社会保護・その他	23,340.5	25,020.0	26,155.4
国内家計最終消費支出	**276,822.7**	**282,488.0**	**291,374.4**
デフレーター（連鎖方式、平成27暦年=100）			
食料・非アルコール	104.9	105.6	112.0
アルコール飲料・たばこ	112.3	117.8	121.5
被服・履物	103.7	104.0	106.3
住宅・電気・ガス・水道	97.5	99.1	100.8
家具・家庭用機器・家事サービス	102.2	102.7	108.6
保健・医療	98.6	98.1	97.1
交通	102.8	107.7	110.1
情報・通信	92.0	88.5	91.2
娯楽・スポーツ・文化	104.9	106.7	108.7
教育サービス	100.0	102.1	103.7
外食・宿泊サービス	105.0	106.2	111.2
保険・金融サービス	104.0	104.5	109.8
個別ケア・社会保護・その他	103.3	104.7	108.0
国内家計最終消費支出	**101.6**	**102.8**	**106.0**

平成27年基準（2008SNA）
資料　内閣府経済社会総合研究所「国民経済計算年次推計」

3-3　国内総生産勘定（フロー編統合勘定）

（単位　10億円）

項目	令和2年度	3年度	4年度
雇用者報酬	283,444.9	289,456.4	296,274.8
営業余剰・混合所得	72,750.4	77,333.5	78,610.9
固定資本減耗	136,446.9	140,601.6	145,987.1
生産・輸入品に課される税	48,947.0	50,988.1	53,227.9
（控除）補助金	3,211.7	3,518.8	7,000.2
統計上の不突合	631.5	-1,218.5	-610.9
国内総生産	**539,009.1**	**553,642.3**	**566,489.7**
民間最終消費支出	289,441.7	298,188.6	315,849.2
政府最終消費支出	113,834.2	118,769.0	122,091.6
総固定資本形成	136,814.5	141,107.1	147,968.6
在庫変動	-673.4	2,266.5	3,552.8
財貨・サービスの輸出	84,403.4	103,819.4	123,245.1
（控除）財貨・サービスの輸入	84,811.3	110,508.3	146,217.6
国内総生産	**539,009.1**	**553,642.3**	**566,489.7**

平成27年基準（2008SNA）
資料　内閣府経済社会総合研究所「国民経済計算年次推計」

3-4　国民可処分所得と使用勘定（フロー編統合勘定）

（単位　10億円）

項目	令和2年度	3年度	4年度
民間最終消費支出	289,441.7	298,188.6	315,849.2
政府最終消費支出	113,834.2	118,769.0	122,091.6
貯蓄	16,008.5	24,086.2	14,413.3
国民可処分所得／国民調整可処分所得の使用	**419,284.5**	**441,043.8**	**452,354.1**
雇用者報酬	283,444.9	289,456.4	296,274.8
海外からの雇用者報酬（純）	104.7	109.4	107.0
営業余剰・混合所得	72,750.4	77,333.5	78,610.9
海外からの財産所得（純）	19,697.9	28,873.0	33,961.0
生産・輸入品に課される税	48,947.0	50,988.1	53,227.9
（控除）補助金	3,211.7	3,518.8	7,000.2
海外からのその他の経常移転（純）	-2,448.8	-2,197.8	-2,827.4
国民可処分所得／国民調整可処分所得	**419,284.5**	**441,043.8**	**452,354.1**

平成27年基準（2008SNA）
資料　内閣府経済社会総合研究所「国民経済計算年次推計」

3-5　資本勘定と金融勘定（フロー編統合勘定）

（単位　10億円）

項目	令和2年度	3年度	4年度
資本勘定			
総固定資本形成	136,814.5	141,107.1	147,968.6
（控除）固定資本減耗	136,446.9	140,601.6	145,987.1
在庫変動	−673.4	2,266.5	3,552.8
純貸出（＋）／純借入（−）	16,736.8	19,724.9	8,090.9
資産の変動	**16,431.0**	**22,496.9**	**13,625.1**
貯蓄	16,008.5	24,086.2	14,413.3
海外からの資本移転等（純）	−209.1	−370.7	−177.2
統計上の不突合	631.5	−1,218.5	−610.9
貯蓄・資本移転による正味資産の変動	**16,431.0**	**22,496.9**	**13,625.1**
金融勘定			
対外資産の変動	19,712.1	62,391.0	24,676.3
対外資産の変動	**19,712.1**	**62,391.0**	**24,676.3**
純貸出（＋）／純借入（−）（資金過不足）	16,736.8	19,724.9	8,090.9
対外負債の変動	2,975.3	42,666.1	16,585.4
純貸出（＋）／純借入（−）（資金過不足）	**19,712.1**	**62,391.0**	**24,676.3**
及び対外負債の変動			

平成27年基準（2008SNA）
資料　内閣府経済社会総合研究所「国民経済計算年次推計」

3-6　海外勘定（フロー編統合勘定）

（単位　10億円）

項目	令和2年度	3年度	4年度
経常取引			
財貨・サービスの輸出	84,403.4	103,819.4	123,245.1
雇用者報酬（支払）	150.2	154.0	160.5
財産所得（支払）	30,115.2	41,173.9	50,445.7
その他の経常移転（支払）	4,103.9	3,994.1	5,088.0
経常対外収支	−16,945.9	−20,095.6	−8,268.1
支払	**101,826.8**	**129,045.7**	**170,671.1**
財貨・サービスの輸入	84,811.3	110,508.3	146,217.6
雇用者報酬（受取）	45.5	44.5	53.5
財産所得（受取）	10,417.3	12,300.9	16,484.6
その他の経常移転（受取）	6,552.7	6,191.9	7,915.4
受取	**101,826.8**	**129,045.7**	**170,671.1**
資本取引			
経常対外収支	−16,945.9	−20,095.6	−8,268.1
資本移転等（受取）	277.7	450.0	398.4
（控除）資本移転等（支払）	68.6	79.3	221.2
経常対外収支・資本移転による	**−16,736.8**	**−19,724.9**	**−8,090.9**
正味資産の変動			
金融取引			
資産の変動	2,975.3	42,666.1	16,585.4
資産の変動	**2,975.3**	**42,666.1**	**16,585.4**
純貸出（＋）／純借入（−）（資金過不足）	−16,736.8	−19,724.9	−8,090.9
負債の変動	19,712.1	62,391.0	24,676.3
純貸出（＋）／純借入（−）	**2,975.3**	**42,666.1**	**16,585.4**
（資金過不足）及び負債の変動			

平成27年基準（2008SNA）
資料　内閣府経済社会総合研究所「国民経済計算年次推計」

3-7　国民所得の分配 （要素費用表示）

（単位　10億円）

項目		令和2年度	3年度	4年度
雇用者報酬	(A)	283,549.6	289,565.9	296,381.8
賃金・俸給		240,035.3	244,899.7	250,592.6
雇主の社会負担		43,514.4	44,666.2	45,789.3
財産所得（非企業部門）	(B)	25,685.6	27,056.3	30,325.8
一般政府		−736.0	−599.2	994.1
利子		−2,574.1	−2,586.7	−1,319.1
法人企業の分配所得（受取）		2,198.5	2,371.4	2,723.4
その他の投資所得（受取）		0.3	0.4	0.5
賃貸料		−360.7	−384.4	−410.7
家計		26,114.4	27,288.0	28,911.4
利子		5,785.3	5,597.9	6,147.3
配当（受取）		7,250.8	7,888.8	8,488.0
その他の投資所得（受取）		9,726.4	10,255.5	10,590.6
賃貸料（受取）		3,351.9	3,545.8	3,685.4
対家計民間非営利団体		307.2	367.6	420.3
企業所得（企業部門の第1次所得バランス）	(C)	66,762.8	79,150.2	82,246.2
民間法人企業		37,258.6	50,384.5	54,438.3
公的企業		1,436.6	878.5	1,153.1
個人企業		28,067.6	27,887.1	26,654.8
国民所得（要素費用表示）	(A+B+C)	**375,998.0**	**395,772.3**	**408,953.8**

平成27年基準（2008SNA）
資料　内閣府経済社会総合研究所「国民経済計算年次推計」

3-8　経済活動別国内総生産 （名目）

（単位　10億円）

経済活動の種類	令和2年	3年	4年
農林水産業	5,756.1	5,599.1	5,695.6
鉱業	383.1	364.6	446.5
製造業	108,245.0	115,241.5	107,617.8
電気・ガス・水道・廃棄物処理業	17,322.5	15,297.9	13,417.3
建設業	30,990.0	30,794.1	29,172.4
卸売・小売業	68,832.7	73,006.4	80,105.0
運輸・郵便業	22,789.1	23,021.7	26,372.5
宿泊・飲食サービス業	8,982.0	7,013.6	8,917.9
情報通信業	27,479.5	27,669.5	27,243.3
金融・保険業	22,692.9	23,457.2	25,411.9
不動産業	65,815.1	65,285.2	64,769.2
専門・科学技術、業務支援サービス業	47,013.5	48,769.8	50,711.2
公務	27,897.3	28,294.2	28,876.8
教育	19,119.6	19,139.5	19,217.1
保健衛生・社会事業	44,135.5	45,452.5	46,388.0
その他のサービス	20,202.5	20,881.8	21,555.1
小計	537,656.2	549,288.6	555,918.3
輸入品に課される税・関税	9,535.3	11,361.8	14,769.1
（控除）総資本形成に係る消費税	7,740.8	8,019.5	8,844.4
統計上の不突合	357.4	−59.6	−2,132.8
国内総生産	**539,808.2**	**552,571.4**	**559,710.1**

平成27年基準（2008SNA）
資料　内閣府経済社会総合研究所「国民経済計算年次推計」

3-9　経済活動別国内総生産・要素所得（名目）（令和4年）

（単位　10億円）

経済活動の種類	産出額（生産者価格表示）(A)	中間投入 (B)	国内総生産（生産者価格表示）(C=A-B)	固定資本減耗 (D)	国内純生産（生産者価格表示）(E=C-D)	生産・輸入品に課される税(控除)補助金 (F)	国内要素所得 (G=E-F)	雇用者報酬 (H)	営業余剰・混合所得 (I=G-H)
農林水産業	12,962	7,266	5,696	1,886	3,809	-130	3,939	2,648	1,291
鉱業	901	455	447	165	281	59	222	247	-25
製造業	358,170	250,552	107,618	37,028	70,590	10,563	60,027	57,100	2,927
電気・ガス・水道・廃棄物処理業	42,955	29,538	13,417	8,047	5,370	1,148	4,222	3,304	918
建設業	68,400	39,228	29,172	3,427	25,745	2,443	23,303	23,847	-544
卸売・小売業	129,991	49,886	80,105	9,391	70,714	8,104	62,610	39,956	22,654
運輸・郵便業	44,577	18,205	26,373	8,537	17,836	2,699	15,137	20,459	-5,323
宿泊・飲食サービス業	24,223	15,305	8,918	1,604	7,314	885	6,429	4,583	1,846
情報通信業	57,845	30,602	27,243	7,829	19,414	2,379	17,035	15,647	1,388
金融・保険業	39,129	13,717	25,412	2,653	22,759	475	22,284	11,377	10,907
不動産業	80,487	15,718	64,769	30,642	34,128	5,424	28,704	4,701	24,003
専門・科学技術、業務支援サービス業	73,876	23,164	50,711	7,722	42,989	4,268	38,721	34,845	3,876
公務	45,157	16,280	28,877	12,808	16,069	76	15,993	15,993	0.0
教育	23,446	4,229	19,217	4,891	14,326	159	14,167	14,204	-37
保健衛生・社会事業	71,982	25,593	46,389	5,235	41,153	-241	41,394	31,769	9,626
その他のサービス	37,009	15,454	21,555	3,986	17,569	2,618	14,951	14,599	352
小計	1,111,110	555,192	555,918	145,851	410,067	40,930	369,138	295,279	73,859
輸入品に課される税・関税	14,769	-	14,769	0.0	14,769	14,769	0.0	0.0	0.0
（控除）総資本形成に係る消費税	8,844	0.0	8,844	0.0	8,844	8,844	0.0	0.0	0.0
合計	1,117,035	555,192	561,843	145,851	415,992	46,854	369,138	295,279	73,859

平成27年基準（2008SNA）
資料　内閣府経済社会総合研究所「国民経済計算年次推計」

3-10　期末貸借対照表勘定（ストック編統合勘定）

（単位　10億円）

項目	令和元年末	2年末	3年末
非金融資産	3,319,491.8	3,326,943.4	3,445,290.0
生産資産	2,067,756.3	2,055,483.0	2,161,442.8
固定資産	1,996,748.6	1,987,630.7	2,087,644.3
在庫	71,007.6	67,852.3	73,798.5
非生産資産（自然資源）	1,251,735.5	1,271,460.4	1,283,847.2
金融資産	8,034,056.2	8,574,536.5	8,999,681.6
期末資産	**11,353,548.0**	**11,901,479.9**	**12,444,971.6**
負債	7,674,618.0	8,217,383.0	8,586,300.0
正味資産	3,678,930.0	3,684,096.9	3,858,671.6
期末負債・正味資産	**11,353,548.0**	**11,901,479.9**	**12,444,971.6**

平成27年基準（2008SNA）
資料　内閣府経済社会総合研究所「国民経済計算年次推計」

3-11　資本勘定と金融勘定（ストック編統合勘定）

（単位　10億円）

項目	令和元年	2年	3年
純固定資本形成	8,064.2	1,915.9	1,908.2
在庫変動	1,350.8	-1,369.8	26.4
金融資産の変動	131,783.1	549,146.6	227,030.2
うち株式	-1,608.7	7,406.3	-4,324.2
資産の変動	**141,198.1**	**549,692.7**	**228,964.8**
負債の変動	112,944.9	533,583.9	205,858.9
うち株式	3,778.9	864.9	938.6
貯蓄	28,221.2	15,412.0	24,995.9
海外からの資本移転等（純）　　1)	-413.1	-207.2	-419.7
統計上の不突合	445.1	904.0	-1,470.4
貯蓄・資本移転及び負債の変動	**141,198.1**	**549,692.7**	**228,964.8**

平成27年基準（2008SNA）　1)　海外からの資本移転等（純）＝海外からの資本移転（純）－非金融非生産資産の海外からの購入（純）
資料　内閣府経済社会総合研究所「国民経済計算年次推計」

3-12 調整勘定 (ストック編統合勘定)

(単位 10億円)

項目	令和元年	2年	3年
その他の資産量変動勘定			
非金融資産	0.0	0.0	−492.8
生産資産	−924.5	−871.9	−1,368.5
固定資産	−924.5	−871.9	−875.7
在庫	0.0	0.0	−492.8
非生産資産 (自然資源)	924.5	871.9	875.7
土地	924.5	871.9	875.7
鉱物・エネルギー資源	0.0	0.0	0.0
非育成生物資源	0.0	0.0	0.0
金融資産	−4,853.2	−2,034.8	8,288.8
うち株式	0.0	0.0	0.0
資産の変動	**−4,853.2**	**−2,034.8**	**7,796.0**
負債	−5,076.2	−1,129.5	6,365.3
うち株式	0.0	0.0	0.0
その他の資産量変動による正味資産の変動	223.0	−905.3	1,430.7
負債・正味資産の変動	**−4,853.2**	**−2,034.8**	**7,796.0**
再評価勘定			
非金融資産	63,772.1	6,905.5	116,904.8
生産資産	39,095.6	−11,947.5	105,393.8
固定資産	39,764.7	−10,161.9	98,981.1
在庫	−669.1	−1,785.6	6,412.6
非生産資産 (自然資源)	24,676.5	18,853.0	11,511.1
土地	24,494.5	18,740.4	11,462.7
鉱物・エネルギー資源	−14.3	−16.1	21.6
非育成生物資源	196.3	128.7	26.8
金融資産	126,842.7	−6,631.5	189,826.1
うち株式	63,224.0	−6,974.1	133,394.8
資産の変動	**190,614.8**	**274.0**	**306,730.9**
負債	130,029.2	10,310.6	156,692.8
うち株式	93,937.1	14,462.5	149,327.0
名目保有利得又は損失による正味資産の変動	60,585.6	−10,036.6	150,038.1
負債・正味資産の変動	**190,614.8**	**274.0**	**306,730.9**

平成27年基準 (2008SNA)
資料　内閣府経済社会総合研究所「国民経済計算年次推計」

3-13　国民資産・負債残高

項目		令和元年末	2年末	3年末
非金融資産		3,319,491.8	3,326,943.4	3,445,290.0
生産資産		2,067,756.3	2,055,483.0	2,161,442.8
固定資産	1)	1,996,748.6	1,987,630.7	2,087,644.3
住宅		431,393.0	426,218.7	460,924.1
その他の建物・構築物		1,167,307.7	1,165,115.7	1,218,359.7
機械・設備		232,806.9	231,187.1	239,093.5
防衛装備品		10,633.9	10,679.0	10,782.6
育成生物資源		813.2	798.9	763.7
知的財産生産物		153,793.9	153,631.2	157,720.7
在庫		71,007.6	67,852.3	73,798.5
原材料	2)	10,298.5	9,890.0	10,402.3
仕掛品	2)	13,431.8	12,808.7	13,771.2
製品	2)	16,314.7	15,634.7	17,363.8
流通品	2)	36,317.4	34,676.0	37,676.4
（控除）総資本形成に係る消費税		5,354.7	5,157.1	5,415.2
非生産資源（自然資源）		1,251,735.5	1,271,460.4	1,283,847.2
土地		1,244,937.8	1,264,550.1	1,276,888.5
鉱物・エネルギー資源		1,468.4	1,452.3	1,473.9
非育成生物資源		5,329.3	5,458.0	5,484.8
金融資産		8,034,056.2	8,574,536.5	8,999,681.6
貨幣用金・SDR		6,183.1	6,895.6	12,876.8
現金・預金		2,063,287.9	2,303,373.4	2,365,479.6
貸出		1,535,150.9	1,671,357.3	1,753,844.3
債務証券		1,304,415.3	1,387,770.9	1,384,084.1
持分・投資信託受益証券		1,201,455.6	1,223,687.6	1,388,437.5
うち株式		825,964.1	826,396.3	955,466.9
保険・年金・定型保証		552,439.3	556,990.6	557,041.4
金融派生商品・雇用者ストックオプション		61,788.3	76,530.1	58,225.4
その他の金融資産		1,309,335.8	1,347,931.0	1,479,692.5
総資産		**11,353,548.0**	**11,901,479.9**	**12,444,971.6**
負債		7,674,618.0	8,217,383.0	8,586,300.0
貨幣用金・SDR		1,854.5	1,827.9	6,740.9
現金・預金		2,050,923.8	2,290,255.0	2,351,597.2
借入		1,565,280.0	1,719,868.1	1,795,573.5
債務証券		1,490,734.3	1,594,132.9	1,611,507.1
持分・投資信託受益証券		1,443,856.6	1,480,177.6	1,667,410.5
うち株式		1,061,721.8	1,077,049.2	1,227,314.8
保険・年金・定型保証		552,439.3	556,990.6	557,041.4
金融派生商品・雇用者ストックオプション		65,372.3	81,974.6	63,336.5
その他の負債		504,157.2	492,156.3	533,092.9
正味資産		3,678,930.0	3,684,096.9	3,858,671.6
負債・正味資産		**11,353,548.0**	**11,901,479.9**	**12,444,971.6**

平成27年基準（2008SNA）　1）修正グロス方式　2）グロス方式
資料　内閣府経済社会総合研究所「国民経済計算年次推計」

3-14　経済活動別固定資本ストック（実質）（連鎖方式）

（単位　10億円）（平成27暦年末連鎖価格）

経済活動別分類	固定資産合計		
	令和元年末	2年末	3年末
一国計	1,905,045.4	1,906,613.1	1,908,173.0
農林水産業	17,507.3	17,016.1	16,629.9
鉱業	2,544.2	2,471.6	2,431.4
製造業	277,122.6	276,368.3	276,133.5
電気・ガス・水道・廃棄物処理業	220,348.4	220,660.3	221,180.1
建設業	22,058.7	22,388.1	22,970.5
卸売・小売業	70,282.8	70,117.8	70,140.9
運輸・郵便業	147,728.0	148,985.2	149,765.8
宿泊・飲食サービス業	14,641.1	14,050.9	13,636.0
情報通信業	58,815.1	58,473.5	58,331.4
金融・保険業	9,952.5	9,911.6	9,940.6
不動産業	460,025.8	459,414.0	456,405.1
専門・科学技術、業務支援サービス業	43,732.2	44,117.2	44,449.0
公務	452,053.3	455,500.7	458,807.0
教育	38,259.7	38,121.0	37,858.7
保健衛生・社会事業	39,598.1	39,443.1	39,699.9
その他のサービス	30,377.5	29,447.6	29,618.6

平成27年基準（2008SNA）
資料　内閣府経済社会総合研究所「国民経済計算年次推計」

3-15　県民経済計算 (令和2年度)

（単位　10億円）

都道府県	県内総生産（名目）	県民所得	1人当たり県民所得（1,000円）1)	県内総生産（支出側、実質）2)	#民間最終消費支出	#地方政府等最終消費支出	#県内総資本形成	対前年度増加率（%）
全国	558,778	393,960	3,123	548,753	287,871	83,582	127,904	-4.6
北海道	19,726	14,011	2,682	19,052	11,094	4,033	3,953	-5.2
青森	4,457	3,259	2,633	4,342	2,452	965	1,288	-2.3
岩手	4,747	3,227	2,666	4,656	2,683	959	1,534	-3.0
宮城	9,485	6,452	2,803	9,264	4,638	1,575	2,342	-4.6
秋田	3,530	2,478	2,583	3,474	2,060	862	957	-2.8
山形	4,284	3,036	2,843	4,265	2,366	813	1,184	-1.3
福島	7,829	5,193	2,833	7,689	3,725	1,447	2,917	-2.1
茨城	13,771	8,882	3,098	13,529	6,305	1,800	3,128	-3.3
栃木	8,946	6,055	3,132	8,864	4,076	1,199	2,025	-5.2
群馬	8,653	5,695	2,937	8,658	4,163	1,231	2,166	-7.1
埼玉	22,923	21,228	2,890	22,634	16,377	4,153	5,459	-3.5
千葉	20,776	18,775	2,988	20,054	14,466	3,426	5,045	-4.6
東京	109,602	73,249	5,214	106,850	41,381	7,858	18,912	-5.6
神奈川	33,905	27,354	2,961	33,265	22,669	4,940	7,245	-4.3
新潟	8,858	6,128	2,784	8,699	4,713	1,585	2,291	-4.4
富山	4,730	3,229	3,120	4,682	2,429	724	1,292	-4.0
石川	4,528	3,138	2,770	4,488	2,614	833	1,153	-5.2
福井	3,571	2,440	3,182	3,539	1,619	618	1,189	-4.1
山梨	3,553	2,415	2,982	3,528	1,730	667	1,141	-0.2
長野	8,214	5,710	2,788	8,167	4,446	1,486	2,153	-3.4
岐阜	7,663	5,689	2,875	7,547	3,944	1,287	2,575	-4.1
静岡	17,105	11,298	3,110	17,077	7,797	2,665	4,066	-4.9
愛知	39,659	25,858	3,428	39,519	17,827	4,315	8,901	-4.0
三重	8,273	5,220	2,948	8,364	3,701	1,203	1,938	0.8
滋賀	6,740	4,379	3,097	6,798	2,984	876	1,864	-2.6
京都	10,168	7,077	2,745	10,030	5,985	1,632	2,277	-6.1
大阪	39,720	25,008	2,830	38,892	20,030	6,105	8,060	-4.6
兵庫	21,736	15,775	2,887	21,424	12,540	3,346	4,893	-3.5
奈良	3,686	3,313	2,501	3,631	2,889	908	846	-4.5
和歌山	3,625	2,538	2,751	3,458	1,854	748	998	-6.6
鳥取	1,820	1,280	2,313	1,786	1,136	489	498	-5.3
島根	2,576	1,858	2,768	2,538	1,482	618	723	-3.7
岡山	7,606	5,033	2,665	7,378	3,962	1,333	1,971	-5.4
広島	11,555	8,312	2,969	11,460	6,136	1,846	3,564	-4.4
山口	6,148	3,973	2,960	6,039	2,818	1,044	1,421	-4.0
徳島	3,185	2,168	3,013	3,192	1,606	845	761	-1.9
香川	3,734	2,629	2,766	3,631	2,139	697	826	-8.2
愛媛	4,827	3,298	2,471	4,688	2,758	987	1,197	-7.9
高知	2,354	1,723	2,491	2,282	1,474	666	674	-5.4
福岡	18,887	13,505	2,630	18,503	11,178	3,431	4,344	-6.0
佐賀	3,046	2,090	2,575	2,997	1,582	602	855	-4.5
長崎	4,539	3,259	2,483	4,447	2,577	1,010	1,271	-4.3
熊本	6,105	4,342	2,498	5,994	3,201	1,347	1,457	-3.5
大分	4,458	2,926	2,604	4,343	2,333	1,091	1,060	-4.0
宮崎	3,602	2,448	2,289	3,521	2,049	743	917	-4.0
鹿児島	5,610	3,825	2,408	5,450	3,037	1,545	1,333	-4.2
沖縄	4,261	3,180	2,167	4,137	2,552	1,031	1,243	-6.0

各都道府県が「県民経済計算標準方式」に基づき作成したものである。平成27年基準。　1)　算出に用いた人口は、総務省統計局「国勢調査」による。　2)　連鎖方式。平成27暦年連鎖価格。
資料　内閣府経済社会総合研究所「県民経済計算」

3-16　産　業

部門	中間需要										
	農林漁業	鉱業	製造業	建設	電力・ガス・水道	商業	金融・保険	不動産	運輸・郵便	情報通信	公務
中間投入											
1　農林漁業	1,567	0	8,148	63	0	11	0	0	2	0	2
2　鉱業	0	2	13,108	380	7,619	0	0	0	0	0	0
3　製造業	2,971	70	133,599	17,291	1,931	3,050	1,029	188	7,132	2,445	1,976
4　建設	30	3	589	38	490	277	87	723	358	171	324
5　電力・ガス・水道	127	34	6,752	242	2,742	2,367	221	357	894	375	636
6　商業	843	17	13,893	3,376	519	1,032	188	100	1,491	604	392
7　金融・保険	81	34	1,945	762	511	1,634	1,636	6,138	1,254	279	837
8　不動産	23	7	590	276	145	2,656	541	2,409	1,061	1,156	64
9　運輸・郵便	727	176	7,943	2,670	1,042	5,133	1,263	213	6,643	1,365	1,375
10　情報通信	49	7	1,896	536	454	3,564	2,046	277	566	8,454	1,207
11　公務	0	0	0	0	0	0	0	0	0	0	0
12　サービス	277	47	9,839	5,847	2,532	8,377	4,328	2,290	6,811	9,191	4,743
13　分類不明	51	10	937	849	111	650	165	140	455	132	37
70　内生部門計	6,746	407	199,240	32,332	18,095	28,751	11,506	12,836	26,668	24,171	11,592
粗付加価値											
71　家計外消費支出	82	37	3,654	1,245	309	2,284	1,073	313	900	930	434
91　雇用者所得	1,494	174	45,418	21,262	2,591	37,218	11,062	4,672	15,585	10,500	14,324
92　営業余剰	2,811	77	14,918	1,707	1,303	14,811	8,986	31,774	3,207	7,226	0
93　資本減耗引当	1,997	93	29,253	2,337	6,084	8,486	2,600	27,161	6,343	5,525	13,315
94　間接税（関税・輸入品商品税を除く）	514	60	10,524	2,247	1,032	3,975	747	3,987	2,455	1,622	74
95　（控除）経常補助金	-755	-0	-198	-292	-233	-47	-526	-23	-149	-1	0
96　粗付加価値部門計	6,142	441	103,570	28,505	11,085	66,728	23,942	67,883	28,341	25,804	28,147
97　国内生産額	12,888	848	302,809	60,837	29,179	95,479	35,448	80,719	55,009	49,975	39,739

生産者価格評価による取引基本表。各取引額は消費税を含む。　　1)　輸出は免税のため消費税を含まない。

連 関 表 (平成27年)

| サービス | 分類不明 | 内生部門計 | 最終需要 | | | | | | | 需要合計 | (控除)輸入計 | 国内生産額 |
			家計外消費支出	民間消費支出	一般政府消費支出	国内総固定資本形成	在庫純増	輸出計	最終需要計			
1,516	0	11,310	68	3,822	0	193	189	113	4,385	15,696	-2,808	12,888
4	1	21,116	-5	-6	0	-7	-2	45	25	21,141	-20,293	848
30,941	270	202,892	1,639	57,443	7	39,358	111	65,613	164,170	367,062	-64,253	302,809
609	0	3,699	0	0	0	57,137	0	0	57,137	60,837	0	60,837
5,732	28	20,506	9	8,798	-212	0	0	82	8,676	29,183	-3	29,179
10,085	47	32,587	1,664	48,155	10	7,396	182	5,675	63,081	95,668	-190	95,479
2,202	13	17,328	0	17,775	0	0	0	1,745	19,520	36,848	-1,399	35,448
2,808	148	11,884	0	65,914	22	2,854	0	47	68,837	80,721	-2	80,719
5,916	444	34,910	416	15,055	52	831	50	7,304	23,709	58,619	-3,609	55,009
9,294	354	28,704	181	13,262	36	9,378	-27	763	23,592	52,296	-2,322	49,975
0	1,157	1,157	0	1,168	37,414	0	0	0	38,582	39,739	0	39,739
24,178	297	78,757	11,084	74,223	68,200	19,792	0	5,378	178,677	257,434	-7,238	250,196
1,191	0	4,728	0	10	0	0	0	5	15	4,744	-51	4,693
94,477	2,761	469,580	15,056	305,616	105,529	136,933	503	86,769	650,407	1,119,987	-102,168	1,017,818

サービス	分類不明	内生部門計
3,774	20	15,056
101,440	59	265,799
15,521	1,565	103,905
27,646	230	131,071
8,350	82	35,668
-1,013	-24	-3,260
155,719	1,932	548,239
250,196	4,693	1,017,818

注1)

資料　総務省政策統括官（統計制度担当）「産業連関表」

第4章 通貨・資金循環

4-1 通貨流通高

(単位 億円)

年末	合計	日本銀行券発行高				貨幣流通高 1)		
		計	# 一万円	# 五千円	# 千円	計	# 五百円	# 百円
平成 7 年	500,600	462,440	409,131	20,075	31,471	38,159	12,263	9,364
12	676,197	633,972	571,898	23,336	34,256	42,225	15,554	10,011
17	837,728	792,705	720,611	28,153	37,235	45,022	18,564	10,439
22	868,556	823,143	751,205	29,387	38,823	45,413	19,839	10,346
25	947,696	901,431	825,598	31,534	40,770	46,265	20,920	10,496
26	977,379	930,817	853,703	32,526	41,099	46,561	21,244	10,550
27	1,031,200	984,299	906,794	32,541	41,502	46,900	21,659	10,574
28	1,072,034	1,024,612	946,232	32,711	42,225	47,422	22,196	10,665
29	1,115,081	1,067,165	987,305	33,400	43,018	47,916	22,691	10,754
30	1,152,075	1,103,625	1,021,872	34,354	43,984	48,450	23,188	10,866
令和 元 年	1,176,954	1,127,418	1,043,895	35,232	44,888	49,536	24,096	11,071
2	1,233,809	1,183,281	1,099,520	35,667	44,734	50,527	25,024	11,183
3	1,270,255	1,219,637	1,134,590	36,413	45,297	50,617	25,278	11,092
4	1,299,228	1,250,683	1,165,047	36,854	45,451	48,545	23,649	10,799

1) 記念貨を含む。日本銀行保有分を除き、市中金融機関保有分を含む。
資料　日本銀行「通貨流通高」

4-2 マネタリーベースと日本銀行の取引

(単位 億円)

区分	ストック				フロー			
	令和元年末	2年末	3年末	4年末	令和元年末	2年末	3年末	4年末
マネタリーベース	5,182,425	6,176,083	6,700,674	6,324,071	140,259	993,658	524,591	−376,603
#長期国債	4,719,439	4,943,141	5,078,295	5,564,324	158,308	223,702	135,154	486,029
対政府長期国債売現先	0	0	0	0	0	0	0	0
国庫短期証券	93,980	411,957	132,900	77,234	−20,475	317,977	−279,057	−55,666
共通担保オペ	5,997	4,651	5,550	4,660	−1,414	−1,346	899	−890
貸出支援基金	475,148	590,630	595,182	659,010	27,433	115,482	4,552	63,828
政府預金	−155,460	−491,950	−177,134	−203,131	6,934	−336,490	314,816	−25,997
マネタリーベース	5,182,425	6,176,083	6,700,674	6,324,071	140,259	993,658	524,591	−376,603
日本銀行券発行高	1,127,418	1,183,282	1,219,638	1,250,683	23,793	55,864	36,356	31,045
貨幣流通高	49,536	50,528	50,618	48,545	1,086	992	90	−2,073
日銀当座預金	4,005,471	4,942,273	5,430,418	5,024,843	115,380	936,802	488,145	−405,575

資料　日本銀行「マネタリーベースと日本銀行の取引」

4-3　マネーストック（平均残高）

（単位　億円）

年次	M2 1)	M3 2)	M1 2)	現金通貨 3)	預金通貨 4)	準通貨 5)	CD（譲渡性預金）	広義流動性 6)
平成 27 年	9,206,476	12,386,000	6,305,980	907,862	5,398,118	5,688,621	391,399	16,730,699
28	9,563,427	12,800,804	6,878,435	948,062	5,930,373	5,605,814	316,555	17,075,725
29	9,905,721	13,192,095	7,345,538	990,889	6,354,649	5,530,437	316,120	17,590,299
30	10,142,429	13,469,683	7,742,591	1,024,489	6,718,102	5,426,880	300,212	17,873,883
令和 元 年	10,404,214	13,762,321	8,180,068	1,042,840	7,137,228	5,287,726	294,527	18,219,012
2	11,359,680	14,813,455	9,314,014	1,102,279	8,211,735	5,177,415	322,026	19,232,449
3	11,782,086	15,309,517	9,951,946	1,138,999	8,812,947	5,015,461	342,110	20,112,568
4	12,128,301	15,693,481	10,425,610	1,168,296	9,257,314	4,944,164	323,707	20,783,578

1)　現金通貨＋預金通貨＋準通貨＋CD（預金通貨、準通貨、CDの発行者は国内銀行等）
対象金融機関：日本銀行、国内銀行（ゆうちょ銀行を除く）、外国銀行在日支店、信用金庫、信金中央金庫、農林中央金庫、商工組合中央金庫。
2)　対象金融機関（全預金取扱機関）：M2対象金融機関、ゆうちょ銀行、信用組合、全国信用協同組合連合会、労働金庫、労働金庫連合会、農業協同組合、信用農業協同組合連合会、漁業協同組合、信用漁業協同組合連合会。
3)　銀行券発行高＋貨幣流通高　4)　要求払預金（当座、普通、貯蓄、通知、別段、納税準備）－調査対象金融機関保有小切手・手形　5)　定期預金＋据置貯金＋定期積金＋外貨預金　6)　M3＋金銭の信託＋投資信託＋金融債＋銀行発行普通社債＋金融機関発行CP（短期社債を含む）＋国債（国庫短期証券、財投債を含む）＋外債（非居住者発行債）
対象機関：M3対象金融機関、国内銀行信託勘定、中央政府、保険会社等、外債発行機関。
資料　日本銀行「マネーストック」

4-4　マネタリーサーベイ

（単位　億円）

年末	総括表					
	資産					
	対外資産（純）	国内信用	政府向け信用（純）	その他金融機関向け信用	地方公共団体向け信用	その他部門向け信用
令和 2 年	927,596	17,003,805	6,055,611	3,499,844	824,029	6,624,321
3	954,417	17,425,563	6,072,651	3,742,366	859,100	6,751,446
4	921,977	17,424,128	6,064,834	3,501,907	834,751	7,022,636

年末	総括表				
	負債				
	通貨（M1）	現金通貨 1)	預金通貨 2)	準通貨＋CD（譲渡性預金） 3)	その他負債（純）
令和 2 年	9,439,435	1,123,893	8,315,542	5,471,192	3,020,774
3	10,069,431	1,161,908	8,907,523	5,333,427	2,977,122
4	10,508,346	1,190,475	9,317,871	5,246,591	2,591,168

「マネタリーサーベイ」は、中央銀行と、預金通貨、準通貨、CDを発行する預金取扱機関の諸勘定を統合・調整したバランスシート。国際通貨基金（IMF）が採用している国際基準に基づいた区分で資産を表示。　1)　銀行券発行高＋貨幣流通高　2)　要求払預金（当座、普通、貯蓄、通知、別段、納税準備）－調査対象金融機関の保有小切手・手形　3)　準通貨＝定期預金＋据置貯金＋定期積金＋外貨預金
資料　日本銀行「マネタリーサーベイ」

4-5　資金循環勘定（令和4年度）

（単位　億円）

区分	主要金融取引		主要金融資産・負債残高		調整額	
	資産	負債	資産	負債	資産	負債
金融機関	**328,686**	**328,686**	**49,204,737**	**49,204,737**	**238,708**	**238,708**
#現金・預金	-128,698	241,697	8,042,460	23,980,033	7,677	5,772
財政融資資金預託金	5,685	29,958	108,895	354,444	-	-
貸出	186,936	-166,455	17,247,456	7,823,411	4,131	61,191
債務証券	240,133	40,561	12,273,493	3,184,268	-334,288	-21,229
株式等・投資信託受益証券	25,577	101,764	4,382,109	4,744,862	34,610	25,481
保険・年金・定型保証	-20,458	-42,433	144,333	5,353,186	2,426	2,680
資金過不足　　　　　1)		56,779		1,033,130		-386,024
民間非金融法人企業	**340,349**	**340,349**	**13,630,766**	**13,630,766**	**157,087**	**157,087**
#現金・預金	89,449	-	3,391,798	-	0	
貸出	12,582	198,118	726,280	4,886,728	-2,192	-20,573
債務証券	23,087	24,611	390,162	881,533	-3,887	-10,271
株式等・投資信託受益証券	1,974	15,004	3,761,912	10,692,561	-23,005	156,968
保険・年金・定型保証	-1,564	-17,977	41,637	164,370	0	3,173
対外直接投資	160,021	-	2,044,764	-	92,015	-
対外証券投資	-7,859	-	131,974	-	32,388	-
資金過不足　　　　　1)		40,501		-5,924,871		-9,295
中央政府	**55,271**	**55,271**	**3,352,518**	**3,352,518**	**107,720**	**107,720**
#現金・預金	78,778	-	464,850	-	12,593	-
財政融資資金預託金	10,545	-	23,034	-	-	-
貸出	4,157	40,246	122,175	588,143	0	0
債務証券	1,615	335,968	10,693	11,273,413	-159	-219,711
株式等・投資信託受益証券	2,517	271	773,225	144,209	2,161	0
資金過不足　　　　　1)		-287,773		-8,961,194		322,471
地方公共団体	**7,660**	**7,660**	**1,156,586**	**1,156,586**	**-3,684**	**-3,684**
#現金・預金	13,998	-	473,996	-	0	-
貸出	234	-18,854	65,045	962,190	0	0
債務証券	-8,098	-6,019	98,624	743,582	-2,367	-15,259
株式等・投資信託受益証券	1,469	0	502,762	13,362	-1,317	0
資金過不足　　　　　1)		26,676		-660,680		11,575
社会保障基金	**79,333**	**79,333**	**3,249,693**	**3,249,693**	**-15,302**	**-15,302**
#現金・預金	2,297	-	155,473	-	0	-
財政融資資金預託金	13,478	-	222,265	-	-	-
貸出	-604	-3	13,160	17,093	0	0
債務証券	37,264	-	662,297	-	-14,115	-
株式等・投資信託受益証券	-5,306	0	727,349	46,873	18,212	0
資金過不足　　　　　1)		73,992		3,014,765		-15,302
家計	**207,701**	**207,701**	**20,558,756**	**20,558,756**	**137,174**	**137,174**
#現金・預金	173,741	-	11,057,880	-	0	-
貸出	258	82,202	1,819	3,661,638	-	-3,797
債務証券	15,235	-	268,593	-	-2,262	-
株式等・投資信託受益証券	61,863	-	3,316,892	-	148,864	-
保険・年金・定型保証	-38,388	-	5,331,586	-	3,427	-
対外証券投資	-3,336	-	240,674	-	-15,129	-
資金過不足　　　　　1)		124,588		16,732,125		136,716
海外	**165,031**	**165,031**	**9,111,425**	**9,111,425**	**365,154**	**365,154**
#現金・預金	-7,899	3,993	113,471	296,082	5,408	19,906
貸出	96,030	158,628	2,580,540	2,027,908	70,600	36,339
債務証券	37,479	-	2,343,750	-	90,031	-
株式等・投資信託受益証券	33,957	-	2,772,301	-	35,002	-
資金過不足　　　　　1)		-92,523		-4,369,000		-21,841

1)　主要金融資産・負債残高は金融資産・負債差額、調整額は調整差額。
資料　日本銀行「資金循環」

第5章　財政

5-1　一般会計と地方普通会計歳出額

(単位　10億円)

年度	一般会計（国）1)			普通会計（地方）2)			国と地方との純計
	一般会計歳出	国から地方に対する支出 3)	純計	普通会計歳出	地方から国に対する支出 4)	純計	
平成　7　年	75,939	27,391	48,548	98,945	94	98,850	147,398
12	89,321	29,770	59,552	97,616	50	97,567	157,118
17	85,520	29,088	56,432	90,697	32	90,665	147,097
22	95,312	32,097	63,215	94,775	149	94,626	157,842
27	98,230	31,765	66,466	94,571	617	93,954	160,419
令和　元　年	101,367	32,311	69,055	97,897	755	97,142	166,197
2	147,597	53,736	93,862	123,939	865	123,073	216,935
3	144,650	50,397	94,253	122,400	772	121,628	215,881
4	107,596	32,045	75,551	90,592	568	90,024	165,575
5	114,381	32,856	81,525	92,035	562	91,473	172,999

1)　令和3年度以前は決算額、4年度以降は当初予算額。　　2)　令和3年度以前は決算額、4年度以降は地方財政計画額。　　3)　地方交付税交付金、地方特例交付金等、国庫支出金及び国有資産所在市町村交付金の合計。
4)　国の一般会計歳入の公共事業負担金。
資料　財務省財務総合政策研究所「財政金融統計月報（予算特集）」

5-2　一般会計、特別会計、政府関係機関と地方財政計画純計

(単位　10億円)

年度	一般会計 (A)	特別会計 (B)	政府関係機関 (C)	計 (D=A+B+C)	重複額 (E)	差引純計額 (F=D-E)	地方財政計画額 (G)	再計 (H=F+G)	重複額 (I)	再差引純計額 (H-I)
歳入										
平成　7　年	70,987	266,959	8,001	345,947	161,202	184,745	82,509	267,254	32,035	235,219
12	84,987	336,490	7,396	428,873	201,906	226,967	88,930	315,897	37,216	278,681
17	82,183	449,150	5,073	536,406	258,909	277,497	83,769	361,266	32,689	328,577
22	92,299	381,366	2,200	475,864	247,401	228,463	82,127	310,590	31,563	279,027
27	96,342	406,498	1,835	504,675	263,613	241,063	87,768	328,830	35,484	293,346
令和　元　年	101,457	392,594	1,757	495,807	249,701	246,106	90,798	336,904	35,829	301,075
2	102,658	394,459	1,693	498,810	252,865	245,945	91,747	337,693	36,241	301,452
3	106,610	495,726	2,678	605,013	306,674	298,339	90,248	388,587	35,390	353,197
4	107,596	470,533	2,005	580,134	306,948	273,187	90,993	364,180	36,684	327,495
5	114,381	444,598	2,234	561,213	305,682	255,531	92,358	347,889	37,056	310,833
歳出										
平成　7　年	70,987	241,718	8,086	320,792	160,054	160,738	82,509	243,247	32,035	211,213
12	84,987	318,689	7,661	411,337	200,435	210,902	88,930	299,832	37,216	262,616
17	82,183	411,944	4,678	498,805	257,490	241,316	83,769	325,084	32,689	292,395
22	92,299	367,074	3,135	462,508	244,744	217,764	82,127	299,891	31,563	268,328
27	96,342	403,553	2,216	502,111	262,184	239,927	87,768	327,694	35,484	292,211
令和　元　年	101,457	389,457	1,817	492,731	247,909	244,822	90,798	335,619	35,829	299,791
2	102,658	391,759	1,722	496,139	250,273	245,867	91,747	337,614	36,241	301,373
3	106,610	493,699	3,234	603,542	304,750	298,792	90,248	389,040	35,390	353,650
4	107,596	467,282	2,519	577,398	305,521	271,877	90,993	362,870	36,684	326,185
5	114,381	441,909	2,646	558,936	302,846	256,091	92,358	348,449	37,056	311,393

当初予算額及び当初計画額。
資料　財務省財務総合政策研究所「財政金融統計月報（予算特集）」

5-3 一般歳出等

(単位 10億円)

年度	一般会計歳出 (A)	国債費	基礎的財政収支対象経費 1)	公債発行額 (B) 2)	公債依存度(%) (B/A)	公債残高 3)	利払費 (C)	利払費(%) (C/A)
平成 8 年	75,105	16,375	59,054	19,149	25.5	244,658	11,703	15.6
9	77,390	16,802	61,100	16,707	21.6	257,988	11,682	15.1
10	77,669	17,263	60,922	15,557	20.0	295,249	11,589	14.9
11	81,860	19,832	63,507	31,050	37.9	331,669	11,368	13.9
12	84,987	21,965	68,066	32,610	38.4	367,555	10,743	12.6
13	82,652	17,171	66,017	28,318	34.3	392,434	10,402	12.6
14	81,230	16,671	65,092	30,000	36.9	421,099	9,594	11.8
15	81,789	16,798	65,469	36,445	44.6	456,974	9,060	11.1
16	82,111	17,569	65,021	36,590	44.6	499,014	8,734	10.6
17	82,183	18,442	64,351	34,390	41.8	526,928	8,864	10.8
18	79,686	18,762	61,300	29,973	37.6	531,702	8,648	10.9
19	82,909	20,999	62,246	25,432	30.7	541,458	9,514	11.5
20	83,061	20,163	63,223	25,348	30.5	545,936	9,341	11.2
21	88,548	20,244	68,668	33,294	37.6	593,972	9,420	10.6
22	92,299	20,649	71,238	44,303	48.0	636,312	9,757	10.6
23	92,412	21,549	71,245	44,298	47.9	669,867	9,924	10.7
24	90,334	21,944	68,791	44,244	a)47.6	705,007	9,840	10.9
25	92,612	22,242	70,702	42,851	46.3	743,868	9,870	10.7
26	95,882	23,270	72,971	41,250	43.0	774,083	10,098	10.5
27	96,342	23,451	73,177	36,863	38.3	805,418	10,115	10.5
28	96,722	23,612	73,381	34,432	35.6	830,573	9,869	10.2
29	97,455	23,529	74,288	34,370	35.3	853,179	9,133	9.4
30	97,713	23,302	74,706	33,692	34.5	874,043	8,998	9.2
令和 元 年	101,457	23,508	78,261	32,661	32.2	886,695	8,815	8.7
2	102,658	23,352	79,728	32,556	31.7	946,647	8,390	8.2
3	106,610	23,759	83,374	43,597	40.9	991,411	8,504	8.0
4	107,596	24,339	83,717	36,926	34.3	1,042,590	8,247	7.7
5	114,381	25,250	89,520	35,623	31.1	1,068,021	8,472	7.4

当初予算額。令和元年度及び2年度は臨時・特別措置を含む計数。　1)　基礎的財政収支対象経費＝一般会計歳出総額－（利払費＋債務償還費等（交付国債分を除く））　2)　平成6～8年度は減税特例公債、24、25年度は年金特例公債を除く。　3)　令和3年度以前は普通国債の各年度の年度末現在額、4年度は第2次補正後予算、5年度は当初予算に基づく見込額。令和3年度以前は前倒債発行額、4、5年度は前倒債の限度額を含む。
a)　基礎年金国庫負担2分の1ベースの一般会計歳出総額で算出。
資料　財務省財務総合政策研究所「財政金融統計月報（予算特集）」

5-4　一般会計主要科目別歳入額

(単位　10億円)

年度	総額	租税及び印紙収入	租税	印紙収入	官業益金及び官業収入	病院収入	国有林野事業収入	政府資産整理収入	国有財産処分収入	回収金等収入
令和 2 年	184,579	60,822	59,902	919	46	16	31	293	53	240
3	169,403	67,038	66,077	961	61	21	40	319	55	264
4	153,729	71,137	70,155	982	60	18	43	369	41	329
5	114,381	69,440	68,464	976	51	15	35	671	465	206

年度	雑収入	国有財産利用収入	納付金	諸収入	公債金	公債金	特例公債金	前年度剰余金受入
令和 2 年	7,068	95	1,538	5,435	108,554	22,596	85,958	7,796
3	7,349	132	1,732	5,484	57,655	9,168	48,487	36,981
4	6,930	120	2,532	4,278	50,479	8,727	41,752	24,754
5	8,597	107	1,430	7,060	35,623	6,558	29,065	–

令和4年度以前は決算額、5年度は当初予算額。
資料　財務省「決算書の情報」　財務省財務総合政策研究所「財政金融統計月報（予算特集）」

5-5　一般会計目的別歳出額

(単位　10億円)

年度	総額 1)	国家機関費	皇室費	国会費	選挙費	司法、警察及び消防費	外交費	一般行政費	徴税費	貨幣製造費
令和 2 年	147,597	5,710	8.6	120	0.3	1,684	982	2,099	799	17
3	144,650	5,538	8.5	129	69	1,614	897	2,084	719	18
4	132,386	6,777	14	127	63	1,629	1,127	3,091	709	17
5	114,381	5,125	6.7	127	0.3	1,533	778	1,927	735	17

年度	地方財政費	防衛関係費	国土保全及び開発費	産業経済費	教育文化費	社会保障関係費	恩給費	国債費	新型コロナウイルス感染症及び原油価格・物価高騰対策予備費	その他
令和 2 年	16,333	5,520	8,545	22,843	6,781	43,561	168	22,326	–	15,811
3	19,631	6,028	8,708	15,148	6,851	50,798	139	24,589	–	7,218
4	17,583	5,545	8,174	13,857	7,295	44,585	112	23,870	–	4,588
5	16,475	6,804	6,156	2,632	5,144	37,476	96	25,250	4,000	3,724

令和4年度以前は決算額、5年度は当初予算額。令和2年度は臨時・特別の措置を含む計数。　1)　令和5年度は予備費、ウクライナ情勢経済緊急対応予備費を含む。
資料　財務省「決算書の情報」　財務省財務総合政策研究所「財政金融統計月報（予算特集）」

5-6　一般会計主要経費別歳出額

(単位　10億円)

年度	総額 1)	社会保障関係費	年金給付費	医療給付費	介護給付費	少子化対策費	生活扶助等社会福祉費	保健衛生対策費	雇用労災対策費
令和 2 年	a)147,597	a)42,998	12,413	12,045	3,059	2,841	a)5,736	a)5,496	1,408
3	144,650	50,161	12,551	11,877	3,162	2,818	8,089	8,910	2,753
4	132,386	43,868	12,624	12,034	3,357	2,964	5,912	6,054	921
5	114,381	36,889	13,086	12,152	3,681	3,141	4,309	475	45

年度	文教及び科学振興費	義務教育費国庫負担金	科学技術振興費	文教施設費	教育振興助成費	育英事業費	国債費	恩給関係費	地方交付税交付金
令和 2 年	a)9,194	1,526	a)4,695	a)177	a)2,616	180	22,326	169	16,031
3	7,956	1,525	3,587	214	2,444	186	24,589	140	19,103
4	8,669	1,516	4,105	177	2,744	127	23,870	113	17,291
5	5,416	1,522	1,394	74	2,305	120	25,250	97	16,182

年度	地方特例交付金	防衛関係費	公共事業関係費	治山治水対策事業費	道路整備事業費	港湾空港鉄道等整備事業費	住宅都市環境整備事業費	公園水道廃棄物処理等施設整備費	農林水産基盤整備事業費
令和 2 年	226	a)5,505	a)8,413	a)1,387	a)1,895	a)480	a)676	a)179	a)869
3	455	6,014	8,600	1,461	2,121	496	722	193	875
4	223	5,529	8,126	1,274	2,044	488	838	202	868
5	217	10,169	6,060	954	1,671	398	731	178	608

年度	公共事業関係費			経済協力費	中小企業対策費	エネルギー対策費	食料安定供給関係費	その他の事項経費	新型コロナウイルス感染症及び原油価格・物価高騰対策予備費
	社会資本総合整備事業費	推進費等	災害復旧等事業費						
令和 2 年	a)2,241	65	621	763	a)16,257	a)1,027	a)1,498	a)23,190	－
3	2,106	79	547	669	9,944	1,267	1,772	13,980	－
4	1,892	69	451	900	3,396	2,001	1,947	16,453	－
5	1,380	62	78	511	170	854	1,265	5,800	4,000

令和4年度以前は決算額、5年度は当初予算額。　1)　令和5年度は予備費、ウクライナ情勢経済緊急対応予備費を含む。　a)　臨時・特別の措置を含む。
資料　財務省「決算書の情報」
　　　財務省財務総合政策研究所「財政金融統計月報（予算特集）」

5-7　特別会計歳入歳出額

（単位　10億円）

会計	令和4年度		5年度	
	歳入	歳出	歳入	歳出
交付税及び譲与税配付金	53,624	51,778	51,177	49,544
地震再保険	105	75	109	109
国債整理基金	235,623	232,556	239,474	239,474
外国為替資金	3,590	114	2,988	2,419
財政投融資				
財政融資資金勘定	32,743	32,782	23,902	23,902
投資勘定	1,256	576	1,017	1,017
特定国有財産整備勘定	70	20	70	19
エネルギー対策				
エネルギー需給勘定	2,954	2,193	2,787	2,787
電源開発促進勘定	393	324	334	334
原子力損害賠償支援勘定	8,546	8,504	10,938	10,938
労働保険				
労災勘定	1,178	987	1,223	1,069
雇用勘定	3,892	3,375	3,649	3,508
徴収勘定	3,219	3,174	4,080	4,080
年金				
基礎年金勘定	27,570	24,647	28,855	28,855
国民年金勘定	3,835	3,728	3,926	3,926
厚生年金勘定	49,152	48,463	50,409	50,409
健康勘定	12,487	12,388	12,515	12,515
子ども・子育て支援勘定	3,677	3,297	3,345	3,345
業務勘定	470	406	457	457
食料安定供給				
農業経営安定勘定	279	242	251	251
食糧管理勘定	847	795	1,127	1,127
農業再保険勘定	76	69	104	104
漁船再保険勘定	9.8	5.1	8.1	7.2
漁業共済保険勘定	25	24	15	13
業務勘定	3.6	3.1	15	15
国営土地改良事業勘定	14	12	11	11
国有林野事業債務管理	353	353	344	344
特許	217	143	218	145
自動車安全				
保障勘定	64	1.1	－	－
自動車検査登録勘定	49	39	83	22
自動車事故対策勘定	16	14	46	41
空港整備勘定	440	371	393	393
東日本大震災復興	1,114	894	730	730

令和4年度は決算額、5年度は当初予算。令和5年度より、自動車事故対策勘定を廃止し、保障勘定の名称を自動車事故対策勘定に改め、廃止した自動車事故対策勘定は名称を改めるものに帰属させた。
資料　財務省財務総合政策研究所「財政金融統計月報（予算特集）」

5-8　国民所得に対する租税負担率と１人当たり租税負担額

年度	国民所得 (億円) (A)	租税負担額（億円）(B)			租税負担率 (B/A)(%)		1人当たり租税負担額 (円)	
		計	国税	地方税	計	# 国税	計	# 国税
平成 12 年	3,901,638	882,673	527,209	355,464	22.6	13.5	695,626	415,488
17	3,881,164	870,949	522,905	348,044	22.4	13.5	681,702	409,284
22	3,646,882	780,237	437,074	343,163	21.4	12.0	609,403	341,376
27	3,926,293	990,679	599,694	390,986	25.2	15.3	779,534	471,880
30	4,030,991	1,049,756	642,241	407,514	26.0	15.9	828,360	506,791
令和 元 年	4,020,267	1,033,866	621,751	412,115	25.7	15.5	817,124	491,406
2	3,753,887	1,057,586	649,330	408,256	28.2	17.3	838,283	514,684
3	3,959,324	1,142,900	718,811	424,089	28.9	18.2	910,583	572,698
4	4,099,000	1,174,249	734,048	440,201	28.6	17.9	…	…
5	4,214,000	1,184,048	744,290	439,758	28.1	17.7	…	…

国民所得は国民経済計算による実績額。ただし、令和4年度及び5年度は「令和5年度の経済見通しと経済財政運営の基本的態度」による実績見込額及び見通し額。国税は特別会計分を含み、令和3年度以前は決算額、4年度は補正後予算額、5年度は予算額。地方税は地方交付税及び地方譲与税を含まず、令和3年度以前は決算額、4年度は実績見込額、5年度は見込額。1人当たりの算出に用いた人口は、毎月全国推計人口の年度平均。ただし、令和2年9月以前は国勢調査に基づく補間補正後の人口。
資料　財務省財務総合政策研究所「財政金融統計月報（租税特集）」

5-9　税目別国税額

（単位　億円）

| 年度 | 総額 | 直接税 | | | | | | |
		計	所得税	源泉分	申告分	法人税	相続税	地価税
令和 元 年	621,751	a)353,168	191,707	159,375	32,332	107,971	23,005	0
2	649,330	a)362,085	191,898	159,976	31,922	112,346	23,145	0
3	718,811	a)419,902	213,822	175,332	38,490	136,428	27,702	0
4	734,048	430,326	220,190	184,950	35,240	137,870	28,390	－
5	744,290	427,692	210,480	175,150	35,330	146,020	27,760	－

| 年度 | 直接税 | | | | 間接税等 | | | |
	地方法人税 1)	地方法人特別税 1)	復興特別所得税 1)	復興特別法人税 1)	計	消費税	酒税	たばこ税
令和 元 年	6,042	20,436	4,001	6	268,584	183,527	12,473	8,737
2	14,183	9,777	4,016	2	287,245	209,714	11,336	8,398
3	18,814	352	4,467	0	298,909	218,886	11,321	9,057
4	18,213	－	4,624	－	303,722	221,610	11,280	9,340
5	18,919	－	4,420	－	316,598	233,840	11,800	9,350

| 年度 | 間接税等 | | | | | | | |
	揮発油税	石油ガス税	航空機燃料税	石油石炭税	電源開発促進税	自動車重量税	関税	とん税
令和 元 年	22,808	68	508	6,383	3,158	3,881	9,412	102
2	20,582	46	85	6,078	3,110	3,985	8,195	92
3	20,762	48	303	6,355	3,162	3,876	8,934	94
4	20,790	50	340	6,600	3,130	3,850	10,530	90
5	19,990	50	340	6,470	3,240	3,780	11,220	100

| 年度 | 間接税等 | | | | | | |
	印紙収入	地方揮発油税 1)	石油ガス税（譲与分） 1)	航空機燃料税（譲与分） 1)	自動車重量税（譲与分） 1)	特別とん税 1)	たばこ特別税 1)
令和 元 年	10,232	2,440	68	145	2,833	127	1,238
2	9,195	2,202	46	24	2,910	115	1,122
3	9,608	2,221	48	147	2,830	117	1,120
4	9,440	2,225	50	152	2,916	113	1,126
5	9,760	2,139	50	152	2,864	125	1,128

令和3年度以前は決算額、4年度は補正後予算額、5年度は予算額。　1)　特別会計　a)　旧税を含む。
資料　財務省財務総合政策研究所「財政金融統計月報（租税特集）」

5-10　政府債務現在高

（単位　10億円）

年度末	計	内国債	政府短期証券	# 外国為替資金証券	# 食糧証券	借入金 1)
平成 30 年	1,103,354	976,803	73,349	72,073	90	53,202
令和 元 年	1,114,540	987,589	74,419	73,147	97	52,533
2	1,216,463	1,074,160	90,299	89,022	114	52,005
3	1,241,307	1,104,680	86,199	84,859	179	50,429

年度末	所有者・借入先別						
	# 政府	内国債	国庫短期証券 2)	借入金 1)	# 日本銀行	内国債	国庫短期証券 2)
平成 30 年	21,475	191	2.3	21,281	458,917	448,555	10,362
令和 元 年	20,803	629	2.3	20,172	450,372	440,006	10,367
2	19,343	200	1.2	19,142	519,887	483,514	36,373
3	17,015	140	-	16,875	514,497	499,559	14,938

1)　一時借入金を含む。　2)　割引短期国庫債券は、国庫短期証券として政府短期証券と統合発行している。
資料　財務省「国債統計年報」

5-11　財政投融資

（単位　億円）

年度	原資 1)						
	計	財政融資	財政融資資金	産業投資 2)	政府保証 3)	国内債	外債
令和 3 年	155,247	140,922	140,922	1,849	12,475	4,392	8,083
4	188,855	164,488	164,488	3,262	21,105	6,525	14,180
5	162,687	127,099	127,099	4,298	31,290	17,825	13,065

年度	使途（当初計画ベース）				
	計	中小零細企業	農林水産業	教育	福祉・医療	環境
令和 3 年	409,056	145,207	7,593	48,594	20,422	571
4	188,855	35,667	6,988	56,706	10,440	927
5	162,687	49,715	7,962	8,047	4,362	1,007

年度	使途（当初計画ベース）				
	産業・イノベーション	住宅	社会資本	海外投融資等	その他
令和 3 年	12,134	7,920	30,647	20,293	115,675
4	10,086	8,148	26,341	24,718	8,836
5	10,521	7,681	29,211	35,430	8,751

1)　令和3年度は実績見込、4、5年度は当初計画。　2)　財政投融資特別会計投資勘定　3)　外貨借入金を含む。
資料　財務省「予算及び財政投融資計画の説明」
　　　財務省財務総合政策研究所「財政金融統計月報（財政投融資特集）」

5-12　財政資金対民間収支

(単位　億円)

区分	令和3年度		4年度	
	収入	支出	収入	支出
総計	10,240,313	9,383,090	10,350,858	9,504,841
合計	7,718,842	6,882,572	7,915,192	7,045,849
小計	1,756,344	2,289,803	1,940,134	2,214,896
一般会計	939,002	1,230,470	1,015,530	1,148,319
租税	875,952	193,688	948,874	211,962
税外収入	44,419	–	44,879	–
社会保障費	–	333,563	–	286,090
地方交付税交付金	18,631	224,579	21,777	216,639
防衛関係費	–	54,162	–	48,642
公共事業費	–	85,160	–	82,188
義務教育費	–	15,254	–	15,156
その他支払	–	324,064	–	287,642
特別会計等	817,342	1,059,334	924,604	1,066,577
財政投融資	168,195	149,473	181,226	175,126
外国為替資金	78,032	81,795	178,472	86,938
保険	524,931	686,682	534,258	675,594
その他	46,184	141,384	30,647	128,918
小計	5,962,497	4,592,768	5,975,058	4,830,953
国債等	1,558,636	515,860	1,561,180	537,504
国債（1年超）	1,472,952	431,087	1,473,518	451,828
借入金	85,684	84,773	87,662	85,676
国庫短期証券等	4,403,862	4,076,908	4,413,878	4,293,449
国庫短期証券	3,922,951	3,601,999	3,932,969	3,812,538
一時借入金	480,911	474,910	480,909	480,911
調整項目	2,521,471	2,500,518	2,435,666	2,458,992

財政資金対民間収支とは通貨量増減をもたらす国庫対民間収支に、(1)国庫対民間収支に計上されるまでの間に
生ずる時間的ズレ（代理店預け金等）を調整し、(2)国庫金に準ずる性格を有する機関における資金の受払い
（日銀当座預金残高の増減）を加えることにより財政活動に伴う通貨量の増減を的確に表すようにしたもの。
資料　財務省「財政資金対民間収支」　財務省財務総合政策研究所「財政金融統計月報（国庫収支特集）」

5-13　地方普通会計団体別歳入歳出決算額

(単位　10億円)

年度	歳入				歳出			
	純計決算額 1)	単純合計額	都道府県	市町村純計額 2)	純計決算額 1)	単純合計額	都道府県	市町村純計額 2)
令和 元 年	103,246	112,319	50,914	61,405	99,702	108,775	49,339	59,436
2	130,047	139,928	61,894	78,034	125,459	135,340	59,706	75,633
3	128,291	138,827	68,324	70,503	123,368	133,904	66,324	67,579

普通会計とは、公営事業会計以外の会計を総合して一つの会計としてまとめたもの。　1)　都道府県決算額と市
町村決算額との単純合計額から地方公共団体相互間における重複額を控除した額。　2)　市町村決算額単純合計額
から一部事務組合と一部事務組合を組織する市町村（特別区を含む。）との間の相互重複額を控除した額。
資料　総務省「地方財政統計年報」

5-14 都道府県別地方普通

都道府県	都道府県									
	歳入	# 地方税	# 地方交付税	# 国庫支出金	# 地方債	歳出	# 民生費	# 土木費	# 警察費	# 教育費
全国	68,324	22,204	10,210	16,176	6,542	66,324	9,340	6,311	3,295	10,268
01 北海道	3,113	735	684	713	349	3,068	443	329	128	425
02 青森	815	182	239	172	73	780	115	96	32	142
03 岩手	976	169	241	194	83	917	99	120	29	148
04 宮城	1,257	340	174	287	109	1,195	154	116	51	180
05 秋田	682	128	215	126	96	656	83	89	25	103
06 山形	725	146	199	123	80	710	83	86	26	112
07 福島	1,458	298	238	373	144	1,397	168	256	43	218
08 茨城	1,385	452	219	297	152	1,350	203	149	62	273
09 栃木	1,055	309	156	202	120	1,029	137	101	45	186
10 群馬	1,025	303	159	223	99	992	147	81	44	170
11 埼玉	2,548	988	293	709	268	2,499	446	170	144	467
12 千葉	2,569	908	254	640	248	2,518	350	135	141	412
13 東京	10,139	5,872	-	2,515	248	9,589	1,254	759	619	1,336
14 神奈川	3,010	1,254	203	756	290	2,976	502	109	194	396
15 新潟	1,250	310	276	231	138	1,227	135	155	49	178
16 富山	645	165	154	112	73	619	71	81	25	105
17 石川	674	178	147	144	86	656	81	87	25	116
18 福井	573	141	147	110	81	558	61	76	22	93
19 山梨	600	125	156	107	64	572	65	95	22	89
20 長野	1,197	305	234	248	149	1,173	136	176	45	197
21 岐阜	1,009	297	208	222	142	991	128	123	46	189
22 静岡	1,421	567	208	289	197	1,398	227	151	78	245
23 愛知	3,171	1,289	177	761	427	3,088	461	235	169	497
24 三重	894	287	170	180	140	854	123	104	37	171
25 滋賀	739	214	144	170	85	731	96	103	31	147
26 京都	1,313	364	210	359	117	1,299	195	86	78	172
27 大阪	4,687	1,396	380	1,379	385	4,635	671	211	263	532
28 兵庫	3,214	783	375	695	312	3,179	390	231	135	375
29 奈良	628	165	182	146	65	622	101	74	30	124
30 和歌山	673	121	196	146	91	644	83	125	27	105
31 鳥取	404	73	152	85	47	391	54	62	16	68
32 島根	589	89	200	115	65	556	61	87	20	95
33 岡山	876	267	192	189	91	858	132	79	46	147
34 広島	1,290	399	215	309	139	1,255	189	116	61	187
35 山口	774	196	198	153	59	736	102	85	37	136
36 徳島	587	102	169	117	61	554	68	78	21	82
37 香川	520	145	134	99	47	506	74	54	25	94
38 愛媛	762	188	195	142	77	743	107	97	31	130
39 高知	544	90	191	130	81	530	72	91	24	96
40 福岡	2,528	704	332	627	313	2,461	415	182	129	313
41 佐賀	609	114	164	115	81	600	74	67	20	119
42 長崎	835	161	244	210	101	810	117	109	37	149
43 熊本	1,047	218	244	264	123	1,003	153	114	38	142
44 大分	763	151	196	176	90	731	98	109	26	122
45 宮崎	714	140	205	154	86	697	98	91	26	115
46 鹿児島	990	203	301	249	106	939	154	103	36	190
47 沖縄	1,049	176	240	415	63	1,035	164	78	35	178

1) 単純合計額であり、一部事務組合との間の重複額を含む。したがって5-13表（一部事務組合との間の重複額を控除した純計額）とは一致しない。

会計歳入歳出決算額 (令和3年度)

(単位 10億円)

	歳入	# 地方税	# 地方交付税	# 国庫支出金	# 地方債	歳出	# 民生費	# 農林水産業費	# 土木費	# 教育費	都道府県
				市町村	1)						
	71,914	20,205	9,294	15,808	5,227	68,991	25,609	1,339	6,557	7,744	全国
	4,128	759	918	936	342	4,023	1,272	142	431	388	01
	836	151	221	184	61	803	270	25	78	77	02
	861	153	214	160	74	825	234	39	87	76	03
	1,584	372	215	328	108	1,495	420	38	192	179	04
	675	113	201	117	53	655	196	34	72	59	05
	736	135	175	122	63	704	197	27	70	65	06
	1,352	269	249	277	96	1,267	351	72	123	120	07
	1,508	441	198	309	120	1,416	491	34	135	156	08
	1,012	311	103	209	86	953	335	21	106	99	09
	1,006	304	132	192	79	956	337	21	83	105	10
	3,218	1,175	214	736	235	3,032	1,245	21	260	337	11
	2,852	1,045	209	652	194	2,724	1,100	35	201	339	12
	6,884	1,892	84	1,641	136	6,526	3,201	9.2	491	863	13
	4,749	1,870	143	1,101	342	4,608	1,748	11	581	631	14
	1,389	329	313	261	111	1,327	401	42	184	157	15
	575	169	99	102	56	551	172	17	64	63	16
	658	178	116	134	73	634	206	15	65	75	17
	487	130	78	91	34	465	144	20	50	40	18
	517	120	108	88	32	486	149	14	41	45	19
	1,289	295	294	201	103	1,228	361	37	125	115	20
	1,088	296	185	196	78	1,010	327	25	97	105	21
	1,840	649	152	379	153	1,762	591	29	186	229	22
	3,747	1,513	128	768	243	3,594	1,388	31	389	467	23
	913	288	144	174	59	868	316	21	85	78	24
	719	222	104	148	54	692	259	15	58	78	25
	1,664	458	195	347	116	1,640	577	14	120	167	26
	4,933	1,689	377	1,415	339	4,827	2,197	7.4	469	579	27
	2,993	939	361	696	262	2,915	1,139	37	283	353	28
	701	171	149	145	68	666	246	8.3	48	70	29
	596	126	140	117	59	569	195	17	49	47	30
	416	67	100	75	34	401	122	18	29	33	31
	523	86	155	99	54	505	148	25	37	40	32
	1,120	305	210	229	108	1,063	372	29	111	123	33
	1,659	482	240	384	173	1,607	566	26	176	187	34
	751	194	152	150	61	722	256	21	61	63	35
	446	100	105	86	37	424	157	13	35	37	36
	523	135	96	101	49	502	182	12	38	54	37
	789	183	168	175	56	747	279	24	61	60	38
	540	84	147	110	61	518	172	22	46	40	39
	3,326	828	404	741	250	3,235	1,129	41	252	398	40
	558	104	107	103	47	537	169	21	38	50	41
	930	159	207	210	83	894	309	30	78	68	42
	1,255	236	267	277	133	1,200	395	44	112	132	43
	672	156	143	159	53	647	248	24	55	55	44
	751	135	145	157	48	719	250	31	50	55	45
	1,151	204	272	252	91	1,103	395	50	87	90	46
	994	185	158	274	62	946	396	28	67	97	47

資料 総務省「地方財政統計年報」

5-15 都道府県別地方交付税交付額 （令和3年度）

（単位 100万円）

都道府県	都道府県				市町村			
	地方 交付税 総額	普通 交付税	特別 交付税	震災復 興特別 交付税	地方 交付税 総額	普通 交付税	特別 交付税	震災復 興特別 交付税
全国	10,210,393	10,034,780	149,455	26,158	9,294,486	8,299,150	925,104	70,232
北海道	684,068	677,935	6,032	100	918,379	829,525	88,853	0.9
青森	238,788	234,197	4,591	–	220,628	193,891	25,820	917
岩手	240,823	232,968	5,130	2,726	213,717	185,747	19,387	8,583
宮城	174,005	169,426	4,579	–	214,714	179,777	19,736	15,201
秋田	215,297	211,058	3,985	254	201,328	178,693	22,633	2.2
山形	198,591	195,043	3,480	68	174,748	151,962	22,777	8.9
福島	237,603	212,831	5,270	19,502	248,926	189,671	28,945	30,310
茨城	218,744	215,363	1,836	1,544	197,621	169,542	17,117	10,961
栃木	155,557	153,281	2,109	167	103,129	89,916	12,020	1,194
群馬	159,098	157,132	1,928	38	131,827	118,119	13,707	0.7
埼玉	293,035	290,997	1,901	137	213,744	195,146	18,589	8.5
千葉	254,399	253,163	1,237	–	208,895	190,290	15,604	3,002
東京	–	–	–	–	83,763	77,194	6,566	2.3
神奈川	203,346	201,893	1,280	172	143,349	135,187	8,157	4.3
新潟	275,996	271,463	4,426	107	312,996	278,130	34,848	19
富山	154,256	150,735	3,500	20	99,446	84,082	15,364	0.1
石川	146,561	143,492	3,047	22	115,817	101,669	14,148	0.2
福井	146,794	143,139	3,640	15	78,034	64,868	13,166	–
山梨	155,668	153,822	1,830	16	107,695	96,311	11,384	0.2
長野	234,183	229,342	4,719	122	294,002	264,191	29,797	14
岐阜	207,631	204,119	3,473	38	185,209	164,336	20,873	0.0
静岡	208,160	206,160	1,930	69	152,417	136,474	15,943	0.6
愛知	177,367	176,342	885	141	127,922	116,882	11,040	0.1
三重	169,581	167,364	2,184	34	144,015	129,365	14,650	0.1
滋賀	144,481	142,521	1,933	26	103,737	90,390	13,347	0.2
京都	210,005	207,044	2,912	49	195,138	179,696	15,441	0.1
大阪	380,417	379,144	1,107	165	377,006	361,459	15,547	0.3
兵庫	375,279	371,130	4,045	103	361,010	328,481	32,529	–
奈良	182,458	180,083	2,350	25	148,571	130,089	18,481	–
和歌山	195,674	193,531	2,126	18	140,424	123,031	17,393	–
鳥取	152,343	148,945	3,387	11	99,804	89,646	10,158	0.0
島根	199,778	196,354	3,411	13	154,960	134,384	20,576	0.1
岡山	191,504	188,889	2,580	36	210,002	190,330	19,672	0.1
広島	214,837	210,884	3,900	53	239,530	217,150	22,380	0.1
山口	197,850	194,433	3,391	26	151,845	134,638	17,206	–
徳島	168,633	166,002	2,617	14	105,073	94,057	11,017	–
香川	133,640	131,615	2,008	18	95,918	86,501	9,417	–
愛媛	195,354	191,958	3,370	26	168,396	150,746	17,649	–
高知	191,493	188,470	3,009	13	147,130	130,108	17,022	–
福岡	332,188	328,464	3,628	96	404,392	366,564	37,828	0.1
佐賀	164,226	160,752	3,458	16	107,041	94,937	12,104	0.1
長崎	243,859	240,250	3,584	25	207,345	187,899	19,446	0.0
熊本	244,278	237,532	6,714	33	266,505	237,477	29,028	–
大分	196,280	192,669	3,590	22	143,367	130,447	12,920	0.4
宮崎	204,952	202,101	2,828	22	144,720	130,626	14,094	0.0
鹿児島	301,252	295,404	5,817	31	272,253	246,035	26,219	0.1
沖縄	240,063	235,339	4,696	27	157,998	143,491	14,507	0.3

資料 総務省「地方財政統計年報」

5-16　税目別地方税収入額

（単位　10億円）

税目	令和元年度	2年度	3年度	税目	令和元年度	2年度	3年度
道府県税	18,344	18,369	19,887	市町村税	22,868	22,457	22,522
普通税	18,332	18,360	19,878	普通税	21,134	20,726	20,780
道府県民税	5,661	5,503	5,566	市町村民税	10,720	10,239	10,288
個人均等割	121	122	122	個人均等割	225	228	228
所得割	4,423	4,471	4,415	所得割	8,100	8,199	8,104
法人均等割	155	153	160	法人均等割	446	436	450
法人税割	666	395	352	法人税割	1,950	1,376	1,506
利子割	30	33	26	固定資産税	9,286	9,380	9,322
配当割	167	152	224	純固定資産税	9,199	9,294	9,234
株式等譲渡所得割	98	176	266	土地	3,485	3,479	3,512
事業税	4,597	4,298	4,967	家屋	3,958	4,040	3,938
個人分	211	216	224	償却資産	1,756	1,774	1,785
法人分	4,385	4,082	4,743	交付金	87	87	88
地方消費税	4,796	5,424	6,170	軽自動車税	269	285	294
不動産取得税	404	374	392	軽自動車税　1)	266	-	-
道府県たばこ税	140	133	142	環境性能割	3.1	10	12
ゴルフ場利用税	43	39	44	種別割	-	275	283
自動車取得税	104	-	-	市町村たばこ税	854	817	871
軽油引取税	945	910	927	鉱産税	1.8	1.8	1.6
自動車税	1,588	1,623	1,614	特別土地保有税	0.2	0.1	0.1
自動車税　1)	1,530	-	-	法定外普通税	2.3	2.6	2.9
環境性能割	46	93	94	目的税	1,734	1,731	1,742
種別割	12	1,530	1,520	法定目的税	1,727	1,726	1,737
鉱区税	0.3	0.3	0.3	入湯税	22	12	14
固定資産税（特例）	8.0	9.4	7.6	事業所税	387	384	397
法定外普通税	46	45	47	都市計画税	1,318	1,330	1,326
目的税	12	8.6	9.1	水利地益税	0.0	0.0	0.0
法定目的税	0.8	0.7	0.7	法定外目的税	7.0	4.2	4.9
狩猟税	0.8	0.7	0.7				
法定外目的税	11	7.8	8.4				
旧法による税	0.0	0.0	0.0				

地方消費税は、都道府県間の清算を行う前の額。　　1)　令和元年9月30日まで。
資料　総務省「地方財政統計年報」

第6章 貿易・国際収支・国際協力

6-1 主要国、主要商品別輸出額（令和4年）

（単位 10億円）

国（地域）	総額	食料品	原料品	鉱物性燃料	化学製品	原料別製品	一般機械	電気機器	輸送用機器	その他 1)
総額	98,174	1,137	1,583	2,197	11,794	11,818	18,909	17,337	19,057	14,342
アジア										
# アラブ首長国連邦	1,116	7.2	1.6	0.9	13	126	181	40	458	289
イスラエル	195	0.6	0.6	0.0	17	5.9	25	11	99	36
インド	1,831	1.4	34	45	518	434	312	263	101	123
インドネシア	1,979	8.3	39	8.8	229	546	439	195	376	139
韓国	7,106	54	306	310	1,402	1,170	1,293	1,204	114	1,254
クウェート	208	0.8	0.1	0.1	1.3	17	11	3.9	170	4.5
サウジアラビア	668	2.0	0.3	0.5	17	80	79	19	453	18
シンガポール	2,935	46	14	269	308	216	425	520	216	920
タイ	4,268	41	74	26	458	1,170	772	785	422	520
台湾	6,857	140	83	19	1,173	814	1,429	1,826	430	944
中国	19,004	238	475	186	3,306	2,320	4,060	4,288	1,635	2,496
パキスタン	208	0.0	1.8	0.3	10	57	36	14	76	12
フィリピン	1,597	16	15	144	158	264	206	405	181	210
ベトナム	2,451	63	128	32	291	513	334	647	119	325
香港	4,357	180	24	41	287	207	203	1,364	85	1,966
マレーシア	2,166	18	73	108	199	274	293	612	305	283
アメリカ										
# アメリカ合衆国	18,255	168	131	188	1,540	1,293	4,674	2,534	5,626	2,101
カナダ	1,132	15	2.9	1.4	36	98	174	133	561	110
コロンビア	179	0.1	0.7	0.1	4.7	48	16	4.6	98	6.2
チリ	301	0.5	4.5	111	13	44	25	4.7	93	5.6
パナマ	453	0.0	－	1.2	0.7	4.3	43	3.2	396	3.5
ブラジル	567	1.0	3.9	12	76	68	131	88	147	41
メキシコ	1,441	1.6	4.2	52	59	327	266	245	382	106
ヨーロッパ										
# アイルランド	327	0.2	0.2	0.0	48	4.8	176	9.9	30	58
イギリス	1,450	8.5	9.3	46	102	74	291	169	367	384
イタリア	698	2.6	10	0.2	82	130	170	45	187	70
オランダ	1,627	20	14	20	172	94	529	356	192	229
スイス	545	1.0	1.2	0.1	185	36	22	18	47	235
スウェーデン	190	0.8	0.1	0.1	8.8	20	28	17	89	26
スペイン	352	2.6	3.2	3.8	26	62	48	32	144	31
ドイツ	2,570	7.6	25	2.4	348	183	498	595	348	564
トルコ	422	0.2	6.0	0.2	29	85	119	79	81	22
フランス	840	11	2.9	5.5	104	47	208	126	190	145
ベルギー	919	3.5	21	13	133	245	77	155	363	100
ロシア	604	2.9	0.5	11	15	31	100	25	357	53
アフリカ										
# 南アフリカ共和国	309	1.3	1.7	5.2	15	38	55	22	157	14
リベリア	349	－	0.0	0.5	0.0	0.5	4.4	0.5	342	0.3
オセアニア										
# オーストラリア	2,173	28	3.8	385	71	134	243	59	1,157	91
ニュージーランド	395	3.2	0.4	48	11	17	50	8.6	231	25
（欧州連合（EU）） 2)	9,358	53	90	46	1,154	794	2,198	1,593	2,035	1,395

本船渡し価格（F.O.B.価格）による。国別分類は、原則として仕向国（地）による。
1) 雑製品及び特殊取扱品の計。 2) 加盟国27カ国の計。
資料 公益財団法人日本関税協会「外国貿易概況」

6-2　主要国、主要商品別輸入額（令和4年）

（単位　10億円）

国（地域）	総額	食料品	原料品	鉱物性燃料	化学製品	原料別製品	一般機械	電気機器	輸送用機器	その他 1)
総額	118,503	9,494	8,150	33,699	13,331	10,277	9,287	17,286	3,389	13,590
アジア										
# アラブ首長国連邦	6,072	2.2	43	5,835	9.7	172	3.2	1.3	0.1	5.3
インド	852	94	54	61	204	186	52	95	39	67
インドネシア	3,772	209	853	1,426	194	381	104	242	84	279
オマーン	414	2.9	4.0	404	1.6	1.8	0.0	0.0	0.0	0.1
カタール	1,780	–	–	1,744	16	18	0.0	0.0	0.0	1.3
韓国	4,417	339	89	659	904	851	448	664	68	396
クウェート	1,323	–	1.0	1,321	0.5	0.1	0.0	0.0	–	0.2
サウジアラビア	5,647	0.6	45	5,466	72	59	0.0	0.7	–	4.4
シンガポール	1,295	66	73	79	259	23	261	235	1.8	296
タイ	3,503	571	160	8.6	383	367	429	876	252	456
台湾	5,109	101	158	17	427	434	363	2,871	60	678
中国	24,850	1,123	252	192	2,255	3,079	4,322	7,402	696	5,528
フィリピン	1,428	138	206	0.0	31	174	104	569	28	178
ブルネイ	339	0.9	0.1	333	5.0	0.0	0.0	–	–	0.0
ベトナム	3,479	250	100	73	158	502	238	857	77	1,225
マレーシア	3,431	63	219	1,432	198	279	109	773	16	342
アメリカ										
# アメリカ合衆国	11,759	1,964	905	1,941	2,515	457	1,391	1,198	415	974
カナダ	2,175	428	710	646	185	63	47	34	17	48
チリ	997	263	621	0.8	29	29	0.0	0.4	0.0	0.4
ブラジル	1,460	465	707	0.8	132	115	13	4.1	2.8	20
ペルー	398	46	211	117	0.5	20	0.8	0.3	0.0	2.4
メキシコ	845	172	88	52	31	43	78	209	95	78
ヨーロッパ										
# アイルランド	864	35	1.1	0.1	560	2.2	14	71	0.1	180
イギリス	904	77	13	0.9	198	74	205	91	121	122
イタリア	1,565	290	29	13	363	88	118	57	156	453
オーストリア	301	9.2	27	0.0	29	44	38	30	94	29
オランダ	452	86	13	9.4	109	16	122	54	8.3	35
スイス	1,061	43	1.7	0.3	458	27	72	42	2.2	414
スウェーデン	441	3.4	70	0.2	187	40	31	32	58	21
スペイン	909	164	63	43	463	26	14	17	62	57
デンマーク	312	79	7.0	4.5	149	4.9	21	23	1.2	22
ドイツ	2,994	59	27	3.9	1,020	217	364	420	617	267
フランス	1,340	259	15	4.8	360	62	118	80	142	300
ベルギー	923	37	7.8	4.9	763	44	10	10	32	13
ロシア	1,972	158	78	1,352	18	357	1.7	1.0	0.4	6.0
アフリカ										
# 南アフリカ共和国	1,315	54	118	47	12	1,011	0.2	0.6	71	1.8
オセアニア										
# オーストラリア	11,622	618	1,508	9,096	68	287	7.8	9.3	4.4	23
ニュージーランド	394	204	21	15	41	102	3.6	1.6	0.2	5.4
パプアニューギニア	603	1.8	85	515	–	–	0.0	–	–	1.4
（欧州連合（EU）） 2)	11,446	1,259	462	93	4,122	751	979	967	1,319	1,493

運賃・保険料込み価格（C.I.F.価格）による。国別分類は、原則として原産国（地）による。ただし、原産国（地）が不明の場合は積出国（地）による。
1)　雑製品及び特殊取扱品の計。　2)　加盟国27カ国の計。
資料　公益財団法人日本関税協会「外国貿易概況」

6-3　貿易価格指数と貿易数量指数

（平成27年＝100）

年次	輸出							
	総合							
		食料品	繊維及び同製品	化学製品	非金属鉱物製品	金属及び同製品	機械機器	雑品
基準時ウエイト	1,000.0	8.4	13.9	109.1	12.6	89.1	681.2	85.8
価格指数								
令和 2 年	99.4	115.1	97.5	101.2	99.0	98.5	99.2	98.1
3	107.8	118.9	101.4	113.2	114.6	124.1	103.9	113.5
4	129.9	141.1	115.4	140.6	138.4	156.6	123.3	141.4
数量指数								
令和 2 年	91.0	114.7	78.6	108.7	82.7	83.7	88.7	90.8
3	101.9	139.6	86.3	120.2	86.7	91.1	100.1	96.4
4	99.9	134.6	88.2	108.1	82.0	86.5	97.2	105.1

年次	輸入								
	総合								
		食料品	原料品	鉱物性燃料	繊維製品	化学製品	金属及び同製品	機械機器	雑品
基準時ウエイト	1,000.0	90.8	63.0	236.3	57.0	101.1	49.5	314.3	88.2
価格指数									
令和 2 年	88.6	87.1	105.2	74.4	88.7	91.7	103.1	92.1	90.6
3	105.3	91.2	147.9	110.6	88.8	110.4	133.0	98.9	95.5
4	147.2	114.5	183.0	217.3	102.4	144.1	163.4	121.7	118.4
数量指数									
令和 2 年	97.9	109.6	91.7	83.1	101.8	110.6	90.8	102.8	95.0
3	102.8	115.6	96.6	84.4	98.5	114.3	103.1	111.5	101.9
4	102.7	118.3	91.8	85.9	105.9	119.4	103.0	110.2	103.7

価格指数の算式はフィッシャー式。数量指数は金額指数÷価格指数。
資料　公益財団法人日本関税協会「外国貿易概況」

6-4　主要商品・商品特殊分類別輸出額

（単位　100万円）

年次	総額	主要商品別				
		食料品	原料品	鉱物性燃料	化学製品	原料別製品
令和 2 年	68,399,121	790,111	1,019,845	722,807	8,533,622	7,503,627
3	83,091,420	992,429	1,439,455	992,891	10,552,410	9,927,884
4	98,173,612	1,136,567	1,582,867	2,196,835	11,793,755	11,818,132

年次	主要商品別					
	一般機械	電気機器	#半導体等電子部品	輸送用機器	#自動車	その他 1)
令和 2 年	13,140,306	12,898,112	4,155,314	14,456,213	9,579,635	9,334,478
3	16,382,332	15,309,366	4,899,550	16,192,248	10,722,192	11,302,405
4	18,908,936	17,337,072	5,676,083	19,056,999	13,011,638	14,342,451

年次	商品特殊分類別					
	#食料及びその他の直接消費財	#工業用原料	#資本財	#非耐久消費財	#繊維製品	#耐久消費財
令和 2 年	784,618	16,507,368	34,000,527	1,026,934	116,510	10,687,405
3	989,225	21,346,419	40,981,807	1,228,397	132,246	11,968,812
4	1,135,996	25,721,064	46,612,172	1,241,698	158,090	14,323,897

本船渡し価格（F.O.B.価格）による。　　1）　雑製品及び特殊取扱品の計。
資料　公益財団法人日本関税協会「外国貿易概況」

6-5　主要商品・商品特殊分類別輸入額

（単位　100万円）

年次	総額	主要商品別					
		食料品	#穀物及び同調製品	#野菜	原料品	鉱物性燃料	#原油及び粗油
令和 2 年	68,010,832	6,679,374	766,126	504,027	4,681,568	11,254,099	4,646,424
3	84,875,045	7,382,511	988,218	532,471	6,936,432	17,007,139	6,929,115
4	118,503,153	9,494,173	1,476,643	692,564	8,149,657	33,699,031	13,452,745

年次	主要商品別						
	鉱物性燃料 #液化天然ガス	化学製品	原料別製品	一般機械	電気機器	輸送用機器	その他 1)
令和 2 年	3,205,056	7,858,764	6,563,543	7,042,544	11,354,355	2,599,763	9,976,823
3	4,277,243	9,768,551	8,277,291	7,681,883	13,647,755	3,243,873	10,929,609
4	8,461,422	13,331,377	10,276,801	9,286,894	17,285,650	3,389,130	13,590,441

年次	商品特殊分類別					
	#食料及びその他の直接消費財	#工業用原料	#鉱物性燃料	#資本財	#非耐久消費財 #繊維製品	#耐久消費財
令和 2 年	6,518,889	28,097,087	11,249,249	20,184,834	5,604,515　3,473,067	5,878,768
3	7,361,461	39,685,735	17,002,854	23,621,431	5,545,247　3,252,681	6,728,270
4	9,727,244	62,512,238	33,693,080	29,052,468	6,828,476　4,100,973	7,922,715

運賃・保険料込み価格（C.I.F.価格）による。　　1）　雑製品及び特殊取扱品の計。
資料　公益財団法人日本関税協会「外国貿易概況」

6-6 対外・対内直接投資実績

(単位 億円)

年次	対外直接投資			株式資本			収益の再投資		
	実行	回収	ネット	実行	回収	ネット	実行	回収	ネット
令和 3 年	644,812	414,645	230,167	179,020	80,040	98,979	114,317	-	114,317
4	720,890	488,867	232,024	126,828	50,258	76,571	130,410	-	130,410

年次	対外直接投資			対内直接投資				株式資本	
	負債性資本								
	実行	回収	ネット	実行	回収	ネット	実行	回収	ネット
令和 3 年	351,475	334,604	16,871	433,681	395,942	37,739	37,536	11,191	26,345
4	463,652	438,609	25,043	499,321	436,879	62,442	40,452	13,005	27,447

年次	対内直接投資						国別対外直接投資		
	収益の再投資			負債性資本			アジア		
	実行	回収	ネット	実行	回収	ネット		#インド	#中国
令和 3 年	15,841	-	15,841	380,304	384,751	-4,447	66,780	4,102	12,949
4	17,254	-	17,254	441,615	423,874	17,741	51,330	4,095	10,956

年次	国別対外直接投資								
	中東	北米		中南米		ヨーロッパ		アフリカ	オセアニア
			#アメリカ合衆国		#ブラジル		#イギリス		
令和 3 年	407	90,305	88,632	10,852	2,445	54,917	23,413	1,634	4,770
4	845	81,724	78,270	17,019	3,184	45,968	-139	2,163	13,281

年次	国別対内直接投資			
	アジア	北米		ヨーロッパ
			#アメリカ合衆国	
令和 3 年	20,969	8,889	8,424	2,082
4	14,094	16,788	10,667	5,168

資料 財務省「国際収支状況」

6-7　国際収支状況

(単位　億円)

| 年次 | 経常収支 | | | | | |
	計	貿易・サービス収支	貿易収支	輸出	輸入	サービス収支
令和 元 年	192,513	-9,318	1,503	757,753	756,250	-10,821
2	159,917	-8,773	27,779	672,629	644,851	-36,552
3	214,851	-24,834	17,623	823,526	805,903	-42,457
4	107,144	-212,723	-157,436	987,688	1,145,124	-55,288

| 年次 | 経常収支 | | 資本移転等収支 | 金融収支 1) | 誤差脱漏 |
	第一次所得収支	第二次所得収支			
令和 元 年	215,531	-13,700	-4,131	248,624	60,242
2	194,387	-25,697	-2,072	141,251	-16,594
3	263,277	-23,591	-4,232	167,864	-42,755
4	344,621	-24,753	-1,144	57,686	-48,314

IMF国際収支マニュアル第6版準拠　1)　プラス（＋）は純資産の増加を示す。マイナス（－）は純資産の減少を示す。
資料　財務省「国際収支状況」

6-8　外国為替相場

| 年末 | インターバンク相場（東京市場）(1米ドルにつき円) | | 基準相場 米ドル (1ドルにつき円) 1) | 対顧客為替相場（三菱UFJ銀行）　2) | | |
	スポット・レート 3)	中心相場 期中平均 4)		ユーロ (1ユーロにつき円)	英ポンド (1ポンドにつき円)	韓国ウォン (100ウォンにつき円)
平成 28 年	117.11	108.84	116	122.70	143.00	9.68
29	112.65	112.16	113	134.94	151.95	10.62
30	110.40	110.39	112	127.00	140.46	9.94
令和 元 年	109.15	109.01	109	122.54	143.48	9.46
2	103.33	106.78	104	126.95	139.82	9.52
3	115.12	109.80	114	130.51	155.24	9.73
4	132.14	131.38	135	141.47	160.00	10.55

1)　12月中の実勢相場の平均値。　　2)　対顧客電信売相場と対顧客電信買相場の仲値（最終公表相場）。直物
3)　インターバンク市場参加者等から聴取した売り値と買い値の中間値（17時時点）。　　4)　取引金額で測った
その日の代表的なスポット相場。
資料　日本銀行「外国為替市況」「金融経済統計月報」「基準外国為替相場及び裁定外国為替相場」

6-9 外貨準備高

(単位 100万米ドル)

年末	外貨準備高	外貨	IMFリザーブ ポジション	SDR	金	その他外貨 準備
令和 元 年	1,323,750	1,255,322	11,202	19,176	37,469	581
2	1,394,680	1,312,160	15,147	20,215	46,526	632
3	1,405,750	1,278,925	10,643	62,330	49,505	4,347
4	1,227,576	1,103,907	10,817	59,275	49,295	4,282

資料 財務省「外貨準備等の状況」

6-10 経済協力状況 (支出純額ベース)

(単位 100万米ドル)

項目	令和元年	2年	3年
経済協力総額	55,519	32,472	38,494
政府開発援助	11,720	13,660	15,765
二国間	7,477	10,243	11,621
贈与	5,278	5,470	5,680
政府貸付等	2,199	4,774	5,940
国際機関に対する出資・拠出等	4,243	3,417	4,145
その他の政府資金	313	4,898	591
民間資金	42,913	13,309	21,502
輸出信用（1年超）	-2,112	-5,414	-570
直接投資	39,067	25,031	26,702
その他二国間証券投資等	5,770	-4,213	-5,911
国際機関に対する融資等	188	-2,095	1,280
民間非営利団体による贈与	574	606	636
経済協力の総額／GNI　　　　（%）	1.04	0.62	0.75

卒業国向け援助を除く。マイナスは貸付などの回収額が供与額を上回ったことを示す。
資料 外務省「開発協力白書」

6-11 我が国の二国間政府開発援助（令和3年）

（単位 100万米ドル）

国 （地域）	政府開発援助				政府貸付等 2)
	計	贈与	#無償資金協力 1)	#技術協力	
総額 3)	11,625	5,686	1,165	2,426	5,939
東アジア					
#モンゴル	19	41	7.3	13	-22
カンボジア	459	95	55	23	364
タイ	-64	36	15	19	-99
ベトナム	-163	134	79	46	-297
ミャンマー	404	151	71	37	254
ラオス	49	46	15	17	3.1
南西アジア					
#インド	2,387	120	16	62	2,267
ネパール	91	45	19	12	46
バングラデシュ	1,953	102	29	23	1,851
中央アジア・コーカサス					
#ウズベキスタン	348	13	6.5	6.4	335
中東・北アフリカ					
#アフガニスタン	213	213	4.7	11	-
イエメン	67	67	2.1	0.2	-
イラク	288	56	1.1	4.6	232
シリア	88	88	-	3.6	-
チュニジア	10	4.3	0.2	2.8	5.7
パレスチナ	91	91	26	7.0	-
モロッコ	148	3.4	0.3	2.4	144
ヨルダン	75	29	6.7	4.6	46
サブサハラ・アフリカ					
#ウガンダ	63	44	21	15	18
ガーナ	32	32	8.1	12	0.0
ケニア	229	43	6.9	24	186
コンゴ民主共和国	42	42	14	11	-
セネガル	40	32	16	15	7.6
タンザニア	42	25	13	10	16
マラウイ	20	20	7.3	8.7	-
南スーダン	42	42	16	5.9	-
モザンビーク	70	36	18	12	34
ルワンダ	71	28	13	13	43
中南米					
#コスタリカ	-5.9	4.3	0.4	0.9	-10

マイナスは貸付などの回収額が供与額を上回ったことを示す。
1) 日本が実施している援助形態としての無償資金協力ではない。 2) 当該国への政府貸付実行額から過去の貸付に対しての回収額を差し引いた額。 3) 複数地域にまたがる援助等を含む。
資料 外務省「開発協力白書」

第7章　企業活動

7-1　産業別民営事業所数と従業者数

産業	事業所数		従業者数（1,000人）	
	平成28年	令和3年	平成28年	令和3年
全産業（事業内容等不詳を含む）	5,578,975	5,844,088	…	…
全産業	5,340,783	5,156,063	56,873	57,950
農林漁業（個人経営を除く）	32,676	42,458	363	454
鉱業、採石業、砂利採取業	1,851	1,865	19	20
建設業	492,734	485,135	3,691	3,737
製造業	454,800	412,617	8,864	8,804
電気・ガス・熱供給・水道業	4,654	9,139	188	202
情報通信業	63,574	76,559	1,642	1,987
運輸業、郵便業	130,459	128,224	3,197	3,265
卸売業、小売業	1,355,060	1,228,920	11,844	11,612
金融業、保険業	84,041	83,852	1,530	1,494
不動産業、物品賃貸業	353,155	374,456	1,462	1,618
学術研究、専門・技術サービス業	223,439	252,340	1,843	2,119
宿泊業、飲食サービス業	696,396	599,058	5,362	4,679
生活関連サービス業、娯楽業　　1)	470,713	434,209	2,421	2,176
教育、学習支援業	167,662	163,357	1,828	1,951
医療、福祉	429,173	462,531	7,375	8,162
複合サービス事業	33,780	32,131	484	436
サービス業（他に分類されないもの）　2)	346,616	369,212	4,760	5,234

「経済センサス-活動調査」（6月1日現在）による。国及び地方公共団体を除く。事業所とは、一定の場所（一区画）を占めて、単一の経営主体のもとで経済活動が行われ、従業者と設備を有して、物の生産や販売、サービスの提供が継続的に行われている場所ごとの単位をいう。　1)　家事サービス業を除く。　2)　外国公務を除く。
資料　総務省統計局、経済産業省「経済センサス-活動調査結果」

7-3　産業、経営組織別民営事業所数と

産業	総数		個人		法人	
	事業所数	従業者数	事業所数	従業者数	事業所数	従業者数
全産業	5,156,063	57,950	1,640,810	4,574	3,486,590	53,258
1 農林漁業（個人経営を除く）	42,458	454	…	…	41,930	448
2 鉱業、採石業、砂利採取業	1,865	20	96	0.3	1,769	19
3 建設業	485,135	3,737	111,025	251	374,047	3,486
4 製造業	412,617	8,804	97,139	258	315,087	8,543
5 電気・ガス・熱供給・水道業	9,139	202	116	0.2	8,988	202
6 情報通信業	76,559	1,987	2,100	3.9	74,322	1,982
7 運輸業、郵便業	128,224	3,265	9,314	18	118,450	3,245
8 卸売業、小売業	1,228,920	11,612	330,080	1,062	897,091	10,540
9 金融業、保険業	83,852	1,494	3,747	6.7	79,998	1,487
10 不動産業、物品賃貸業	374,456	1,618	104,183	158	269,795	1,459
11 学術研究、専門・技術サービス業	252,340	2,119	96,973	280	154,941	1,837
12 宿泊業、飲食サービス業	599,058	4,679	336,026	1,003	262,424	3,671
13 生活関連サービス業、娯楽業　1)	434,209	2,176	271,485	504	161,854	1,666
14 教育、学習支援業	163,357	1,951	78,963	194	83,226	1,751
15 医療、福祉	462,531	8,162	156,308	736	303,665	7,408
16 複合サービス事業	32,131	436	3,215	9.2	28,877	427
17 サービス業（他に分類されないもの）　2)	369,212	5,234	40,040	91	310,126	5,086

「経済センサス-活動調査」（6月1日現在）による。7-1表脚注参照。　1)　家事サービス業を除く。　2)　外国公務を除く。

7-2　産業別企業等数と売上（収入）金額

(単位　金額　10億円)

産業	企業等数		売上（収入）金額			
	平成28年	令和3年	平成28年	全産業に占める割合(%)	令和3年	全産業に占める割合(%)
全産業	3,856,457	3,684,049	1,624,714	100.0	1,693,313	100.0
農林漁業（個人経営を除く）	25,992	35,301	4,994	0.3	5,933	0.4
鉱業、採石業、砂利採取業	1,376	1,428	2,044	0.1	1,503	0.1
建設業	431,736	426,155	108,451	6.7	120,031	7.1
製造業	384,781	339,738	396,275	24.4	387,061	22.9
電気・ガス・熱供給・水道業	1,087	5,496	26,242	1.6	36,233	2.1
情報通信業	43,585	56,599	59,946	3.7	75,500	4.5
運輸業、郵便業	68,808	66,831	64,791	4.0	62,199	3.7
卸売業、小売業	842,182	741,239	500,794	30.8	480,168	28.4
金融業、保険業	29,439	30,995	125,130	7.7	117,768	7.0
不動産業、物品賃貸業	302,835	328,329	46,055	2.8	59,532	3.5
学術研究、専門・技術サービス業	189,515	214,724	41,502	2.6	48,029	2.8
宿泊業、飲食サービス業	511,846	426,575	25,481	1.6	20,783	1.2
生活関連サービス業、娯楽業　1)	366,146	334,668	45,661	2.8	30,461	1.8
教育、学習支援業	114,451	109,004	15,410	0.9	17,390	1.0
医療、福祉	294,371	298,517	111,488	6.9	173,337	10.2
複合サービス事業	5,719	5,445	9,596	0.6	8,924	0.5
サービス業（他に分類されないもの）　2)	242,588	263,005	40,854	2.5	48,460	2.9

「経済センサス-活動調査」（企業等数は6月1日現在。売上（収入）金額は前年1年間の数値）による。国及び地方公共団体を除く。企業等とは事業・活動を行う法人（外国の会社を除く。）及び個人経営の事業所をいう。売上（収入）金額は必要な事項の数値が得られた企業等を対象として集計。
1)　家事サービス業を除く。　2)　外国公務を除く。
資料　総務省統計局、経済産業省「経済センサス-活動調査結果」

Ⅲ 企業・事業所

従業者数（令和3年）

(単位　従業者数　1,000人)

会社		#株式・有限・相互会社		会社以外の法人		法人でない団体		産業
事業所数	従業者数	事業所数	従業者数	事業所数	従業者数	事業所数	従業者数	
3,010,602	44,145	2,944,619	43,685	475,988	9,113	28,663	118	全産業
28,206	280	27,094	274	13,724	168	528	5.7	1
1,677	19	1,660	19	92	0.4	–	–	2
373,031	3,480	369,938	3,467	1,016	6.6	63	0.3	3
311,527	8,486	308,116	8,450	3,560	57	391	2.7	4
8,681	199	7,310	197	307	2.9	35	0.1	5
72,770	1,954	70,086	1,927	1,552	28	137	0.5	6
115,517	3,217	114,321	3,204	2,933	28	460	1.9	7
875,048	10,246	860,245	10,099	22,043	294	1,749	10	8
65,363	1,257	63,678	1,241	14,635	230	107	0.7	9
263,594	1,407	253,855	1,387	6,201	51	478	1.8	10
136,295	1,540	130,575	1,509	18,646	297	426	1.9	11
257,948	3,622	252,499	3,586	4,476	48	608	4.8	12
153,307	1,576	150,292	1,556	8,547	90	870	6.2	13
55,393	568	53,902	561	27,833	1,183	1,168	5.4	14
111,103	1,581	102,687	1,513	192,562	5,828	2,558	19	15
20,026	275	20,020	275	8,851	151	39	0.1	16
161,116	4,438	158,341	4,420	149,010	649	19,046	57	17

資料　総務省統計局、経済産業省「経済センサス-活動調査結果」

7-4 産業、従業者規模別民営

産業	総数	1〜4人	5〜9	10〜19
事業所数				
全産業	**5,156,063**	**2,898,710**	**999,954**	**646,663**
1 農林漁業（個人経営を除く）	42,458	15,174	12,072	9,156
2 鉱業、採石業、砂利採取業	1,865	677	545	386
3 建設業	485,135	269,452	118,560	61,919
4 製造業	412,617	185,991	83,244	59,729
5 電気・ガス・熱供給・水道業	9,139	4,907	1,053	1,025
6 情報通信業	76,559	38,038	12,693	9,341
7 運輸業、郵便業	128,224	33,726	23,221	27,048
8 卸売業、小売業	1,228,920	662,206	265,776	173,105
9 金融業、保険業	83,852	30,390	16,167	17,641
10 不動産業、物品賃貸業	374,456	304,834	41,669	15,255
11 学術研究、専門・技術サービス業	252,340	172,660	43,062	19,611
12 宿泊業、飲食サービス業	599,058	350,906	118,436	72,793
13 生活関連サービス業、娯楽業 1)	434,209	339,730	47,869	24,309
14 教育、学習支援業	163,357	98,959	24,073	17,723
15 医療、福祉	462,531	147,783	126,041	99,582
16 複合サービス事業	32,131	13,693	11,364	4,329
17 サービス業 2)	369,212	229,584	54,109	33,711
（他に分類されないもの）				
従業者数（1,000人）				
全産業	**57,950**	**6,080**	**6,588**	**8,738**
1 農林漁業（個人経営を除く）	454	37	81	123
2 鉱業、採石業、砂利採取業	20	1.6	3.6	5.2
3 建設業	3,737	613	776	820
4 製造業	8,804	424	554	819
5 電気・ガス・熱供給・水道業	202	8.9	7.1	14
6 情報通信業	1,987	75	84	128
7 運輸業、郵便業	3,265	70	159	375
8 卸売業、小売業	11,612	1,488	1,741	2,344
9 金融業、保険業	1,494	66	109	243
10 不動産業、物品賃貸業	1,618	586	262	201
11 学術研究、専門・技術サービス業	2,119	349	277	260
12 宿泊業、飲食サービス業	4,679	750	781	982
13 生活関連サービス業、娯楽業 1)	2,176	617	308	329
14 教育、学習支援業	1,951	170	158	244
15 医療、福祉	8,162	331	859	1,340
16 複合サービス事業	436	41	72	57
17 サービス業 2)	5,234	453	354	455
（他に分類されないもの）				

「経済センサス-活動調査」（6月1日現在）による。国及び地方公共団体を除く。7-1表脚注参照。
1) 家事サービス業を除く。　2) 外国公務を除く。

事業所数と従業者数 （令和3年）

20～29	30～49	50～99	100～199	200～299	300人以上	出向・派遣従業者のみ	産業
237,174	167,236	105,274	41,335	11,206	13,199	35,312	全産業
2,897	1,820	710	147	32	9	441	1
113	68	21	12	-	1	42	2
16,933	10,851	4,813	1,274	315	252	766	3
27,809	22,485	17,611	8,606	2,614	3,306	1,222	4
463	411	453	211	60	76	480	5
4,198	4,351	3,690	2,010	649	903	686	6
14,285	13,721	9,836	3,666	880	708	1,133	7
56,551	33,078	19,287	7,290	1,530	1,347	8,750	8
7,672	5,845	2,969	816	254	370	1,728	9
4,261	2,788	1,516	620	183	230	3,100	10
5,920	4,421	2,920	1,309	376	595	1,466	11
30,602	15,207	7,630	1,224	245	239	1,776	12
8,337	6,167	3,503	926	153	131	3,084	13
8,287	7,171	3,527	1,167	262	560	1,628	14
34,740	26,152	16,713	6,081	1,640	2,217	1,582	15
909	413	477	509	200	147	90	16
13,197	12,287	9,598	5,467	1,813	2,108	7,338	17
5,642	6,290	7,204	5,612	2,712	9,084	-	全産業
69	67	47	20	7.5	3.2	-	1
2.7	2.5	1.4	1.7	-	0.9	-	2
400	403	319	171	76	160	-	3
671	862	1,214	1,181	635	2,444	-	4
11	16	32	28	14	71	-	5
101	166	258	277	156	742	-	6
343	523	670	498	212	416	-	7
1,333	1,234	1,323	976	369	804	-	8
183	219	196	110	61	306	-	9
101	104	102	85	45	131	-	10
141	167	198	180	91	456	-	11
729	561	516	159	58	142	-	12
197	232	234	121	36	101	-	13
199	269	236	157	64	454	-	14
827	982	1,156	817	399	1,453	-	15
21	15	35	73	49	72	-	16
315	468	667	756	439	1,328	-	17

資料　総務省統計局、経済産業省「経済センサス-活動調査結果」

7-5　産業、存続・新設・廃業別民営事業所数と従業者数 (令和3年)

産業	事業所数				従業者数 (1,000人)			
	総数	存続 事業所	新設 事業所	廃業 事業所	総数	存続 事業所	新設 事業所	廃業 事業所
全産業	5,156,063	3,905,053	1,251,010	1,470,284	57,950	44,898	13,052	11,640
農林漁業 （個人経営を除く）	42,458	27,363	15,095	5,574	454	309	144	47
鉱業、採石業、 砂利採取業	1,865	1,557	308	354	20	17	3.0	2.5
建設業	485,135	377,462	107,673	116,979	3,737	2,973	764	628
製造業	412,617	352,337	60,280	99,718	8,804	7,743	1,061	1,127
電気・ガス・ 熱供給・水道業	9,139	3,504	5,635	1,650	202	122	80	62
情報通信業	76,559	41,098	35,461	22,650	1,987	1,259	727	477
運輸業、郵便業	128,224	98,319	29,905	31,470	3,265	2,634	631	486
卸売業、小売業	1,228,920	961,691	267,229	404,346	11,612	8,934	2,678	2,833
金融業、保険業	83,852	60,949	22,903	23,055	1,494	1,166	329	320
不動産業、 物品賃貸業	374,456	266,370	108,086	93,101	1,618	1,157	461	350
学術研究、専門・ 技術サービス業	252,340	162,848	89,492	63,896	2,119	1,489	630	417
宿泊業、 飲食サービス業	599,058	445,071	153,987	258,146	4,679	3,285	1,394	1,840
生活関連サービス業、娯楽業 1)	434,209	349,193	85,016	126,097	2,176	1,689	487	607
教育、学習支援業	163,357	119,953	43,404	50,793	1,951	1,602	348	285
医療、福祉	462,531	338,085	124,446	91,748	8,162	6,482	1,680	959
複合サービス事業	32,131	30,443	1,688	2,844	436	412	24	31
サービス業 （他に分類 されないもの） 2)	369,212	268,810	100,402	77,863	5,234	3,626	1,608	1,169

「経済センサス-活動調査」（6月1日現在）による。7-1表脚注参照。平成28年経済センサス-活動調査から令和3年経済センサス-活動調査の5年間の異動状況についてみたものであり、ある1年間の異動状況をみたものではない。　1) 家事サービス業を除く。　2) 外国公務を除く。
資料　総務省統計局、経済産業省「経済センサス-活動調査結果」

7-6　個人企業の営業状況（1企業当たり）（令和4年）

（単位　金額　1,000円）

産業、従業者規模	集計企業数	売上高 (A)	売上原価 (B)	売上総利益 (C=A-B)	営業費 (D)	営業利益 (C-D)	新規設備取得額	従業者数（人）(E)	従業者1人当たり売上高 (A/E)
全産業	29,783	12,969	5,385	7,583	5,361	2,222	241	2.54	5,106
事業主のみ	…	4,317	1,191	3,126	2,063	1,064	173	1.00	4,317
事業主と事業主の家族で無給の人	…	4,676	1,745	2,931	2,159	773	153	2.16	2,165
雇用者あり	…	21,867	9,574	12,293	8,769	3,523	325	3.76	5,816
建設業	4,682	14,468	4,981	9,488	6,662	2,826	270	2.35	6,157
事業主のみ	…	6,878	2,140	4,738	3,083	1,655	105	1.00	6,878
事業主と事業主の家族で無給の人	…	6,500	2,277	4,223	2,989	1,234	113	2.11	3,081
雇用者あり	…	20,863	7,309	13,554	9,646	3,909	413	3.21	6,499
製造業	4,896	10,944	3,239	7,705	5,399	2,307	239	2.69	4,068
事業主のみ	…	3,968	1,005	2,963	1,962	1,001	98	1.00	3,968
事業主と事業主の家族で無給の人	…	3,482	1,031	2,451	1,867	584	137	2.18	1,597
雇用者あり	…	15,949	4,788	11,161	7,831	3,330	330	3.55	4,493
卸売業、小売業	4,948	24,490	16,447	8,042	6,321	1,721	175	3.12	7,849
事業主のみ	…	5,665	3,748	1,918	1,586	332	61	1.00	5,665
事業主と事業主の家族で無給の人	…	5,426	3,605	1,821	1,704	117	104	2.16	2,512
雇用者あり	…	41,942	28,207	13,736	10,638	3,097	267	4.64	9,039
宿泊業、飲食サービス業	4,940	10,751	3,525	7,226	5,204	2,023	291	3.30	3,258
事業主のみ	…	4,479	1,218	3,261	2,058	1,203	157	1.00	4,479
事業主と事業主の家族で無給の人	…	4,653	1,583	3,069	2,358	711	162	2.22	2,096
雇用者あり	…	13,928	4,595	9,333	6,733	2,600	362	4.11	3,389
生活関連サービス業、娯楽業	5,180	4,525	611	3,914	2,668	1,246	114	1.83	2,473
事業主のみ	…	2,250	328	1,922	1,264	658	78	1.00	2,250
事業主と事業主の家族で無給の人	…	2,035	302	1,734	1,175	559	66	2.10	969
雇用者あり	…	8,053	1,047	7,005	4,841	2,164	171	2.74	2,939
サービス業（上記産業を除く）	5,137	9,913	825	9,088	5,948	3,140	347	2.18	4,547
事業主のみ	…	4,499	280	4,219	2,643	1,576	322	1.00	4,499
事業主と事業主の家族で無給の人	…	4,920	409	4,511	2,900	1,611	256	2.15	2,288
雇用者あり	…	17,763	1,582	16,181	10,758	5,423	421	3.50	5,075

「個人企業経済調査」（6月1日現在）による。売上高、営業費等の経理事項は令和3年1月〜12月の1年間の数値。令和元年調査より調査対象の拡大。「農林漁業」、「鉱業・採石業・砂利採取業」、「電気・ガス・熱供給・水道業」、「公務（他に分類されるものを除く）」及び「分類不能な産業」以外の産業を個人で営んでいる全国約40,000事業所を対象。
資料　総務省統計局「個人企業経済調査結果」

7-7 法人企業の

業種	母集団 （法人数）	資産合計 1)	資産			負債及び	
			流動 資産	固定 資産	繰延 資産	流動 負債	固定 負債
全産業	2,890,056	2,015,723	888,567	1,124,048	3,107	585,250	614,019
1 製造業	323,506	535,861	256,301	278,657	903	165,784	105,281
2 非製造業	2,566,550	1,479,861	632,266	845,392	2,204	419,466	508,738
3 農林水産業	33,270	6,081	2,916	3,151	14	1,744	3,159
4 鉱業、採石業、 砂利採取業	3,258	9,280	3,390	5,879	11	1,167	2,013
5 建設業	483,951	127,654	84,390	43,091	174	45,448	28,378
6 電気業	12,543	73,563	12,615	60,868	80	18,942	40,407
7 ガス・熱供給・ 水道業	996	7,364	1,868	5,492	3.8	1,533	2,393
8 情報通信業	124,595	131,836	64,375	67,142	319	42,314	31,209
9 運輸業、郵便業	79,754	113,646	36,346	77,178	122	25,104	50,639
10 卸売業、小売業	593,472	343,771	201,093	142,167	511	139,621	73,077
11 不動産業、 物品賃貸業	385,395	270,138	96,895	172,923	321	56,892	133,978
12 サービス業	849,316	396,528	128,378	267,501	649	86,702	143,486
全産業 （金融業、保険業を含む）	2,959,592	–	–	1,181,140	–	–	–
13＃金融業、保険業	69,536	–	–	57,092	–	–	–

「法人企業統計調査」による。　1)　負債及び純資産の合計と共通。　2)　中間配当額を含む。

経理状況（令和3年度）

（単位　金額　10億円）

純資産		損益				剰余金の配当	付加価値額			業種
特別法上の準備金	純資産	売上高	営業利益	経常利益	当期純利益	配当金 2)		#従業員給与	#営業純益	
111	816,343	1,447,888	54,216	83,925	63,007	29,865	300,003	132,783	47,293	全産業
1.0	264,795	401,774	20,744	33,194	26,197	11,526	81,259	33,895	19,690	1
110	551,548	1,046,114	33,472	50,731	36,810	18,339	218,743	98,887	27,603	2
0.3	1,178	5,087	-122	204	127	20	1,017	624	-154	3
-	6,100	2,437	510	596	343	204	806	143	494	4
-	53,829	136,669	5,298	6,936	4,300	1,165	30,924	13,015	4,991	5
50	14,165	28,517	-29	310	295	553	2,550	875	-305	6
0.0	3,439	5,585	130	194	153	89	643	199	112	7
0.5	58,312	79,981	6,864	8,163	5,445	3,997	24,619	10,349	6,146	8
55	37,847	66,002	-133	1,229	1,099	1,150	20,010	11,010	-739	9
3.3	131,069	496,740	9,170	14,865	9,852	4,167	59,641	26,884	8,329	10
-	79,269	65,966	5,838	6,512	5,450	1,453	17,696	3,381	4,607	11
0.4	166,340	159,130	5,946	11,721	9,746	5,541	60,836	32,407	4,121	12
-	981,765	-	-	96,419	71,582	35,572	-	139,125	-	全産業
-	165,422	-	-	12,494	8,575	5,707	-	6,343	-	13

資料　財務省財務総合政策研究所「財政金融統計月報（法人企業統計年報特集）」

7-8　銀行取引停止処分の状況

（単位　件）

項目	令和元年	2年	3年	4年
取引停止処分件数　　　　　1)	824	478	242	245
法人取引停止処分者件数	**751**	**432**	**215**	**218**
負債金額（100万円）	173,416	105,449	57,127	64,764
資本金別				
300万円未満	18	16	10	11
300 ～1000	237	119	59	54
1000 ～5000	462	275	135	143
5000 ～3億円以下	31	21	10	9
3億円超	3	1	1	1
業種別				
製造業	212	149	60	62
# 食料品	26	19	4	9
繊維品	14	10	-	1
木材・パルプ・紙	15	9	2	4
出版・印刷	29	15	7	11
金属製品	33	25	10	14
機械	17	6	9	1
電気機器	12	2	2	1
卸売業	186	110	46	50
# 飲食料品	26	15	7	6
繊維	30	14	4	5
建材	23	18	5	9
電気機器	8	6	1	2
小売業	101	51	23	18
# 飲食店	8	4	-	2
建設業	130	56	57	40
サービス業	44	25	15	24
# 修理業	9	3	3	1
農林・漁業・水産業	4	3	-	1
鉱業	-	1	-	-
不動産業	17	9	1	4
運輸・通信業	33	12	6	12
その他	24	16	7	7
原因別　　　　　　　　　2)	896	502	243	250
在庫投資過大	7	3	-	-
設備投資過大	8	3	5	1
売上不振	473	273	121	146
コスト高・人手不足・採算悪化	123	60	24	26
売上金回収困難	29	21	12	14
関連企業倒産の波及	11	4	4	5
融通手形操作	14	2	1	4
高利金融	25	8	3	2
その他	206	128	73	52
個人企業取引停止処分者件数	62	44	23	24
個人（非企業）取引停止処分者件数	3	-	2	-

1)　取引なし等を含む。　2)　原因別件数は複数の原因があるため資本金、業種別件数とは一致しない。その他には原因不明分を含む。
資料　一般社団法人全国銀行協会「決済統計年報」

7-9　法人企業の投資動向

（単位　10億円）

業種	設備投資額					
	令和4年度			5年度		
	ソフトウェアを除く、土地を含む	ソフトウェアを除く、土地を除く	ソフトウェアのみ	ソフトウェアを除く、土地を含む	ソフトウェアを除く、土地を除く	ソフトウェアのみ
製造業	**12,548**	**12,045**	**1,253**	**14,189**	**13,763**	**1,431**
食料品製造業	1,215	1,133	65	1,257	1,079	108
繊維工業	114	109	22	154	152	22
木材・木製品製造業	110	109	5	114	109	8
パルプ・紙・紙加工品製造業	270	266	17	336	333	14
化学工業	1,778	1,724	150	1,944	1,907	167
石油製品・石炭製品製造業	80	79	4	123	122	6
窯業・土石製品製造業	439	421	27	456	434	28
鉄鋼業	312	306	13	368	365	14
非鉄金属製造業	831	807	21	893	867	27
金属製品製造業	600	562	26	685	656	37
はん用機械器具製造業	306	281	15	296	290	32
生産用機械器具製造業	760	729	96	989	961	126
業務用機械器具製造業	442	426	97	528	512	115
電気機械器具製造業	768	670	107	972	964	133
情報通信機械器具製造業	1,356	1,321	181	1,490	1,482	186
自動車・同附属品製造業	1,666	1,631	232	2,046	2,015	207
その他の輸送用機械器具製造業	182	173	24	222	215	21
その他製造業	1,320	1,296	151	1,315	1,300	181
非製造業	**29,786**	**24,908**	**4,311**	**30,569**	**27,295**	**4,735**
農林水産業	330	329	2	272	256	6
鉱業、採石業、砂利採取業	154	148	2	160	159	2
建設業	2,968	2,089	154	2,802	1,985	194
電気・ガス・水道業	1,568	1,562	64	1,733	1,725	107
情報通信業	3,992	3,969	1,339	4,248	4,169	1,337
運輸業、郵便業	3,689	3,587	174	4,715	4,511	236
卸売業	1,743	1,353	255	1,682	1,404	272
小売業	2,597	2,429	295	2,613	2,532	313
不動産業	4,855	2,132	145	3,654	2,581	127
リース業	1,638	1,589	39	1,629	1,600	68
その他の物品賃貸業	1,155	1,146	6	1,233	1,221	7
サービス業	4,098	3,674	691	4,413	3,976	777
金融業、保険業	999	902	1,145	1,414	1,175	1,290

「法人企業景気予測調査」による。資本金、出資金又は基金が1000万円以上（電気・ガス・水道業及び金融業、保険業は資本金1億円以上）の法人。令和4年度は実績、5年度は実績見込み。
資料　内閣府経済社会総合研究所、財務省財務総合政策研究所「法人企業景気予測調査」

第8章 農林水産業

8-1 経営形態別農業経営体数 (令和2年)

農業地域	総数	法人化している 計	農業組合法人	会社	各種団体 農協	各種団体 森林組合
全国	1,075,705	30,707	7,329	19,977	1,699	19
北海道	34,913	4,047	234	3,565	143	2
東北	194,193	4,266	1,299	2,374	230	2
北陸	76,294	2,860	1,412	1,154	171	1
関東・東山	235,938	5,264	848	3,817	256	–
東海	92,650	2,460	457	1,802	92	2
近畿	103,835	1,986	628	1,151	110	3
中国	96,594	2,491	971	1,190	174	3
四国	65,418	1,411	277	934	132	2
九州	164,560	5,498	1,132	3,690	384	4
沖縄	11,310	424	71	300	7	–

農業地域	法人化している 各種団体 その他の各種団体	法人化している その他の法人	地方公共団体・財産区	法人化していない	個人経営体
全国	358	1,325	144	1,044,854	1,037,342
北海道	37	66	60	30,806	30,566
東北	124	237	37	189,890	187,885
北陸	22	100	6	73,428	72,450
関東・東山	76	267	17	230,657	229,995
東海	23	84	6	90,184	89,786
近畿	15	79	4	101,845	100,831
中国	11	142	4	94,099	93,467
四国	9	57	2	64,005	63,852
九州	40	248	8	159,054	157,635
沖縄	1	45	–	10,886	10,875

「農林業センサス」 (2月1日現在) による。
資料 農林水産省「農林業センサス 農林業経営体調査報告書」

8-2　都道府県別総農家数 (令和2年)

(単位　戸)

都道府県	総農家数	販売農家	自給的農家
全国	1,747,079	1,027,892	719,187
北海道	37,594	32,232	5,362
青森	36,465	28,062	8,403
岩手	52,688	33,861	18,827
宮城	41,509	28,632	12,877
秋田	37,116	27,780	9,336
山形	39,628	26,796	12,832
福島	62,673	41,060	21,613
茨城	71,761	43,920	27,841
栃木	46,202	31,993	14,209
群馬	42,275	19,405	22,870
埼玉	46,463	27,588	18,875
千葉	50,826	34,261	16,565
東京	9,567	4,606	4,961
神奈川	21,290	10,479	10,811
新潟	62,556	41,751	20,805
富山	17,314	11,323	5,991
石川	15,874	9,263	6,611
福井	16,058	9,777	6,281
山梨	27,986	14,178	13,808
長野	89,786	40,510	49,276
岐阜	48,936	19,924	29,012
静岡	50,736	24,426	26,310
愛知	61,055	25,906	35,149
三重	33,530	18,062	15,468
滋賀	21,971	13,807	8,164
京都	24,953	13,616	11,337
大阪	20,813	7,413	13,400
兵庫	67,124	37,025	30,099
奈良	21,950	10,616	11,334
和歌山	25,263	17,250	8,013
鳥取	23,106	13,911	9,195
島根	27,186	14,397	12,789
岡山	50,735	27,937	22,798
広島	45,335	20,861	24,474
山口	27,338	14,837	12,501
徳島	25,119	14,059	11,060
香川	29,222	15,942	13,280
愛媛	34,994	20,639	14,355
高知	19,924	12,173	7,751
福岡	41,351	27,187	14,164
佐賀	18,645	13,293	5,352
長崎	28,282	17,329	10,953
熊本	47,879	32,529	15,350
大分	31,954	18,099	13,855
宮崎	30,940	20,304	10,636
鹿児島	48,360	28,199	20,161
沖縄	14,747	10,674	4,073

「農林業センサス」（2月1日現在）による。「販売農家」とは、経営耕地面積が30a以上又は調査期日前1年間における農産物販売金額が50万円以上の農家。
資料　農林水産省「農林業センサス　農林業経営体調査報告書」

8-3　年齢階級別基幹的農業従事者数

(単位　100人)

年次	計	15-39歳	40-59	60-74	75歳以上
平成 17 年	22,407	1,105	5,636	11,051	4,615
22	20,514	960	4,305	9,355	5,894
27	17,568	837	2,912	8,323	5,495
30	14,505	725	2,236	7,737	3,805
31	14,041	681	2,084	7,647	3,628
令和 2 年	13,630	665	2,078	6,569	4,318
3	13,021	658	2,027	6,234	4,103
4	12,255	608	1,910	5,704	4,032

「農林業センサス」（2月1日現在）による。ただし、平成30、31年、令和3、4年は「農業構造動態調査」
（2月1日現在）による。基幹的農業従事者とは、15歳以上の世帯員のうち、ふだん仕事として主に自営農業に
従事している者をいう。
資料　農林水産省「農林業センサス　農林業経営体調査報告書」「農業構造動態調査」

8-4　耕地面積

(単位　1,000ha)

年次	計	本地 1)	けい畔 2)	田	畑	耕地率 (%) 3)
令和 2 年	4,372	4,199	173	2,379	1,993	11.7
3	4,349	4,177	172	2,366	1,983	11.7
4	4,325	4,154	171	2,352	1,973	11.6

「作物統計調査」（7月15日現在）による。耕地とは、農作物の栽培を目的とする土地をいう。
1)　直接農作物の栽培に供せられる土地。　2)　耕地の一部にあって、主として本地の維持に必要なものをい
う。いわゆる畔（あぜ）のことで、田の場合、たん水設備となる。　3)　国土面積のうち耕地面積（田畑計）が
占める割合。国土面積は国土交通省国土地理院「全国都道府県市区町村別面積調」（前年の数値）による。
資料　農林水産省「耕地及び作付面積統計」

8-5　耕地の拡張・かい廃面積

(単位　ha)

年次	田 拡張（増加要因）	田 かい廃（減少要因）	田 荒廃農地	畑 拡張（増加要因）	畑 かい廃（減少要因）	畑 荒廃農地
令和 2 年	3,730	17,700	6,120	6,350	17,200	9,020
3	3,480	16,700	5,190	6,020	16,100	7,610
4	2,840	16,700	6,140	5,600	15,300	7,850

「作物統計調査」による。前年7月15日から当年7月14日までの間に生じたもの。
資料　農林水産省「耕地及び作付面積統計」

8-6 都道府県別耕地面積 (令和4年)

(単位 ha)

都道府県	計	#本地 1)	田	畑	耕地率 (%) 2)
全国	4,325,000	4,154,000	2,352,000	1,973,000	11.6
北海道	1,141,000	1,123,000	221,600	919,900	14.5
青森	149,300	145,100	78,900	70,400	15.5
岩手	148,700	140,800	93,500	55,100	9.7
宮城	125,300	120,800	103,100	22,200	17.2
秋田	146,300	141,000	128,300	17,900	12.6
山形	115,000	110,200	91,100	23,900	12.3
福島	136,100	130,500	96,200	39,900	9.9
茨城	160,700	158,400	94,700	65,900	26.4
栃木	121,400	118,100	94,300	27,100	18.9
群馬	64,900	62,600	24,200	40,700	10.2
埼玉	73,300	72,000	40,800	32,400	19.3
千葉	121,500	118,000	72,100	49,400	23.6
東京	6,290	6,210	218	6,080	2.9
神奈川	18,000	17,500	3,490	14,500	7.4
新潟	167,700	158,800	149,000	18,800	13.3
富山	57,900	55,800	55,200	2,680	13.6
石川	40,400	39,300	33,600	6,800	9.7
福井	39,700	38,700	36,100	3,670	9.5
山梨	23,200	22,400	7,650	15,500	5.2
長野	104,800	95,900	51,500	53,300	7.7
岐阜	54,800	51,600	42,000	12,800	5.2
静岡	60,400	58,300	21,400	39,000	7.8
愛知	72,900	69,400	41,200	31,700	14.1
三重	57,000	54,200	43,600	13,400	9.9
滋賀	50,500	48,300	46,900	3,640	12.6
京都	29,500	27,800	23,000	6,560	6.4
大阪	12,200	11,700	8,480	3,730	6.4
兵庫	72,400	66,300	66,300	6,100	8.6
奈良	19,600	18,100	13,800	5,790	5.3
和歌山	31,300	29,800	9,160	22,200	6.6
鳥取	33,700	31,100	23,000	10,800	9.6
島根	36,000	32,900	29,100	6,920	5.4
岡山	62,300	56,700	49,000	13,300	8.8
広島	51,800	47,000	39,200	12,700	6.1
山口	43,800	39,800	36,700	7,120	7.2
徳島	27,800	27,000	19,100	8,730	6.7
香川	29,000	27,000	24,200	4,770	15.5
愛媛	45,300	42,500	21,300	24,000	8.0
高知	25,800	24,400	19,400	6,410	3.6
福岡	78,900	75,300	63,800	15,100	15.8
佐賀	50,200	47,700	41,700	8,470	20.6
長崎	45,700	42,200	20,900	24,800	11.1
熊本	105,900	98,400	64,900	41,000	14.3
大分	54,200	50,300	38,600	15,600	8.5
宮崎	64,400	61,100	34,300	30,000	8.3
鹿児島	111,800	104,800	34,700	77,100	12.2
沖縄	36,300	35,100	787	35,500	15.9

「作物統計調査」(7月15日現在)による。耕地とは、農作物の栽培を目的とする土地をいう。 1) 直接農作物の栽培に供せられる土地で、耕地からけい畔(けい畔とは耕地の一部にあって、主として本地の維持に必要なものをいう。いわゆる畔(あぜ)のことで、田の場合、たん水設備となる。)を除いた土地。 2) 国土面積のうち耕地面積(田畑計)が占める割合。国土面積は国土交通省国土地理院「全国都道府県市区町村別面積調」による。

資料 農林水産省「耕地及び作付面積統計」

8-7 都道府県別農作物作付延べ面積（令和3年）

(単位 ha)

都道府県	作付(栽培)延べ面積	水稲(子実用)	麦類(子実用)	大豆(乾燥子実)	そば(乾燥子実)	なたね(子実用)	その他作物 1)
全国	3,977,000	1,403,000	283,000	146,200	65,500	1,640	2,077,000
北海道	1,133,000	96,100	128,300	42,000	24,300	907	841,700
青森	119,700	41,700	x	5,070	1,700	171	70,200
岩手	119,400	48,400	3,790	4,530	1,660	23	60,900
宮城	113,500	64,600	2,410	11,000	621	x	34,900
秋田	123,800	84,800	272	8,820	4,240	21	25,600
山形	104,900	62,900	x	4,740	5,430	6	31,700
福島	105,300	60,500	x	1,410	3,910	114	38,900
茨城	148,200	63,500	7,380	3,360	3,430	6	70,600
栃木	119,800	54,800	12,600	2,350	3,090	10	46,900
群馬	60,000	14,900	7,630	278	585	10	36,600
埼玉	63,700	30,000	6,050	619	331	16	26,700
千葉	108,500	50,600	830	876	206	3	56,000
東京	6,000	120	x	4	3	x	5,860
神奈川	17,100	2,920	43	37	33	x	14,100
新潟	146,000	117,200	201	4,090	1,250	x	23,200
富山	52,400	36,300	3,360	4,250	544	15	7,890
石川	34,400	23,800	1,550	1,620	354	x	7,140
福井	41,000	24,500	4,890	1,740	3,390	x	6,440
山梨	20,100	4,850	117	212	183	x	14,700
長野	87,600	31,500	2,830	2,010	4,460	14	46,800
岐阜	47,300	21,600	3,650	2,960	349	x	18,700
静岡	53,900	15,300	x	244	85	2	37,500
愛知	66,700	26,400	5,900	4,470	21	41	29,900
三重	52,300	26,300	7,140	4,530	79	31	14,300
滋賀	52,000	30,100	7,840	6,490	563	41	6,930
京都	23,900	14,200	270	318	126	–	8,980
大阪	9,850	4,620	3	15	x	x	5,210
兵庫	59,300	35,800	2,170	2,280	201	16	18,900
奈良	15,700	8,440	x	134	27	1	7,000
和歌山	28,300	6,100	4	27	3	–	22,100
鳥取	26,300	12,600	x	667	337	3	12,600
島根	28,000	16,800	688	783	608	8	9,090
岡山	49,000	28,800	3,320	1,550	172	7	15,100
広島	39,300	22,200	x	408	308	x	16,000
山口	32,600	18,400	2,210	870	68	x	11,000
徳島	23,700	10,300	x	15	46	–	13,200
香川	23,700	11,300	3,130	67	38	x	9,190
愛媛	40,100	13,200	2,070	346	31	x	24,400
高知	21,100	11,000	12	73	4	–	9,980
福岡	91,200	34,600	22,300	8,190	85	28	26,000
佐賀	67,500	23,300	21,800	7,850	34	31	14,500
長崎	43,800	10,800	2,040	400	159	7	30,400
熊本	104,400	32,300	7,520	2,500	661	39	61,400
大分	49,100	19,600	5,350	1,440	217	28	22,500
宮崎	67,500	15,900	x	218	235	3	51,000
鹿児島	103,600	18,600	x	345	1,240	20	83,100
沖縄	32,000	666	14	x	46	–	31,300

「作物統計調査」による。年次は収穫年次である。　1)　陸稲、かんしょ、小豆、いんげん、らっかせい、果樹、茶、野菜、花き、飼料作物等。
資料　農林水産省「耕地及び作付面積統計」

8-8　農作物の作付面積と収穫量

（単位　面積　1,000ha、　収穫量　1,000t）

農作物名	令和2年産		3年産		4年産	
	作付面積 1)	収穫量 2)	作付面積 1)	収穫量 2)	作付面積 1)	収穫量 2)
水陸稲計（子実用）	1,462	7,765	1,404	7,564	1,355	7,270
＃ 水稲	1,462	7,763	1,403	7,563	1,355	7,269
4麦計（子実用）	276	1,171	283	1,332	291	1,227
＃ 小麦	213	949	220	1,097	227	994
大豆	142	219	146	247	152	243
かんしょ	33	688	32	672	32	711
だいこん	30	1,254	29	1,251	28	1,181
にんじん	17	586	17	636	17	582
ごぼう	7	127	7	133	7	117
ばれいしょ	72	2,205	71	2,175	71	2,283
さといも	11	140	10	143	10	139
はくさい	17	892	17	900	16	875
キャベツ	34	1,434	34	1,485	34	1,458
ほうれんそう	20	214	19	211	19	210
レタス	21	564	20	547	20	553
ねぎ	22	441	22	440	22	443
たまねぎ	26	1,357	26	1,096	25	1,219
きゅうり	10	539	10	551	10	549
かぼちゃ	15	187	15	174	15	183
なす	8	297	8	298	8	295
トマト	11	706	11	725	11	708
ピーマン	3	143	3	149	3	150
えだまめ	13	66	13	72	13	65
いちご	5	159	5	165	5	161
メロン	6	148	6	150	6	142
みかん	38	766	37	749	36	682
りんご	36	763	35	662	35	737
日本なし	11	171	10	185	10	197
もも 3)	9	99	9	107	9	117
うめ	14	71	14	105	14	97
ぶどう	17	163	17	165	16	163
茶	39	70	38	78	37	77
てんさい 4)	57	3,912	58	4,061	55	3,545
さとうきび 5)	23	1,336	23	1,359	23	1,272

「作物統計調査」による。　1) みかん、りんご、日本なし、もも、うめ及びぶどうは結果樹面積、茶は栽培面積、さとうきびは収穫面積。　2) 茶は荒茶生産量。　3) ネクタリンを含む。　4) 北海道のみ。　5) 鹿児島県及び沖縄県のみ。
資料　農林水産省「作物統計」「野菜生産出荷統計」「果樹生産出荷統計」

8-9　生乳、鶏卵と枝肉の生産量

（単位　t）

年次	生乳	#牛乳等向け	#乳製品向け	鶏卵
令和 2 年	7,438,218	4,019,561	3,374,111	2,632,882
3	7,592,061	4,000,979	3,542,626	2,574,255
4	7,617,473	3,976,657	3,594,208	2,596,725

年次	枝肉			
	豚	成牛	子牛	馬
令和 2 年	1,305,953	477,059	467	4,025
3	1,318,165	477,172	462	4,551
4	1,293,409	490,694	572	4,874

「畜産物流通調査」「牛乳乳製品統計調査」による。
資料　農林水産省「畜産物流通統計」「牛乳乳製品統計」

8-10　農業総産出額

（単位　億円）

年次	総産出額	耕種	#米	#麦類	#豆類	#いも類	#野菜 1)	#果実	#花き
平成 12 年	91,295	66,026	23,210	1,306	1,013	2,298	21,139	8,107	4,466
17	85,119	59,396	19,469	1,537	768	2,016	20,327	7,274	4,043
22	81,214	55,127	15,517	469	619	2,071	22,485	7,497	3,512
27	87,979	56,245	14,994	432	684	2,261	23,916	7,838	3,529
令和元 年	88,938	56,300	17,426	527	758	1,992	21,515	8,399	3,264
2	89,370	56,562	16,431	508	690	2,370	22,520	8,741	3,080
3	88,384	53,787	13,699	709	697	2,358	21,467	9,159	3,306

年次	耕種 #工芸農作物	畜産	#肉用牛	#乳用牛	#豚	#鶏	加工農産物	生産農業所得 2)	農業総産出額に占める生産農業所得の割合 (%)
平成 12 年	3,391	24,596	4,564	7,675	4,616	7,023	673	35,562	39.0
17	3,027	25,057	4,730	7,834	4,987	6,889	666	32,030	37.6
22	2,143	25,525	4,639	7,725	5,291	7,352	562	28,395	35.0
27	1,862	31,179	6,886	8,397	6,214	9,049	555	32,892	37.4
令和元 年	1,699	32,107	7,880	9,193	6,064	8,231	530	33,215	37.3
2	1,553	32,372	7,385	9,247	6,619	8,334	436	33,434	37.4
3	1,727	34,048	8,232	9,222	6,360	9,364	549	33,479	37.9

農業総産出額は、推計期間（1月1日～12月31日）における農業生産活動による最終生産物の品目ごとの生産量（全国計）に、品目ごとの農家庭先販売価格（全国平均）（消費税を含む。）を乗じた額を合計したものである。　1)　平成17年以降はもやしを含む。　2)　生産農業所得＝農業総産出額×（農業粗収益（経常補助金を除く。）－物的経費）／農業粗収益（経常補助金を除く。）＋経常補助金
資料　農林水産省「生産農業所得統計」

8-11　林業経営体数

年次	総数	組織形態別					
		法人化している				地方公共団体・財産区	法人化していない
		農事組合法人	会社	各種団体	その他の法人		
平成 27 年	87,284	145	2,456	2,337	661	1,289	80,396
令和 2 年	34,001	72	1,994	1,608	419	828	29,080

年次	保有山林面積規模別　　1)							
	保有山林なし	1～3ha	3～5	5～10	10～20	20～50	50～100	100ha以上
平成 27 年	1,257	990	23,767	24,391	17,494	12,193	3,572	3,620
令和 2 年	1,028	492	6,236	8,197	7,023	6,045	2,151	2,829

「農林業センサス」（2月1日現在）による。
1)　保有山林＝所有山林－貸付山林＋借入山林
資料　農林水産省「農林業センサス　農林業経営体調査報告書」

8-12　森林資源

(単位　面積　1,000ha、蓄積量　100万m³)

年次区分	総数		立木地				無立木地　1)		竹林
			人工林		天然林				
	面積	蓄積量	面積	蓄積量	面積	蓄積量	面積	蓄積量	面積
平成 29 年	25,048	5,242	10,204	3,308	13,481	1,932	1,197	1	167
令和 4 年	25,025	5,560	10,093	3,545	13,553	2,014	1,204	1	175
国有林	7,657	1,301	2,247	554	4,756	746	653	1	0
民有林	17,368	4,260	7,846	2,992	8,796	1,268	551	0	175
＃ 公有林	3,009	659	1,334	428	1,548	231	121	0	6
私有林	14,311	3,597	6,500	2,562	7,220	1,034	426	0	165

「森林資源現況調査」（3月31日現在）による。
1)　立木及び竹の樹冠の占有面積歩合の合計が0.3未満の林分。
資料　林野庁「森林資源の現況」

8-13　保安林面積

(単位　1,000ha)

年度末	総数（実面積）1)	＃水源かん養	＃土砂流出防備	＃飛砂防備	＃防風	＃水害防備	＃潮害防備	＃干害防備	＃なだれ防止	＃魚つき	＃保健	＃風致
令和 元 年	12,230	9,235	2,606	16	56	1	14	126	19	60	704	28
2	12,245	9,244	2,610	16	56	1	14	126	19	60	704	28
3	12,261	9,255	2,615	16	56	1	14	126	19	60	704	28

林野庁調べ。　1)　2以上の目的に重複して指定されているものはそれぞれに計上してあるため、総面積と内訳の合計とは一致しない。
資料　林野庁「森林・林業統計要覧」

8-14　都道府県、所有形態別現況森林面積（令和2年）

(単位　1,000ha)

都道府県	総数	国有	民有							
			計	独立行政法人等	公有					私有
					都道府県	森林整備法人（林業・造林公社）	市区町村	財産区		
全国	24,436	7,032	17,404	647	1,308	351	1,397	305		13,394
北海道	5,313	2,839	2,474	143	620	0	327	–		1,383
青森	613	375	238	12	15	–	14	13		184
岩手	1,140	357	783	21	85	–	61	9		607
宮城	404	120	284	12	13	10	35	1		213
秋田	818	371	446	14	12	28	49	15		328
山形	644	328	316	7	3	16	14	17		258
福島	938	372	566	13	10	16	45	25		458
茨城	198	44	154	0	2	–	4	0		148
栃木	339	118	220	6	12	0	4	7		193
群馬	407	177	230	9	7	2	14	0		198
埼玉	119	12	107	6	9	3	6	–		83
千葉	155	8	148	1	8	–	1	0		137
東京	76	5	71	0	14	1	8	1		47
神奈川	93	9	84	1	28	–	4	5		47
新潟	799	223	576	8	6	11	54	6		490
富山	241	61	180	14	14	9	12	4		127
石川	278	26	251	7	12	15	8	0		209
福井	310	37	273	14	26	–	12	1		220
山梨	347	5	343	10	177	–	12	11		133
長野	1,022	323	699	30	19	18	110	48		474
岐阜	839	155	684	23	20	27	51	17		547
静岡	488	84	404	14	7	–	22	14		348
愛知	218	11	207	2	11	–	6	8		179
三重	371	22	349	13	4	–	22	6		304
滋賀	204	18	185	1	6	23	3	7		145
京都	342	7	335	16	10	–	7	11		291
大阪	57	1	56	0	1	–	1	3		51
兵庫	562	29	533	27	7	25	34	9		431
奈良	284	13	271	11	8	–	11	4		236
和歌山	360	16	344	12	5	4	8	4		311
鳥取	257	30	228	14	5	15	9	12		173
島根	524	31	492	33	3	24	24	2		406
岡山	485	36	448	9	7	24	35	12		361
広島	610	47	563	16	26	–	34	8		478
山口	437	11	425	12	1	14	54	1		343
徳島	313	17	296	12	7	10	8	1		258
香川	87	8	79	0	2	–	6	5		65
愛媛	400	38	362	8	7	0	21	8		318
高知	592	123	469	17	10	15	22	0		405
福岡	222	25	197	3	6	–	15	4		169
佐賀	111	15	95	3	3	–	10	–		80
長崎	242	23	218	2	7	14	21	1		173
熊本	458	61	396	14	11	9	35	6		321
大分	449	45	403	15	15	–	20	1		352
宮崎	584	176	408	26	14	10	27	0		332
鹿児島	585	149	436	10	7	10	57	–		353
沖縄	106	32	75	0	6	–	41	–		29

「農林業センサス」（2月1日現在）による。
資料　農林水産省「農林業センサス　農山村地域調査」

8-15　素材と特用林産物の生産量

品目	単位	令和元年	2年	3年
素材生産量				
総数（国産材）	1,000m³	**21,883**	**19,882**	**21,847**
需要部門別				
製材用	1,000m³	12,875	11,615	12,861
合板等用　　　　1)	1,000m³	4,745	4,195	4,661
木材チップ用	1,000m³	4,263	4,072	4,325
樹種別				
針葉樹	1,000m³	19,876	18,037	20,088
あかまつ・くろまつ	1,000m³	601	570	529
すぎ	1,000m³	12,736	11,663	12,917
ひのき	1,000m³	2,966	2,722	3,079
からまつ	1,000m³	2,217	2,008	1,987
えぞまつ・とどまつ	1,000m³	1,188	932	1,196
その他	1,000m³	168	142	380
広葉樹	1,000m³	2,007	1,845	1,759
特用林産物生産量				
乾しいたけ	t	2,414	2,302	2,216
生しいたけ	t	71,071	70,280	71,058
なめこ	t	23,285	22,835	24,063
えのきたけ	t	128,974	127,914	129,587
ひらたけ	t	3,862	3,824	4,463
ぶなしめじ	t	118,597	122,802	119,545
まいたけ	t	51,108	54,993	54,521
くり　　　　　　2)	t	15,700	16,900	15,700
たけのこ	t	22,285	26,449	19,917
わさび	t	1,973	2,017	1,886
生うるし	kg	1,997	2,051	2,036
竹材	1,000束	1,071	1,030	916
桐材	m³	264	200	187
木炭　　　　　　3)	t	14,393	12,945	11,550
薪	1,000層積m³	74	84	92

「木材統計調査」「特用林産物生産統計調査」による。竹材、桐材及び生うるしは販売に供された量である。
1)　LVL用を含む。　　2)　「果樹生産出荷統計」、「令和3年産西洋なし、かき、くりの結果樹面積、収穫量及び出荷量（概数値）」の収穫量による。　　3)　粉炭を含む。
資料　農林水産省「木材需給報告書」　林野庁「特用林産基礎資料」

8-16　木材需給

（単位　1,000m³）

年次	総数（供給、需要共通）	需要					供給					
		国内消費			輸出	#用材	国内生産			輸入	#用材	
		計	#用材	#燃料材			計	#用材	#燃料材			
令和2年	74,439	71,430	58,387	12,800	3,009	3,005	31,149	21,980	8,927	43,290	39,412	
3	82,130	78,879	63,895	14,738	3,251	3,247	33,721	24,127	9,348	48,409	43,015	
4	85,094	82,052	64,457	17,385	3,042	3,038	34,617	24,144	10,264	50,477	43,351	

資料　林野庁「木材需給表」

8-17　経営組織・経営体階層別海面漁業経営体数

年次	総数	経営組織別					会社	漁業協同組合
		個人経営体						
		計	専業	兼業	第1種兼業	第2種兼業		
平成 20 年	115,196	109,451	53,009	56,442	32,294	24,148	2,715	206
25	94,507	89,470	44,498	44,972	24,940	20,032	2,534	211
30	79,067	74,526	38,298	36,228	19,664	16,564	2,548	163

年次	経営組織別			経営体階層別				
	漁業生産組合	共同経営	その他 1)	漁船非使用	漁船使用			
					無動力	船外機付	動力	
							5t未満	5〜10
平成 20 年	105	2,678	41	3,694	157	24,161	47,153	9,550
25	110	2,147	35	3,032	97	20,709	37,959	8,247
30	94	1,700	36	2,595	47	17,364	29,464	7,495

年次	経営体階層別				大型定置網	さけ定置網	小型定置網	海面養殖	のり類養殖
	漁船使用								
	動力								
	10〜30	30〜100	100〜200	200t以上					
平成 20 年	4,810	836	275	253	454	632	3,575	19,646	4,868
25	4,202	759	252	187	431	821	2,867	14,944	3,819
30	3,833	682	233	168	409	534	2,293	13,950	3,214

「漁業センサス」（11月1日現在）による。海面漁業経営体とは、調査期日前1年間に利潤又は生活の資を得るために、生産物を販売することを目的として、海面において水産動植物の採捕又は養殖の事業を行った世帯又は事業所をいう。ただし、調査期日前1年間の漁業の海上作業従事日数が30日未満の個人経営体を除く。経営体階層とは、調査期日前1年間に漁業経営体が主として営んだ漁業種類（販売金額1位の漁業種類）による区分又は調査期日前1年間に使用した漁船の種類及び動力漁船の合計トン数による区分に分類したもの。　1)　栽培漁業センター、水産増殖センターなど。
資料　農林水産省「漁業センサス報告書」

8-18　海面漁業就業者数

（単位　1,000人）

年次	計	男	#60歳以上	女	個人経営体の自家漁業のみ	男	漁業従事役員 1)	男	漁業雇われ	男
平成 25 年	181	157	76	24	109	89	…	…	72	68
30	152	134	65	18	87	73	8.7	8.5	56	53
令和 2 年	136	120	57	16	76	64	7.4	7.3	52	49
3	129	115	55	14	72	60	6.9	6.8	51	48

「漁業センサス」（11月1日現在）による。ただし、令和2年以降は「漁業構造動態調査」による。調査範囲は沿海市区町村及び漁業法に規定する農林水産大臣が指定した市区町村の区域内にある海面漁業に係る漁業経営体及びこれらの市区町村の区域外にある海面漁業に係る漁業経営体であって農林水産大臣が必要と認めるもの。平成25年は福島県の試験操業を含む。
1)　平成30年に漁業雇われから分離。
資料　農林水産省「漁業センサス報告書」「漁業構造動態調査報告書」

8-19　都道府県別海面漁業経営体数 (平成30年)

都道府県	漁業経営体数	#個人経営体	#会社	#漁業協同組合	#漁業生産組合	#共同経営
全国	79,067	74,526	2,548	163	94	1,700
北海道	11,089	10,006	411	26	12	629
青森	3,702	3,567	48	9	5	72
岩手	3,406	3,317	17	24	10	37
宮城	2,326	2,214	80	3	13	16
秋田	632	590	14	–	–	26
山形	284	271	5	–	–	6
福島	377	354	14	–	–	9
茨城	343	318	23	2	–	–
千葉	1,796	1,739	37	11	3	6
東京	512	503	4	3	–	–
神奈川	1,005	920	65	5	3	12
新潟	1,338	1,307	18	2	1	9
富山	250	204	24	2	5	15
石川	1,255	1,176	65	–	1	11
福井	816	778	21	1	–	16
静岡	2,200	2,095	75	4	4	21
愛知	1,924	1,849	15	1	–	59
三重	3,178	3,054	60	4	2	57
京都	636	618	12	–	3	2
大阪	519	493	5	–	1	20
兵庫	2,712	2,247	67	–	1	397
和歌山	1,581	1,535	19	4	1	21
鳥取	586	538	42	5	–	–
島根	1,576	1,487	54	–	3	31
岡山	872	843	13	1	–	15
広島	2,162	2,059	101	–	1	1
山口	2,858	2,790	45	11	–	8
徳島	1,321	1,276	34	–	1	9
香川	1,234	1,125	106	–	–	3
愛媛	3,444	3,284	146	2	1	10
高知	1,599	1,507	69	3	–	20
福岡	2,386	2,277	35	7	–	66
佐賀	1,609	1,554	10	3	–	42
長崎	5,998	5,740	226	12	–	18
熊本	2,829	2,734	78	4	2	10
大分	1,914	1,807	102	–	1	4
宮崎	950	790	149	–	9	1
鹿児島	3,115	2,877	210	7	11	9
沖縄	2,733	2,683	29	7	–	12

「漁業センサス」（11月1日現在）による。
資料　農林水産省「漁業センサス報告書」

8-20 漁業部門別生産量

年次	総数	海面漁業	遠洋漁業	沖合漁業	沿岸漁業	海面養殖業 1)	内水面漁業 2)	内水面養殖業 3)
生産量 (1,000t)								
平成22 年	5,313	4,122	480	2,356	1,286	1,111	40	39
27	4,631	3,492	358	2,053	1,081	1,069	33	36
令和 2 年	4,236	3,215	298	2,046	871	970	22	29
3	4,172	3,194	279	1,977	937	927	19	33
産出額 (10億円) 1)4)								
平成22 年	1,461	972	…	…	…	410	23	57
27	1,562	996	…	…	…	467	18	81
令和 2 年	1,318	772	…	…	…	436	16	93
3	1,378	806	…	…	…	451	15	106

「海面漁業生産統計調査」「内水面漁業生産統計調査」による。平成27年以降東日本大震災の影響により出荷制限又は出荷自粛の措置がとられたものは除く。 1) 種苗養殖を除く。 2) 平成22年は主要108河川24湖沼、27年は主要112河川24湖沼、令和2年以降は主要113河川24湖沼の値。販売目的として漁獲された量。 3) 令和2年以降にしきごいを含む。 4) 海面漁業に捕鯨業を含む。
資料 農林水産省「漁業・養殖業生産統計」「漁業産出額」

8-21 海面漁業主要魚種別漁獲量

(単位 1,000t)

魚種	令和元年	2年	3年	魚種	令和元年	2年	3年
総漁獲量	**3,235**	**3,215**	**3,194**	ほっけ	34	41	45
魚類	2,598	2,604	2,587	きちじ	1	1	1
#くろまぐろ	10	11	12	はたはた	5	5	4
みなみまぐろ	6	6	6	にぎす類	3	2	2
びんなが	30	63	38	あなご類	3	3	3
めばち	34	32	32	たちうお	6	6	7
きはだ	80	64	60	まだい	16	15	16
かじき類	11	10	9	さわら類	16	16	14
かつお	229	188	245	すずき類	6	6	6
そうだがつお類	8	8	7	いかなご	11	6	2
さめ類	24	22	21	えび類	13	12	13
さけ類	56	56	57	かに類	23	21	21
ます類	4	7	4	貝類	386	382	389
にしん	15	14	14	#あわび類	1	1	1
まいわし	561	698	640	さざえ	5	5	4
かたくちいわし	130	144	119	あさり類	8	4	5
まあじ	97	98	90	ほたてがい	339	346	356
むろあじ類	17	12	17	いか類	73	82	64
さば類	452	390	442	#するめいか	40	48	32
さんま	46	30	20	たこ類	35	33	27
ぶり類	109	106	95	うに類	8	7	7
ひらめ	7	6	6	海産ほ乳類	0	0	0
かれい類	41	40	36	海藻類	67	63	62
まだら	53	56	57	#こんぶ類	47	45	45
すけとうだら	154	160	175				

東日本大震災の影響により出荷制限又は出荷自粛の措置がとられたものは除く。
資料 農林水産省「漁業・養殖業生産統計」

8-22　海面養殖業の収獲量

(単位　t)

年次	計	ぎんざけ	ぶり類	まあじ	しまあじ	まだい	ひらめ	ふぐ類	くろまぐろ
平成 22 年	1,111,338	14,766	138,936	1,471	2,795	67,607	3,977	4,410	…
27	1,069,017	13,937	140,292	811	3,352	63,605	2,545	4,012	14,825
令和 2 年	969,649	17,333	137,511	595	4,042	65,973	1,790	3,393	18,167
3	926,641	18,482	133,691	586	3,836	69,441	1,711	2,833	21,476

年次	ほたてがい	かき類 (殻付き) 1)	くるまえび	ほや類	こんぶ類	わかめ類	のり類 (生重量)	もずく類	真珠 (浜揚量)
平成 22 年	219,649	200,298	1,634	10,272	43,251	52,393	328,700	8,100	21
27	248,209	164,380	1,314	8,288	38,671	48,951	297,370	14,574	20
令和 2 年	149,061	159,019	1,369	9,390	30,304	53,809	289,396	24,305	16
3	164,511	158,789	1,253	9,421	31,691	43,972	237,255	22,445	13

「海面漁業生産統計調査」による。種苗養殖を除く。平成27年以降東日本大震災の影響により出荷制限又は出荷自粛の措置がとられたものは除く。　1)　平成22年はむき身を含む。
資料　農林水産省「漁業・養殖業生産統計」

8-23　内水面漁業と養殖業の生産量

(単位　t)

年次	内水面漁業 1)						
	総数	魚類	さけ類	からふとます	わかさぎ	あゆ	しらうお
平成 27 年	32,917	19,704	12,330	237	1,417	2,407	774
令和 2 年	21,745	12,488	6,609	683	935	2,084	507
3	18,904	9,604	4,873	208	687	1,854	375

年次	内水面漁業 1)					その他の水産動植物類 2)	えび類
	魚類			貝類			
	ふな	うぐい・おいかわ	うなぎ		しじみ		
平成 27 年	555	486	70	12,697	9,819	516	372
令和 2 年	396	181	66	8,899	8,894	358	198
3	377	109	63	9,004	9,001	295	118

年次	内水面養殖業						
	総数	にじます	その他のます類	あゆ	こい	うなぎ	その他の魚類 3)
平成 27 年	36,336	4,836	2,873	5,084	3,256	20,119	168
令和 2 年	29,087	3,858	2,026	4,044	2,247	16,806	107
3	32,854	4,161	1,977	3,909	2,064	20,673	71

「内水面漁業生産統計調査」による。東日本大震災の影響により出荷制限又は出荷自粛の措置がとられたものは除く。　1)　平成27年は主要112河川24湖沼、令和2、3年は主要113河川24湖沼の値。販売目的として漁獲された量。　2)　さざあみ、やつめうなぎ、かに、藻類等。　3)　琵琶湖、霞ヶ浦及び北浦の調査。
資料　農林水産省「漁業・養殖業生産統計」

8-24 水産加工品の生産量

品目	令和3年	4年	品目	令和3年	4年
ねり製品	484	471	節製品	66	64
かまぼこ類	422	413	節類	43	42
魚肉ハム・ソーセージ類	61	59	＃ かつお節	26	25
冷凍食品	225	214	さば節	10	9
魚介類	126	124	けずり節	23	22
水産物調理食品	100	90	＃ かつおけずり節	13	13
素干し品	5	5	その他の食用加工品	317	313
＃ するめ	2	2	＃ いか塩辛	13	12
いわし	0	1	水産物漬物	43	43
塩干品	118	115	こんぶつくだ煮	25	24
＃ いわし	8	8	乾燥・焙煎・揚げ加工品　1)	13	12
あじ	22	21	焼・味付のり（100万枚）	5,974	6,040
さんま	7	5	生鮮冷凍水産物	1,110	1,067
さば	16	15	＃ まぐろ類	17	8
かれい	4	4	かつお類	26	8
ほっけ	37	39	さけ・ます類	61	72
煮干し品	54	46	いわし類	366	382
＃ いわし	16	17	まあじ・むろあじ類	29	41
しらす干し	33	25	さば類	277	222
塩蔵品	151	149	さんま	11	10
＃ さば	33	28	たら類	14	12
さけ・ます	82	84	ほっけ	26	21
さんま	1	1	いか類	14	14
くん製品	7	7	すり身	54	42

「水産加工統計調査」による。調査対象は、水産加工品を生産する陸上加工経営体（販売を目的とした水産加工品を生産する加工場又は加工施設を有し、専従の従業者がいる経営体）。　1）　いか製品
資料　農林水産省「水産加工統計」

8-25　食料需給（令和 4 年度）

（単位　1,000t）

類・品目	国内生産量	外国貿易 輸入量	外国貿易 輸出量	在庫の増減量 1)	国内消費仕向量	国民1人1年当たり供給量（kg）
穀類	9,340	23,641	89	-11	32,068	84.1
米	8,073	832	89	-255	8,236	50.9
小麦	994	5,512	0	37	6,469	31.7
大麦	216	1,830	0	81	1,965	0.2
はだか麦	17	11	0	-3	31	0.1
とうもろこし	0	15,062	0	110	14,952	0.5
こうりゃん	0	256	0	25	231	0.0
その他の雑穀	40	138	0	-6	184	0.7
いも類	2,995	1,307	30	0	4,272	21.1
かんしょ	711	50	17	0	744	3.8
ばれいしょ	2,284	1,257	13	0	3,528	17.2
でんぷん	2,296	147	0	-19	2,462	15.7
豆類	313	3,969	0	3	4,279	9.0
大豆	243	3,704	0	52	3,895	6.7
その他の豆類	70	265	0	-49	384	2.2
野菜	11,237	a) 2,970	a) 35	0	14,172	88.1
緑黄色野菜	2,443	1,541	2	0	3,982	26.2
その他の野菜	8,794	1,429	33	0	10,190	61.9
果実	a) 2,645	a) 4,233	a) 86	9	6,783	33.2
うんしゅうみかん	682	0	1	11	670	3.4
りんご	737	559	53	-2	1,245	7.6
その他の果実	1,226	3,674	32	0	4,868	22.2
肉類	3,473	3,191	16	78	6,570	34.0
牛肉	497	804	11	31	1,259	6.2
豚肉	1,287	1,407	2	42	2,650	13.1
鶏肉　　　　　2)	1,681	937	3	-1	2,616	14.6
その他の肉	6	43	0	6	43	0.2
鯨　　　　　　2)	2	0	0	0	2	0.0
鶏卵	2,537	117	27	0	2,627	16.9
牛乳及び乳製品	7,532	4,450	137	-361	12,206	93.9
農家自家用	46	0	0	0	46	0.1
飲用向け	3,941	0	8	0	3,933	31.1
乳製品向け	3,545	4,450	129	-361	8,227	62.7
魚介類　　　　　2)	3,477	3,781	789	44	6,425	22.0
生鮮・冷凍	1,345	887	685	19	1,528	6.7
塩干、くん製、その他	1,334	1,962	65	9	3,222	14.0
かん詰	157	148	5	0	300	1.3
飼肥料	641	784	34	16	1,375	0.0
海藻類　　　　2)3)	76	39	2	0	113	0.8
砂糖類						17.3
粗糖	148	1,060	0	20	1,188	0.0
精糖	1,789	411	2	30	2,168	17.0
含みつ糖	28	7	0	7	28	0.2
糖みつ	79	125	0	-6	210	0.0
油脂類　　　　　2)	1,955	948	24	-13	2,892	13.5
植物油脂	1,630	929	22	-52	2,589	13.0
動物油脂	325	19	2	39	303	0.4
みそ	467	0	21	0	446	3.6
しょうゆ	695	3	47	-1	652	5.2

国際連合食糧農業機関（FAO）の作成の手引きに準拠して作成したもの。事実のないもの及び事実不詳は全て「0」と表示。概算値。　1)　当年度末繰越量と当年度始め持越量との差。　2)　暦年　3)　乾燥重量換算
a)　暦年
資料　農林水産省「食料需給表」

8-26 食料自給率

(単位 %)

品目		平成30年度	令和元年度	2年度	3年度	4年度 P
食料自給率						
供給熱量ベースの総合食料自給率	1)	37	38	37	38	38
主食用穀物自給率	2)	59	61	60	61	61
穀物自給率	2)	28	28	28	29	29
品目別自給率	2)					
穀類						
米	3)	97	97	97	98	99
小麦		12	16	15	17	15
いも類		73	73	73	72	70
豆類		7	7	8	8	7
大豆		6	6	6	7	6
野菜		78	80	80	80	79
果実		38	38	38	39	39
肉類（鯨肉を除く）		51	52	53	53	53
牛肉		36	35	36	38	39
豚肉		48	49	50	49	49
鶏肉		64	64	66	65	64
鶏卵		96	96	97	97	97
牛乳・乳製品		59	59	61	63	62
魚介類		55	53	55	58	54
うち食用		59	55	57	59	56
海藻類		68	65	70	68	67
砂糖類		34	34	36	36	34
油脂類		13	13	13	14	14
きのこ類		88	88	89	89	89

国際連合食糧農業機関（FAO）の作成の手引きに準拠して作成したもの。　1)　（国産供給熱量÷供給熱量）×100（供給熱量ベース）　2)　（国内生産量÷国内消費仕向量）×100（重量ベース）　3)　国産供給量（国内生産量＋国産米在庫取崩し量）／国内消費仕向量×100（重量ベース）
資料　農林水産省「食料需給表」

第9章　鉱工業

9-1　鉱工業生産指数と生産者出荷指数

（令和2年＝100）

年次	鉱工業	製造工業	鉄鋼・非鉄金属工業	金属製品工業	生産用機械工業	汎用・業務用機械工業	電子部品・デバイス工業	電気・情報通信機械工業	輸送機械工業
生産指数 （付加価値額ウェイト）									
ウェイト	10,000.0	9,983.5	596.5	452.5	746.1	705.8	585.0	860.8	1,502.4
平成 30 年	114.6	114.7	123.1	114.5	123.3	121.4	103.4	115.3	121.4
令和 元 年	111.6	111.6	116.4	112.7	112.1	114.1	98.6	111.3	120.9
2	100.0	100.0	100.0	100.0	100.0	100.0	100.0	100.0	100.0
3	105.4	105.4	112.7	103.5	121.6	111.2	111.4	105.5	98.4
4	105.3	105.3	107.6	103.0	134.0	115.2	104.8	104.6	97.6
生産者出荷指数									
ウェイト	10,000.0	9,986.0	857.3	424.8	652.8	624.2	506.8	797.8	1,798.8
平成 30 年	114.9	114.9	122.2	113.7	122.5	123.3	102.9	112.4	122.5
令和 元 年	112.0	112.0	115.3	111.9	111.7	114.8	100.5	110.1	122.1
2	100.0	100.0	100.0	100.0	100.0	100.0	100.0	100.0	100.0
3	104.4	104.4	110.8	102.2	120.9	110.5	109.7	104.3	99.6
4	103.9	103.9	106.6	100.7	133.4	114.2	108.6	101.3	97.4

年次	製造工業							鉱業
	窯業・土石製品工業	化学工業	石油・石炭製品工業	プラスチック製品工業	パルプ・紙・紙加工品工業	食料品・たばこ工業	その他工業	
生産指数 （付加価値額ウェイト）								
ウェイト	352.8	1,233.0	175.6	464.7	236.5	1,377.9	693.9	16.5
平成 30 年	115.6	112.0	118.5	108.6	112.4	102.6	117.4	111.8
令和 元 年	110.8	110.9	117.8	107.0	110.0	103.2	115.2	106.0
2	100.0	100.0	100.0	100.0	100.0	100.0	100.0	100.0
3	103.9	104.5	100.3	102.9	103.0	99.4	105.5	99.1
4	99.2	103.6	106.6	100.8	101.9	98.7	104.5	94.9
生産者出荷指数								
ウェイト	255.8	1,023.2	496.1	413.8	243.6	1,332.8	558.2	14.0
平成 30 年	115.2	109.6	115.4	108.3	114.3	104.2	115.8	108.9
令和 元 年	110.0	108.2	113.8	107.1	109.4	103.7	113.8	106.7
2	100.0	100.0	100.0	100.0	100.0	100.0	100.0	100.0
3	103.0	103.2	99.1	102.4	102.4	98.6	104.3	103.1
4	99.3	100.9	102.6	99.6	101.9	98.1	103.2	100.1

採用品目数は408。算式：ラスパイレス算式。ウェイト：生産指数は付加価値額ウェイト、生産者出荷指数は出荷額ウェイトを用いており、ともに経済センサス−活動調査等を基礎データとしている。
資料　経済産業省「鉱工業指数」

9-2　鉱工業生産者製品在庫指数

（令和2年＝100）

年次	鉱工業	製造工業	鉄鋼・非鉄金属工業	金属製品工業	生産用機械工業	汎用・業務用機械工業	電子部品・デバイス工業	電気・情報通信機械工業	輸送機械工業
ウェイト	10,000.0	9,985.0	1,538.6	469.3	757.5	512.8	479.0	621.6	606.2
平成 30 年	100.5	100.6	104.1	91.3	98.3	99.6	107.7	108.9	106.4
令和 元 年	101.0	101.0	108.1	93.9	103.3	98.1	92.6	101.3	99.2
2	92.6	92.5	92.0	84.4	90.3	98.0	85.3	96.1	107.3
3	98.5	98.5	107.6	80.9	102.5	108.2	103.4	103.0	101.7
4	101.2	101.2	107.7	95.1	100.0	118.1	118.7	118.4	104.3

年次	製造工業							鉱業
	窯業・土石製品工業	化学工業	石油・石炭製品工業	プラスチック製品工業	パルプ・紙・紙加工品工業	食料品・たばこ工業	その他工業	
ウェイト	440.2	1,894.2	376.6	432.8	300.8	978.4	577.0	15.0
平成 30 年	98.9	94.2	109.4	97.3	87.1	103.0	102.9	91.6
令和 元 年	100.9	99.6	99.9	100.6	97.1	102.4	101.9	89.1
2	93.9	89.1	99.1	97.8	87.6	88.4	96.9	104.9
3	97.5	90.8	102.8	103.5	90.1	92.5	96.3	95.6
4	101.3	95.3	105.5	110.9	86.0	77.6	96.7	95.8

採用品目数は291。算式：ラスパイレス算式。ウェイト：在庫額ウェイトを用いており、経済センサス-活動調査等を基礎データとしている。年末現在。
資料　経済産業省「鉱工業指数」

9-3　製造工業生産能力指数と稼働率指数

（令和2年＝100）

年次	製造工業	鉄鋼・非鉄金属工業	# 鉄鋼業	金属製品工業	生産用機械工業	汎用・業務用機械工業	電子部品・デバイス工業	電気・情報通信機械工業
生産能力指数 1)								
ウェイト	10,000.0	761.7	450.8	476.5	1,285.5	736.1	630.0	1,308.6
平成30年	100.9	102.1	103.3	100.0	100.0	101.2	105.0	100.4
令和元年	100.6	101.3	102.1	100.7	100.9	99.9	102.2	100.0
2	99.7	99.5	99.1	99.6	99.9	100.0	100.0	99.8
3	98.9	99.1	99.1	99.5	102.0	99.6	100.7	98.9
4	98.2	96.7	95.3	99.4	103.3	102.3	97.3	99.0
稼働率指数								
ウェイト	10,000.0	808.4	463.0	476.9	1,018.6	753.9	792.9	1,166.7
平成30年	119.3	118.1	122.1	113.6	142.8	124.7	106.2	115.2
令和元年	114.8	112.5	116.5	109.1	127.2	117.2	94.6	113.3
2	100.0	100.0	100.0	100.0	100.0	100.0	100.0	100.0
3	108.5	112.1	116.1	103.1	124.8	123.4	108.6	102.7
4	108.1	108.9	109.7	102.0	133.3	120.8	101.6	102.5

年次	製造工業 輸送機械工業	窯業・土石製品工業	化学工業	石油・石炭製品工業	パルプ・紙・紙加工品工業	その他工業	# 繊維工業
生産能力指数 1)							
ウェイト	1,816.8	539.3	1,381.0	213.9	272.6	578.0	222.6
平成30年	100.5	101.6	100.0	100.5	100.3	101.7	103.3
令和元年	100.6	100.9	99.8	100.5	100.6	100.8	101.7
2	100.0	98.5	99.8	98.9	99.2	98.8	97.9
3	97.1	97.4	99.3	98.8	97.6	95.9	95.9
4	95.9	97.1	97.9	95.5	95.9	93.3	89.6
稼働率指数							
ウェイト	2,028.6	478.2	1,356.8	238.0	320.3	560.7	203.6
平成30年	120.7	116.9	111.7	121.0	113.2	120.1	113.6
令和元年	120.2	111.8	112.1	120.6	110.3	118.0	109.6
2	100.0	100.0	100.0	100.0	100.0	100.0	100.0
3	100.0	103.4	107.8	101.0	105.1	112.1	101.8
4	103.1	101.2	101.4	109.5	105.3	111.1	104.4

採用品目数は139。算式：ラスパイレス算式。ウェイト：生産能力指数は能力付加価値額ウェイト、稼働率指数は生産実績付加価値額ウェイト。どちらも鉱工業生産指数に用いる基準年の付加価値額ウェイトを加工して求め、経済センサス-活動調査等を基礎データとしている。　1）年末
資料　経済産業省「鉱工業指数」

9-4 鉱業、採石業、砂利採取業の産業小分類別事業所数、従業者数、売上（収入）金額、生産金額と給与総額（令和3年）

（単位　金額　100万円）

産業	事業所数	従業者数	男	女	他からの出向・派遣従業者数	他への出向・派遣従業者数
		1)			1)	1)
総数　　　　　3)	1,769	19,398	16,421	2,956	709	184
管理、補助的経済活動を行う事業所	131	1,926	1,455	471	161	66
金属鉱業	7	339	293	46	8	4
石炭・亜炭鉱業	18	332	306	21	10	−
原油・天然ガス鉱業	21	914	825	89	40	49
採石業、砂・砂利・玉石採取業	1,374	12,293	10,272	2,005	256	40
窯業原料用鉱物鉱業　4)	178	3,159	2,907	252	221	25
その他の鉱業	33	268	210	58	13	−

産業	売上（収入）金額	その他の収入	生産金額	給与総額
				2)
総数　　　　　3)	638,069	38,190	599,879	68,408
管理、補助的経済活動を行う事業所	−	−	−	−
金属鉱業	45,794	−	45,794	x
石炭・亜炭鉱業	14,957	683	14,274	x
原油・天然ガス鉱業	126,514	766	125,748	20,995
採石業、砂・砂利・玉石採取業	298,583	29,151	269,433	32,502
窯業原料用鉱物鉱業　4)	142,720	6,498	136,222	11,729
その他の鉱業	5,230	869	4,361	368

「経済センサス-活動調査」による。事業所数及び従業者数は6月1日現在。売上（収入）金額は令和2年1年間の数値。個人経営を含まない。　1)　男女別の不詳を含む。　2)　産業細分類格付不能の事業所を含まない。　3)　産業小分類、産業細分類不詳の事業所を含む。　4)　耐火物・陶磁器・ガラス・セメント原料用に限る。
資料　総務省統計局、経済産業省「経済センサス-活動調査結果」

9-5　鉱物、原油、天然ガスの生産・出荷と在庫量

年次	金属鉱物（精鉱、含有量）					
	金(g)			銀(kg)		
	生産	出荷	在庫	生産	出荷	在庫
令和 2 年	7,590,080	7,591,942	599,922	4,192	4,190	324
3	6,225,213	6,152,365	672,770	3,339	3,302	361
4	4,886,419	5,040,636	485,540	2,923	3,001	271

年次	非金属鉱物					
	けい石(t)			石灰石(t)		
	生産	出荷 (販売)	在庫	生産	出荷 (販売)	在庫
令和 2 年	8,709,461	7,950,464	572,380	131,533,130	104,918,240	9,038,455
3	8,375,465	7,657,094	564,729	131,829,866	107,043,746	8,491,770
4	7,977,190	7,444,942	553,673	129,085,745	104,237,209	9,043,944

年次	非金属鉱物					
	ドロマイト(t)			けい砂(t)		
	生産	出荷 (販売)	在庫	生産	出荷 (販売)	在庫
令和 2 年	3,216,505	2,789,211	176,522	1,923,843	2,065,398	103,526
3	2,925,643	2,472,015	142,525	2,044,706	2,188,271	123,396
4	2,919,380	2,467,512	146,057	2,013,616	2,140,404	131,937

年次	原油(kL)			天然ガス(1,000m^3)		
	生産	出荷	在庫	生産	出荷	在庫
令和 2 年	512,257	565,648	38,623	2,295,361	3,940,683	169,881
3	490,195	564,753	34,522	2,304,510	4,111,989	208,416
4	420,775	468,269	27,611	2,147,814	4,027,383	238,239

「経済産業省生産動態統計調査」による。調査対象：経済産業省生産動態統計調査規則別表に掲げる鉱産物及び工業品を生産する者であり、生産品目別に掲げる範囲に属する事業所。また、上記事業所の生産品目の販売の管理を行っている事業所又は当該事業所へ、生産品目について生産の委託を行っている事業所であって、生産品目別に掲げる範囲に属する事業所。ただし、石灰石は従事者10人以上の事業所。在庫は年末現在。調査対象の変更等のため前年とは接続しない場合がある。
資料　経済産業省「経済産業省生産動態統計年報」

9-6　製造業の産業中分類別事業所数、従業者数、製造品出荷額等と付加価値額（令和4年）

（単位　金額　100万円）

産業	事業所数	従業者数 1)	製造品出荷額等 2)	付加価値額 3)
合計	222,770	7,714,495	330,220,006	106,614,034
食料品	24,654	1,105,543	29,934,790	10,155,387
飲料・たばこ・飼料	5,159	106,717	9,570,486	2,763,120
繊維工業	13,316	230,550	3,652,524	1,468,245
木材・木製品（家具を除く）	6,223	92,450	3,246,293	1,048,906
家具・装備品	6,366	92,147	2,008,550	768,692
パルプ・紙・紙加工品	5,960	180,748	7,214,393	2,212,488
印刷・同関連業	13,536	252,593	4,855,506	2,234,242
化学工業	5,623	390,918	31,708,237	11,965,166
石油・石炭製品	1,281	27,892	14,432,908	1,821,611
プラスチック製品（別掲を除く）	13,719	449,270	13,029,888	4,899,655
ゴム製品	2,378	113,806	3,375,532	1,487,025
なめし革・同製品・毛皮	1,261	18,088	280,448	111,716
窯業・土石製品	10,871	243,516	7,974,691	3,373,596
鉄鋼業	5,010	221,240	19,718,771	4,129,261
非鉄金属	3,060	145,892	11,950,710	2,940,132
金属製品	30,648	610,218	15,881,062	6,188,037
はん用機械器具	8,124	329,433	12,215,264	4,380,259
生産用機械器具	23,478	661,660	22,879,468	8,522,798
業務用機械器具	4,811	213,168	6,576,922	2,514,324
電子部品・デバイス・電子回路	4,490	414,194	16,442,359	6,758,110
電気機械器具	9,942	504,943	19,499,256	6,844,938
情報通信機械器具	1,277	112,178	6,134,533	1,876,314
輸送用機械器具	11,113	1,035,398	63,119,837	16,256,515
その他の製造業	10,470	161,933	4,517,576	1,893,498

「経済構造実態調査（製造業事業所調査）」による。事業所数及び従業者数は6月1日現在。その他は令和3年1年間の数値。調査対象：日本標準産業分類に掲げる製造業に属する事業所が調査対象の範囲。ただし、個人経営及び法人以外の団体の事業所を除く。このうち、日本標準産業分類における大分類、中分類、小分類又は細分類ごとに売上高（製造品出荷額等）を上位から累積し、当該分類に係る売上高（製造品出荷額等）総額の9割を達成する範囲に含まれる事業所。　1)　当該事業所で働いている人。別経営の事業所から出向又は派遣されている人（受入者）を含む。別経営の事業所へ出向又は派遣している人（送出者）、有期雇用者（1か月未満、日々雇用）を除く。　2)　製造品出荷額、加工賃収入額、くず廃物の出荷額及びその他収入額の合計。　3)　29人以下の事業所は粗付加価値額。付加価値額＝製造品出荷額等＋（製造品年末在庫額－製造品年初在庫額）＋（半製品及び仕掛品年末価額－半製品及び仕掛品年初価額）－（推計酒税、たばこ税、揮発油税及び地方揮発油税＋推計消費税額）－原材料・燃料・電力使用額等－減価償却額
粗付加価値額＝製造品出荷額等－（推計酒税、たばこ税、揮発油税及び地方揮発油税＋推計消費税額）－原材料・燃料・電力使用額等
資料　総務省統計局、経済産業省「経済構造実態調査　製造業事業所調査結果」

9-7　鉄鋼製品の需給

（単位　t）

年次	銑鉄				1)
	生産	受入	消費	出荷（販売）	在庫
令和2年	61,600,469	262,336	58,953,870	2,499,077	277,733
3	70,344,478	195,022	66,473,686	3,091,778	577,224
4	64,146,549	145,552	60,996,754	2,772,946	479,194

年次	フェロアロイ				1)
	生産	受入	消費	出荷（販売）	在庫
令和2年	684,380	68,272	212,843	664,969	154,744
3	737,723	91,028	59,826	764,117	119,312
4	659,367	88,695	58,222	603,177	156,136

年次	粗鋼				
	生産	受入	消費	出荷（販売）	在庫
令和2年	83,186,485	227,788	83,346,035	35,597	61,410
3	96,336,009	348,449	96,610,823	12,777	72,446
4	89,226,801	285,632	89,451,697	14,005	72,742

年次	鋼半製品				
	生産	受入	消費	出荷（販売）	在庫
令和2年	81,713,444	6,557,210	79,014,014	4,794,824	3,602,983
3	94,871,396	9,224,869	92,112,527	4,461,649	4,178,057
4	87,666,865	8,033,118	85,548,679	3,788,898	4,159,652

「経済産業省生産動態統計調査」による。調査対象：9-5表脚注参照。在庫は年末現在。調査対象の変更等のため前年とは接続しない場合がある。
1)　生産者分のみ。
資料　経済産業省「経済産業省生産動態統計年報」

9-8　非鉄金属製品の生産量と在庫量

品目	単位	生産			在庫		
		令和2年	3年	4年	令和2年	3年	4年
電気金	t	109	100	113	4.0	4.7	5.3
電気銀	t	1,755	1,751	1,746	78	87	95
電気銅	1,000t	1,580	1,517	1,556	56	65	69
電気鉛	1,000t	198	197	193	16	13	17
亜鉛	1,000t	501	517	517	27	24	32
精製アルミニウム地金	1,000t	33	31	29	1.0	0.7	1.7
アルミニウム合金地金	1,000t	30	36	36	2.7	3.1	2.2
アルミニウム二次地金	1,000t	142	156	152	3.2	3.6	2.6
アルミニウム二次合金地金	1,000t	1,157	1,294	1,170	39	42	52
アルミニウム圧延製品（はく）	1,000t	106	127	112	5.4	6.5	5.4
電線・ケーブル							
銅裸線 1)	導体1,000t	424	451	429	3.5	4.1	3.5
アルミニウム線	導体1,000t	36	37	29	0.9	1.0	1.1
光ファイバ製品							
通信用ケーブル	1,000kmコア	16,846	20,843	24,719	1,375	2,162	3,809
光ファイバ心線 2)	1,000kmコア	23,802	24,344	24,161	541	904	668
はんだ	t	15,281	16,273	14,778	1,092	1,091	935

「経済産業省生産動態統計調査」による。調査対象：9-5表脚注参照。ただし、電線・ケーブルは従事者30人以上の事業所。在庫は年末現在。調査対象の変更等のため前年とは接続しない場合がある。
1)　電線メーカー向け心線　2)　ユーザー向け
資料　経済産業省「経済産業省生産動態統計年報」

9-9　機械受注実績

(単位　100万円)

需要者区分	令和2年度	3年度	4年度
受注総額	26,484,902	31,800,802	32,831,720
外需	10,754,199	15,036,287	15,779,873
内需	14,473,350	15,337,954	15,613,531
官公需	3,304,369	3,367,804	3,351,791
民需	11,168,981	11,970,150	12,261,740
製造業	4,019,308	5,092,893	5,271,936
# 化学工業	306,700	353,422	325,391
鉄鋼業	112,067	132,792	160,618
はん用・生産用機械	814,747	1,086,675	1,145,467
電気機械	743,566	1,032,440	936,176
情報通信機械	171,555	237,430	275,725
自動車・同附属品	366,790	421,276	480,275
造船業	193,354	183,118	243,116
非製造業	7,149,673	6,877,257	6,989,804
# 建設業	646,495	719,990	735,660
電力業	1,523,679	1,418,450	1,316,317
運輸業・郵便業	1,035,216	948,766	995,010
通信業	595,382	534,197	536,371
卸売業・小売業	430,771	477,685	513,162
金融業・保険業	781,114	732,966	791,591
情報サービス業	527,611	572,041	590,938
代理店	1,257,353	1,426,561	1,438,316
販売額	25,530,660	28,512,378	30,217,301
受注残高	28,207,915	31,532,899	34,396,256

「機械受注統計調査」による。
資料　内閣府経済社会総合研究所「機械受注統計調査報告」

9-10　各種機械の生産高

品目		単位	生産量		生産金額 (10億円)	
			令和3年	4年	令和3年	4年
はん用・生産用・業務用機械						
内燃機関	1)	1,000台	3,844	3,642	948	999
一般用ボイラ		台	7,581	7,506	136	139
一般用蒸気タービン		台	151	212	36	46
ガスタービン		台	298	303	137	207
土木建設機械		台	391,483	419,603	1,601	1,756
化学機械		台	192,128	196,942	155	155
プラスチック加工機械		台	15,231	14,535	202	213
印刷機械		台	18,853	17,639	103	116
ポンプ	2)3)	1,000台	2,427	2,498	216	226
圧縮機	3)	台	251,607	255,222	112	111
送風機	3)4)	台	231,751	216,881	36	35
クレーン（運搬機械）		台	18,996	15,941	93	97
プレイバックロボット		台	165,469	192,149	326	400
固定比減速機	5)	1,000台	3,166	3,177	149	161
動力耕うん機	6)	台	110,301	103,895	12	11
装輪式トラクタ（30PS以上）		台	94,220	82,890	225	204
田植機		台	20,450	20,669	36	37
コンバイン		台	14,183	13,113	69	67
木工機械及び製材機械		台	2,862	3,483	16	19
金属工作機械		台	67,601	70,004	895	1,079
機械プレス		台	2,120	2,264	66	71
食料品加工機械	7)	台	44,149	42,860	68	69
包装機械及び荷造機械	7)	台	38,393	44,161	194	194
複写機（フルカラー機）	8)	台	53,275	75,160	24	37
工業用ミシン		台	85,575	93,302	22	27
化学繊維機械		台	16,704	18,852	38	53
紡績機械		台	1,073	1,184	44	52
圧縮機（乗用車エアコン用）	9)	1,000台	17,944	18,757	278	309
エアコンディショナ（セパレート形） 室外ユニット（7.1kW超）		台	739,169	766,095	396	442
エアコンディショナ乗用車用	9)	1,000台	7,237	6,936	282	279
自動販売機		台	164,540	188,414	48	55
金型		組	484,277	468,087	344	356
ドリル（機械工具）	10)	1,000個	27,603	31,831	16	19
超硬チップ（ボールペン用及び スパイク用を除く）		1,000個	516,185	535,206	128	140
ガスメータ		1,000個	4,313	4,082	43	41
水道メータ		1,000個	3,327	3,426	15	16
カメラ		台	81,210	75,442	98	98
カメラ用交換レンズ		1,000個	1,859	1,858	109	130
時計（完成品）	11)	1,000個	3,331	4,110	33	34
半導体製造装置 （ウエハプロセス用処理装置）		台	6,466	7,530	1,583	1,985

「経済産業省生産動態統計調査」による。調査対象：9-5表脚注参照。品目により調査の対象となる事業所の従業者数が異なる。調査対象の変更等のため前年とは接続しない場合がある。　1）　自動車用、二輪自動車用、鉄道車両用及び航空機用を除く。　2）　手動式及び消防ポンプを除く。　3）　自動車用、二輪自動車用及び航空機用を除く。　4）　排風機を含み、電気ブロワを除く。　5）　自己消費を除く。　6）　歩行用トラクタを含む。　7）　手動のものを除く。　8）　ジアゾ式等を除く。　9）　トラック用を含む。　10）　木工用を除く。　11）　電池式ウオッチ（ストップウオッチを除く。）・電池式クロック（機械時計を除く。）

9-10　各種機械の生産高（続き）

品目		生産量			生産金額 (10億円)	
	単位	令和3年	4年		令和3年	4年
電気・電子デバイス・情報通信機械						
一般用エンジン発電機　　　　12)	台	24,625	27,707		26	33
PMモータ（70W以上）	1,000台	5,401	5,874		175	191
電池式ドリル及びドライバ	1,000台	941	759		23	19
住宅用分電盤	1,000台	2,369	2,556		33	38
監視制御装置	式	509,876	557,222		229	205
配線用遮断器	1,000台	10,762	11,559		44	51
安全ブレーカ	1,000台	20,895	20,832		7.5	8.2
電気がま	1,000台	3,497	3,616		58	61
電気冷蔵庫	1,000台	1,262	1,282		229	244
クッキングヒーター	台	733,932	792,143		48	59
電気洗濯機	台	810,418	725,447		74	114
電気掃除機	1,000台	2,132	2,380		39	51
蛍光ランプ	1,000個	57,503	49,659		37	38
白熱灯器具	1,000個	1,516	1,132		5.0	2.9
LED器具（自動車用を除く）	1,000個	58,205	63,284		489	536
自動車用電気照明器具 （二輪自動車用を含む）	1,000個	157,757	151,372		489	466
電話機	台	132,906	112,100		1.7	1.4
インターホン	1,000式	1,530	1,564		22	30
薄型テレビ	台	98,214	165,245		8.3	13
デジタルカメラ	1,000台	1,946	1,986		104	109
カーナビゲーションシステム	1,000台	5,032	4,841		230	218
セラミックコンデンサ	100万個	1,412,560	1,127,535		752	780
シリコンダイオード	100万個	5,380	4,658		16	15
発光ダイオード	100万個	20,083	17,916		223	204
集積回路（標準線形回路）	100万個	9,152	6,193		52	39
パーソナルコンピュータ	1,000台	5,520	4,742		593	578
プリンタ	1,000台	2,352	2,722		63	77
X線医用CT装置	台	4,889	4,758		123	114
超音波応用装置（医療機器）	台	18,349	17,459		52	54
アルカリマンガン乾電池	100万個	1,042	1,024		34	37
リチウムイオン蓄電池（車載用）	1,000個	896,174	905,654		436	571
輸送機械						
乗用車	1,000台	6,619	6,566		14,483	16,085
二輪自動車　　　　　　　　13)	台	646,911	694,926		372	442
電動アシスト車　　　　　　14)	台	657,657	600,108		60	58
フォークリフトトラック（蓄電池式）	台	61,328	67,094		121	136
フォークリフトトラック（内燃機関式）	台	58,149	59,480		123	133
ショベルトラック	台	11,205	11,795		87	100
航空機	機	25	29		140	95

12)　10kVA超200kVA以下。　　13)　モータースクータを含む。　　14)　原動機付自転車を除く。

資料　経済産業省「経済産業省生産動態統計年報」

9-11　各種製品の生産量と販売額

品目	単位	生産量 令和3年	生産量 4年	販売金額 (10億円) 令和3年	販売金額 (10億円) 4年
窯業・土石（建材）製品					
板ガラス　　　　　　　　　　1)	1,000換算箱	21,392	18,231	69	56
安全ガラス・複層ガラス	1,000m²	50,534	50,298	258	269
ガラス繊維製品	1,000m²	377	395	169	185
台所・食卓用品（ガラス製品）　2)	1,000t	19	22	17	18
ほうろう鉄器製品	1,000t	39	38	14	15
セメント	1,000t	50,083	48,533	348	394
耐火れんが	1,000t	321	318	119	129
化学製品					
アンモニア（NH₃100%換算）	1,000t	843	818	21	31
硫酸アンモニウム	1,000t	688	628	10	16
生石灰	1,000t	6,653	6,235	86	89
か性ソーダ（液体97%換算・固形有姿）	1,000t	4,163	4,125	168	198
ポリエチレン	1,000t	2,452	2,237	408	476
ポリプロピレン	1,000t	2,463	2,120	385	430
スチレンモノマー	1,000t	1,949	1,542	212	226
酸素ガス	100万m³	10,920	9,580	61	76
窒素ガス	100万m³	12,923	12,779	43	49
塩化ビニル樹脂（ポリマー）	1,000t	1,405	1,326	192	213
合成洗剤洗濯用液体（中性）　3)	1,000t	434	444	118	130
柔軟仕上げ剤	1,000t	397	417	120	121
漂白剤	1,000t	274	279	59	59
シャンプー	1,000t	130	129	86	87
ウレタン樹脂系塗料	1,000t	117	113	96	98
エマルションペイント	1,000t	233	232	70	75
シンナー	1,000t	411	387	80	92
印刷インキ	1,000t	281	276	261	266
ゴム製品					
# 乗用車用タイヤ	1,000本	100,327	94,793	524	546
自動車用ゴムホース	1,000m	227,861	244,521	103	102
プラスチック製品					
# フィルム	1,000t	2,234	2,162	1,225	1,239
シート	1,000t	219	210	83	89
パイプ	1,000t	363	344	90	106
輸送機械用部品　　　　　　4)	1,000t	516	507	896	919
日用品・雑貨	1,000t	307	299	323	319
中空成形容器	1,000t	465	488	293	291
建材	1,000t	253	253	146	155
発泡製品	1,000t	245	240	171	179
皮革製品					
# 革靴	1,000足	8,068	8,503	47	50

「経済産業省生産動態統計調査」による。調査対象：9-5表脚注参照。品目により調査の対象となる事業所の従業者数が異なる。調査対象の変更等のため前年とは接続しない場合がある。　1)　1換算箱は厚さ2mm、面積9.29m²。　2)　花びん・灰皿を含む。　3)　ペースト状を含む。　4)　照明用品を含む。
資料　経済産業省「経済産業省生産動態統計年報」

9-12 パルプ・紙の生産量

年次	クラフトパルプさらし広葉樹 (t)					
	生産	消費 (製紙用)	紙用	板紙用	出荷その他	年末在庫
令和 2 年	4,742,556	4,036,375	3,921,321	115,054	240,879	85,494
3	5,143,930	4,366,583	4,229,480	137,103	246,458	63,641
4	5,060,251	4,141,193	3,993,999	147,194	242,261	62,532

年次	紙					板紙
	生産量 (t)					生産量 (t)
	# 新聞巻取紙	# コート紙	# PPC用紙	# ティシュペーパー	# トイレットペーパー	# 外装用クラフト
令和 2 年	2,061,404	1,312,108	672,284	403,381	1,099,581	4,241,792
3	1,977,977	1,454,699	682,500	407,139	1,048,317	4,432,340
4	1,854,152	1,404,452	636,839	415,312	1,099,746	4,511,664

年次	段ボール			乳児用紙おむつ (パンツ式)		
	生産量 (1,000m²)	販売量 (1,000m²)	販売金額 (1,000円)	生産量 (1,000枚)	販売量 (1,000枚)	販売金額 (100万円)
令和 2 年	12,357,182	2,820,126	168,408,816	7,083,406	7,080,229	112,293
3	12,745,428	2,931,278	173,663,087	7,042,330	7,012,286	114,036
4	12,758,728	2,923,433	184,570,204	6,495,119	6,550,309	109,019

「経済産業省生産動態統計調査」による。調査対象：9-5表脚注参照。クラフトパルプさらし広葉樹、紙、板紙及び乳児用紙おむつ（パンツ式）は全ての事業所、段ボールは従業者50名以上の事業所。調査対象の変更等のため前年とは接続しない場合がある。
資料　経済産業省「経済産業省生産動態統計年報」

9-13　繊維製品の生産量と販売額

(単位　金額　100万円)

年次	化学繊維 (t)					再生・半合成繊維 (t)				
	生産	受入	出荷 販売	出荷 その他	年末在庫	生産	受入	出荷 販売	出荷 その他	年末在庫
令和2年	705,363	114,339	556,537	267,010	83,309	160,162	14,703	146,962	25,241	21,895
3	750,764	134,641	597,492	278,277	92,991	151,043	21,552	143,394	25,023	26,070
4	736,698	120,942	592,961	258,955	97,829	151,697	14,703	153,714	16,900	21,856

年次	紡績糸（生産量）（t）					織物（生産量）　（1,000m^2）				
	# 綿糸 2)	# そ毛糸	# 紡毛糸	# アクリル糸	# ポリエステル糸	# 綿	# そ毛	# 紡毛	# 合成繊維（長繊維）# ナイロン	# 合成繊維（長繊維）# ポリエステル
令和2年	21,318	3,896	1,900	2,981	8,881	88,364	16,165	2,780	98,545	322,084
3	26,355	3,513	1,902	3,596	9,047	91,720	10,813	2,762	106,836	321,574
4	26,532	3,862	2,052	3,734	9,730	92,470	13,631	3,202	128,098	336,343

年次	# 合成繊維（短繊維）（生産量）（1,000m^2）		その他の織物（生産量）（t）		プレスフェルト 1)		不織布（乾式）		ニット生地（ポリエステル）	
	# ポリエステル	# その他	タイヤコード	タオル	生産量 (t)	販売額	生産量 (t)	販売額	生産量 (t)	販売額
令和2年	71,647	24,565	15,276	8,992	5,464	4,362	267,521	173,434	32,771	6,216
3	67,763	25,829	20,533	8,291	5,046	4,788	263,767	173,550	35,182	7,976
4	68,100	27,617	19,924	7,791	6,872	5,561	255,901	173,905	34,722	7,440

年次	ニット製靴下		製綿（合成繊維）		漁網		合成繊維網		細幅織物	
	生産量 (点)	販売額	生産量 (t)	販売額	生産量 (t)	販売額	生産量 (t)	販売額	生産量 (t)	販売額
令和2年	126,066	54,418	2,397	795	5,806	13,363	11,839	13,012	9,483	13,666
3	97,961	48,036	2,255	809	5,536	12,956	11,174	12,548	10,439	14,362
4	89,078	49,638	2,071	800	5,043	12,802	11,166	13,379	9,949	14,686

「経済産業省生産動態統計調査」による。調査対象：9-5表脚注参照。品目により調査の対象となる事業所の従業者数が異なる。調査対象の変更等のため前年とは接続しない場合がある。
1)　ニードルフェルトを除く。　2)　コンデンサー糸を含む。
資料　経済産業省「経済産業省生産動態統計年報」

9-14 食料品の生産量

品目		単位	令和元年	2年	3年
酒類	1)	1,000kL	7,900	7,446	7,304
# 清酒		1,000kL	366	312	312
焼酎		1,000kL	746	688	673
ビール		1,000kL	2,418	1,839	1,931
果実酒	2)	1,000kL	102	109	98
ウイスキー		1,000kL	153	135	127
発泡酒		1,000kL	400	391	402
みそ		1,000t	482	475	462
しょうゆ		1,000kL	744	702	704
国内産糖	3)	1,000t	788	782	…
食酢	1)	1,000kL	432	406	…
マヨネーズ・ドレッシング		1,000t	410	400	
ウスターソース類		1,000kL	142	…	
グルタミン酸ソーダ		1,000t	18	15	…
びん詰		1,000t	49	49	47
# ジャム		1,000t	27	27	26
缶詰		1,000t	2,526	2,264	2,159
# 水産	4)	1,000t	99	93	87
果実	4)	1,000t	28	29	27
小麦粉	1)	1,000t	4,795	4,664	…
大豆油		1,000t	489	453	…
バター		1,000t	62	72	73
チーズ		1,000t	161	165	168
マーガリン		1,000t	170	159	…
ハム		1,000t	137	133	129
ソーセージ		1,000t	317	318	317
ベーコン		1,000t	97	98	97
レトルト食品		1,000t	383	389	382

1) 年度　2) 甘味果実酒を含む。
3) てん菜糖、甘しゃ糖及び含蜜糖の計。砂糖年度（当該年10月～翌年9月）　4) 丸缶のみ。
資料　国税庁「国税庁統計年報」
　　　農林水産省「農林水産省統計表」「食品産業動態調査」「牛乳乳製品統計調査」
　　　公益社団法人日本缶詰びん詰レトルト食品協会「国内生産数量統計」
　　　日本ハム・ソーセージ工業協同組合「食肉加工品等流通調査」

第10章　建設業

10-1　発注者別建設工事受注高

（単位　10億円）

年度	総数	民間等								
		計	製造業	非製造業	農林漁業	鉱業、採石業、砂利採取業、建設業	電気・ガス・熱供給・水道業	運輸業・郵便業	情報通信業	卸売業、小売業
令和 2 年	14,881	10,096	1,992	8,104	18	444	681	1,096	452	311
3	15,098	10,927	2,424	8,503	10	235	726	1,298	436	422
4	16,538	11,636	3,267	8,368	9.4	264	621	1,046	512	419

年度	民間等				公共機関			駐留軍・外国公館	小口工事	海外
	非製造業				計	国の機関	地方の機関			
	金融業、保険業	不動産業	サービス業	その他						
令和 2 年	405	2,992	1,565	139	3,905	2,708	1,198	53	467	359
3	351	2,929	1,943	153	3,350	2,189	1,161	22	436	363
4	441	3,036	1,911	109	3,704	2,500	1,205	76	469	653

「建設工事受注動態統計調査（大手50社調査）」による。調査対象：年間完成工事高が比較的大きい建設業者のうち国土交通大臣の指定したもの（大手50社）が受注し、国内及び海外で施工される建設工事。
資料　国土交通省「建設工事受注動態統計調査」

10-2　工事の種類別建設工事受注高

（単位　10億円）

年度	総額	工事種類別							
		建築	#事務所・庁舎	#店舗	#工場・発電所	#倉庫・流通施設	住宅	#教育・研究・文化施設	#医療・福祉施設
令和 2 年	14,881	9,608	2,392	397	1,421	1,029	1,427	951	622
3	15,098	10,389	2,509	437	1,912	1,153	1,342	895	518
4	16,538	11,294	2,431	342	2,718	1,141	1,644	956	612

年度	工事種類別								
	土木	#治山・治水	#鉄道	#上下水道	#土地造成	#港湾・空港	#道路	#電線路	#小口工事
令和 2 年	5,273	163	709	267	178	325	1,328	277	379
3	4,709	237	771	250	199	198	1,321	258	340
4	5,243	230	856	274	148	347	1,160	255	348

「建設工事受注動態統計調査（大手50社調査）」による。調査対象：年間完成工事高が比較的大きい建設業者のうち国土交通大臣の指定したもの（大手50社）が受注し、国内及び海外で施工される建設工事。
資料　国土交通省「建設工事受注動態統計調査」

10-3　建築主・構造別着工建築物

（単位　面積　1,000m^2、金額　10億円）

年次	総数		建築主別						
	床面積の合計	工事費予定額	国 1)		都道府県 2)		市区町村 3)		会社
			床面積の合計	工事費予定額	床面積の合計	工事費予定額	床面積の合計	工事費予定額	床面積の合計
令和2年	113,744	24,307	820	297	1,067	316	3,493	1,159	60,726
3	122,239	26,261	1,016	325	1,101	324	3,255	1,113	66,316
4	119,466	26,747	486	158	860	274	2,858	1,002	68,450

年次	建築主別						構造別			
	会社	会社でない団体		個人		木造		鉄骨鉄筋コンクリート造		
	工事費予定額	床面積の合計	工事費予定額	床面積の合計	工事費予定額	床面積の合計	工事費予定額	床面積の合計	工事費予定額	
令和2年	12,454	6,383	1,992	41,254	8,090	49,756	8,560	1,954	546	
3	13,720	6,543	2,063	44,007	8,716	53,100	9,148	1,842	624	
4	14,795	6,982	2,308	39,831	8,209	49,537	8,729	2,168	942	

年次	構造別							
	鉄筋コンクリート造		鉄骨造		コンクリートブロック造		その他	
	床面積の合計	工事費予定額	床面積の合計	工事費予定額	床面積の合計	工事費予定額	床面積の合計	工事費予定額
令和2年	21,757	6,027	39,534	9,102	60	12	682	60
3	21,111	6,086	45,309	10,302	56	12	820	89
4	23,590	6,547	43,185	10,431	58	13	929	85

「建築着工統計調査」による。調査対象：新たに建築（新築、増築又は改築）される全国の建築物。ただし、床面積10m^{2}以下の建築物は除く。　1）独立行政法人等を含む。　2）関係機関（地方独立行政法人、住宅供給公社、道路公社等）を含む。　3）関係機関（地方独立行政法人、住宅供給公社、市区町村組合等）を含む。
資料　国土交通省「建築着工統計調査」

10-4　用途別着工建築物床面積

（単位　1,000m^2）

用途	令和2年	3年	4年
総数	**113,744**	**122,239**	**119,466**
#居住専用住宅	65,275	69,597	67,312
居住産業併用	3,455	3,434	4,227
農林水産業用	2,012	2,074	1,377
鉱業、採石業、砂利採取業、建設業用	1,214	1,063	932
製造業用	6,678	8,044	9,997
電気・ガス・熱供給・水道業用	612	660	595
運輸業用	8,421	9,816	10,955
卸売業、小売業用	5,178	6,057	5,508
不動産業用	2,842	3,641	1,641
宿泊業、飲食サービス業用	2,310	1,927	1,822
教育、学習支援業用	3,049	2,769	3,133
医療、福祉用	4,895	5,212	4,662
公務用	1,711	1,746	1,358

「建築着工統計調査」による。調査対象：新たに建築（新築、増築又は改築）される全国の建築物。ただし、床面積10m^{2}以下の建築物は除く。
資料　国土交通省「建築着工統計調査」

10-5　利用関係・資金・建築主別着工新設住宅

（単位　戸数　1,000戸、　面積　1,000m²）

年次	計		利用関係別					
	戸数	床面積の合計	持家		貸家		給与住宅	
			戸数	床面積の合計	戸数	床面積の合計	戸数	床面積の合計
令和2年	815	66,454	261	30,803	307	14,101	7.2	434
3	856	70,666	286	33,558	321	14,839	5.6	364
4	860	69,010	253	29,450	345	16,338	5.7	407

年次	利用関係別		資金別					
	分譲住宅		民間資金		公営		住宅金融支援機構	
	戸数	床面積の合計	戸数	床面積の合計	戸数	床面積の合計	戸数	床面積の合計
令和2年	240	21,116	735	59,315	9.7	586	39	3,787
3	244	21,906	779	63,679	9.0	529	34	3,398
4	255	22,815	784	62,440	8.4	484	30	3,015

年次	資金別				建築主別			
	都市再生機構		その他		国 1)		都道府県 2)	
	戸数	床面積の合計	戸数	床面積の合計	戸数	床面積の合計	戸数	床面積の合計
令和2年	1.1	60	31	2,706	1.4	99	5.2	289
3	1.1	66	33	2,994	1.7	109	4.6	241
4	1.1	60	36	3,011	1.1	63	4.8	254

年次	建築主別							
	市区町村 3)		会社		会社でない団体		個人	
	戸数	床面積の合計	戸数	床面積の合計	戸数	床面積の合計	戸数	床面積の合計
令和2年	4.9	319	396	27,205	6.4	535	401	38,007
3	4.9	311	414	28,640	7.8	650	423	40,715
4	4.4	270	445	30,452	12	1,097	393	36,875

「建築着工統計調査」による。調査対象：新たに建築（新築、増築又は改築）される全国の建築物。ただし、床面積10m²以下の建築物は除く。新設とは、住宅の新築、増築又は改築によって住宅の戸が新たに造られる工事をいう。　1)　独立行政法人等を含む。　2)　関係機関（地方独立行政法人、住宅供給公社、道路公社等）を含む。　3)　関係機関（地方独立行政法人、住宅供給公社、市区町村組合等）を含む。
資料　国土交通省「建築着工統計調査」

10-6 業種別完成工事高

(単位 金額 10億円)

年度、業種	業者数	完成工事高	元請	民間発注	公共発注	下請
平成27年	217,566	88,248	56,414	40,381	16,033	31,834
令和2年	342,143	125,075	75,659	54,388	21,271	49,416
3	**329,532**	**124,203**	**76,737**	**55,076**	**21,661**	**47,466**
総合工事業	156,080	72,675	55,117	38,385	16,733	17,558
一般土木建築	7,703	16,960	15,481	9,760	5,721	1,479
土木	36,758	12,248	7,312	1,752	5,560	4,936
造園	4,833	417	232	124	108	185
水道施設	2,469	696	458	73	385	239
舗装	4,074	2,118	819	179	640	1,299
しゅんせつ	435	215	41	17	25	174
建築	81,525	35,734	26,955	22,723	4,232	8,779
木造建築	18,284	4,287	3,819	3,757	61	469
職別工事業	95,608	19,909	4,726	3,668	1,058	15,183
大工	6,266	997	107	102	5.4	890
とび・土工・コンクリート	20,471	4,018	571	353	218	3,447
鉄骨	7,346	2,631	553	328	225	2,077
鉄筋	2,601	456	51	47	4.0	405
石工	1,247	161	81	57	24	80
煉瓦・タイル・ブロック	2,532	745	206	171	35	539
左官	3,294	357	30	16	14	327
屋根	3,095	424	150	120	31	274
金属製屋根	1,632	274	39	35	4.1	235
板金	2,781	410	56	54	2.6	354
塗装	12,443	1,754	617	474	143	1,137
ガラス	735	181	53	40	13	128
建具	5,857	1,768	206	189	17	1,561
防水	4,976	850	140	89	52	710
内装	15,838	3,893	1,588	1,368	220	2,305
はつり・解体	4,494	992	277	227	50	715
設備工事業	77,844	31,619	16,894	13,024	3,870	14,725
電気	30,548	11,084	5,826	4,359	1,466	5,259
電気通信	5,962	3,297	1,880	1,425	454	1,417
管	25,610	8,284	3,405	2,606	799	4,880
さく井	542	84	48	30	18	37
熱絶縁	1,746	490	84	78	6.0	405
機械器具設置	10,193	7,345	5,100	4,304	796	2,246
消防施設	2,842	519	121	86	35	398
その他	401	515	431	135	296	84

「建設工事施工統計調査」による。調査対象企業：建設業法に基づく許可を有する業者。「完成工事高」とは、決算期内に工事が完成し、その引渡しが完了したものについての最終請負高及び未完成工事を工事進行基準により収益に計上する場合における決算期中出来高相当額をいう。
資料　国土交通省「建設工事施工統計調査」

10-7　発注機関別公共機関からの受注工事件数と請負契約額

（単位　金額　10億円）

年度	総数							
	工事件数					請負契約額		
	総数	#JV 1)	新設等 2)	災害復旧	維持・補修	総数	#JV 1)	新設等 2)
令和2年	208,547	8,694	134,956	15,533	58,059	16,999	4,472	13,594
3	274,797	8,305	179,657	17,973	77,167	20,099	4,233	15,799
4	300,002	10,163	193,052	18,425	88,525	21,542	5,342	17,237

年度	総数		発注機関別					
	請負契約額		国の機関					
			国		独立行政法人		政府関連企業等	
	災害復旧	維持・補修	工事件数	請負契約額	工事件数	請負契約額	工事件数	請負契約額
令和2年	961	2,444	24,899	3,854	2,693	547	5,504	2,337
3	868	3,432	26,706	3,797	3,079	487	8,564	2,781
4	763	3,542	25,761	4,106	5,982	701	6,916	2,283

年度	発注機関別							
	地方の機関							
	都道府県		市区町村		地方公営企業		その他	
	工事件数	請負契約額	工事件数	請負契約額	工事件数	請負契約額	工事件数	請負契約額
令和2年	75,327	4,226	82,602	4,564	13,261	1,020	4,261	451
3	108,922	5,521	103,270	5,597	18,409	1,341	5,847	575
4	120,943	5,945	118,550	6,269	15,368	1,239	6,481	998

「建設工事受注動態統計調査」による。前々年度の完成工事高が1億円以上の業者から、完成工事高規模に応じて抽出した約12,000業者が受注し、国内で施工される建設工事であり、元請工事が1件500万円以上の公共機関からの受注工事。令和3年度から新しい推計方法による値。　1)　Joint venture（共同企業体）　2)　増設、改良、解体、除却、移転及び耐震改修を含む。
資料　国土交通省「建設工事受注動態統計調査報告」

10-8　目的別工事分類別公共機関からの受注工事件数と請負契約額

（単位　金額　10億円）

年度	総数		目的別工事分類							
	工事件数	請負契約額	治山・治水		農林水産		道路 （含共同溝工事）		港湾・空港	
			工事件数	請負契約額	工事件数	請負契約額	工事件数	請負契約額	工事件数	請負契約額
令和2年	208,547	16,999	33,684	2,283	14,024	868	65,656	5,141	5,832	614
3	274,797	20,099	45,844	2,761	18,938	1,021	90,733	6,350	7,098	647
4	300,002	21,542	43,562	2,527	19,393	983	99,893	6,458	8,923	763

年度	目的別工事分類									
	下水道		公園・運動競技場施設		教育・病院		住宅・宿舎		庁舎	
	工事件数	請負契約額	工事件数	請負契約額	工事件数	請負契約額	工事件数	請負契約額	工事件数	請負契約額
令和2年	15,137	1,082	6,108	409	22,149	2,067	4,501	356	5,307	797
3	16,623	1,310	7,962	608	33,252	2,635	5,669	543	6,491	766
4	19,880	1,321	14,561	663	34,202	2,807	6,597	579	8,549	814

年度	目的別工事分類									
	再開発 ビル等建設		土地造成		鉄道・軌道・自動車交通事業用施設		郵政事業用施設		電気・ガス事業用施設	
	工事件数	請負契約額	工事件数	請負契約額	工事件数	請負契約額	工事件数	請負契約額	工事件数	請負契約額
令和2年	66	8.2	1,213	98	1,546	366	249	13	213	30
3	106	13	1,116	118	2,960	400	318	25	1,661	69
4	63	6.7	1,025	139	1,967	465	153	7.6	1,050	74

年度	目的別工事分類					
	上・工業用水道事業用施設		廃棄物処理施設等		他に分類されない工事	
	工事件数	請負契約額	工事件数	請負契約額	工事件数	請負契約額
令和2年	16,330	948	2,216	453	14,320	1,467
3	19,521	1,140	3,239	695	13,266	998
4	21,387	1,404	2,940	1,102	15,858	1,432

「建設工事受注動態統計調査」による。前々年度の完成工事高が1億円以上の業者から、完成工事高規模に応じて抽出した約12,000業者が受注し、国内で施工される建設工事であり、元請工事が1件500万円以上の公共機関からの受注工事。令和3年度から新しい推計方法による値。
資料　国土交通省「建設工事受注動態統計調査報告」

10-9　滅失建築物

（単位　面積　m^2、　金額　万円）

| 年次 | 除却建築物 | | | | |
| | 総数 | | #居住用 | | |
	床面積の合計	建築物の評価額	戸数	床面積の合計	建築物の評価額
平成27年	23,323,087	27,725,649	106,625	10,922,551	8,632,249
令和2年	20,444,635	29,303,840	97,685	10,430,339	8,280,820
3年	23,378,656	34,824,953	104,188	11,155,950	8,993,184

| 年次 | 災害建築物 | | | | |
| | 総数 | | #居住用 | | |
	床面積の合計	建築物の損害見積額	戸数	床面積の合計	建築物の損害見積額
平成27年	931,151	6,029,075	3,737	383,365	2,408,095
令和2年	1,245,680	3,169,261	8,565	850,970	2,099,093
3年	480,912	1,963,774	2,906	281,263	1,274,790

「建築物滅失統計調査」による。除却建築物は、老朽、増改築等により除去される建築物。災害建築物は、火災、風水災、震災等により失われた建築物。ただし、いずれの場合も床面積10m^{2}以下の建築物は除く。
資料　国土交通省「建築統計年報」

第11章　エネルギー・水

11-1　総合エネルギー

部門	合計	石炭	石炭製品 1)	原油 2)	石油製品
1　一次エネルギー国内供給	**18,670**	**4,813**	**-5**	**5,657**	**1,063**
2　総供給	19,667	4,813	63	5,693	1,954
3　　国内産出	3,161	16	0	17	0
4　　輸入	16,506	4,797	63	5,676	1,954
5　　輸出	-1,005	-0	-66	0	-939
6　　供給在庫変動	8	0	-2	-37	48
7　エネルギー転換	**-6,296**	**-4,394**	**920**	**-5,629**	**4,620**
8　　純転換部門	-5,610	-4,393	1,035	-5,632	4,824
9　　　石炭製品製造	-117	-1,427	1,330	0	-15
10　　　石油製品製造	-142	0	0	-5,623	5,605
11　　　ガス製造	-2	0	0	0	-88
12　　　事業用発電　　　　　4)	-4,297	-2,573	-129	-9	-282
13　　　自家用発電	-891	-174	-103	0	-166
14　　　自家用蒸気発生	-214	-219	-64	0	-276
15　　　地域熱供給	2	0	0	0	-0
16　　　他転換・品種振替	51	0	0	0	45
17　　自家消費・送配損失	-766	-33	-111	-0	-208
18　　転換・消費在庫変動	80	32	-4	4	4
19　統計誤差	98	33	72	28	-0
20　**最終エネルギー消費**	**12,276**	**386**	**844**	**0**	**5,683**
21　　企業・事業所他	7,797	386	844	0	2,598
22　　　農林水産鉱建設業	397	0	0	0	349
23　　　製造業	5,347	386	838	0	1,780
24　　　　食品飲料	251	0	0	0	27
25　　　　繊維工業	78	0	0	0	5
26　　　　木製品・家具他工業	32	0	0	0	5
27　　　　パルプ・紙・紙加工品	303	0	0	0	13
28　　　　印刷・同関連業	26	0	0	0	2
29　　　　化学工業（含石油石炭製品）	2,149	1	48	0	1,564
30　　　　プラスチック・ゴム・皮革製品	96	0	0	0	4
31　　　　窯業・土石製品	331	117	13	0	71
32　　　　鉄鋼・非鉄・金属製品	1,672	268	775	0	61
33　　　　機械	395	0	2	0	28
34　　　　他製造業	13	0	0	0	1
35　　　業務他（第三次産業）	2,053	0	6	0	469
36　　家庭	1,788	0	0	0	454
37　　運輸	2,692	0	0	0	2,631
38　　エネルギー利用（最終消費内数）	10,845	386	824	0	4,282
39　　非エネルギー利用（最終消費内数）	1,431	0	20	0	1,401

エネルギーバランス表は、全てのエネルギー源を共通の単位のJ（ジュール）で表示し、エネルギーが生産・輸入によって国内に供給され、一部は直接、また一部は電力等の二次エネルギーに転換された後、最終的に何らかの形で各部門において消費されていくまでのエネルギーの流れを数値で表現した表である。PJ（ペタジュール）はエネルギー量の単位で、千兆（10の15乗）ジュール。数値に0.0258を乗じると、原油換算百万キロリットルとなる。

需給バランス（令和3年度）

（単位　PJ）

天然ガス 3)	都市ガス	再生可能エネルギー（水力を除く）	水力発電（揚水を除く）	未活用エネルギー	原子力発電	電力	熱	部門
3,998	1	1,325	673	541	605	0	0	1
4,000	0	1,325	673	541	605	0	0	2
89	0	1,220	673	541	605	0	0	3
3,911	0	105	0	0	0	0	0	4
0	0	-0	0	0	0	0	0	5
-2	1	0	0	0	0	0	0	6
-3,912	1,035	-1,315	-673	-509	-605	3,349	818	7
-3,947	1,055	-1,311	-673	-509	-605	3,724	825	8
0	0	0	0	-6	0	0	0	9
2	0	-20	0	0	0	0	-105	10
-1,661	1,747	-0	0	0	0	0	0	11
-2,389	-201	-435	-647	-132	-605	3,104	–	12
-46	-115	-684	-26	-200	0	624	–	13
-22	-200	-171	0	-169	0	0	908	14
0	-13	-0	0	-3	0	-3	22	15
169	-163	-0	0	0	0	0	0	16
-12	-20	-0	0	0	0	-375	-7	17
47	0	-3	0	0	0	0	0	18
28	0	-0	0	0	0	23	-85	19
57	1,036	10	0	32	0	3,325	903	20
57	606	4	0	32	0	2,367	902	21
5	3	0	0	0	0	40	1	22
53	252	0	0	32	0	1,166	840	23
0	28	0	0	0	0	90	107	24
0	6	0	0	0	0	28	40	25
0	1	0	0	0	0	14	12	26
1	5	0	0	1	0	100	184	27
0	6	0	0	0	0	17	2	28
25	25	0	0	2	0	181	303	29
0	4	0	0	0	0	63	25	30
4	24	0	0	27	0	58	16	31
20	110	0	0	3	0	327	110	32
2	44	0	0	0	0	281	39	33
0	1	0	0	0	0	8	2	34
0	351	4	0	0	0	1,162	61	35
0	429	6	0	0	0	899	1	36
0	1	0	0	0	0	60	0	37
46	1,036	10	0	32	0	3,325	903	38
11	0	–	–	–	–	–	–	39

1)　コークス炉ガス、高炉ガス及び転炉ガスを含む。　2)　天然ガス液(NGL)・コンデンセートを含む。
3)　輸入天然ガス（LNG）を含む。　4)　揚水発電を含む。
資料　資源エネルギー庁「総合エネルギー統計」

11-2 一次エネルギー国内供給

(単位 PJ)

年度	国内供給計	国内産出	輸入	輸出	供給在庫変動	エネルギー源別	
						石炭	石炭製品 1)
平成 17 年	22,905	4,331	19,582	-930	-78	4,766	16
22	21,995	4,335	18,934	-1,208	-67	4,983	14
27	20,016	2,198	19,095	-1,289	11	5,097	57
令和 2 年	17,942	2,756	15,894	-839	131	4,488	-69
3	18,670	3,161	16,506	-1,005	8	4,813	-5

年度	エネルギー源別						
	原油 2)	石油製品	天然ガス 3)	再生可能エネルギー(水力を除く)	水力発電(揚水を除く)	未活用エネルギー	原子力発電
平成 17 年	9,518	1,174	3,291	381	671	428	2,660
22	8,127	731	3,994	436	716	530	2,462
27	7,406	731	4,658	726	726	536	79
令和 2 年	5,294	1,238	4,272	1,186	663	543	326
3	5,657	1,063	3,998	1,325	673	541	605

1) コークス炉ガス、高炉ガス及び転炉ガスを含む。 2) 天然ガス液(NGL)・コンデンセートを含む。
3) 輸入天然ガス(LNG)を含む。
資料 資源エネルギー庁「総合エネルギー統計」

11-3　発電所数と最大出力

（単位　出力　1,000kW）

年度末	総数		水力		火力		原子力		風力	
	発電所数	最大出力	発電所数	最大出力	発電所数	最大出力	発電所数	最大出力	発電所数	最大出力
平成 27 年	7,131	291,836	1,708	50,035	2,570	190,805	16	42,048	295	2,808
令和 2 年	11,290	298,550	1,834	50,033	2,434	191,758	15	33,083	474	4,119
3	11,929	297,197	1,839	50,009	2,423	188,256	15	33,083	493	4,262

年度末	総数						電気事業用		自家用	
	太陽光		地熱		その他					
	発電所数	最大出力	発電所数	最大出力	発電所数	最大出力	発電所数	最大出力	発電所数	最大出力
平成 27 年	2,523	5,624	18	517	1	0	1,523	231,484	5,608	60,352
令和 2 年	6,508	19,028	21	487	4	43	5,391	269,648	5,899	28,903
3	7,135	21,042	19	487	5	60	6,050	268,708	5,879	28,489

資料　資源エネルギー庁「電気事業便覧」

11-4　発電電力量

（単位　100万kWh）

年度	総数 1)	水力	火力	原子力	風力	太陽光	地熱	電気事業用 2)	自家用 3)
平成 27 年	1,024,179	91,383	908,779	9,437	5,161	6,837	2,582	762,551	261,628
令和 2 年	948,979	86,310	789,725	37,011	8,326	24,992	2,114	845,409	103,570
3	970,249	87,632	776,326	67,767	8,247	27,970	2,096	863,762	106,486

試運転分電力量を含む。　1)　令和2年度以降は、バイオマス、廃棄物及びその他を含む。　2)　平成27年度は発電端値、令和2年度以降は送電端値。　3)　1発電所最大出力1MW以上。発電端値。電気事業者の区分に発電事業者のライセンスが新設されたため、平成27年度以前自家用に計上されていた事業者のうち、発電事業者の要件を満たした事業者に係る発電量については、28年度以降、電気事業用に計上。
資料　資源エネルギー庁「電気事業便覧」

11-5　電灯・電力需要

年度	契約口数（1,000口）			契約kW数 (1,000kW)
	計	電灯	電力	電力
平成 27 年	85,654	78,567	7,087	49,153
令和 2 年	51,007	47,351	3,656	24,795
3	47,374	43,889	3,485	23,460

10社計（旧一般電気事業者）。年度末現在。特定規模需要を除く。令和2年度以降は、特定小売供給約款に基づく特定需要。
資料　資源エネルギー庁「電気事業便覧」

11-6　需要電力量

(単位　100万kWh)

年度	合計	電気事業者				
		計	低圧電灯 1)	低圧電力 2)	特別高圧 3)	高圧 3)
平成 27 年	955,345	841,542	266,855	39,150	*531,514	*
令和 2 年	935,491	863,159	279,047	35,628	215,017	291,205
3	956,666	881,516	279,227	35,087	225,434	297,353

年度	電気事業者		自家発自家消費 4)
	特定供給	自家消費	
平成 27 年	5	4,018	113,803
令和 2 年	5,472	36,790	72,332
3	6,157	38,258	75,150

特別高圧は7,000Vを超えるもの。高圧は直流750Vを超え、7,000V以下。低圧は直流750V以下。
1)　平成27年度は電灯。　2)　平成27年度は電力。　3)　平成27年度は特定規模需要。　4)　自家発電設備1,000kw以上の事業場を計上。平成28年度以降、27年度までは自家発自家消費に計上していた事業者のうち、一部の事業者が発電事業者のライセンスを取得し、電気事業者に移行している。
資料　資源エネルギー庁「電気事業便覧」

11-7　都市ガス事業需要家数とガス販売量

年度	事業者数			供給区域内世帯数 (1,000) (A) 2)	メーター取付数 (1,000) (B) 1)3)	供給区域内普及率 (%) (B/A)	導管延長数 (1,000km) 1)2)
	計	私営	公営 1)				
平成　27 年	206	180	26	38,835	29,980	77.2	257
令和　 2 年	193	173	20	41,899	31,228	74.5	266
3	193	173	20	42,167	31,445	74.6	268

年度	ガス生産・購入量 (PJ) 4)			ガス販売量 (PJ) 4)				自家消費量 (PJ) 3)	加熱用 (PJ) 3)
	計	私営	公営	計	#家庭用	#商業用	#工業用		
平成　27 年	1,610	1,585	25	1,526	387	177	842	9	1
令和　 2 年	2,204	2,180	24	1,654	419	153	953	27	1
3	2,335	2,311	24	1,723	415	155	1,020	23	1

都市ガス事業とは、主に都市部に広く敷設された導管によりガスを供給する事業。PJ（ペタジュール）とはエネルギーの単位であり、1 PJは10億MJ（メガジュール）。平成27年度は、供給区域内世帯数及び供給区域内普及率以外は旧一般ガス事業者計。　1）　年度末現在　2）　一般ガス導管事業者計。　3）　令和2年度以降はガス事業者計。　4）　平成27年度は旧一般ガス事業者間での卸供給分を除く、令和2年度以降はガス事業者計。
資料　資源エネルギー庁「ガス事業生産動態統計調査」　一般社団法人日本ガス協会「ガス事業便覧」

11-8　上水道、簡易水道と専用水道の現況

種類		平成22年度末	27年度末	令和2年度末	3年度末
上水道					
事業数		1,443	1,381	1,312	1,304
計画給水人口（1,000人）		129,368	128,703	128,629	128,958
現在給水人口（1,000人）		a)119,505	d)119,996	d)121,284	d)120,874
管路延長（km）	1)	632,865	666,310	739,403	742,743
年間取水量（100万m³）		b)15,722	15,176	15,342	15,201
年間浄水量（100万m³）		b)10,828	10,304	10,547	10,411
年間有効水量（100万m³）	2)	b)14,015	13,432	13,587	13,464
1日当たり施設能力（1,000m³）	3)	a)68,422	67,433	66,668	66,494
簡易水道					
事業数		6,687	5,629	2,507	2,415
計画給水人口（1,000人）		6,727	5,748	2,591	2,501
現在給水人口（1,000人）		c)4,878	4,037	1,741	1,667
実績年間給水量（100万m³）		686	590	293	285
専用水道					
施設箇所数		7,950	8,208	8,228	8,189
確認時給水人口（自己水源のみ）（1,000人）		2,384	2,413	2,688	2,721
現在給水人口（自己水源のみ）（1,000人）		434	371	368	362
普及率		a)97.5	d)97.9	d)98.1	d)98.2

1）　導水管、送水管及び配水管延長の計。水道用水供給事業分を含む。　2）　年間給水量のうち無効水量（配水本支管、メーターより上流の給水管の漏水等）を除いたもの。水道用水供給事業からの給水量を含む。　3）　年度末現在の稼働しうる浄水能力（予備を含まない。）を基準とした能力の合計値。　a）　東日本大震災の影響により岩手県及び福島県内の一部を除く。　b）　東日本大震災の影響により岩手県、宮城県及び福島県内の一部を除く。　c）　東日本大震災の影響により岩手県内の一部を除く。　d）　東日本大震災の影響により福島県内の一部を除く。
資料　公益社団法人日本水道協会「水道統計　施設・業務編」

11-9　製造業の産業中分類別工業用水量（令和4年）

産業	事業所数	用水量（1,000m³/日）				
		淡水				
		計	水源別			
			公共水道		井戸水	その他の淡水
			工業用水道	上水道		
合計	47,147	24,199	10,181	2,220	5,914	5,883
食料品	7,654	2,411	330	594	1,173	313
飲料・たばこ・飼料	788	654	120	94	415	24
繊維工業	1,788	1,226	200	49	476	500
木材・木製品（家具を除く）	664	89	21	21	45	2
家具・装備品	561	22	2	10	10	0
パルプ・紙・紙加工品	1,549	5,536	1,566	53	748	3,169
印刷・同関連業	1,900	83	5	49	15	14
化学工業	2,369	5,036	3,087	202	809	938
石油製品・石炭製品	111	773	759	11	3	0
プラスチック製品（別掲を除く）	3,550	886	159	113	511	104
ゴム製品	628	159	34	18	96	12
なめし革・同製品・毛皮	120	6	0	3	3	0
窯業・土石製品	1,540	576	146	59	268	103
鉄鋼業	1,284	3,509	2,728	92	207	482
非鉄金属	910	546	223	51	152	120
金属製品	4,664	458	131	169	155	2
はん用機械器具	1,776	127	21	57	41	7
生産用機械器具	4,213	210	32	111	64	3
業務用機械器具	1,228	90	12	44	33	0
電子部品・デバイス・電子回路	1,774	787	344	104	301	38
電気機械器具	2,707	192	45	81	63	3
情報通信機械器具	500	40	2	15	24	0
輸送用機械器具	3,897	718	207	191	272	48
その他の製造業	972	64	7	29	28	0

「経済構造実態調査（製造業事業所調査）」による。事業所数は6月1日現在。調査対象：日本標準産業分類に掲げる製造業に属する事業所が調査対象の範囲。ただし、個人経営及び法人以外の団体の事業所を除く。このうち、日本標準産業分類における大分類、中分類、小分類又は細分類ごとに売上高（製造品出荷額等）を上位から累積し、当該分類に係る売上高（製造品出荷額等）総額の9割を達成する範囲に含まれる従業者数30人以上の事業所。用水量は、令和3年1月から12月までの1年間の1日当たりの使用量。
資料　総務省統計局、経済産業省「経済構造実態調査　製造業事業所調査結果」

11-10　用途、地域別農業用水量

(単位　億m³/年)

用途、地域	平成17年	22年	27年	30年	令和元年
合計	**549**	**544**	**540**	**535**	**533**
用途別					
水田かんがい用水	517	510	506	502	499
畑地かんがい用水	28	29	29	29	30
畜産用水	5	4	4	4	4
地域別　　　　　1)					
北海道	46	46	46	46	46
東北	158	158	156	155	155
関東内陸	56	56	56	55	55
関東臨海	26	25	25	25	25
東海	52	50	50	49	49
北陸	28	28	28	28	28
近畿内陸	19	19	19	18	18
近畿臨海	22	21	21	21	21
山陰	12	12	12	12	12
山陽	31	31	30	30	29
四国	22	22	21	21	20
北九州	39	39	39	38	38
南九州	34	34	34	34	34
沖縄	2	3	3	3	3

農業用水量は、実際の使用量の計測が難しいため、耕地の整備状況、かんがい面積、単位用水量（減水深）、家畜飼養頭羽数などから、推計した値。　1)　年度
資料　国土交通省「日本の水資源の現況」

第12章　情報通信

12-1　情報通信業の従業者数と売上高 (令和3年度)

(単位　金額　億円)

産業	従業者数 (人) 1)	企業売上高 2)	売上高
情報通信業	**373,852**	**293,505**	**214,344**
電気通信業	159,265	200,211	147,256
放送業	43,981	38,628	28,614
テレビジョン番組制作業	20,711	7,542	3,403
インターネット付随サービス業	149,895	47,124	35,071

「情報通信業基本調査」による。年度末現在。売上高は年度の1年間。　1)　常時従業者と臨時雇用者を合わせたもの。受入れ派遣従業者は含まない。　2)　企業売上高とは、企業全体の売上高をいう。
資料　総務省「情報通信業基本調査」

12-2　世帯における情報通信機器の保有率

(単位　%)

年次	固定電話	FAX	携帯電話 1)	スマートフォン	タブレット型端末	パソコン	ウェアラブル端末	インターネットに接続できるゲーム機 2)
平成 27 年	75.6	42.0	63.6	72.0	33.3	76.8	0.9	33.7
令和 2 年	68.1	33.6	40.1	86.8	38.7	70.1	5.0	29.8
3	66.5	31.3	36.9	88.6	39.4	69.8	7.1	31.7
4	63.9	30.0	33.8	90.1	40.0	69.0	10.0	32.4

「通信利用動向調査」（8月31日現在。ただし、平成27年は12月31日現在。）による。調査年4月1日現在で満20歳以上の世帯主がいる世帯及びその6歳以上の構成員。
1)　令和2年以前はPHSを含む。　2)　平成27年はインターネットに接続できる家庭用ゲーム機。
資料　総務省「通信利用動向調査」

12-3　情報通信サービスの加入・契約数

(単位　1,000)

年度末	加入電話	ISDN	ブロードバンドサービス					携帯電話	PHS
			FTTH 1)	DSL 2)	CATV	BWA 3)	3.9〜4世代 携帯電話		
令和 2 年	14,856	2,307	35,527	1,073	6,535	75,709	154,366	194,395	660
3	13,827	2,117	37,310	690	6,405	79,732	139,055	202,998	337
4	12,767	1,922	39,536	357	6,277	84,276	127,380	210,686	64

1)　光ファイバー回線でネットワークに接続するアクセスサービス（集合住宅内等において、一部に電話回線を利用するVDSL等を含む）。　2)　電話回線（メタル回線）でネットワークに接続するアクセスサービス（ADSL等）。　3)　2.5GHz帯を使用する広帯域移動無線アクセスシステム(WiMAX等)でネットワークに接続するアクセスサービス。
資料　総務省「情報通信統計データベース」

12-4　用途、局種別無線局数

年度末 用途	総数	固定局	基地局	アマチュア局	陸上移動局	携帯局	簡易無線局
令和 3 年	291,978,505	96,689	1,078,563	378,680	288,593,755	96,788	1,417,943
4	305,669,619	93,943	1,124,251	370,653	302,191,483	136,647	1,431,101
# 電気通信	302,441,048	6,612	1,066,081	–	301,185,923	6	16
陸上運輸	232,389	321	20,553	–	211,471	11	–
海上水上運輸	18,671	11	16	–	88	59	–
航空運輸	10,063	7	220	–	5,205	244	–
放送	43,946	2,063	98	–	12,913	12,054	–
漁業	38,204	195	22	–	226	680	–
ガス	11,869	1,378	546	–	9,905	38	–
電気	34,048	4,283	3,052	–	25,152	928	–
上下水道	7,422	523	471	–	6,420	–	–
水防水利道路	51,804	21,646	10,618	–	17,638	1,054	–
消防	135,072	1,850	2,617	–	128,932	1,406	–
救急医療	3,861	41	177	–	3,045	478	–
防災行政	138,795	50,444	2,068	–	85,318	599	–
防災対策	7,248	52	175	–	4,982	1,998	–
警備	3,117	69	138	–	2,865	–	–
上記以外の国家行政	288,226	3,868	7,198	–	161,765	111,100	–
アマチュア	370,653	–	–	370,653	–	–	–
簡易無線	1,430,817	–	–	–	89	–	1,430,705
MCA	132,495	4	–	–	132,340	–	–
一般業務	144,759	389	5,386	–	119,397	3,276	336
その他	92,313	3	4,328	–	71,000	230	–

資料　総務省「情報通信統計データベース」

12-5 ケーブルテレビの現状

年度末	加入世帯総数（万）	自主放送を行うもの				再放送のみを行うもの			CATVアクセスサービス
		加入世帯数（万）	普及率（%）1)	事業者数	設備数	加入世帯数（万）	事業者数	設備数	契約数（万）
令和 2 年	3,217	3,117	52.4	464	660	100	193	314	653
3	3,238	3,139	52.5	464	660	100	181	303	640
4	3,261	3,162	52.5	456	660	100	178	298	628

登録に係る有線電気通信設備分。　　1)　当年度1月1日現在の住民基本台帳世帯数から算出。
資料　総務省「ケーブルテレビの現状」「情報通信統計データベース」

12-6 年齢階級別インターネットの利用率 (令和4年)

(単位　%)

年齢階級	電子メールの送受信	ホームページやブログの閲覧、書き込み又は開設・更新	SNSの利用 1)	動画投稿・共有サイトの利用 2)	オンラインゲームの利用	情報検索 3)	商品・サービスの購入・取引
総数	73.9	54.9	75.4	54.0	29.6	69.4	58.9
6〜12歳	16.6	27.6	38.7	72.1	50.4	28.3	9.9
13〜19	59.3	58.2	85.8	68.7	59.5	59.6	38.2
20〜29	78.0	60.2	87.5	68.6	49.4	73.5	75.9
30〜39	83.1	64.8	88.0	69.9	39.4	78.1	80.7
40〜49	83.1	63.3	83.9	60.5	31.1	77.1	73.9
50〜59	85.6	63.4	79.6	55.9	19.6	80.2	70.4
60〜64	83.1	55.2	73.6	42.1	12.7	78.7	58.8
65〜69	76.0	48.5	67.2	32.5	8.3	71.3	46.3
70〜74	72.0	39.8	60.1	20.0	5.0	65.6	38.0
75〜79	64.6	33.1	51.6	13.4	4.7	52.4	29.7
80歳以上	53.0	24.2	41.0	9.7	3.5	35.8	17.2

「通信利用動向調査」（8月31日現在）による。過去1年間に利用のもの。複数回答。
1)　無料通話機能を含む。　　2)　YouTube、ニコニコ動画など。　　3)　天気情報、ニュースサイト及び地図・交通情報等の利用。
資料　総務省「通信利用動向調査」

12-7　公立学校におけるICT環境の整備状況（令和4年度）

区分	学校数	児童生徒数 1)	普通教室数	教育用PC 1台当たりの 児童生徒数	普通教室における校内 LAN整備率 (%)
総数	32,482	11,183,595	483,547	0.9	98.8
小学校	18,610	6,035,232	274,445	0.9	98.8
中学校	9,072	2,932,987	113,817	0.8	98.6
義務教育学校	173	64,101	3,363	0.8	99.6
高等学校	3,485	1,984,695	61,207	1.0	99.4
中等教育学校	35	23,411	735	0.8	99.9
特別支援学校	1,107	143,169	29,980	0.7	98.5

区分	超高速インターネット接続率(%)				
	30Mbps～ 100Mbps 未満	100Mbps～ 1Gbps 未満	1Gbps～ 2Gbps 未満	2Gbps～ 3Gbps 未満	3Gbps 以上
総数	1.6	31.7	61.6	1.3	3.4
小学校	1.6	33.6	60.4	0.2	3.7
中学校	2.0	33.2	60.3	0.3	3.7
義務教育学校	3.0	38.5	55.6	－	2.4
高等学校	0.5	20.4	69.1	7.9	1.9
中等教育学校	－	5.7	71.4	20.0	2.9
特別支援学校	0.6	24.1	69.5	5.5	－

区分	指導者用 デジタル 教科書の 整備率 (%)	普通教室の 大型提示装置 整備率 (%) 2)
総数	87.4	88.6
小学校	94.3	92.0
中学校	95.1	89.3
義務教育学校	97.7	89.1
高等学校	47.1	87.4
中等教育学校	91.4	92.0
特別支援学校	31.8	57.2

3月1日現在。ICT（Information and Communication Technology）：コンピュータやインターネットなどの情報通信技術。
1)　5月1日現在　2)　大型提示装置を設置している普通教室の総数÷普通教室の総数
資料　文部科学省「学校における教育の情報化の実態等に関する調査」

12-8　情報通信業の産業別民営事業所数、従業者数と売上金額（令和3年）

（単位　金額　100万円）

従業者規模別	事業所数	従業者数 （人）	売上金額
通信業	2,308	150,426	a) …
管理、補助的経済活動を行う事業所	10	2,271	a) …
固定電気通信業	1,021	56,268	a) …
移動電気通信業	255	47,712	a) …
電気通信に附帯するサービス業	1,022	44,175	a) …
放送業	1,685	61,292	a) …
管理、補助的経済活動を行う事業所	7	169	a) …
放送業（有線放送業を除く）	980	41,358	a) …
有線放送業	698	19,765	a) …
映像・音声・文字情報制作業	18,196	229,069	a) …
管理、補助的経済活動を行う事業所	79	934	a) …
映像情報制作・配給業	5,475	73,663	a) …
音声情報制作業	669	5,558	a) …
新聞業	1,453	44,916	a) …
出版業	4,118	54,989	a) …
広告制作業	2,216	19,288	a) …
映像・音声・文字情報制作に附帯する 　サービス業	4,186	29,721	a) …
情報サービス業	39,976	1,250,949	33,703,062
管理、補助的経済活動を行う事業所	249	6,419	－
ソフトウェア業	33,497	1,078,776	29,743,651
情報処理・提供サービス業	6,230	165,754	3,959,410
インターネット附随サービス業	7,673	184,715	7,845,906
管理、補助的経済活動を行う事業所	66	10,856	－
インターネット附随サービス業	7,607	173,859	7,845,906

「経済センサス-活動調査」（6月1日現在）による。外国の会社及び法人でない団体を除く。
a)　ネットワーク型産業である、通信業、放送業、映像・音声・文字情報制作業は、事業所単位で売上（収入）金額の把握ができない。
資料　総務省統計局、経済産業省「経済センサス-活動調査結果」

12-9　電子商取引の市場規模

（単位　億円）

年末	消費者向け電子商取引	物販系	食品、飲料、酒類	生活家電、AV機器、PC・周辺機器等	書籍、映像・音楽ソフト	化粧品、医薬品	生活雑貨、家具、インテリア	衣類・服装雑貨等	自動車、自動二輪車、パーツ等	その他
令和 2 年	192,779	122,333	22,086	23,489	16,238	7,787	21,322	22,203	2,784	6,423
3 年	206,950	132,865	25,199	24,584	17,518	8,552	22,752	24,279	3,016	6,964
4 年	227,449	139,997	27,505	25,528	18,222	9,191	23,541	25,499	3,183	7,327

年末	消費者向け電子商取引									
	サービス系	# 旅行サービス	# 飲食サービス	# 金融サービス	# 理美容サービス	デジタル系	# 電子出版	# 有料音楽配信	# 有料動画配信	# オンラインゲーム
令和 2 年	45,832	15,494	5,975	6,689	6,229	24,614	4,569	783	3,200	14,957
3 年	46,424	14,003	4,938	7,122	5,959	27,661	5,676	895	3,791	16,127
4 年	61,477	23,518	6,601	7,557	6,139	25,974	6,253	1,023	4,359	13,097

年末	企業間電子商取引	建設・不動産業	食品	繊維・日用品・科学	鉄・非鉄金属	産業関連機器・精密機器	電気・情報関連機器	輸送用機械	情報通信	卸売
令和 2 年	3,349,106	195,944	264,672	322,621	202,892	159,623	349,740	480,963	151,685	920,944
3 年	3,727,073	208,558	271,027	376,509	252,529	181,284	391,121	542,170	166,975	1,006,059
4 年	4,202,354	234,598	296,443	447,337	286,620	207,734	450,282	588,775	182,616	1,128,794

資料　経済産業省「電子商取引に関する市場調査」

第13章　運輸・観光
13-1　輸送機関別輸送量

年度	貨物			
	自動車 1)	鉄道	内航	航空 2)3)
輸送トン数（1,000トン）				
平成22年	4,270,375	43,628	366,734	1,004
27	4,094,030	43,210	365,486	1,014
令和2年	3,786,998	39,124	306,076	490
3	3,888,397	38,912	324,659	557
4	3,825,999	38,264	320,929	650
輸送トンキロ（100万トンキロ）				
平成22年	286,538	20,398	179,898	1,032
27	240,195	21,519	180,381	1,056
令和2年	213,419	18,340	153,824	528
3	224,095	18,042	161,795	609
4	226,886	17,984	162,663	707

年度	旅客			
	自動車 1)4)	鉄道	旅客船	航空 2)
輸送人員（100万人）				
平成22年	6,241	22,669	85	82
27	6,031	24,290	88	96
令和2年	4,000	17,670	45	34
3	4,270	18,805	49	50
4	4,783	21,054	…	91
輸送人キロ（100万人キロ）				
平成22年	78,962	393,466	3,004	73,751
27	67,019	427,486	3,138	88,214
令和2年	25,593	263,211	1,523	31,543
3	30,189	289,891	1,847	46,658
4	44,185	352,853	…	86,382

1)　平成22年度の数値は東日本大震災の影響のため、北海道運輸局及び東北運輸局の平成23年3月の数値（営業用バスを除く）を含まない。令和2年度調査から調査方法及び集計方法の変更があった。　2)　定期のみ。
3)　超過手荷物・郵便物を含む。　4)　営業用のみ。
資料　国土交通省「航空輸送統計年報」「自動車輸送統計年報」「数字で見る海事」
　　「鉄道輸送統計年報」「内航船舶輸送統計年報」

13-2　道路現況

（単位　1,000km）

年次、道路種別	総延長	実延長	規格改良済・未改良別		路面別			種類別
			改良済	未改良	舗装道	簡易舗装道	未舗装道	道路延長
平成22年	1,269	1,210	740	470	326	647	237	1,194
27　　　3)	1,277	1,221	767	453	342	656	223	1,203
令和2年　3)	1,282	1,228	785	443	351	664	213	1,209
3　　　3)	1,284	1,229	788	441	352	665	212	1,211
高速自動車国道	9.3	9.1	9.1	-	9.1	-	-	6.5
一般国道	66	56	54	2.4	52	3.4	0.3	51
都道府県道	143	130	105	24	86	40	4.0	126
市町村道　3)	1,065	1,034	620	414	204	622	208	1,028

年次、道路種別	実延長						歩道設置道路実延長	舗装率
	種類別							
	橋梁 1)		延長	トンネル		延長		
	箇所数			箇所数				
	自地域内	都道府県界		自地域内	都道府県界			
			(km)			(km)		(%) 2)
平成22年	679,227	662	12,525	9,741	216	3,725	169	27.0
27　　　3)	690,083	692	13,267	10,301	219	4,349	177	28.0
令和2年　3)	692,425	692	13,575	10,889	239	4,772	182	28.6
3　　　3)	692,914	698	13,662	10,948	245	4,885	183	28.6
高速自動車国道	12,329	54	1,434	1,388	66	1,198	-	100.0
一般国道	59,129	175	2,989	4,293	142	2,270	34	93.4
都道府県道	101,512	245	3,165	2,743	28	953	53	66.5
市町村道　3)	519,944	224	6,074	2,524	9	465	96	19.8

3月31日現在。ただし平成27年以前は4月1日現在。総延長は、道路法の規定に基づき指定又は認定された路線の全延長をいう。実延長は、総延長から重用延長、未供用延長及び渡船延長を除いたもの。規格改良済とは、道路構造令の規格に合うように改良されたもの。　1)　橋長2m以上の道路橋で、高架の道路及び桟橋を含む。
2)　簡易舗装を除く。　3)　東日本大震災の影響により、市町村道の一部に当年3月31日以前のデータを含む。
資料　国土交通省「道路統計年報」

13-3　保有自動車数

（単位　1,000台）

年度末	保有車両	貨物（トラック）				乗合（バス）	
		普通車	小型車	被けん引車 （トレーラー）	軽自動車	普通車	小型車
平成27年	80,893	2,317	3,539	163	8,520	111	120
令和2年	82,078	2,433	3,493	186	8,284	108	114
3	82,175	2,447	3,491	190	8,299	105	111
4	82,451	2,455	3,502	195	8,365	104	108

年度末	乗用			特種（殊） 用途 1)	二輪		登録自動車
	普通車	小型車	軽四輪車		小型二輪車	軽二輪車	
平成27年	18,001	21,354	21,477	1,700	1,628	1,962	47,145
令和2年	19,975	19,206	22,736	1,780	1,748	2,014	47,136
3	20,271	18,746	22,850	1,793	1,812	2,059	46,996
4	20,570	18,312	23,071	1,808	1,873	2,089	46,894

1)　消防車、冷蔵冷凍車、タンク車など。
資料　国土交通省「自動車保有車両数月報」

13-4　自動車貨物の主要品目別輸送量

（単位　1,000トン）

品目	令和3年度	#営業用	4年度	#営業用
総数	3,888,397	2,602,052	3,825,999	2,557,548
# 野菜・果物	58,245	39,972	54,873	38,546
畜産品	48,718	38,456	39,019	28,762
水産品	25,519	19,077	25,699	19,167
木材	129,219	79,665	123,620	72,398
砂利・砂・石材	582,827	278,280	584,384	277,115
工業用非金属鉱物	39,765	26,983	38,521	22,850
金属 1)	157,390	124,553	161,412	120,071
金属製品	111,117	66,851	108,045	68,653
機械 2)	342,495	267,661	342,547	268,302
窯業品	361,504	212,991	357,069	213,950
石油製品 3)	168,178	124,905	157,260	112,274
化学工業品 4)	127,251	112,861	131,353	114,598
紙・パルプ	100,627	83,257	101,631	84,889
製造食品	118,862	106,617	115,943	103,173
食料工業品	208,468	187,304	206,021	184,206
日用品	177,194	166,702	173,773	163,319
くずもの	107,236	38,575	108,636	41,326
動植物性製造飼・肥料	68,720	44,626	71,131	46,745
廃棄物	272,327	95,909	251,087	90,689
廃土砂	297,453	142,885	294,006	142,632

「自動車輸送統計調査」による。自家用貨物軽自動車等を除く。　1)　鉄鋼及び非鉄金属の計。
2)　輸送用機械、輸送用機械部品及びその他の機械の計。　3)　LPG及びその他のガスを含む。　4)　化学薬
品、化学肥料及び染料・塗料・その他の化学工業品の計。
資料　国土交通省「自動車輸送統計年報」

13-5　鉄道輸送量

年度	貨物輸送量					
	貨物数量（1,000トン）			貨物トンキロ（100万トンキロ）　1)		
	計	コンテナ	車扱	計	コンテナ	車扱
令和 2 年	39,124	21,273	17,850	18,340	16,838	1,502
3	38,912	20,819	18,093	18,042	16,537	1,505
4	38,264	20,516	17,749	17,984	16,483	1,501

年度	旅客輸送量					
	旅客数量（100万人）			旅客人キロ（100万人キロ）　2)		
	計	定期	定期外	計	定期	定期外
計						
令和 2 年	17,670	11,252	6,418	263,211	160,549	102,662
3	18,805	11,344	7,461	289,891	161,860	128,031
4	**21,054**	**11,986**	**9,067**	**352,853**	**171,157**	**181,696**
JR						
令和 2 年	6,707	4,608	2,099	152,084	87,868	64,216
3	7,061	4,576	2,485	170,190	87,284	82,906
4	7,885	4,764	3,121	217,509	91,315	126,194
#新幹線	295	45	251	77,060	3,888	73,172
民鉄 （JR以外）						
令和 2 年	10,963	6,644	4,319	111,127	72,680	38,447
3	11,744	6,768	4,976	119,700	74,576	45,124
4	13,169	7,223	5,946	135,344	79,842	55,501

年度	索道旅客輸送量					
	旅客数量（1,000人）			旅客収入（100万円）		
	計	普通索道 3)	特殊索道 4)	計	普通索道 3)	特殊索道 4)
令和 2 年	200,069	23,843	176,226	43,343	13,812	29,531
3	240,729	30,020	210,709	54,997	17,585	37,412
4	269,662	42,924	226,738	74,447	27,771	46,676

「鉄道輸送統計調査」による。　1)　各駅間通過トン数に各駅間キロ程を乗じて全駅分を集計したもの。
2)　各駅間通過人員に各駅間のキロ程を乗じて全駅分を集計したもの。　3)　閉さ式搬器（扉を有する箱型の搬器）を使用して、人又は人及び物を運送する索道。ロープウェイ。　4)　椅子式搬器（外部に解放された座席で構成される搬器）を使用して人を運送する索道。スキーリフト。
資料　国土交通省「鉄道輸送統計年報」

13-6　船種別船腹量

（単位　総トン数　1,000トン）

年次	総数		#油送船		#化学薬品船 1)		#液化ガス船	
	隻数	総トン数	隻数	総トン数	隻数	総トン数	隻数	総トン数
令和 2 年	4,069	26,915	562	5,385	338	226	159	3,347
3	4,009	26,758	563	5,401	335	222	157	3,246

年次	#フルコンテナ船		#一般貨物船 2)		#旅客船 3)	
	隻数	総トン数	隻数	総トン数	隻数	総トン数
令和 2 年	44	2,315	1,345	1,471	376	1,076
3	47	2,619	1,313	1,450	378	1,090

6月30日現在。調査対象：日本国籍を有する100総トン以上の鋼船。（漁船及び雑船を除く。）総トン数は、船の全体の容積を表す単位で、船舶内の合計容積から除外場所の容積を差し引いたものに一定の係数を掛けたもの。　1)　ケミカルタンカー、諸薬品船、糖蜜船等。　2)　重量物運搬船を含む。　3)　フェリー及び鉄道連絡船を含む。
資料　一般社団法人日本船主協会「海運統計要覧」

13-7　内航船舶の貨物輸送量

（単位　1,000トン、100万トンキロ）

年度	総数		大型鋼船 1)		小型鋼船 2)		プッシャーバージ・台船 3)	
	トン数	トンキロ	トン数	トンキロ	トン数	トンキロ	トン数	トンキロ
令和 3 年	324,659	161,795	207,462	117,615	98,900	40,935	17,395	3,188
4	320,929	162,663	211,616	119,944	93,405	39,720	14,923	2,894

「内航船舶輸送統計調査」による。自家用を除く。　1)　500総トン以上の船舶。　2)　20総トン以上500総トン未満の鋼製船舶。木船を含む。　3)　動力を有しない船舶で他の動力船により曳航又は押航されて輸送を行うもの。
資料　国土交通省「内航船舶輸送統計年報」

13-8　内航船舶の主要品目別輸送量

(単位　1,000トン)

年度	総数	# 石炭	# 鉄鉱石	# 砂利・砂・石材	石灰石	# 原油	# 鉄鋼	# 輸送用機械	# セメント
令和 3 年	323,758	14,479	244	15,730	35,844	14,957	36,072	7,426	30,282
4	319,944	12,429	152	15,347	34,052	18,541	32,329	8,090	31,304

年度	# 重油	# 揮発油	# LPG (液化石油ガス)	# コークス	# 化学薬品	# 再利用資材	# 動植物性製造飼肥料	# 廃棄物	# 廃土砂
令和 3 年	19,992	34,008	8,609	2,504	19,191	9,313	3,527	3,253	2,893
4	19,250	32,266	10,580	2,823	17,829	9,414	3,645	2,914	2,769

「内航船舶輸送統計調査」による。自家用を除く。
資料　国土交通省「内航船舶輸送統計年報」

13-9　航空輸送量

年度	旅客		貨物 1)		郵便物	
	輸送人数 (1,000人)	人キロ (100万) 2)	輸送重量 (トン)	トンキロ (1,000) 3)	輸送重量 (トン)	トンキロ (1,000) 3)
国内定期						
令和 2 年	33,768	31,543	443,235	482,004	46,395	45,778
3	49,695	46,658	508,200	561,089	49,199	48,405
4	**90,662**	**86,382**	**600,572**	**658,954**	**48,944**	**48,504**
幹線						
令和 2 年	15,000	15,840	340,830	388,912	29,382	30,926
3	22,055	23,034	393,481	453,064	31,126	32,648
4	39,417	42,099	457,825	522,624	30,521	32,338
ローカル線						
令和 2 年	18,768	15,703	102,405	93,091	17,013	14,852
3	27,639	23,624	114,719	108,025	18,073	15,757
4	51,244	44,284	142,748	136,330	18,423	16,166
国際						
令和 2 年	798	5,106	1,359,100	7,701,478	40,360	236,380
3	1,761	11,712	1,764,958	10,440,689	45,760	257,182
4	9,514	57,025	1,476,815	8,561,538	36,822	209,392

「航空輸送統計調査」による。　1)　超過手荷物を含む。　2)　人キロ＝路線における区間ごとの旅客数×距離
3)　トンキロ＝路線における区間ごとの各重量×距離
資料　国土交通省「航空輸送統計年報」

13-10　国籍別訪日外客数

国籍・地域	平成27年	令和2年	3年	4年	#観光客 1)
総数	19,737,409	4,115,828	245,862	3,832,110	2,487,835
アジア	16,645,843	3,403,547	150,427	3,001,292	1,972,082
# イスラエル	21,928	2,315	619	7,673	5,035
インド	103,084	26,931	8,831	54,314	8,634
インドネシア	205,083	77,724	5,209	119,723	46,897
韓国	4,002,095	487,939	18,947	1,012,751	858,828
シンガポール	308,783	55,273	857	131,969	116,813
タイ	796,731	219,830	2,758	198,037	166,066
台湾	3,677,075	694,476	5,016	331,097	286,295
中国	4,993,689	1,069,256	42,239	189,125	42,852
トルコ	17,274	2,886	1,161	7,129	4,016
フィリピン	268,361	109,110	5,625	126,842	72,301
ベトナム	185,395	152,559	26,586	284,113	26,909
香港	1,524,292	346,020	1,252	269,285	256,631
マレーシア	305,447	76,573	1,831	74,095	58,048
北アメリカ	1,310,606	284,829	26,238	392,009	281,059
# アメリカ合衆国	1,033,258	219,307	20,026	323,513	229,137
カナダ	231,390	53,365	3,536	55,877	44,779
メキシコ	36,808	9,528	1,124	9,152	5,873
南アメリカ	74,198	18,222	5,204	17,652	8,633
# ブラジル	34,017	6,888	2,731	9,436	4,765
ヨーロッパ	1,244,970	240,897	52,238	304,505	145,532
# アイルランド	14,318	3,270	820	4,458	2,160
イギリス	258,488	51,024	7,294	57,496	30,530
イタリア	103,198	13,691	3,527	23,683	10,998
オーストリア	18,184	3,605	888	5,025	2,145
オランダ	49,973	8,481	1,860	12,064	5,885
スイス	40,398	6,036	1,387	8,917	5,281
スウェーデン	46,977	7,622	1,112	7,900	4,045
スペイン	77,186	11,741	3,053	15,926	8,466
デンマーク	21,717	4,780	794	5,403	2,402
ドイツ	162,580	29,785	5,197	45,748	18,625
ノルウェー	18,597	3,620	557	3,736	1,849
フィンランド	22,655	4,859	736	4,608	2,119
フランス	214,228	43,102	7,024	52,782	27,423
ベルギー	24,354	4,074	1,122	6,611	3,059
ポーランド	24,296	3,996	1,350	5,745	2,864
ポルトガル	18,666	3,179	728	3,176	1,660
ロシア	54,365	22,260	3,723	10,324	3,893
アフリカ	31,918	7,840	6,769	14,613	2,382
オセアニア	429,026	160,386	4,953	101,921	78,111
# オーストラリア	376,075	143,508	3,265	88,648	69,705
ニュージーランド	49,402	16,070	1,404	12,107	8,176
無国籍・その他	848	107	33	118	36

訪日外客とは、国籍に基づく法務省集計による外国人正規入国者から日本に居住する外国人を除き、これに外国人一時上陸客等を加えた入国外国人旅行者のこと。　1)　短期滞在入国者から商用客を引いた入国外国人で、親族友人訪問を含む。
資料　日本政府観光局（JNTO）「訪日外客統計」

13-11　主要旅行業者の旅行取扱状況

(単位　金額　100万円)

年度	主要旅行業者数 (社)	総取扱額	海外旅行	外国人旅行	国内旅行
平成 27 年	49	6,636,285	2,018,618	174,217	4,443,450
令和 2 年	46	999,734	42,496	9,099	948,139
3	45	1,396,774	73,304	48,758	1,274,712
4	43	2,910,193	454,589	65,754	2,389,850

外国人旅行とは、日本の旅行会社による外国人の訪日旅行の取扱いをいう。
資料　観光庁「主要旅行業者旅行取扱状況（速報）」

13-12　延べ宿泊者数と客室稼働率

(単位　人泊)

年次	延べ宿泊者数	観光目的の 宿泊者が 50%以上	観光目的の 宿泊者が 50%未満	#外国人	観光目的の 宿泊者が 50%以上	観光目的の 宿泊者が 50%未満
	1)	2)	3)		2)	3)
令和 2 年	331,654,060	157,813,680	173,060,100	20,345,180	14,074,700	6,172,330
3	317,773,850	143,340,860	173,612,050	4,317,140	1,877,420	2,412,430
4	450,458,460	225,888,890	222,241,000	16,502,920	10,038,960	6,323,200

年次	客室稼働率	宿泊施設タイプ				
		旅館	リゾート ホテル	ビジネス ホテル	シティ ホテル	会社・団体の 宿泊所
	(%)　4)					
令和 2 年	34.3	25.0	30.0	42.8	34.1	18.6
3	34.3	22.8	27.3	44.3	33.6	12.7
4	46.6	33.1	43.4	56.7	50.1	18.4

「宿泊旅行統計調査」による。全国全ての宿泊施設における推定値。「延べ宿泊者数」とは、各日の全宿泊者数を足し合わせた数をいう。寝具を使用して施設を利用するもの。子供や乳幼児を含む。
1)　不詳を含む。　2)　「観光レクリエーション目的」の宿泊者が50%以上の宿泊施設の延べ宿泊者数。
3)　「出張・業務目的」の宿泊者が50%以上の宿泊施設の延べ宿泊者数。　4)　不詳及び簡易宿所を含む。
資料　観光庁「宿泊旅行統計調査」

13-13 居住地、旅行の種類別旅行平均回数と旅行単価（令和4年）

（単位 平均回数 回/人、単価 円/人回）

居住地	国内旅行			
	宿泊旅行			
			#観光・レクリエーション	
	平均回数	単価	平均回数	単価
全国	1.8584	59,174	1.1579	64,023
北海道	2.4667	56,907	1.3375	58,293
東北	1.4261	51,328	0.9086	55,661
関東	2.0604	60,999	1.3519	66,035
北陸信越	1.5092	52,905	1.0420	51,722
中部	1.8604	61,183	1.1122	62,893
近畿	1.8929	58,704	1.1784	67,544
中国	1.5466	57,662	0.8452	62,952
四国	1.3207	60,360	0.7646	63,307
九州	1.7018	57,006	0.9812	64,308
沖縄	1.3592	77,063	0.8500	68,238

居住地	国内旅行			
	日帰り旅行			
			#観光・レクリエーション	
	平均回数	単価	平均回数	単価
全国	1.4820	18,540	1.1150	18,420
北海道	1.8098	15,883	1.2629	15,320
東北	1.1332	18,882	0.8476	18,954
関東	1.6964	19,065	1.3287	18,476
北陸信越	1.0838	19,172	0.8462	18,967
中部	1.5465	18,217	1.1498	19,131
近畿	1.5634	19,226	1.1630	18,883
中国	1.2082	18,211	0.8043	18,770
四国	0.9471	20,479	0.6760	20,983
九州	1.2531	16,070	0.8980	16,465
沖縄	0.4346	16,947	0.3089	19,067

「旅行・観光消費動向調査」による。
資料 観光庁「旅行・観光消費動向調査」

第14章　卸売業・小売業

14-1　卸売業・小売業の事業所数、従業者数、年間商品販売額と売場面積

年次	事業所数	法人	個人 1)	従業者数 2)	年間商品販売額 (100万円) 3)4)	売場面積 (m²) 3)5)
合計						
平成 28 年 6)	1,355,060	922,545	432,515	11,596,089	581,626,347	135,343,693
令和 3 年	1,228,920	897,091	331,829	11,397,130	539,813,946	136,952,597
卸売業						
平成 28 年 6)	364,814	322,861	41,953	3,941,646	436,522,525	–
令和 3 年	348,889	319,249	29,640	3,856,785	401,633,535	–
小売業						
平成 28 年 6)	990,246	599,684	390,562	7,654,443	145,103,822	135,343,693
令和 3 年	880,031	577,842	302,189	7,540,345	138,180,412	136,952,597

「経済センサス-活動調査」による。6月1日現在。管理、補助的経済活動を行う事業所、産業細分類が格付不能の事業所（令和3年は法人組織の事業所又は産業小分類が格付不能の個人経営（法人でない団体を含む）の事業所）、卸売の商品販売額（仲立手数料を除く）、小売の商品販売額及び仲立手数料のいずれの金額もない事業所（令和3年は法人組織の事業所）を含む。年間商品販売額は前年1月1日から12月31日までの1年間。消費税を含む。　1)　法人でない団体を含む。　2)　個人業主、無給家族従業者、有給役員及び常用雇用者の計。臨時雇用者は除く。　3)　数値が得られた事業所について集計。　4)　令和3年は個人経営の事業所を除く。　5)　個人経営の事業所を除く。　6)　東日本大震災に関して原子力災害対策特別措置法に基づき原子力災害対策本部長が設定した帰還困難区域を含む調査区を除く。
資料　総務省統計局、経済産業省「経済センサス-活動調査結果」

14-2　卸売業・小売業の産業別事業所数、従業者数と年間商品販売額（令和3年）

産業	事業所数	従業者数 1)	年間商品販売額 (100万円) 2)
総数	**1,228,920**	**11,397,130**	**539,813,946**
卸売業	348,889	3,856,785	401,633,535
各種商品	1,694	40,532	20,343,833
繊維・衣服等	20,122	204,381	9,639,177
飲食料品	64,123	730,109	85,877,023
# 食料・飲料	32,023	383,356	51,358,994
建築材料、鉱物・金属材料等	82,708	755,608	107,151,290
# 化学製品	17,852	190,880	25,916,555
石油・鉱物	5,804	68,153	22,167,924
鉄鋼製品	8,566	99,743	22,724,634
機械器具	98,363	1,245,611	105,634,235
# 自動車	18,142	219,402	18,948,794
電気機械器具	25,090	397,121	46,042,023
その他	81,695	876,082	72,715,598
小売業 3)	880,031	7,540,345	138,180,412
各種商品	2,870	287,548	8,000,109
織物・衣服・身の回り品	113,470	588,575	7,663,104
# 婦人・子供服	49,948	262,096	3,717,495
飲食料品	258,910	3,127,884	39,974,189
# 野菜・果実	14,379	75,418	712,244
酒	24,210	73,189	934,386
菓子・パン	55,447	355,491	1,661,946
機械器具	133,055	885,017	27,407,905
その他	328,791	2,259,861	41,163,579
# 燃料	43,677	287,303	10,922,270

「経済センサス-活動調査」による。6月1日現在。年間商品販売額は前年1月1日から12月31日までの1年間。消費税を含む。　1)　14-1表脚注2)参照。　2)　14-1表脚注3)4)参照。　3)　無店舗を含む。
資料　総務省統計局、経済産業省「経済センサス-活動調査結果」

14-3　小売業の売場面積 （令和3年）

(単位　m²)

項目	小売業計	各種商品	#百貨店、総合スーパー	織物・衣服・身の回り品	#男子服	#婦人・子供服
売場面積	136,952,597	11,955,038	11,004,042	18,202,533	2,691,169	7,923,710

項目	飲食料品	#各種食料品	#野菜・果実	#酒	#菓子・パン	機械器具
売場面積	41,323,565	24,804,025	763,674	979,445	1,647,863	13,290,089

項目	機械器具 #自動車	その他	#医薬品・化粧品	#燃料
売場面積	2,871,247	52,181,372	13,062,594	358,248

「経済センサス-活動調査」による。6月1日現在。法人組織の事業所。数値が得られた事業所について集計。
資料　総務省統計局、経済産業省「経済センサス-活動調査結果」

14-4　小売業の産業、商品販売形態別年間商品販売額 （令和3年）

(単位　10億円)

産業	総額	卸売計	小売商品販売形態別						
			計	店頭	訪問	通信・カタログ	インターネット	自動販売機	その他
小売業　　　　　　1)	**133,257**	**1,267**	**131,991**	**111,786**	**4,826**	**4,114**	**5,925**	**1,190**	**4,149**
各種商品	7,997	1.3	7,996	7,659	193	32	93	16	2.9
# 百貨店、総合スーパー	7,527	x	x	7,199	191	x	90	15	x
織物・衣服・身の回り品	7,422	26	7,396	7,182	39	29	134	2.1	10
飲食料品	39,137	97	39,040	38,426	108	97	196	40	174
機械器具	26,167	367	25,800	23,703	1,257	47	502	1.3	291
その他	39,247	265	38,982	34,815	1,512	95	396	18	2,146

「経済センサス-活動調査」による。6月1日現在。前年1月1日から12月31日までの1年間。消費税を含む。
法人組織の事業所。管理、補助的経済活動のみを行う事業所、産業細分類が格付不能の事業所、卸売の商品販売
額（仲立手数料を除く）、小売の商品販売額及び仲立手数料のいずれの金額も無い事業所は除く。したがって、
14-1表、14-2表とは一致しない。数値が得られた事業所について集計。
1)　無店舗を含む。
資料　総務省統計局、経済産業省「経済センサス-活動調査結果」

14-5　セルフサービス方式採用事業所の事業所数、従業者数、年間商品販売額と売場面積

年次	総数			
	事業所数 1)	従業者数 1)2)	年間商品販売額 (100万円) 1)	売場面積 (m²)
平成 28 年　3)	120,382	2,603,686	51,314,939	83,004,221
令和 3 年	124,012	2,810,405	54,839,051	86,699,261

年次	#織物・衣服・身の回り品小売業			
	事業所数 1)	従業者数 1)2)	年間商品販売額 (100万円) 1)	売場面積 (m²)
平成 28 年　3)	16,367	183,836	3,221,790	8,838,391
令和 3 年	17,554	190,436	3,369,261	9,446,178

年次	#飲食料品小売業			
	事業所数 1)	従業者数 1)2)	年間商品販売額 (100万円) 1)	売場面積 (m²)
平成 28 年　3)	67,334	1,617,263	29,526,543	31,413,805
令和 3 年	63,413	1,780,329	33,544,406	35,726,945

「経済センサス-活動調査」による。6月1日現在。年間商品販売額は前年1月1日から12月31日までの1年間。消費税を含む。セルフサービス方式採用事業所とは、売場面積の50%以上についてセルフサービス方式を採用している事業所。なお、セルフサービス方式とは、客が値札等により各商品の値段が判るような表示方式をとり、買い物カゴなどにより客が自由に商品を選び取れるようなシステムをとっており、売場の出口などに設置されている精算所（レジ）で客が一括して支払いを行うシステムになっていること、の三つの条件を兼ね備えている場合をいう。法人組織の事業所のみ。
1)　管理、補助的経済活動のみを行う事業所、産業細分類が格付不能の事業所、卸売の商品販売額（仲立手数料を除く）、小売の商品販売額及び仲立手数料のいずれの金額もない事業所を除く。したがって、14-1表、14-2表とは一致しない。　2)　有給役員及び常用雇用者の計。臨時雇用者を除く。
3)　東日本大震災に関して原子力災害対策特別措置法に基づき原子力災害対策本部長が設定した帰還困難区域を含む調査区を除く。
資料　総務省統計局、経済産業省「経済センサス-活動調査結果」

14-6 卸売業・小売業の業種別販売額

(単位 10億円)

年次	商業計	卸売業	各種商品	繊維品	衣服・身の回り品	農畜産物・水産物	食料・飲料
平成 22 年	461,643	325,163	35,492	3,133	6,642	26,577	38,350
27	460,143	319,477	38,489	3,409	5,728	23,164	45,438
令和 2 年	503,116	356,658	21,790	2,117	3,985	33,386	52,895
3	551,910	401,448	22,324	2,069	3,990	34,773	53,433
4	584,982	430,580	22,340	2,229	4,126	37,681	57,185

年次	卸売業						
	建築材料	化学製品	鉱物・金属材料	機械器具	家具・建具・じゅう器	医薬品・化粧品	その他
平成 22 年	15,058	18,402	50,349	74,718	3,173	23,802	29,467
27	16,067	16,134	45,114	66,464	2,619	25,558	31,293
令和 2 年	20,902	21,176	46,167	90,541	4,122	28,193	31,384
3	21,465	24,654	61,510	106,414	4,460	30,698	35,658
4	21,108	26,534	78,680	106,769	4,329	31,850	37,749

年次	小売業 1)	各種商品	織物・衣服・身の回り品	飲食料品	自動車	機械器具	その他 2)
平成 22 年	136,479	13,080	10,562	42,794	15,952	9,516	44,575
27	140,666	12,798	11,271	45,311	16,779	6,351	44,342
令和 2 年	146,457	10,207	8,638	45,145	16,592	9,429	45,655
3	150,462	10,346	8,610	45,328	17,001	10,035	47,727
4	154,402	10,968	8,707	45,521	16,285	9,745	51,808

「商業動態統計調査」による。卸売・小売業のうち、代理商、仲立業を除く。「水準の調整」を行ったため、令和2年以降の数値に断層が生じている。
1) 平成27年以降は無店舗小売業を含む。 2) 燃料、医薬品・化粧品及びその他小売業の計。
資料 経済産業省「商業動態統計」

第15章　サービス産業

15-1　サービス産業の産業、従業上の地位別年平均事業従事者数（令和4年）

（単位　1,000人）

産業		年平均事業従事者数	# 常用雇用者	正社員・正職員	# 臨時雇用者	# 別経営の事業所・企業等からの出向・派遣
産業計		29,249	24,798	14,130	578	890
情報通信業		2,021	1,715	1,502	13	208
#通信業		201	162	133	0.4	36
放送業		80	60	50	0.5	16
情報サービス業		1,348	1,165	1,039	6.4	131
運輸業、郵便業		3,329	2,967	2,283	66	157
#鉄道業		253	245	223	1.6	5.4
道路旅客運送業		462	425	333	1.5	4.6
道路貨物運送業		1,819	1,626	1,263	33	78
航空運輸業、郵便業（信書便事業を含む）		59	55	49	0.1	3.1
不動産業、物品賃貸業		1,587	1,029	686	13	49
不動産取引業		337	238	185	3.0	13
不動産賃貸業・管理業		939	519	304	5.3	26
物品賃貸業		311	272	198	4.2	10
学術研究、専門・技術サービス業	1)	1,772	1,405	1,118	14	71
専門サービス業（他に分類されないもの）	2)	709	541	403	4.6	15
広告業		136	113	92	2.0	8.6
技術サービス業（他に分類されないもの）		927	751	623	7.2	48
宿泊業、飲食サービス業		4,958	4,084	946	149	41
#宿泊業		666	548	230	36	24
飲食店		3,715	2,994	573	105	12
生活関連サービス業、娯楽業		2,357	1,793	780	59	41
#洗濯・理容・美容・浴場業		1,111	722	358	11	13
娯楽業		872	771	268	36	20
教育、学習支援業	3)	995	811	289	37	17
医療、福祉		8,491	7,806	4,775	99	125
#医療業		4,323	3,818	2,669	51	71
社会保険・社会福祉・介護事業	4)	4,043	3,875	2,042	39	52
サービス業（他に分類されないもの）	5)	3,739	3,188	1,751	129	181

「サービス産業動向調査」による。　1)　学術・開発研究機関を除く。　2)　純粋持株会社を除く。　3)　学校教育を除く。　4)　社会保険事業団体及び福祉事務所を除く。　5)　政治・経済・文化団体、宗教及び外国公務を除く。
資料　総務省統計局「サービス産業動向調査年報結果」

15-2　サービス産業の事業活動の産業、
事業所・企業等の事業従事者規模別年平均売上高（令和4年）

（単位　10億円）

産業	総数	10人未満	10～29	30～99	100～299	300人以上
産業計	31,935	4,238	5,104	5,319	3,389	13,884
情報通信業	5,088	153	269	397	550	3,719
# 通信業	1,534	10	18	25	33	1,449
放送業	296	3.0	6.8	21	65	199
情報サービス業	2,399	68	180	219	284	1,649
運輸業、郵便業	5,201	294	650	993	618	2,647
# 鉄道業	502	0.1	0.8	2.5	11	487
道路旅客運送業	230	8.8	31	66	52	72
道路貨物運送業	2,071	138	366	650	180	737
航空運輸業、郵便業 　（信書便事業を含む）	261	0.3	0.7	2.8	4.0	253
不動産業、物品賃貸業	4,193	882	492	536	457	1,826
不動産取引業	1,250	285	112	204	179	470
不動産賃貸業・管理業	1,860	443	227	198	159	833
物品賃貸業	1,083	153	153	134	118	524
学術研究、専門・技術サービス業　1)	2,856	504	353	387	237	1,375
専門サービス業　2) 　（他に分類されないもの）	800	217	115	84	73	311
広告業	781	74	60	102	52	493
技術サービス業 　（他に分類されないもの）	1,275	213	178	201	112	571
宿泊業、飲食サービス業	2,070	550	618	334	107	461
# 宿泊業	452	44	111	113	75	109
飲食店	1,381	451	434	181	22	292
生活関連サービス業、娯楽業	3,657	583	932	1,023	272	847
# 洗濯・理容・美容・浴場業	449	253	72	76	18	30
娯楽業	2,692	159	779	879	222	653
教育、学習支援業　3)	296	83	73	54	17	68
医療、福祉	4,973	588	1,001	968	691	1,724
# 医療業	3,539	473	588	332	528	1,618
社会保険・社会福祉・介護事業　4)	1,378	114	408	620	141	95
サービス業　5) （他に分類されないもの）	3,601	601	715	628	439	1,217

「サービス産業動向調査」による。　1)　学術・開発研究機関を除く。　2)　純粋持株会社を除く。　3)　学校教育を除く。　4)　社会保険事業団体及び福祉事務所を除く。　5)　政治・経済・文化団体、宗教及び外国公務を除く。
資料　総務省統計局「サービス産業動向調査年報結果」

15-3　郵便施設と郵便物数

年度	郵便局数 (年度末)	直営の郵便局	簡易郵便局	郵便ポスト設置数 (年度末)	引受郵便物等物数 (100万)	郵便物
平成 27 年	24,452	20,165	4,287	181,692	22,082	18,030
令和 2 年	24,311	20,148	4,163	178,211	19,634	15,244
3	24,284	20,145	4,139	176,683	19,193	14,858
4	24,251	20,142	4,109	175,145	18,538	14,445

年度	引受郵便物等物数 (100万)					
	郵便物					
	内国				国際 (差立)	
		普通		特殊		通常
			# 年賀郵便			
平成 27 年	17,981	17,426	2,351	555	49	25
令和 2 年	15,221	14,713	1,557	508	23	13
3	14,833	14,330	1,368	503	25	13
4	14,423	13,871	1,171	552	22	12

年度	引受郵便物等物数 (100万)				
	郵便物		荷物		
	国際 (差立)			ゆうパック	ゆうメール
	小包	国際スピード郵便 (EMS)		1)	
平成 27 年	4.8	19	4,052	636	3,416
令和 2 年	2.5	7.2	4,390	1,091	3,299
3	2.8	8.6	4,335	989	3,346
4	2.1	8.0	4,093	980	3,113

1)　ゆうパケットを含む。
資料　日本郵政株式会社「日本郵政グループ　統合報告書（ディスクロージャー誌）」

15-4 第3次産業活動指数

(平成27年＝100)

年次	第3次産業総合	電気・ガス・熱供給・水道業	情報通信業	運輸業、郵便業	運輸業	郵便業(信書便事業を含む)
ウエイト	10,000.0	378.3	946.9	968.8	928.1	40.7
令和 元 年	103.1	99.5	105.6	103.7	104.0	97.0
2	96.0	97.5	102.8	90.5	90.5	90.1
3	97.4	98.7	104.4	91.6	91.7	88.0
4	99.0	100.0	105.2	96.3	96.8	84.9

年次	卸売業	金融業、保険業	金融業	保険業	物品賃貸業(自動車賃貸業を含む)	物品賃貸業
ウエイト	1,350.5	878.5	512.6	365.9	249.1	205.8
令和 元 年	101.3	100.3	107.6	89.9	107.5	106.6
2	91.3	100.9	112.8	84.2	105.3	105.7
3	92.0	105.2	119.5	85.4	104.1	104.0
4	86.9	110.8	125.1	90.6	102.8	101.7

年次	物品賃貸業(自動車賃貸業を含む) 自動車賃貸業	事業者向け関連サービス	小売業	不動産業	不動産取引業	不動産賃貸業
ウエイト	43.3	881.7	1,182.6	809.2	149.7	659.5
令和 元 年	111.6	107.5	101.4	102.1	104.8	101.5
2	103.5	102.4	97.5	101.4	101.2	101.4
3	104.5	103.4	98.0	101.3	107.0	100.0
4	107.6	105.3	97.1	99.1	96.1	99.7

年次	医療、福祉	医療業	社会福祉・介護事業	生活娯楽関連サービス
ウエイト	1,238.9	892.6	315.4	1,115.5
令和 元 年	107.8	109.2	104.1	98.7
2	104.7	106.0	102.0	74.1
3	109.4	111.9	102.3	73.2
4	112.2	116.0	102.1	82.9

算式：個別業種指数を基準年のウエイトで加重平均するラスパイレス算式
資料　経済産業省「第3次産業活動指数」

第16章　金融・保険

16-1　日本銀行勘定

(単位　億円)

年末	総額 (資産・負債及び 純資産共通)	資産							
		# 金地金 1)	# 現金 2)	国債	# 社債 3)	# 貸出金	# 外国為替	代理 店勘定	# 雑勘定 4)
平成 27 年	3,831,076	4,412	1,731	3,250,019	31,984	364,638	64,980	13	6,169
令和 2 年	7,025,822	4,412	1,396	5,355,098	64,646	1,116,649	67,062	5	7,367
3	7,237,659	4,412	2,516	5,211,195	82,650	1,448,478	76,691	2	7,065
4	7,039,414	4,412	3,774	5,641,557	81,869	806,690	88,496	3	7,329

年末	負債及び純資産								
	# 発行銀行券	# 当座預金	# その他 預金 5)	政府預金	売現先 勘定	# 雑勘定 6)	# 引当金 勘定	資本金	# 準備金
平成 27 年	984,299	2,530,135	63,970	170,436	0	8,567	42,279	1	31,385
令和 2 年	1,183,281	4,942,272	282,064	491,950	3,241	25,741	64,101	1	33,167
3	1,219,637	5,430,417	280,021	177,133	676	26,648	69,345	1	33,777
4	1,250,683	5,024,843	379,849	203,130	35,624	33,836	77,005	1	34,439

1) 古金貨は雑勘定に計上。　2) 支払元貨幣を計上。　3) 不動産投資法人債を含む。　4) 貸倒引当金（控除項目）を含む。　5) 外国中央銀行等の預金。　6) その他負債＋当期損益金
資料　日本銀行「日本銀行勘定」

16-2　国内銀行の資産・負債等（銀行勘定）

(単位　億円)

年末	総額	資産			負債及び資本				
		# 現金 預け金 1)	# 有価証券	# 貸出金	# 預金	# 譲渡性 預金	# 債券 2)	借用金	純資産
平成 27 年	10,102,591	1,581,307	2,304,766	4,759,372	6,798,664	479,650	2,469	449,897	514,332
令和 2 年	12,623,230	3,296,913	2,361,959	5,544,439	8,765,116	336,552	116	1,193,921	562,274
3	13,273,183	3,756,341	2,473,073	5,611,372	9,080,594	351,907	0	1,501,541	559,689
4	13,524,084	3,288,284	2,362,697	5,884,641	9,369,424	336,425	0	1,050,118	486,220

整理回収機構、ゆうちょ銀行及び海外店勘定を除く。特別国際金融取引勘定（オフショア勘定）を含む。
1) 海外譲渡性預金を含む。　2) 債券発行高＋債券募集金
資料　日本銀行「民間金融機関の資産・負債」

16-3　国内銀行の資産・負債（信託勘定）

(単位　億円)

年末	総額	資産					負債			
		# 現金 預け金 1)	# コール ローン	# 有価証券	# 貸出金	# 投資信託 有価証券	# 金銭 信託	# 貸付 信託	# 投資 信託	# 有価証券 の信託
平成 27 年	9,749,446	199,027	230,120	4,126,496	36,403	107,380	1,565,742	124	1,657,365	624,248
令和 2 年	13,168,083	276,211	165,803	5,385,603	50,814	135,044	1,557,555	0	2,328,918	655,374
3	14,439,416	264,675	152,292	5,871,384	56,881	192,892	1,642,409	0	2,527,830	660,503
4	14,787,669	268,219	210,108	6,157,271	68,103	198,591	1,319,440	0	2,606,885	670,875

整理回収機構を除く。　1) 譲渡性預け金を含む。
資料　日本銀行「民間金融機関の資産・負債」

16-4　貸出先別貸出金（主要業種別）

（単位　億円）

年末	計	# 製造業	# 建設業	# 電気・ガス・熱供給・水道業	# 情報通信業	# 運輸業、郵便業	# 卸売業
平成27年	4,613,138	569,405	112,252	101,098	60,525	158,854	271,701
令和2年	5,363,841	673,519	135,373	150,978	64,782	190,338	272,591
3	5,422,216	617,891	137,379	160,856	63,681	191,267	279,607
4	5,654,467	650,718	144,890	179,345	58,259	192,201	292,645

年末	# 小売業	# 金融業、保険業	# 不動産業	# 物品賃貸業	# 宿泊業	# 飲食業	# 医療・福祉
平成27年	151,208	392,007	677,506	120,539	20,022	24,649	105,109
令和2年	169,379	393,100	874,538	177,039	27,908	34,964	123,631
3	169,761	422,715	903,464	163,370	27,549	32,727	123,168
4	172,101	481,178	944,654	172,588	26,267	30,705	122,188

国内銀行の銀行勘定。対象となる貸出金は、「割引手形」、「手形貸付」、「証書貸付」及び「当座貸越」の4種類。「コールローン」、「買入手形」、「外国為替勘定」などを除く。整理回収機構及びゆうちょ銀行を除く。特別国際金融取引勘定（オフショア勘定）を除く。
資料　日本銀行「貸出先別貸出金」

16-5　預金者別預金（末残）

（単位　億円）

年末	預金	# 一般法人・個人・公金	# 要求払預金	# 一般法人	# 個人
平成 27 年	6,757,745	6,607,110	3,937,294	1,398,232	2,446,637
令和 2 年	8,726,776	8,367,327	5,958,509	2,355,559	3,445,155
3	9,038,439	8,699,142	6,350,241	2,455,184	3,725,025
4	9,322,447	8,981,274	6,617,170	2,486,528	3,946,999

年末	預金			譲渡性預金	
	# 一般法人・個人・公金				# 一般法人
	# 定期性預金	# 一般法人	# 個人		
平成 27 年	2,509,532	515,722	1,911,537	479,650	209,736
令和 2 年	2,192,470	470,120	1,656,676	336,552	184,160
3	2,137,781	463,535	1,611,136	351,907	204,553
4	2,152,970	488,615	1,566,606	336,425	190,333

国内銀行の銀行勘定。整理回収機構及びゆうちょ銀行を除く。特別国際金融取引勘定（オフショア勘定）を除く。
資料　日本銀行「預金・現金・貸出金」

16-6　ゆうちょ銀行の貯金と貸出金

（単位　10億円）

年度末	貯金								貸出金		
	計	振替貯金	通常貯金	貯蓄貯金	定期貯金	特別貯金	定額貯金	その他の貯金	計	証書貸付	当座貸越
平成 27 年	177,872	13,875	47,466	388	11,441	18,968	85,550	184	2,542	2,322	220
令和 2 年	189,593	9,150	90,808	613	4,709	738	83,436	139	4,692	4,592	100
3	193,442	10,750	100,214	699	4,352	592	76,670	165	4,442	4,355	87
4	194,952	12,711	105,654	769	3,307	478	71,910	123	5,604	5,520	84

資料　株式会社ゆうちょ銀行「ゆうちょ銀行　統合報告書（ディスクロージャー誌）」

16-7　かんぽ生命保険の運用状況

（単位　100万円）

年度末	合計	現金及び預貯金	コールローン	債券貸借取引支払保証金	買入金銭債権	金銭の信託
平成 27 年	79,888,652	1,856,037	360,000	3,008,591	430,150	1,644,547
令和 2 年	68,749,583	1,329,749	130,000	2,585,087	276,772	4,189,294
3	63,537,045	1,265,070	40,000	–	39,543	4,521,912
4	59,736,459	1,428,483	40,000	–	47,345	4,772,321

年度末	有価証券				貸付金	
	# 国債	# 地方債	# 社債	# 外国証券	# 一般貸付	# 機構貸付
平成 27 年	44,178,631	9,405,494	6,236,913	3,688,822	829,027	8,053,780
令和 2 年	37,345,671	5,593,508	5,325,276	4,632,376	996,127	3,806,540
3	37,408,974	4,472,466	4,866,504	4,332,519	965,872	3,145,103
4	37,114,603	3,400,150	4,228,952	2,949,260	916,374	2,549,102

資料　株式会社かんぽ生命保険「統合報告書（ディスクロージャー誌）　かんぽ生命の現状」

16-8 財政融資資金

(単位 億円)

年末	総額（資産・負債共通）	資産						
		現金預金	有価証券	#信託受益権等	貸付金	一般・特別会計	政府関係機関	地方公共団体
平成 27 年	1,316,236	14,689	2,616	2,216	1,298,931	251,191	195,514	505,634
令和 2 年	1,387,668	105,877	–	–	1,281,791	193,832	286,389	436,058
3	1,384,435	134,581	–	–	1,249,854	158,514	278,907	428,180
4	1,322,897	48,689	–	–	1,274,208	145,667	259,852	419,596

年末	資産	負債						
	貸付金	預託金					公債	その他
	特別法人		特別会計	資金	共済組合	その他		
平成 27 年	346,591	355,067	228,274	69,929	35,580	21,285	951,584	9,585
令和 2 年	365,512	262,941	186,466	5,567	22,382	48,526	1,114,035	10,693
3	384,252	254,411	170,148	3,235	19,394	61,634	1,119,547	10,476
4	449,092	300,519	186,019	1,430	17,174	95,897	1,012,130	10,247

資料 財務省「財政融資資金現在高」

16-9 個人向け貸出金

(単位 億円)

年次	住宅資金				消費財・サービス購入資金			
	国内銀行 1)		信用金庫		国内銀行 1)		信用金庫	
	新規貸出	貸出残高（年末）	新規貸出	貸出残高（年末）	新規貸出	貸出残高（年末）	新規貸出	貸出残高（年末）
平成 22 年	133,138	1,030,770	15,371	149,159	8,249	72,223	3,702	16,732
27	139,356	1,159,895	20,264	161,314	12,532	87,104	5,321	18,379
令和 2 年	145,929	1,320,209	15,439	172,485	13,157	94,437	4,618	20,919
3	156,946	1,368,851	15,763	174,193	12,476	92,919	5,136	20,789
4	154,579	1,410,000	15,708	176,101	13,223	94,235	5,164	20,971

1) 国内銀行の銀行勘定、信託勘定、海外店勘定（国内向け）の計。ただし、整理回収機構、第二日本承継銀行（平成23年12月26日付で事業譲渡）及びゆうちょ銀行を除く。
資料 日本銀行「貸出先別貸出金」

16-10　預貯金金利

(単位　年%)

年月	銀行預金 定期預金新規受入平均金利（国内銀行）　2)							
	預入金額1,000万円以上				預入金額300～1,000万円未満			
	3～6か月未満	6か月～1年	1～2年	2～3年	3～6か月未満	6か月～1年	1～2年	2～3年
令和 4 年 4 月	0.128	0.105	0.011	0.025	0.146	0.011	0.014	0.016
5	0.097	0.061	0.009	0.029	0.143	0.012	0.015	0.020
6	0.113	0.082	0.015	0.035	0.167	0.021	0.022	↓
7	0.145	0.108	↓	0.046	0.175	0.023	0.023	0.023
8	0.130	0.102	0.012	0.056	0.184	0.026	0.018	0.033
9	0.104	0.157	0.013	0.062	0.164	0.018	↓	0.041
10	0.114	0.162	0.011	0.036	0.137	0.013	0.019	0.014
11	0.110	0.094	0.014	0.034	0.143	0.014	0.021	0.015
12	0.074	0.133	0.021	0.062	0.147	0.044	0.026	0.045
5 年 1 月	0.107	0.139	0.024	0.077	0.134	0.041	0.028	0.066
2	0.085	0.143	0.020	0.034	0.130	0.044	0.026	0.020
3	0.104	0.068	0.011	0.044	0.131	0.020	0.019	0.022
4	0.114	0.131	0.010	0.037	0.106	0.023	0.017	0.019
5	0.095	0.080	0.013	0.044	0.131	0.027	↓	0.020
6	0.119	0.103	0.016	0.063	0.152	0.050	0.024	0.047
7	0.122	0.126	0.018	0.076	0.166	0.052	0.029	0.059
8	0.111	0.121	0.016	0.066	0.157	0.054	0.023	0.041
9	0.108	0.166	↓	0.082	0.192	0.031	0.020	0.030

年月	銀行預金					ゆうちょ銀行貯金　1)		
	定期預金新規受入平均金利（国内銀行）　2) 預入金額300万円未満				普通預金 1)	定額貯金 1年以上1年6か月未満	定期貯金 1年以上2年未満	通常貯金
	3～6か月未満	6か月～1年	1～2年	2～3年				
令和 4 年 4 月	0.080	0.005	0.013	0.009	0.002	0.002	0.002	0.001
5	↓	0.006	↓	0.011	↓	↓	↓	↓
6	0.087	0.015	0.023	↓	↓	↓	↓	↓
7	0.082	0.016	0.022	0.013	↓	↓	↓	↓
8	0.091	0.017	0.016	0.019	↓	↓	↓	↓
9	0.077	0.007	↓	0.024	0.001	↓	↓	↓
10	0.067	0.006	↓	0.007	↓	↓	↓	↓
11	0.075	0.007	↓	↓	↓	↓	↓	↓
12	0.077	0.037	0.023	0.008	↓	↓	↓	↓
5 年 1 月	0.081	0.036	0.028	0.009	↓	↓	↓	↓
2	0.085	0.039	0.021	0.010	↓	↓	↓	↓
3	0.081	0.011	0.016	0.011	↓	↓	↓	↓
4	0.071	0.010	0.014	0.008	↓	↓	↓	↓
5	0.080	0.012	↓	↓	↓	↓	↓	↓
6	0.104	0.043	0.023	0.009	↓	↓	↓	↓
7	0.105	0.044	0.029	↓	↓	↓	↓	↓
8	0.097	0.047	0.022	0.012	↓	↓	↓	↓
9	0.084	0.010	0.015	0.015	↓	↓	↓	↓

1)　月末　2)　日本銀行と取引のある国内銀行の銀行勘定の計数。ただし、整理回収機構及びゆうちょ銀行を除く。月中新規受入高を0.1％刻みで集計の上、下限金利を加重平均したもの。
資料　日本銀行「定期預金の預入期間別平均金利」「預金種類別店頭表示金利の平均年利率等」
　　　株式会社ゆうちょ銀行「金利一覧」

16-11 貸出金利等

(単位 年%)

年末	日本銀行基準割引率及び基準貸付利率	プライムレート		貸出約定平均金利（ストック）		コールレート 1)	
		短期 2)	長期 3)	国内銀行 4)	信用金庫	有担保翌日	無担保オーバーナイト
平成 22 年	0.30	1.475	1.60	1.551	2.330	0.060	0.079
27	0.30	1.475	1.10	1.110	1.814	0.031	0.038
令和 2 年	0.30	1.475	1.00	0.814	1.458	－	-0.033
3	0.30	1.475	1.00	0.795	1.428	－	-0.018
4	0.30	1.475	1.25	0.771	1.419	－	-0.022

1) 日中全取引の加重平均レート。末値。有担保コールはブローキング取引の約定レート。無担保コールは出し手・取り手の仲値レート。　2)　都市銀行が短期プライムレートとして自主的に決定した金利のうち、最も多くの数の銀行が採用した金利。　3)　みずほ銀行が、長期プライムレートとして自主的に決定・公表した金利。
4)　日本銀行と取引のある銀行の銀行勘定の計数。ただし、整理回収機構、第二日本承継銀行（平成23年12月26日付で事業譲渡）及びゆうちょ銀行を除く。
資料　日本銀行「基準割引率および基準貸付利率（従来「公定歩合」として掲載されていたもの）の推移」
「長・短期プライムレート（主要行）の推移」「貸出約定平均金利」「短期金融市場金利」

16-12　手形交換

年次	手形交換高 1)				不渡手形実数		取引停止処分数 2)	
	枚数 (1,000枚)	金額 (億円)	# 東京		枚数	金額 (億円)	件数	金額 (億円)
			枚数 (1,000枚)	金額 (億円)				
平成 22 年	87,993	3,758,952	28,512	2,734,097	85,254	2,955	3,603	215
27	64,100	2,990,323	20,591	2,097,816	25,095	2,978	1,364	162
令和 2 年	40,911	1,342,535	13,104	789,921	9,434	808	478	103
3	35,882	1,229,847	11,512	743,908	4,827	181	242	19
4	27,092	890,631	8,742	507,852	5,206	306	245	23

1)　行内交換分を除く。　2)　不渡届の提出に基づく取引停止処分の年中の合計。
資料　一般社団法人全国銀行協会「決済統計年報」

16-13　国債の発行・償還額と現在額

（単位　10億円）

年度	内国債			# 普通国債			政府短期証券		
	発行額	償還額	年度末現在額	発行額	償還額	年度末現在額	発行額	償還額	年度末現在額
平成 22 年	160,726	122,631	758,569	152,013	109,661	636,312	455,099	450,342	110,785
27	176,033	146,701	910,810	160,326	128,983	805,418	639,996	673,136	83,749
令和 元 年	143,259	132,560	987,589	130,621	118,057	886,695	251,517	250,447	74,419
2	221,777	135,117	1,074,160	182,550	122,509	946,647	406,427	390,546	90,299
3	216,077	185,671	1,104,680	205,278	160,628	991,411	325,396	329,496	86,199

資料　財務省「国債統計年報」

16-14　公社債の発行・償還額と現存額 （国内起債分）

（単位　10億円）

年度	地方債	政府保証債	財投機関債等	普通社債	資産担保型社債	転換社債型新株予約権付社債	利付金融債
発行額							
平成 27 年	6,772	3,146	4,489	6,941	50	166	2,365
令和 2 年 1)	6,991	1,419	6,297	15,613	0	23	1,016
3　1)	7,240	1,129	4,114	14,860	0	13	989
4　1)	5,527	948	3,529	12,895	0	3	1,003
満期償還額							
平成 27 年	6,001	4,347	2,279	8,629	120	61	2,718
令和 2 年 1)	6,094	3,941	1,756	8,820	3	11	2,026
3　1)	5,335	3,931	2,200	9,217	110	0	1,580
4　1)	5,290	4,027	2,727	8,519	16	0	1,305
年度末現存額							
平成 27 年	58,869	34,899	34,042	57,167	641	305	11,242
令和 2 年 1)	62,258	25,629	43,245	76,379	214	112	5,921
3　1)	63,965	22,827	43,883	81,926	104	85	5,330
4　1)	63,965	19,748	43,524	86,289	88	43	5,028

1)　令和2年以降は、株式会社証券保管振替機構の月次統計を基に作成。
資料　日本証券業協会「公社債発行額・償還額等」

16-15　東京証券取引所の上場株式取引状況

年次	上場会社数 1)	上場株式数 (100万株) 1)	時価総額 (10億円) 1)	1日平均売買高 (1,000株)	株価指数 1)2)	単純株価平均 (円) 1)	単純平均利回り (%)	有配会社 3) 平均配当金 (円)	単純平均利回り (%)	単純 PER (株価収益率) (倍) 1)
第一部										
平成27年	1,934	402,412	571,833	2,541,008	1,547.30	3,066.29	1.48	…	1.51	18.5
令和2年	2,186	284,237	666,862	1,518,439	1,804.68	2,341.19	2.05	46.32	2.14	22.6
3	2,182	303,845	728,425	1,370,725	1,992.33	2,390.86	1.73	46.36	1.86	25.4
プライム										
4	1,837	295,281	676,270	1,368,537	973.33	2,368.44	2.20	57.30	2.31	14.4
第二部										
平成27年	543	14,458	6,340	149,921	4,729.85	2,068.04	1.65	…	1.83	14.4
令和2年	475	9,988	6,845	147,080	6,570.91	1,348.59	2.21	33.72	2.42	15.7
3	472	10,100	5,830	192,171	7,622.97	1,351.56	1.88	33.26	2.12	26.7
スタンダード										
4	1,449	27,975	21,978	227,630	995.35	1,319.64	2.22	35.81	2.45	12.9

1)　年末現在　2)　令和3年以前の第一部の株価指数は、東証市場第一部に上場する内国普通株式全銘柄を対象とした東証株価指数。令和4年4月の市場区分見直しに伴い、株価指数の見直しを行った。東証市場の基準日は昭和43年1月4日。基準値は100。東証プライム市場及び東証スタンダード市場の基準日は令和4年4月1日。基準値は1,000。　3)　各月末の単純平均。
資料　株式会社東京証券取引所「統計月報」

16-16　東証業種別株価指数と日経平均株価

(昭和43年1月4日＝100)

年末	株価指数 1)	建設業 #	食料品 #	化学 # 2)	医薬品 # 2)	電気機器 #	輸送用機器 #	精密機器 #	電気・ガス業 #
平成22年	885.43	425.16	752.18	835.60	1,319.01	1,361.31	1,652.56	2,610.76	613.89
27	1,547.30	1,114.65	1,866.40	1,534.17	2,878.84	1,897.81	3,267.86	4,919.91	514.62
令和2年	1,804.68	1,055.41	1,659.54	2,263.05	3,324.29	3,284.79	2,787.66	9,812.42	361.62
3	1,992.33	1,132.05	1,689.54	2,273.45	2,978.30	4,107.21	3,460.70	11,234.20	323.75
4	1,891.71	1,137.49	1,759.66	1,982.78	3,393.21	3,096.39	2,992.21	9,003.49	358.58

年末	陸運業 #	卸売業 # 2)	小売業 # 2)	銀行業 # 2)	証券、商品先物取引業 # 2)	保険業 # 2)	不動産業 #	サービス業 #	日経平均株価 (円) 3)
平成22年	1,002.56	864.31	508.41	127.28	278.56	566.62	846.95	734.28	10,228.92
27	2,232.56	1,175.57	1,191.81	206.95	421.93	967.17	1,561.74	1,676.01	19,033.71
令和2年	1,911.96	1,551.93	1,367.72	119.38	338.72	926.44	1,303.03	2,657.10	27,444.17
3	1,751.35	1,950.36	1,292.54	145.43	380.37	1,128.26	1,378.50	3,056.84	28,791.71
4	1,876.06	2,282.44	1,406.00	193.63	349.06	1,431.34	1,402.56	2,440.35	26,094.50

東証株価指数については16-15脚注2)を参照。日経平均株価は令和3年までは東証第一部に上場する銘柄から選定された225銘柄。令和4年は東京証券取引所プライム市場に上場する銘柄から選定された225銘柄。　1)　平成22年は年平均。　2)　平成4年1月6日＝1,000。　3)　終値。
資料　株式会社東京証券取引所「統計月報」　株式会社日本経済新聞社「日経平均プロフィル」

16-17　証券投資信託の設定額と純資産総額

（単位　10億円）

年末	総額		株式投信				公社債投信	
			単位型		追加型			
	設定額	純資産総額	設定額	純資産総額	設定額	純資産総額	設定額	純資産総額
平成 27 年	103,894	97,756	502	1,734	43,635	80,004	59,756	16,018
令和 2 年	76,218	139,431	163	701	38,680	124,461	37,375	14,269
3	86,076	164,500	5	524	45,270	149,504	40,802	14,472
4	69,287	157,199	254	602	35,799	142,147	33,233	14,451

資料　一般社団法人投資信託協会「公募投資信託」

16-18　主要金融機関の店舗数

年度末	全国銀行 1)	都市銀行	地方銀行	地方銀行Ⅱ	信託銀行	その他	ゆうちょ銀行 2)
平成 22 年	13,460	2,489	7,493	3,138	277	63	24,248
27	13,767	2,870	7,507	3,056	278	56	24,113
令和 2 年	13,717	2,836	7,756	2,805	273	47	23,815
3	13,665	2,798	7,841	2,708	272	46	23,734
4	13,651	2,784	7,848	2,704	270	45	23,642

1)　店舗外の現金自動設備を除く。　2)　銀行代理業を行っていない郵便局（分室及び簡易郵便局を含む。）を除く。

資料　一般社団法人全国銀行協会「全国銀行財務諸表分析」
　　　株式会社ゆうちょ銀行「ゆうちょ銀行　統合報告書（ディスクロージャー誌）」

16-19 生命保険会社、損害保険会社事業成績 (令和4年度)

(単位 金額 100万円)

保険種類		新契約		年度末現在契約	
		件数	金額	件数	金額
生命保険					
個人保険		12,909,967	51,999,720	194,583,371	794,519,608
死亡保険		10,021,773	42,016,144	162,811,625	677,148,865
生死混合保険		1,673,115	8,841,136	20,504,096	104,869,255
生存保険		1,215,079	1,142,439	11,267,650	12,501,487
個人年金保険	1)	997,526	5,858,122	20,057,947	100,016,792
団体保険	2)	865,878	5,601,829	198,120,282	412,234,561

保険種類	元受正味保険料	正味収入保険料	元受正味保険金	正味支払保険金
損害保険				
火災	1,928,656	1,692,997	1,289,266	1,245,448
海上	278,078	243,836	105,925	114,946
運送	80,173	69,007	39,533	34,122
自動車	4,301,292	4,240,211	2,310,921	2,293,628
傷害	894,919	664,300	391,800	353,732
新種	1,715,700	1,457,163	836,656	823,345
自動車損害賠償責任	760,477	751,914	532,473	517,727

1) 金額は年金開始前（年金支払い開始時における年金原資）及び年金開始後（責任準備金）の計。
2) 件数は被保険者数による。
資料 一般社団法人生命保険協会「生命保険事業概況」 一般社団法人日本損害保険協会「保険種目別データ」

第17章　環境

17-1　国内温室効果ガス排出量

(単位　100万トンCO$_2$換算)

温室効果ガス		平成22年度	27年度	令和2年度	3年度
計		1,302	1,320	1,147	1,170
二酸化炭素（CO$_2$）		1,217	1,225	1,042	1,064
メタン（CH$_4$）		31.1	28.3	27.4	27.4
一酸化二窒素（N$_2$O）		22.7	21.2	19.7	19.5
ハイドロフルオロカーボン類（HFCs）	1)	23.3	39.3	52.2	53.6
パーフルオロカーボン類（PFCs）	1)	4.3	3.3	3.5	3.2
六ふっ化硫黄（SF$_6$）	1)	2.4	2.1	2.0	2.0
三ふっ化窒素（NF$_3$）	1)	1.5	0.6	0.3	0.4

1)　暦年
資料　環境省「日本の温室効果ガス排出量」

17-2　国内二酸化炭素の部門別排出量

(単位　100万トンCO$_2$換算)

部門		平成22年度	27年度	令和2年度	3年度
合計		1,217.1	1,225.4	1,041.7	1,064.0
エネルギー起源	1)	1,137.0	1,145.9	967.4	988.2
産業部門（工場等）		431.0	430.4	354.3	373.4
運輸部門（自動車等）		228.8	217.4	183.4	184.8
業務その他部門（商業・サービス・事業所等）		199.9	217.9	184.2	190.2
家庭部門		178.4	186.7	166.7	156.1
エネルギー転換部門		99.0	93.5	78.8	83.7
非エネルギー起源		80.1	79.4	74.2	75.8
工業プロセス及び製品の使用		47.0	46.5	41.5	43.0
廃棄物（焼却等）		29.5	29.6	29.8	29.9
その他（農業・間接CO$_2$等）	2)	3.7	3.3	2.9	2.9

1)　発電及び熱発生に伴うエネルギー起源の二酸化炭素排出量は電力及び熱の消費量に応じて各部門に配分。
2)　燃料の漏出等による排出を含む。
資料　環境省「日本の温室効果ガス排出量」

17-3 産業廃棄物の処理状況

（単位 1,000トン）

年度	排出量	直接再生利用量 (A)	直接最終処分量 (B)	中間処理量 (C)	処理残渣量 (D)	再生利用量 (E)	最終処分量 (F)	再生利用量計 (A+E)	減量化量 (C−D)	最終処分量計 (B+F)
				中間処理						
平成 30 年	378,832	75,354	4,212	299,265	128,568	123,654	4,914	199,008	170,698	9,126
令和 元 年	385,955	76,114	4,562	305,278	132,050	127,455	4,595	203,569	173,228	9,157
2	373,818	76,810	4,392	292,615	126,908	122,211	4,697	199,022	165,708	9,089

「産業廃棄物排出・処理状況調査」による。調査対象業種は、日本標準産業分類を基に抽出した産業廃棄物の排出が想定される大分類18業種、対象廃棄物は、廃棄物の処理及び清掃に関する法律に規定する産業廃棄物19種類。
資料　環境省「産業廃棄物排出・処理状況調査」

17-4　一般廃棄物（ごみ）処理状況

年度	計画収集人口 (1,000人) 1)	ごみ総排出量 (1,000t)	1人1日当たりの排出量 (g)	自家処理量 (1,000t)	ごみ総処理量 (1,000t)	減量処理率 (%) 2)	中間処理後再生利用量 (1,000t) 3)	リサイクル率 (%) 4)	最終処分量 (1,000t)	焼却施設における1日当たりのごみ処理能力 (t)
平成 27 年	128,024	43,981	939	22	41,699	98.9	4,576	20.4	4,165	181,891
令和 2 年	126,733	41,669	901	8	40,085	99.1	4,760	20.0	3,638	176,202
3	126,062	40,953	890	6	39,421	99.1	4,673	19.9	3,424	175,737

「一般廃棄物処理事業実態調査」による。災害廃棄物処理に係るものを除く。　1)　市町村の計画処理区域内でごみ又はし尿の収集を行っている人口。　2)　（直接焼却量＋資源化等の中間処理量＋直接資源化量）÷ごみ総処理量×100　3)　資源ごみ、粗大ごみ等を処理した後、鉄、アルミ等を回収し資源化した量。
4)　（直接資源化量＋中間処理後再生利用量＋集団回収量）÷（ごみ総処理量＋集団回収量）×100
資料　環境省「日本の廃棄物処理」

17-5　一般廃棄物（し尿）処理状況

年度	総人口 (1,000人) 1)	水洗化人口 (1,000人) 2)	# 公共下水道 (1,000人)	水洗化率 (%)	# 浄化槽 (1,000人) 3)	非水洗化人口 (1,000人)	し尿処理量 (1,000kL)	計画処理量 (1,000kL)	自家処理量 (1,000kL)
平成 27 年	128,039	120,772	94,463	73.8	26,015	7,267	21,237	21,168	69
令和 2 年	126,740	121,199	97,200	76.7	23,740	5,541	20,048	20,013	35
3	126,068	120,910	97,194	77.1	21,176	5,158	19,800	19,767	33

「一般廃棄物処理事業実態調査」による。
1)　調査対象年度の10月1日における住民基本台帳人口。　2)　コミュニティプラント人口を含む。　3)　令和2年度以前は集落排水施設等を含む。
資料　環境省「日本の廃棄物処理」

17-6　容器包装リサイクル法に基づく分別収集等の実績

年度	分別収集量　1)		分別基準適合物量/再商品化事業者他への引渡量 (t) 1)	分別収集実施市町村　2)		
	見込量 (t)	実績量 (t)		実施市町村数	全市町村に対する実施率 (%)	人口カバー率 (%)
無色のガラス製容器						
平成 27 年	322,380	321,138	294,821	1,653	94.9	98.7
令和 元 年	313,521	264,979	257,085	1,637	94.0	97.9
2	287,020	268,014	261,059	1,632	93.7	97.3
紙製容器包装						
平成 27 年	135,577	80,180	75,798	684	39.3	35.4
令和 元 年	115,352	73,684	69,742	612	35.2	32.3
2	99,543	76,080	72,275	605	34.8	32.2
ペットボトル						
平成 27 年	300,090	292,881	280,301	1,717	98.6	99.8
令和 元 年	290,264	323,082	306,151	1,713	98.4	99.6
2	312,158	335,404	317,326	1,715	98.5	99.7
プラスチック製容器包装						
平成 27 年	763,369	745,508	696,883	1,328	76.3	85.5
令和 元 年	758,834	749,896	685,881	1,335	76.7	85.1
2	725,757	779,464	713,492	1,318	75.7	84.9
スチール製容器						
平成 27 年	211,210	164,153	160,390	1,704	97.9	97.2
令和 元 年	169,455	140,628	137,085	1,688	97.0	97.4
2	149,297	145,147	141,003	1,682	96.6	96.8
アルミ製容器						
平成 27 年	137,684	131,342	129,231	1,697	97.5	98.0
令和 元 年	143,381	138,848	135,489	1,690	97.1	97.5
2	146,339	151,398	148,286	1,686	96.8	96.9
段ボール製容器						
平成 27 年	700,294	591,863	586,969	1,580	90.8	94.4
令和 元 年	716,661	569,440	567,032	1,588	91.2	92.8
2	685,547	646,435	643,961	1,599	91.8	93.0
飲料用紙製容器						
平成 27 年	23,319	12,579	12,325	1,344	77.2	87.3
令和 元 年	17,252	10,489	10,425	1,252	71.9	84.8
2	15,310	10,414	10,341	1,252	71.9	84.4

容器包装リサイクル法における「分別収集」とは、容器包装廃棄物を資源としてリサイクルするために、分別して収集し、必要に応じて分別、圧縮、梱包等を行う一連の過程をいう。　1)　市町村独自処理量を含む。
2)　3月末現在。東京都特別区を含む。
資料　環境省「容器包装リサイクル法に基づく市町村の分別収集等の実績について」

17-7　主な大気汚染物質の環境基準達成率と年平均濃度

年度	有効測定局数						環境基準達成率（%）　1)		
	二酸化窒素	浮遊粒子状物質	光化学オキシダント	二酸化硫黄	一酸化炭素	微小粒子状物質（PM2.5）	二酸化窒素	浮遊粒子状物質	光化学オキシダント
一般環境大気測定局									
平成 17 年	1,424	1,480	1,157	1,319	91	…	99.9	96.4	0.3
22	1,332	1,374	1,144	1,114	70	34	100.0	93.0	0.0
27	1,253	1,302	1,144	974	57	765	100.0	99.6	0.0
令和 2 年	1,208	1,272	1,155	913	55	844	100.0	99.9	0.2
自動車排出ガス測定局									
平成 17 年	437	411	27	85	304	…	91.3	93.7	0.0
22	416	399	33	68	258	12	97.8	93.0	0.0
27	402	393	29	51	232	219	99.8	99.7	0.0
令和 2 年	374	367	31	45	220	237	100.0	100.0	0.0

年度	環境基準達成率（%）　1)			年平均濃度					
	二酸化硫黄	一酸化炭素	微小粒子状物質（PM2.5）	二酸化窒素（ppm）	浮遊粒子状物質（mg/m³）	光化学オキシダント（ppm）2)	二酸化硫黄（ppm）	一酸化炭素（ppm）	微小粒子状物質（PM2.5）（μg/m³）
一般環境大気測定局									
平成 17 年	99.7	100.0	…	0.015	0.027	0.047	0.004	0.4	…
22	99.7	100.0	32.4	0.011	0.021	0.048	0.003	0.3	15.1
27	99.9	100.0	74.5	0.010	0.019	0.048	0.002	0.3	13.1
令和 2 年	99.7	100.0	98.3	0.007	0.014	0.046	0.001	0.2	9.5
自動車排出ガス測定局									
平成 17 年	100.0	100.0	…	0.027	0.031	0.038	0.004	0.6	…
22	100.0	100.0	8.3	0.022	0.023	0.043	0.003	0.5	17.2
27	100.0	100.0	58.4	0.019	0.020	0.044	0.002	0.4	13.9
令和 2 年	100.0	100.0	98.3	0.014	0.015	0.044	0.001	0.3	10.0

有効測定局は、年間測定時間が6,000時間以上（光化学オキシダント及び微小粒子状物質を除く。）の測定局をいう。微小粒子状物質の有効測定局は、測定している機器が標準測定法と等価性のあるもので、かつ年間測定日数が250日以上の測定局をいう。　1)　有効測定局数のうち環境基準を達成した局数の割合。　2)　昼間の日最高1時間値。
資料　環境省「大気汚染状況について」

17-8　下水道の状況

(単位　面積　ha)

| 年度末 | 公共下水道 | | | | | | 都市下水路 | | |
	計画排水区域面積	計画処理区域面積	供用排水区域面積	供用処理区域面積	供用処理場数	整備率 1) (%)	計画排水区域面積	供用排水区域面積	整備率 (%)
平成22年	1,970,833	1,966,872	1,459,637	1,460,916	1,250	74.1	114,155	94,003	82.3
27	1,986,889	1,981,721	1,550,298	1,545,570	1,267	78.0	91,725	79,810	87.0
令和2年	2,013,478	2,004,762	1,622,324	1,618,881	1,273	80.6	86,387	74,819	86.6
3	2,006,405	1,992,768	1,627,645	1,620,785	1,263	81.1	85,341	76,211	89.3

1) 特定公共下水道を含む。
資料　国土交通省「都市計画現況調査」

17-9　公共用水域における水質の環境基準達成率

年度	類型指定水域数	河川	湖沼	海域	達成水域数	河川 2)	湖沼 3)	海域 3)	環境基準達成率 (%) 1)	河川 2)	湖沼 3)	海域 3)
平成22年	3,337	2,561	186	590	2,930	2,369	99	462	87.8	92.5	53.2	78.3
27	3,340	2,559	189	592	3,042	2,451	111	480	91.1	95.8	58.7	81.1
令和2年	3,326	2,567	189	570	2,954	2,400	94	460	88.8	93.5	49.7	80.7
3	3,359	2,577	192	590	2,965	2,398	103	464	88.3	93.1	53.6	78.6

前年度までに類型指定がなされた水域のうち、有効な測定結果が得られた水域について取りまとめたもの。類型指定水域とは、国又は都道府県が、水域群（河川、湖沼及び海域）別に利水目的等に応じて環境基準の類型指定を行った水域。　1)　環境基準達成率＝（達成水域数÷類型指定水域数）×100
2)　生物化学的酸素要求量（BOD）　3)　化学的酸素要求量（COD）
資料　環境省「公共用水域水質測定結果」

17-10 公害苦情件数

公害	平成27年度	令和2年度	3年度	4年度
合計	72,461	81,557	73,739	71,590
典型7公害	50,677	56,123	51,395	50,723
大気汚染	15,625	17,099	14,384	13,694
水質汚濁	6,729	5,631	5,353	4,893
土壌汚染	167	194	192	200
騒音	16,574	19,769	18,755	19,391
低周波	227	313	294	287
振動	1,663	2,174	2,301	2,411
地盤沈下	22	20	23	16
悪臭	9,897	11,236	10,387	10,118
典型7公害以外	21,784	25,434	22,344	20,867
廃棄物投棄	10,173	11,978	9,867	9,018
生活系	8,128	9,600	7,774	6,902
農業系	309	334	309	284
建設系	918	1,125	973	1,002
産業系	818	919	811	830
その他	11,611	13,456	12,477	11,849

「公害苦情調査」による。各年度中に都道府県及び市町村の公害苦情相談窓口が受け付けた公害苦情件数。
資料　公害等調整委員会「公害苦情調査」

第18章　科学技術

18-1　研究主体別研究活動の状況（令和4年度）

研究主体	研究関係従業者数	#研究者	内部（社内）使用研究費総額	総売上高（支出総額）に対する内部（社内）使用研究費比率	研究者1人当たりの内部（社内）使用研究費
		1)	（100万円）	（%）	（万円）　1)2)
企業	**640, 986**	**530, 587**	**15, 130, 639**	**…**	**2, 852**
# 建設業	6, 678	5, 829	167, 678	0. 41	2, 876
製造業	518, 651	424, 641	12, 808, 330	3. 94	3, 016
電気・ガス・熱供給・水道業	1, 762	1, 355	41, 215	0. 14	3, 042
情報通信業	51, 198	42, 658	651, 161	1. 57	1, 526
運輸業、郵便業	990	932	42, 175	0. 32	4, 524
卸売業	20, 380	18, 282	431, 084	0. 80	2, 358
学術研究、専門・技術サービス業	39, 386	35, 202	957, 934	6. 62	2, 721
非営利団体・公的機関	**74, 997**	**37, 328**	**1, 731, 220**	**28. 44**	**4, 638**
非営利団体	11, 531	7, 182	226, 470	33. 84	3, 153
公的機関	63, 466	30, 146	1, 504, 750	27. 77	4, 992
国営	5, 117	2, 456	207, 625	74. 19	8, 454
公営	16, 061	9, 115	154, 809	53. 34	1, 698
特殊法人・独立行政法人	42, 288	18, 575	1, 142, 316	23. 56	6, 150
大学等	**428, 928**	**301, 149**	**3, 842, 096**	**38. 41**	**1, 276**
国立	202, 726	136, 415	1, 541, 443	45. 86	1, 130
公立	32, 031	22, 336	246, 069	30. 36	1, 102
私立	194, 171	142, 398	2, 054, 584	35. 23	1, 443

研究主体	自己負担研究費	受入研究費	外部（社外）支出研究費
	（100万円）	（100万円）	（100万円）
企業	**16, 998, 219**	**862, 714**	**2, 649, 155**
# 建設業	176, 140	3, 938	12, 055
製造業	14, 472, 682	439, 035	2, 071, 731
電気・ガス・熱供給・水道業	105, 637	14, 426	75, 701
情報通信業	929, 488	42, 935	312, 657
運輸業、郵便業	56, 282	424	14, 470
卸売業	501, 212	16, 028	81, 167
学術研究、専門・技術サービス業	721, 265	339, 536	70, 554
非営利団体・公的機関	**695, 329**	**4, 764, 649**	**1, 094, 379**
非営利団体	88, 424	172, 971	26, 822
公的機関	606, 905	4, 591, 678	1, 067, 557
国営	211, 118	6, 744	9, 849
公営	146, 515	9, 360	896
特殊法人・独立行政法人	249, 272	4, 575, 574	1, 056, 812
大学等	**3, 136, 438**	**854, 779**	**29, 268**
国立	1, 082, 528	579, 662	23, 134
公立	213, 630	38, 327	1, 536
私立	1, 840, 280	236, 789	4, 598

「科学技術研究調査」による。従業者（研究者）数は令和5年3月31日現在、研究費は3月31日又はその直近の決算日から遡る1年間の実績を示す。企業は、特定産業を除く資本金又は出資金1000万円以上の会社法に規定する会社を対象としている。　1)　大学等は研究本務者。　2)　令和4年度の研究費を5年3月31日現在の研究者数で除したもの。
資料　総務省統計局「科学技術研究調査結果」

18-2　科学技術研究活動の状況

年次	研究者数				内部（社内）使用研究費　（10億円）			
	総数 1)	企業 1)	非営利団体・公的機関 1)	大学等	総額	企業	非営利団体・公的機関	大学等
令和 2 年	880,954	507,473	38,839	334,642	19,576	14,212	1,643	3,720
3	890,548	515,469	38,230	336,849	19,236	13,861	1,700	3,676
4	908,330	529,053	38,146	341,131	19,741	14,224	1,732	3,784
5	910,393	530,587	37,328	342,478	20,704	15,131	1,731	3,842

「科学技術研究調査」による。研究者数は3月31日現在、内部（社内）使用研究費は3月31日又はその直近の決算日から遡る1年間の実績を示す。企業は、特定産業を除く資本金又は出資金1000万円以上の会社法に規定する会社を対象としている。　1)　企業及び非営利団体・公的機関の研究者については、実際に研究関係業務に従事した割合であん分して算出したもの。
資料　総務省統計局「科学技術研究調査結果」

18-3　産業財産権の出願・登録件数

年次	特許		実用新案		意匠 1)		商標 2)	
	出願	登録	出願	登録	出願	登録	出願	登録
平成 27 年	318,721	189,358	6,860	6,695	29,903	26,297	147,283	98,085
令和 2 年	288,472	179,383	6,018	5,518	31,798	26,417	181,072	135,313
3	289,200	184,372	5,239	5,499	32,525	27,490	184,631	174,098
4	**289,530**	**201,420**	**4,513**	**4,615**	**31,711**	**29,540**	**170,275**	**183,804**
内国人	218,813	155,117	2,964	3,026	21,479	20,197	125,364	131,219
外国人	70,717	46,303	1,549	1,589	10,232	9,343	44,911	52,585

年次	現存権利件数							
	内国人				外国人			
	特許	実用新案 3)	意匠 1)	商標 2)	特許	実用新案 3)	意匠 1)	商標 2)
平成 27 年	1,624,596	37,590	222,763	1,506,109	321,972	10,531	28,358	319,853
令和 2 年	1,666,809	29,211	219,506	1,580,239	372,231	9,857	43,801	393,401
3	1,642,368	28,545	215,214	1,642,049	378,056	9,967	48,060	428,828
4	1,637,423	26,866	215,777	1,712,901	391,800	10,131	54,296	467,916

1)　平成27年5月13日に発効されたハーグ協定のジュネーブ改正協定に基づく国際意匠登録出願を含む。
2)　国際商標登録出願を含む。　3)　平成17年4月1日施行の権利期間10年の実用新案登録出願に係る現存件数。
資料　特許庁「特許行政年次報告書」

第19章　労働・賃金

19-1　就業状態別15歳以上人口

（単位　万人）

| 年次 | 15歳以上人口 | | | | | | | 労働力人口比率 | 就業率 | 完全失業率 |
| | 総数 (A) 1) | 労働力人口 | | | 非労働力人口 | | | (B/A) (%) | (C/A) (%) | (D/B) (%) |
		総数 (B)	就業者 (C) 2)	完全失業者 (D)	総数 (E)	#通学	#家事			
	総数									
平成 7 年平均	10,510	6,666	6,457	210	3,836	914	1,659	63.4	61.4	3.2
12	10,836	6,766	6,446	320	4,057	815	1,775	62.4	59.5	4.7
17	11,008	6,651	6,356	294	4,346	750	1,721	60.4	57.7	4.4
22	11,111	6,632	6,298	334	4,473	696	1,672	59.6	56.6	5.1
27	11,110	6,625	6,402	222	4,479	678	1,528	59.6	57.6	3.4
29	11,118	6,732	6,542	190	4,379	656	1,458	60.5	58.8	2.8
30	11,116	6,849	6,682	167	4,258	621	1,379	61.5	60.0	2.4
令和 元 年平均	11,112	6,912	6,750	162	4,191	599	1,329	62.1	60.6	2.4
2	11,108	6,902	6,710	192	4,197	588	1,317	62.0	60.3	2.8
3	11,087	6,907	6,713	195	4,171	588	1,269	62.1	60.4	2.8
4	11,038	6,902	6,723	179	4,128	578	1,228	62.5	60.9	2.6
	男									
平成 7 年平均	5,108	3,966	3,843	123	1,139	489	22	77.6	75.2	3.1
12	5,253	4,014	3,817	196	1,233	435	36	76.4	72.7	4.9
17	5,323	3,901	3,723	178	1,416	404	39	73.3	69.9	4.6
22	5,365	3,850	3,643	207	1,513	375	54	71.6	67.7	5.4
27	5,365	3,773	3,639	135	1,588	359	68	70.3	67.8	3.6
29	5,368	3,789	3,677	112	1,576	347	73	70.5	68.4	3.0
30	5,367	3,826	3,726	99	1,537	328	67	71.2	69.3	2.6
令和 元 年平均	5,366	3,841	3,744	96	1,520	318	67	71.4	69.7	2.5
2	5,364	3,840	3,724	115	1,520	311	75	71.4	69.3	3.0
3	5,351	3,827	3,711	117	1,520	311	77	71.3	69.1	3.1
4	5,328	3,805	3,699	107	1,518	305	75	71.4	69.4	2.8
	女									
平成 7 年平均	5,402	2,701	2,614	87	2,698	424	1,637	50.0	48.4	3.2
12	5,583	2,753	2,629	123	2,824	381	1,739	49.3	47.1	4.5
17	5,685	2,750	2,633	116	2,930	346	1,681	48.4	46.3	4.2
22	5,746	2,783	2,656	128	2,960	321	1,618	48.5	46.3	4.6
27	5,746	2,852	2,764	89	2,891	320	1,460	49.6	48.0	3.1
29	5,750	2,944	2,865	78	2,803	309	1,385	51.1	49.8	2.7
30	5,749	3,024	2,956	67	2,721	293	1,312	52.5	51.3	2.2
令和 元 年平均	5,747	3,072	3,005	66	2,670	282	1,263	53.3	52.2	2.2
2	5,744	3,063	2,986	76	2,677	277	1,243	53.2	51.8	2.5
3	5,735	3,080	3,002	78	2,651	278	1,191	53.5	52.2	2.5
4	5,711	3,096	3,024	73	2,610	273	1,153	54.2	53.0	2.4

「労働力調査」による。「労働力人口」とは15歳以上人口のうち、就業者と完全失業者を合わせたものをいう。
1)　不詳を含む。　2)　従業者と休業者を合わせたもの。従業者とは、調査週間中（毎月の末日に終わる1週間（12月は20日から26日まで））に、収入を伴う仕事を1時間以上した者（家族従業者は、無給であっても仕事をしたとする）。休業者とは、仕事を持ちながら、調査週間中に少しも仕事をしなかった者のうち、雇用者で、給料、賃金の支払いを受けている者又は受けることになっている者。自営業主で、自分の経営する事業を持ったままで、その仕事を休み始めてから30日にならない者。
資料　総務省統計局「労働力調査結果」

19-2　年齢階級、就業状態別労働力人口　総数

（単位　万人）

年次	総数	15～24歳	25～34	35～44	45～54	55～64	65歳以上
労働力人口							
平成 22 年平均	6,632	544	1,329	1,542	1,343	1,290	585
27	6,625	516	1,191	1,558	1,439	1,173	746
令和 2 年平均	6,902	584	1,158	1,397	1,636	1,208	919
3	6,907	580	1,161	1,371	1,661	1,208	926
4	6,902	572	1,151	1,346	1,671	1,235	927
就業者							
平成 22 年平均	6,298	492	1,247	1,472	1,291	1,227	570
27	6,402	488	1,136	1,510	1,400	1,137	732
令和 2 年平均	6,710	558	1,113	1,363	1,597	1,177	903
3	6,713	554	1,117	1,337	1,621	1,175	909
4	6,723	547	1,110	1,313	1,637	1,204	912
完全失業者							
平成 22 年平均	334	51	82	71	52	64	15
27	222	29	55	48	40	37	15
令和 2 年平均	192	27	45	35	38	31	16
3	195	27	43	34	40	33	17
4	179	25	41	32	35	31	15
労働力人口比率 (%)　1)							
平成 22 年平均	59.6	43.2	83.9	82.8	85.3	68.7	19.9
27	59.6	43.0	85.2	85.0	86.2	72.2	22.1
令和 2 年平均	62.0	48.6	88.6	87.1	88.1	78.7	25.5
3	62.1	48.8	89.3	87.6	88.1	79.1	25.6
4	62.5	48.7	89.8	88.4	88.4	80.1	25.6
完全失業率 (%)　2)							
平成 22 年平均	5.1	9.4	6.2	4.6	3.9	5.0	2.4
27	3.4	5.5	4.6	3.1	2.8	3.1	2.0
令和 2 年平均	2.8	4.6	3.9	2.5	2.3	2.6	1.7
3	2.8	4.6	3.8	2.5	2.4	2.7	1.8
4	2.6	4.4	3.6	2.4	2.1	2.5	1.6

「労働力調査」による。「労働力人口」とは15歳以上人口のうち、就業者と完全失業者を合わせたものをいう。
1)　労働力人口比率＝（労働力人口÷15歳以上人口）×100
2)　完全失業率＝（完全失業者÷労働力人口）×100

19-2　年齢階級、就業状態別労働力人口　男（続き）

年次	総数	15〜24歳	25〜34	35〜44	45〜54	55〜64	65歳以上
労働力人口							
平成 22 年平均	3,850	273	767	912	760	778	361
27	3,773	263	672	893	802	687	455
令和 2 年平均	3,840	295	636	781	895	683	549
3	3,827	292	633	763	909	681	549
4	3,805	287	624	744	910	692	549
就業者							
平成 22 年平均	3,643	244	717	873	729	731	350
27	3,639	248	640	866	779	663	443
令和 2 年平均	3,724	280	609	761	873	663	537
3	3,711	277	607	744	886	660	536
4	3,699	272	600	725	890	673	538
完全失業者							
平成 22 年平均	207	29	49	39	31	46	12
27	135	15	32	27	23	25	11
令和 2 年平均	115	15	27	21	21	20	13
3	117	15	26	20	22	21	13
4	107	14	24	18	20	19	11
労働力人口比率 (%)　1)							
平成 22 年平均	71.6	42.4	95.1	96.8	96.4	83.9	28.8
27	70.3	42.9	94.5	96.1	95.4	85.6	31.1
令和 2 年平均	71.4	48.1	94.9	96.0	95.5	89.7	35.1
3	71.3	48.0	95.0	96.3	95.4	89.8	34.9
4	71.4	47.7	95.0	96.2	95.3	90.2	34.9
完全失業率 (%)　2)							
平成 22 年平均	5.4	10.4	6.6	4.3	4.1	6.0	3.3
27	3.6	5.9	4.8	3.0	2.9	3.7	2.4
令和 2 年平均	3.0	5.0	4.1	2.7	2.4	2.9	2.4
3	3.1	5.1	4.2	2.5	2.4	3.1	2.4
4	2.8	4.9	3.8	2.4	2.2	2.7	2.0

19-2　年齢階級、就業状態別労働力人口　女（続き）

（単位　万人）

年次	総数	15〜24歳	25〜34	35〜44	45〜54	55〜64	65歳以上
労働力人口							
平成 22 年平均	2,783	271	562	631	582	512	224
27	2,852	253	519	664	638	486	293
令和 2 年平均	3,063	289	524	616	741	524	370
3	3,080	288	527	607	753	527	377
4	3,096	285	527	602	762	543	378
就業者							
平成 22 年平均	2,656	248	530	599	561	495	221
27	2,764	240	496	643	620	475	289
令和 2 年平均	2,986	278	504	602	724	513	366
3	3,002	277	510	593	735	514	373
4	3,024	274	509	588	747	531	375
完全失業者							
平成 22 年平均	128	22	32	32	21	17	3
27	89	13	22	21	17	11	3
令和 2 年平均	76	12	20	14	17	11	4
3	78	12	17	14	17	13	4
4	73	10	17	14	15	12	4
労働力人口比率（%）　1)							
平成 22 年平均	48.5	44.0	72.3	68.6	74.2	53.9	13.3
27	49.6	43.1	75.3	73.4	76.9	59.2	15.3
令和 2 年平均	53.2	49.1	82.0	77.9	80.5	68.0	18.2
3	53.5	49.7	83.2	78.9	80.5	68.6	18.4
4	54.2	49.8	84.3	80.3	81.4	70.1	18.4
完全失業率（%）　2)							
平成 22 年平均	4.6	8.0	5.7	5.0	3.6	3.3	1.3
27	3.1	5.1	4.3	3.2	2.7	2.3	1.0
令和 2 年平均	2.5	4.2	3.7	2.3	2.3	2.1	1.1
3	2.5	4.2	3.3	2.3	2.3	2.5	1.1
4	2.4	3.5	3.2	2.3	2.0	2.2	1.1

1)　労働力人口比率＝（労働力人口÷15歳以上人口）×100
2)　完全失業率＝（完全失業者÷労働力人口）×100
資料　総務省統計局「労働力調査結果」

19-3　産業別就業者数

(単位　万人)

年次	総数 1)	農業、林業	非農林業 1)	漁業	鉱業、採石業、砂利採取業	建設業	製造業
総数							
令和 2 年平均	6,710	200	6,510	13	2	494	1,051
3	6,713	195	6,517	13	3	485	1,045
4	**6,723**	**192**	**6,531**	**13**	**2**	**479**	**1,044**
男							
令和 2 年平均	3,724	121	3,604	11	2	412	737
3	3,711	120	3,591	10	2	402	732
4	3,699	118	3,580	10	2	394	732
女							
令和 2 年平均	2,986	79	2,907	3	0	82	314
3	3,002	75	2,927	3	1	83	313
4	3,024	74	2,950	2	0	85	312

年次	非農林業						
	電気・ガス・熱供給・水道業	情報通信業	運輸業、郵便業	卸売業、小売業	金融業、保険業	不動産業、物品賃貸業	学術研究、専門・技術サービス業
総数							
令和 2 年平均	32	241	349	1,062	167	140	245
3	34	258	352	1,069	168	142	254
4	**32**	**272**	**351**	**1,044**	**160**	**141**	**254**
男							
令和 2 年平均	27	172	274	508	75	84	157
3	28	184	276	515	75	84	162
4	26	195	274	497	73	83	158
女							
令和 2 年平均	5	69	75	554	92	56	87
3	6	74	77	554	93	58	92
4	6	77	77	547	87	58	96

年次	非農林業						
	宿泊業、飲食サービス業	生活関連サービス業、娯楽業	教育、学習支援業	医療、福祉	複合サービス事業	サービス業（他に分類されないもの）	公務（他に分類されるものを除く）
総数							
令和 2 年平均	392	236	341	867	51	454	249
3	371	227	348	891	50	452	250
4	**381**	**225**	**349**	**908**	**50**	**463**	**251**
男							
令和 2 年平均	150	96	144	213	30	270	174
3	141	91	145	220	30	269	172
4	145	89	145	227	29	273	171
女							
令和 2 年平均	242	139	197	655	21	182	74
3	230	135	203	672	21	183	78
4	236	136	204	680	21	190	81

「労働力調査」による。　1)　分類不能・不詳を含む。
資料　総務省統計局「労働力調査結果」

19-4 産業、従業上の地位別就業者数

(単位 万人)

年次、産業	総数				男			女		
	総数 1)	自営業主	家族従業者	雇用者	自営業主	家族従業者	雇用者	自営業主	家族従業者	雇用者
平成 7 年平均	6,457	784	397	5,263	550	70	3,215	234	327	2,048
12	6,446	731	340	5,356	527	63	3,216	204	278	2,140
17	6,356	650	282	5,393	485	56	3,164	166	226	2,229
22	6,298	582	190	5,500	436	34	3,159	146	156	2,342
27	6,402	546	162	5,663	410	30	3,181	136	132	2,483
29	6,542	529	151	5,830	395	30	3,234	133	121	2,596
30	6,682	535	151	5,954	399	31	3,272	137	120	2,681
令和 元 年平均	6,750	532	144	6,028	395	29	3,295	137	115	2,734
2	6,710	527	140	6,005	392	27	3,284	135	113	2,721
3	6,713	523	139	6,016	386	28	3,278	136	112	2,739
4	6,723	514	133	6,041	376	26	3,276	138	107	2,765
農業、林業	192	83	50	58	75	11	33	9	39	26
漁業	13	6	2	5	5	1	4	0	1	1
鉱業、採石業、砂利採取業	2	0	–	2	0	–	2	–	–	0
建設業	479	72	11	396	71	3	319	1	7	77
製造業	1,044	31	6	1,006	21	1	709	10	5	297
電気・ガス・熱供給・水道業	32	0	–	32	0	–	26	0	–	6
情報通信業	272	13	1	258	10	0	185	3	1	73
運輸業、郵便業	351	13	1	337	13	0	261	1	1	76
卸売業、小売業	1,044	52	18	973	36	3	457	16	15	516
金融業、保険業	160	2	0	157	2	0	71	1	0	87
不動産業、物品賃貸業	141	13	3	124	8	1	74	5	3	50
学術研究、専門・技術サービス業	254	49	5	199	34	1	123	16	4	76
宿泊業、飲食サービス業	381	36	14	330	23	2	120	14	12	210
生活関連サービス業、娯楽業	225	48	9	169	21	1	67	27	7	102
教育、学習支援業	349	24	1	323	6	0	139	18	1	184
医療、福祉	908	24	7	876	19	0	208	5	7	669
複合サービス事業	50	0	0	50	0	–	29	0	0	20
サービス業（他に分類されないもの）	463	42	3	417	30	1	242	13	3	175
公務（他に分類されるものを除く）	251	–	–	251	–	–	171	–	–	81
分類不能の産業	113	5	1	77	3	0	37	1	1	40

「労働力調査」による。 1) 従業上の地位不詳を含む。
資料 総務省統計局「労働力調査結果」

19-5　職業別就業者数

(単位　万人)

年次	総数 1)	管理的職業従事者	専門的・技術的職業従事者	事務従事者	販売従事者	サービス職業従事者	保安職業従事者	農林漁業従事者	生産工程従事者	輸送・機械運転従事者	建設・採掘従事者	運搬・清掃・包装等従事者
令和 2 年平均	6,710	129	1,221	1,360	852	831	133	209	873	218	293	482
3	6,713	129	1,265	1,389	848	806	130	203	865	214	284	488
4	6,723	124	1,277	1,401	826	817	129	199	870	216	276	489

「労働力調査」による。　1)　従業上の地位不詳を含む。
資料　総務省統計局「労働力調査結果」

19-6　一般職業紹介状況

(単位　人数　1,000人、件数　1,000件)

年度	月間有効求職者数 (A) 1)	月間有効求人数 (B) 2)	新規求職申込件数 (C)	# パートタイム	新規求人数 (D)	# パートタイム	就職件数 (E)	# パートタイム	有効求人倍率 (倍) (B/A)	就職率 (%) (E/C)	充足率 (%) (E/D)
一般労働者											
令和 2 年	1,883	2,070	386	133	731	286	102	47	1.10	26.5	14.0
3	1,956	2,266	386	139	802	309	104	48	1.16	26.8	12.9
4	1,917	2,511	382	141	877	346	102	48	1.31	26.8	11.7
常用労働者											
令和 2 年	1,862	1,875	378	131	659	242	93	40	1.01	…	…
3	1,936	2,041	379	138	719	260	94	41	1.05	…	…
4	1,898	2,255	376	139	785	291	93	41	1.19	…	…
臨時・季節労働者											
令和 2 年	21	194	7.4	1.3	72	44	9.2	6.3	…	…	…
3	20	225	6.8	1.3	84	48	9.6	6.7	…	…	…
4	19	256	6.4	1.2	93	55	9.5	6.7	…	…	…

新規学卒者を除く。月平均。一般労働者とは常用労働者と臨時・季節労働者を合わせたもの。パートタイムとは1週間の所定労働時間が、同一の事業所に雇用されている通常の労働者の1週間の所定労働時間に比べ短いもの。　1)　「前月から繰越された有効求職者数」と当月の「新規求職申込件数」の合計。　2)　「前月から繰越された有効求人数」と当月の「新規求人数」の合計。
資料　厚生労働省「一般職業紹介状況」

19-7　新規学校卒業者の職業紹介状況

年次	中卒者					
	求職申込件数 (A)	求人数 (B)	就職者数 (C)	求人倍率 (倍) (B/A)	就職率 (%) (C/A)	充足率 (%) (C/B)
令和　元　年	534	1,985	506	3.72	94.8	25.5
2	505	1,771	464	3.51	91.9	26.2
3	394	1,168	376	2.96	95.4	32.2
4	310	1,102	297	3.55	95.8	27.0
5	388	1,081	335	2.79	86.3	31.0

年次	高卒者					
	求職申込件数 (A)	求人数 (B)	就職者数 (C)	求人倍率 (倍) (B/A)	就職率 (%) (C/A)	充足率 (%) (C/B)
令和　元　年	171,114	476,699	170,641	2.79	99.7	35.8
2	167,251	484,438	166,695	2.90	99.7	34.4
3	146,314	386,325	145,761	2.64	99.6	37.7
4	134,584	388,590	134,108	2.89	99.6	34.5
5	127,074	443,993	126,675	3.49	99.7	28.5

各年3月卒業者について、6月末日までに公共職業安定所及び学校において取り扱ったもの。
資料　厚生労働省「新規学卒者（高校・中学）の職業紹介状況」

19-8　週休制の形態別企業数と適用労働者数の割合（令和4年）

（単位　％）

企業規模、産業	計	週休1日制又は1日半制	何らかの週休2日制	完全週休2日制より休日日数が実質的に少ない制度	完全週休2日制	完全週休2日制より休日日数が実質的に多い制度
	企業数 3)					
調査産業計	100.0	7.8	83.5	34.8	48.7	8.6
1,000 人以上	100.0	2.6	86.2	20.4	65.8	11.2
300 ～ 999	100.0	2.6	88.5	27.3	61.2	8.9
100 ～ 299	100.0	4.5	85.5	37.3	48.2	10.0
30 ～ 99 人	100.0	9.5	82.3	35.2	47.1	8.0
鉱業、採石業、砂利採取業	100.0	7.5	90.8	66.5	24.3	1.7
建設業	100.0	8.8	86.6	51.6	35.1	4.6
製造業	100.0	3.7	89.3	40.1	49.3	6.7
電気・ガス・熱供給・水道業	100.0	－	88.9	14.9	74.0	11.1
情報通信業	100.0	0.9	91.2	6.6	84.6	7.9
運輸業、郵便業	100.0	28.2	68.6	48.1	20.5	3.2
卸売業、小売業	100.0	10.2	78.0	37.7	40.2	11.8
金融業、保険業	100.0	0.2	97.3	2.6	94.7	2.5
不動産業、物品賃貸業	100.0	4.0	91.9	33.9	57.9	4.1
学術研究、専門・技術サービス業	100.0	1.0	90.4	13.4	77.0	8.6
宿泊業、飲食サービス業	100.0	15.9	77.8	50.1	27.7	6.3
生活関連サービス業、娯楽業 1)	100.0	7.7	81.7	42.0	39.8	9.4
教育、学習支援業	100.0	8.8	81.0	33.2	47.8	10.2
医療、福祉	100.0	0.5	85.5	19.4	66.1	14.0
複合サービス事業	100.0	6.7	89.1	30.9	58.3	4.2
サービス業（他に分類されないもの） 2)	100.0	9.0	84.8	31.3	53.4	6.2
	適用労働者数 4)					
調査産業計	100.0	3.2	86.7	26.9	59.8	10.1
1,000 人以上	100.0	0.9	89.3	15.2	74.1	9.8
300 ～ 999	100.0	1.7	87.5	24.8	62.6	10.8
100 ～ 299	100.0	3.6	85.8	39.1	46.7	10.6
30 ～ 99 人	100.0	7.8	82.6	35.2	47.4	9.6
鉱業、採石業、砂利採取業	100.0	5.8	90.1	56.8	33.3	4.1
建設業	100.0	2.9	92.1	35.9	56.2	5.0
製造業	100.0	1.0	91.7	23.4	68.3	7.3
電気・ガス・熱供給・水道業	100.0	0.1	87.8	8.9	78.9	12.1
情報通信業	100.0	0.3	85.3	4.6	80.7	14.4
運輸業、郵便業	100.0	12.8	77.1	48.1	29.0	10.1
卸売業、小売業	100.0	3.8	81.0	32.0	49.0	15.2
金融業、保険業	100.0	0.4	95.6	0.5	95.1	4.0
不動産業、物品賃貸業	100.0	1.8	94.5	31.7	62.8	3.7
学術研究、専門・技術サービス業	100.0	0.3	91.5	7.6	83.9	8.2
宿泊業、飲食サービス業	100.0	7.9	78.2	45.2	33.0	13.9
生活関連サービス業、娯楽業 1)	100.0	6.1	81.2	38.3	42.9	12.7
教育、学習支援業	100.0	7.2	84.4	33.8	50.5	8.4
医療、福祉	100.0	1.7	84.0	24.8	59.2	14.3
複合サービス事業	100.0	1.1	96.9	11.5	85.4	2.0
サービス業（他に分類されないもの） 2)	100.0	4.3	89.5	29.3	60.2	6.2

「就労条件総合調査」（1月1日現在）による。調査対象：常用労働者30人以上を雇用する民営企業。　1）　家事サービス業を除く。　2）　政治・経済・文化団体、宗教及び外国公務を除く。　3）　週休制とは、企業において最も多くの労働者に適用される週休制をいう。　4）　監視又は断続労働に従事する者及び監督又は管理の地位にある者などで、労働時間の定めのない者は含まない。
資料　厚生労働省「就労条件総合調査」

19-9 1日の所定労働時間別企業数と適用労働者数の割合 (令和4年)

(単位 %)

企業規模、産業	計	6:29時間:分以下	6:30〜6:59	7:00	7:01〜7:29	7:30〜7:59	8:00	8:01時間:分以上	平均1日の所定労働時間(時間:分)
全企業 3)									
調査産業計	**100.0**	**0.2**	**1.0**	**4.7**	**3.5**	**28.2**	**62.2**	**0.2**	**7:48**
1,000人以上	100.0	-	-	3.6	3.7	41.6	51.1	0.0	7:47
100〜999	100.0	0.2	0.3	3.6	4.6	32.3	58.1	0.9	7:48
30〜99人	100.0	0.2	1.3	5.1	3.1	26.2	64.1	-	7:48
鉱業、採石業、砂利採取業	100.0	-	-	1.7	6.7	45.0	46.6	-	7:44
建設業	100.0	-	1.2	5.1	3.7	39.3	50.7	-	7:44
製造業	100.0	-	0.4	2.0	4.1	34.4	59.0	0.2	7:50
電気・ガス・熱供給・水道業	100.0	-	-	3.3	8.3	62.6	25.8	-	7:41
情報通信業	100.0	-	-	10.7	2.5	30.9	55.9	-	7:45
運輸業、郵便業	100.0	-	2.7	6.5	4.8	26.2	58.9	1.0	7:46
卸売業、小売業	100.0	0.8	0.8	4.9	3.1	32.4	57.8	0.2	7:45
金融業、保険業	100.0	-	0.9	7.4	8.8	48.3	34.7	-	7:39
不動産業、物品賃貸業	100.0	-	-	3.6	4.6	33.3	58.5	-	7:48
学術研究、専門・技術サービス業	100.0	-	-	9.3	4.2	32.3	54.2	-	7:45
宿泊業、飲食サービス業	100.0	-	1.4	6.0	5.5	16.9	70.2	-	7:48
生活関連サービス業、娯楽業 1)	100.0	-	2.3	9.3	4.4	22.0	62.0	-	7:45
教育、学習支援業	100.0	0.3	3.9	6.4	6.7	20.8	61.2	0.5	7:45
医療、福祉	100.0	-	0.4	2.8	0.2	23.0	73.5	0.1	7:52
複合サービス事業	100.0	-	1.0	1.6	9.7	60.6	27.1	-	7:37
サービス業 2)(他に分類されないもの)	100.0	0.4	1.0	4.2	4.1	13.7	75.7	0.8	7:51
労働者計 4)									
調査産業計	**100.0**	**0.1**	**0.2**	**3.6**	**3.7**	**39.7**	**52.2**	**0.5**	**7:47**
1,000人以上	100.0	-	-	3.2	2.8	50.6	43.3	0.1	7:46
100〜999	100.0	0.2	0.1	3.6	4.7	36.2	54.1	1.1	7:48
30〜99人	100.0	0.0	0.8	4.2	3.1	29.1	62.8	-	7:48
鉱業、採石業、砂利採取業	100.0	-	-	4.4	6.3	43.6	45.7	-	7:45
建設業	100.0	-	0.4	2.2	2.3	41.2	53.9	-	7:48
製造業	100.0	-	0.1	0.5	1.7	46.1	51.4	0.2	7:51
電気・ガス・熱供給・水道業	100.0	-	-	0.3	1.1	93.6	4.9	-	7:41
情報通信業	100.0	-	-	7.1	3.0	44.3	45.5	-	7:43
運輸業、郵便業	100.0	-	0.7	3.5	5.3	32.5	54.8	3.1	7:47
卸売業、小売業	100.0	0.0	0.0	2.0	5.2	43.1	49.5	0.2	7:46
金融業、保険業	100.0	-	0.1	19.1	13.5	44.5	22.8	-	7:31
不動産業、物品賃貸業	100.0	-	-	5.5	7.3	33.8	53.3	-	7:45
学術研究、専門・技術サービス業	100.0	-	-	6.6	3.0	53.2	37.1	-	7:43
宿泊業、飲食サービス業	100.0	-	0.3	3.9	4.6	21.6	69.6	-	7:50
生活関連サービス業、娯楽業 1)	100.0	-	1.5	6.2	4.0	31.4	56.9	-	7:45
教育、学習支援業	100.0	0.4	0.6	8.2	10.9	40.9	38.4	0.6	7:41
医療、福祉	100.0	-	0.2	5.1	1.1	35.9	57.3	0.4	7:47
複合サービス事業	100.0	-	0.1	0.2	2.3	34.5	62.8	-	7:49
サービス業 2)(他に分類されないもの)	100.0	0.7	0.5	2.4	4.1	21.1	69.5	1.6	7:51

「就労条件総合調査」（1月1日現在）による。調査対象：常用労働者30人以上を雇用する民営企業。 1) 家事サービス業を除く。 2) 政治・経済・文化団体、宗教及び外国公務を除く。 3) 1日の所定労働時間とは、企業において最も多くの労働者に適用される1日の所定労働時間についての割合。 4) 監視又は断続労働に従事する者及び監督又は管理の地位にある者などで労働時間の定めのない者は含まない。
資料 厚生労働省「就労条件総合調査」

19-10　定年年齢階級別企業数の割合 (令和4年)

(単位　%)

企業規模、産業	一律定年制を定めている企業 1)		定年年齢						
			60歳	61	62	63	64	65	66歳以上
総数	(96.9)	100.0	72.3	0.3	0.7	1.5	0.1	21.1	3.5
企業規模別									
1,000 人以上	(90.9)	100.0	79.3	0.7	1.1	0.9	0.2	17.1	0.7
300 ～ 999	(91.9)	100.0	81.7	0.5	1.1	1.9	0.4	13.8	0.2
100 ～ 299	(97.8)	100.0	76.6	0.6	0.6	1.3	0.1	19.2	1.6
30 ～ 99 人	(97.3)	100.0	69.8	0.2	0.6	1.6	－	22.5	4.5
産業別									
鉱業、採石業、砂利採取業	(100.0)	100.0	75.7	－	－	2.6	－	21.7	－
建設業	(97.1)	100.0	67.7	0.1	1.6	0.4	－	26.2	3.9
製造業	(98.0)	100.0	79.0	0.0	0.4	2.0	－	13.2	4.4
電気・ガス・熱供給・水道業	(93.0)	100.0	76.6	－	2.8	0.9	－	17.9	1.8
情報通信業	(97.9)	100.0	83.2	0.4	0.2	0.5	－	15.7	－
運輸業、郵便業	(97.0)	100.0	58.3	0.8	0.1	2.3	0.8	34.0	3.7
卸売業、小売業	(97.0)	100.0	82.6	－	0.8	0.1	－	15.8	0.6
金融業、保険業	(99.0)	100.0	88.4	0.2	－	0.9	－	10.5	－
不動産業、物品賃貸業	(99.4)	100.0	77.5	1.8	0.2	2.7	－	16.1	1.4
学術研究、専門・技術サービス業	(98.0)	100.0	76.0	0.1	1.3	1.1	－	21.5	－
宿泊業、飲食サービス業	(98.0)	100.0	63.3	－	0.4	2.5	－	27.2	6.7
生活関連サービス業、娯楽業 2)	(94.8)	100.0	70.6	－	0.1	0.1	－	21.6	6.3
教育、学習支援業	(84.1)	100.0	64.9	－	1.3	1.7	－	30.4	0.5
医療、福祉	(96.5)	100.0	66.1	0.1	0.4	2.0	－	25.6	4.7
複合サービス事業	(97.9)	100.0	90.4	0.7	2.4	1.6	－	5.0	－
サービス業 3) (他に分類されないもの)	(98.1)	100.0	63.0	1.6	1.8	2.8	0.1	24.0	5.6

「就労条件総合調査」（1月1日現在）による。調査対象：常用労働者30人以上を雇用する民営企業。
1)　（　）の数値は、定年制を定めている企業のうち、一律定年制を定めている企業の割合。定年年齢階級が不明の企業を含む。　2)　家事サービス業を除く。　3)　政治・経済・文化団体、宗教及び外国公務を除く。
資料　厚生労働省「就労条件総合調査」

19-11 産業別常用雇用指数

(令和2年平均＝100)

産業	平成30年	令和元年	2年	3年	4年
調査産業計	98.5	99.7	100.0	99.8	99.0
鉱業、採石業、砂利採取業	101.9	101.2	100.0	101.0	85.2
建設業	94.8	97.8	100.0	101.2	102.6
製造業	99.3	100.1	100.0	98.4	97.0
電気・ガス・熱供給・水道業	105.6	102.0	100.0	99.2	97.8
情報通信業	97.2	97.9	100.0	100.4	100.0
運輸業、郵便業	98.0	98.8	100.0	99.2	97.5
卸売業、小売業	100.4	100.5	100.0	99.6	97.5
金融業、保険業	101.0	101.7	100.0	98.8	95.7
不動産業、物品賃貸業	97.1	99.8	100.0	101.0	106.6
学術研究、専門・技術サービス業	98.7	99.4	100.0	100.0	99.3
宿泊業、飲食サービス業	97.9	101.0	100.0	99.0	99.6
生活関連サービス業、娯楽業 1)	95.8	98.5	100.0	96.1	95.1
教育、学習支援業	98.4	99.0	100.0	101.4	97.7
医療、福祉	97.2	98.7	100.0	101.4	102.7
複合サービス事業	103.9	100.5	100.0	97.6	86.3
サービス業（他に分類されないもの） 2)	97.9	100.5	100.0	100.3	101.8

「毎月勤労統計調査」による。常用労働者30人以上の事業所の月末常用労働者数を指数化したもの。平成25年10月改定の日本標準産業分類による。 1) 家事サービス業を除く。 2) 外国公務を除く。
資料 厚生労働省「毎月勤労統計調査年報（全国調査）」

19-12 産業別常用労働者1人平均月間総実労働時間数

(単位 時間)

産業	平成30年	令和元年	2年	3年	4年
調査産業計	147.4	144.4	140.4	142.4	143.2
鉱業、採石業、砂利採取業	165.3	163.9	159.7	160.2	155.4
建設業	173.0	170.7	168.6	169.3	165.5
製造業	165.1	162.0	155.8	159.0	159.3
電気・ガス・熱供給・水道業	157.2	154.4	156.4	156.3	155.1
情報通信業	156.4	154.9	156.2	159.0	156.8
運輸業、郵便業	167.2	164.0	157.7	160.0	162.2
卸売業、小売業	136.7	134.3	133.0	134.7	135.2
金融業、保険業	147.6	145.9	146.3	147.4	145.5
不動産業、物品賃貸業	147.0	144.2	140.7	144.3	146.8
学術研究、専門・技術サービス業	156.8	155.4	153.8	156.0	156.8
宿泊業、飲食サービス業	108.7	103.7	88.8	88.2	99.5
生活関連サービス業、娯楽業 1)	128.7	121.9	105.8	113.2	122.4
教育、学習支援業	128.2	126.1	123.6	126.9	128.8
医療、福祉	143.6	140.6	139.0	139.1	137.5
複合サービス事業	153.6	149.4	149.4	149.8	149.0
サービス業（他に分類されないもの） 2)	139.7	136.8	132.5	133.9	135.9

「毎月勤労統計調査」による。常用労働者30人以上の事業所。平成25年10月改定の日本標準産業分類による。
1) 家事サービス業を除く。 2) 外国公務を除く。
資料 厚生労働省「毎月勤労統計調査年報（全国調査）」

19-13　産業別常用労働者賃金指数 (現金給与総額)

(令和2年平均＝100)

産業	平成30年	令和元年	2年	3年	4年
調査産業計	**101.9**	**101.7**	**100.0**	**100.9**	**104.0**
鉱業、採石業、砂利採取業	100.1	102.8	100.0	105.3	109.7
建設業	96.7	100.8	100.0	99.6	102.7
製造業	103.9	104.1	100.0	102.2	103.7
電気・ガス・熱供給・水道業	98.6	99.8	100.0	100.8	97.7
情報通信業	103.0	101.4	100.0	99.5	101.5
運輸業、郵便業	106.0	106.9	100.0	99.8	106.7
卸売業、小売業	101.8	98.4	100.0	103.3	107.5
金融業、保険業	98.5	100.0	100.0	96.9	97.3
不動産業、物品賃貸業	102.9	101.6	100.0	104.3	113.0
学術研究、専門・技術サービス業	98.2	100.1	100.0	98.6	103.1
宿泊業、飲食サービス業	109.4	108.3	100.0	97.7	116.3
生活関連サービス業、娯楽業　　　1)	104.9	103.9	100.0	102.1	109.7
教育、学習支援業	99.9	98.1	100.0	100.1	101.9
医療、福祉	99.9	100.6	100.0	99.8	101.2
複合サービス事業	104.9	103.0	100.0	98.9	98.1
サービス業(他に分類されないもの)　2)	100.6	102.5	100.0	103.3	107.4

「毎月勤労統計調査」による。常用労働者30人以上を雇用する事業所の常用労働者1人平均現金給与総額を指数化したもの。平成25年10月改定の日本標準産業分類による。　　1)　家事サービス業を除く。　　2)　外国公務を除く。
資料　厚生労働省「毎月勤労統計調査年報 (全国調査)」

19-14 産業別常用労働者1人平均月間現金給与額 総数（令和4年）

(単位 円)

産業	現金給与総額	きまって支給する給与	所定内給与	所定外給与 1)	特別に支払われた給与
調査産業計	325,817	267,461	248,529	18,932	58,356
鉱業、採石業、砂利採取業	451,294	359,799	336,578	23,221	91,495
建設業	431,562	351,927	326,245	25,682	79,635
製造業	391,169	310,366	280,261	30,105	80,803
電気・ガス・熱供給・水道業	556,322	437,719	387,252	50,467	118,603
情報通信業	498,722	384,656	351,956	32,700	114,066
運輸業、郵便業	362,988	306,516	265,581	40,935	56,472
卸売業、小売業	293,213	240,990	228,806	12,184	52,223
金融業、保険業	481,234	364,835	340,238	24,597	116,399
不動産業、物品賃貸業	393,991	311,519	291,189	20,330	82,472
学術研究、専門・技術サービス業	488,868	376,145	349,211	26,934	112,723
宿泊業、飲食サービス業	128,899	121,499	115,208	6,291	7,400
生活関連サービス業、娯楽業 2)	215,857	196,302	187,596	8,706	19,555
教育、学習支援業	372,131	291,537	284,832	6,705	80,594
医療、福祉	302,143	257,422	242,729	14,693	44,721
複合サービス事業	369,057	291,092	274,156	16,936	77,965
サービス業 3) （他に分類されないもの）	268,445	234,295	215,850	18,445	34,150

「毎月勤労統計調査」による。常用労働者5人以上の事業所。平成25年10月改定の日本標準産業分類による。
1) 超過労働給与。 2) 家事サービス業を除く。 3) 外国公務を除く。

19-14　産業別常用労働者1人平均月間現金給与額　男、女（令和4年）（続き）

産業	男			女		
	現金給与総額	きまって支給する給与	特別に支払われた給与	現金給与総額	きまって支給する給与	特別に支払われた給与
調査産業計	416,164	335,831	80,333	226,179	192,060	34,119
鉱業、採石業、砂利採取業	476,078	379,174	96,904	330,016	264,986	65,030
建設業	463,802	378,294	85,508	290,634	236,674	53,960
製造業	456,791	357,893	98,898	237,217	198,866	38,351
電気・ガス・熱供給・水道業	579,881	456,474	123,407	405,166	317,386	87,780
情報通信業	556,384	425,707	130,677	366,932	290,833	76,099
運輸業、郵便業	397,193	335,169	62,024	239,159	202,784	36,375
卸売業、小売業	404,463	323,305	81,158	186,584	162,094	24,490
金融業、保険業	668,515	494,587	173,928	343,792	269,612	74,180
不動産業、物品賃貸業	472,160	367,965	104,195	272,443	223,749	48,694
学術研究、専門・技術サービス業	564,871	429,579	135,292	338,163	270,192	67,971
宿泊業、飲食サービス業	173,281	160,921	12,360	101,326	97,008	4,318
生活関連サービス業、娯楽業　2)	278,006	248,017	29,989	168,577	156,959	11,618
教育、学習支援業	443,873	344,134	99,739	308,846	245,141	63,705
医療、福祉	416,960	358,661	58,299	265,610	225,210	40,400
複合サービス事業	440,730	344,992	95,738	267,024	214,360	52,664
サービス業 （他に分類されないもの）　3)	324,756	278,849	45,907	197,461	178,132	19,329

2)　家事サービス業を除く。　3)　外国公務を除く。
資料　厚生労働省「毎月勤労統計調査年報（全国調査）」

19-15　産業別月間現金給与額（令和4年）

産業	男				女			
	労働者数 (1,000人)	年齢	勤続 年数	きまって 支給する 現金給与額 (1,000円)	労働者数 (1,000人)	年齢	勤続 年数	きまって 支給する 現金給与額 (1,000円)
産業計	17,756	44.5	13.7	376.5	10,151	42.3	9.8	276.3
鉱業、採石業、砂利採取業	9.9	48.2	14.5	391.2	1.5	45.2	12.3	296.8
建設業	1,618	45.4	13.3	381.3	298	43.1	9.6	263.7
製造業	4,496	43.6	15.8	365.9	1,542	43.1	12.0	248.1
電気・ガス・熱供給・水道業	120	43.5	19.2	468.6	19	41.4	14.5	355.9
情報通信業	972	41.5	13.3	432.7	355	36.8	8.7	338.8
運輸業、郵便業	1,934	48.2	13.3	352.6	329	43.1	9.5	265.9
卸売業、小売業	2,850	44.0	15.4	374.4	1,523	41.9	10.8	259.0
金融業、保険業	447	43.4	16.1	519.6	553	43.0	12.2	307.0
不動産業、物品賃貸業	294	44.2	11.3	404.7	155	41.5	8.5	284.3
学術研究、専門・技術サービス業	787	43.8	13.3	450.0	330	39.9	9.1	336.1
宿泊業、飲食サービス業	441	43.9	10.9	318.9	365	43.0	8.9	231.6
生活関連サービス業、娯楽業 1)	323	43.3	11.6	324.3	269	40.3	9.2	243.9
教育、学習支援業	397	46.7	13.1	451.7	383	40.9	9.7	326.9
医療、福祉	1,230	42.5	9.3	389.1	3,039	43.0	8.9	290.6
複合サービス事業	193	44.8	17.7	346.0	93	42.3	13.3	252.1
サービス業（他に分類 2)されないもの）	1,644	46.6	10.1	315.4	899	42.7	7.3	253.4

「賃金構造基本統計調査」による。6月30日（給与締切日の定めがある場合は、6月の最終給与締切日）現在。常用労働者10人以上の民営の事業所。常用労働者のうち一般労働者1人当たりの平均値。きまって支給する現金給与額（所得税、社会保険料などを控除する前の額、超過労働給与額を含む。）は6月分。　1)　家事サービス業を除く。　2)　外国公務を除く。
資料　厚生労働省「賃金構造基本統計調査」

19-16　産業、企業規模別女性短時間労働者の１時間当たり所定内給与額

年次、産業	企業規模計			10～99人		
	労働者数 (1,000人)	年齢	1時間当たり 所定内給与額 (円)	労働者数 (1,000人)	年齢	1時間当たり 所定内給与額 (円)
製造業						
令和　2　年	631	50.6	1,204	289	51.2	1,171
3	592	49.9	1,099	302	50.8	1,057
4	648	51.1	1,122	332	51.3	1,065
卸売業、小売業						
令和　2　年	2,640	45.1	1,156	695	43.5	1,165
3	2,400	45.3	1,107	669	43.3	1,092
4	2,349	46.2	1,126	649	43.2	1,113
宿泊業、飲食サービス業						
令和　2　年	1,564	38.3	1,242	371	40.8	1,166
3	1,595	38.0	1,241	426	42.3	1,291
4	1,572	38.0	1,100	387	41.0	1,104
医療、福祉						
令和　2　年	1,580	52.2	1,555	653	52.5	1,546
3	1,480	52.0	1,536	647	52.1	1,545
4	1,599	52.3	1,547	773	52.4	1,494

年次、産業	100～999人			1,000人以上		
	労働者数 (1,000人)	年齢	1時間当たり 所定内給与額 (円)	労働者数 (1,000人)	年齢	1時間当たり 所定内給与額 (円)
製造業						
令和　2　年	220	50.0	1,256	121	50.4	1,189
3	179	50.8	1,094	111	46.1	1,220
4	235	51.2	1,135	81	49.9	1,318
卸売業、小売業						
令和　2　年	407	46.2	1,152	1,538	45.6	1,153
3	368	45.6	1,149	1,363	46.3	1,103
4	369	47.8	1,123	1,331	47.3	1,133
宿泊業、飲食サービス業						
令和　2　年	305	40.7	1,378	888	36.4	1,227
3	271	38.6	1,240	898	35.9	1,217
4	299	40.2	1,081	885	35.9	1,105
医療、福祉						
令和　2　年	651	52.6	1,521	276	50.3	1,656
3	596	52.3	1,495	237	51.2	1,615
4	613	52.8	1,538	213	50.6	1,763

「賃金構造基本統計調査」による。6月30日（給与締切日の定めがある場合は、6月の最終給与締切日）現在。
常用労働者10人以上の民営の事業所。常用労働者のうち短時間労働者1人当たりの平均値。短時間労働者とは、
常用労働者のうち、1日の所定労働時間又は1週の所定労働日数が一般の労働者より少ない労働者。現金給与額
は6月分。所定内給与額とは、きまって支給する現金給与額のうち、超過労働給与額を差し引いた額。
資料　厚生労働省「賃金構造基本統計調査」

19-17 企業規模・産業、学歴別月間現金給与額（令和4年）

(単位 1,000円)

企業規模・産業	中学	高校	高専・短大	大学	大学院
男					
企業規模別					
1,000 人以上	333.9	379.2	428.1	474.0	546.4
100 ～ 999	319.0	327.5	362.2	407.1	475.9
10 ～ 99 人	312.0	314.8	348.0	365.5	450.2
産業別					
鉱業、採石業、砂利採取業	321.7	342.4	346.1	534.4	600.4
建設業	327.1	350.4	411.5	435.8	537.8
製造業	326.3	340.1	389.9	406.3	490.0
電気・ガス・熱供給・水道業	475.6	471.6	439.5	464.4	512.8
情報通信業	349.2	412.8	462.2	439.2	463.3
運輸業、郵便業	332.1	345.3	374.1	392.1	459.9
卸売業、小売業	300.9	331.1	377.5	409.1	500.4
金融業、保険業	457.8	402.0	528.0	526.9	671.6
不動産業、物品賃貸業	341.3	363.5	388.0	434.3	509.3
学術研究、専門・技術サービス業	363.8	380.0	416.9	465.9	507.3
宿泊業、飲食サービス業	306.0	299.1	322.8	355.3	369.3
生活関連サービス業、娯楽業 1)	287.7	300.1	350.9	362.9	433.9
教育、学習支援業	255.5	334.1	363.8	420.8	557.1
医療、福祉	234.5	271.6	340.2	483.7	805.7
複合サービス事業	315.0	346.9	329.4	336.8	356.7
サービス業（他に分類されないもの）2)	275.0	294.7	332.1	348.1	391.0
女					
企業規模別					
1,000 人以上	234.0	257.6	318.5	339.1	456.0
100 ～ 999	216.6	234.1	281.9	308.3	426.3
10 ～ 99 人	215.5	224.3	263.2	290.3	337.2
産業別					
鉱業、採石業、砂利採取業	355.4	258.7	306.2	372.0	499.7
建設業	210.9	247.6	281.1	288.0	300.8
製造業	213.2	227.5	273.0	308.2	399.5
電気・ガス・熱供給・水道業	213.5	359.1	359.6	369.5	417.0
情報通信業	277.4	298.9	340.1	353.9	407.6
運輸業、郵便業	263.5	244.8	284.2	306.4	348.0
卸売業、小売業	212.9	227.4	277.5	303.7	397.2
金融業、保険業	249.1	274.9	327.9	330.0	469.6
不動産業、物品賃貸業	228.9	250.5	292.9	310.9	430.5
学術研究、専門・技術サービス業	270.6	275.7	329.2	354.8	420.7
宿泊業、飲食サービス業	206.4	211.2	249.9	289.7	324.9
生活関連サービス業、娯楽業 1)	203.6	220.8	269.7	284.0	361.8
教育、学習支援業	201.8	252.4	278.3	329.2	481.9
医療、福祉	219.5	238.5	286.3	323.4	494.0
複合サービス事業	207.3	247.6	260.3	262.2	308.2
サービス業（他に分類されないもの）2)	214.6	235.9	263.6	282.5	324.5

「賃金構造基本統計調査」による。常用労働者10人以上の民営の事業所。常用労働者のうち一般労働者1人当たりの平均値。6月分として支給された現金給与額。（所得税、社会保険料などを控除する前の額、超過労働給与額を含む。）　1)　家事サービス業を除く。　2)　外国公務を除く。
資料　厚生労働省「賃金構造基本統計調査」

19-18　主要職種別平均年齢、勤続年数、実労働時間数と月間給与額（令和4年）

職種	労働者数 （10人）	年齢	勤続 年数	所定内 実労働 時間数 （時間）	きまって 支給する 現金給与額 （1,000円）	#所定内 給与額
男						
管理的職業従事者	166,024	51.0	22.1	168	553.5	545.4
その他の営業職業従事者	75,699	42.3	13.6	168	398.2	371.1
販売店員	61,575	42.0	12.9	167	302.1	279.5
その他の運搬従事者	50,066	45.4	11.3	169	294.5	259.5
ソフトウェア作成者	49,204	38.9	11.3	167	390.3	360.7
営業用貨物自動車運転者 （大型車を除く）	48,200	48.0	11.9	174	331.8	264.6
総合事務員	47,701	44.7	14.8	162	394.4	361.3
営業用大型貨物自動車運転者従事者	40,368	50.3	12.5	175	367.5	286.7
介護職員（医療・福祉施設等）	39,100	41.3	7.8	164	274.0	255.9
食料品・飲料・たばこ製造従事者	37,733	42.7	12.1	167	288.7	249.1
土木技術者	33,227	45.8	13.3	169	392.5	357.7
機械技術者	32,724	42.3	14.4	165	397.3	348.4
金属工作機械作業従事者	31,972	41.1	14.3	168	332.6	286.4
電気・電子・電気通信技術者 （通信ネットワーク技術者を除く）	30,997	42.5	15.2	166	427.4	383.3
営業・販売事務従事者	30,976	44.0	14.5	168	382.2	355.2
建築技術者	28,984	44.3	12.8	173	422.3	378.6
庶務・人事事務員	28,852	45.5	14.9	165	383.2	353.4
生産関連事務従事者	28,665	45.3	17.6	167	359.7	325.8
その他の一般事務従事者	27,521	45.2	15.0	163	383.1	353.3
機械器具・通信・システム営業職業従事者（自動車を除く）	25,648	43.4	15.4	166	417.4	391.2
飲食物調理従事者	25,053	44.5	10.5	174	304.5	272.8
電気機械器具組立従事者	22,945	42.9	14.8	164	317.8	271.5
警備員	22,814	51.6	9.6	170	256.8	217.5
企画事務員	22,584	43.2	13.9	164	460.9	417.1
土木従事者、鉄道線路工事従事者	22,260	46.1	10.6	173	313.6	287.9
ゴム・プラスチック製品製造従事者	22,029	41.9	13.3	166	318.2	276.1
その他の情報処理・通信技術者	20,666	42.7	13.3	164	379.6	343.1
自動車組立従事者	20,031	40.3	14.4	163	355.2	297.8
自動車整備・修理従事者	19,650	39.9	13.6	165	321.4	285.5

「賃金構造基本統計調査」による。6月30日（給与締切日の定めがある場合は、6月の最終給与締切日）現在。常用労働者10人以上の民営の事業所。常用労働者のうち一般労働者1人当たりの平均値。所定内実労働時間数及び現金給与額（所得税、社会保険料などを控除する前の額、超過労働給与額を含む。）は6月分。

19-18　主要職種別平均年齢、勤続年数、
実労働時間数と月間給与額（令和4年）（続き）

職種	労働者数 （10人）	年齢	勤続 年数	所定内 実労働 時間数 （時間）	きまって 支給する 現金給与額 (1,000円)	#所定内 給与額
女						
看護師	72,673	41.1	9.2	159	350.6	317.3
介護職員（医療・福祉施設等）	70,669	45.8	7.9	163	248.5	234.6
総合事務員	68,298	42.9	11.3	162	276.6	259.8
販売店員	63,728	43.2	9.8	160	217.8	208.3
その他の一般事務従事者	60,746	41.5	9.3	162	261.9	246.6
庶務・人事事務員	51,231	42.7	11.2	164	284.7	266.8
営業・販売事務従事者	45,496	40.7	11.1	164	273.7	257.3
会計事務従事者従事者	31,180	43.1	12.0	163	272.2	260.3
食料品・飲料・たばこ製造従事者	29,677	44.8	9.5	163	204.6	182.4
保育士	26,787	39.2	8.9	167	266.1	260.2
生産関連事務従事者	20,858	42.9	13.0	165	257.0	240.8
保険営業職業従事者	20,032	46.8	11.0	146	281.2	278.6
飲食物調理従事者	19,314	47.4	8.4	161	203.7	191.6
企画事務員	17,648	38.5	10.2	163	345.9	319.4
管理的職業従事者	17,517	50.0	19.1	166	488.9	478.8
幼稚園教員、保育教諭	16,006	37.1	8.9	171	261.3	256.6
その他の営業職業従事者	13,976	35.6	7.9	165	323.7	298.3
その他の社会福祉専門職業従事者	12,799	45.1	9.9	163	273.2	263.4
電気機械器具組立従事者	12,632	44.1	12.3	163	222.3	201.2
その他の運搬従事者	12,449	44.4	8.2	165	221.2	201.2
電話応接事務員	12,042	40.7	6.9	159	262.4	246.1
飲食物給仕従事者	11,870	40.8	8.6	164	223.4	206.5
准看護師	11,409	51.8	12.4	161	295.7	273.6
ソフトウェア作成者	11,273	34.3	8.2	165	319.7	295.5
理学療法士、作業療法士、言語聴覚 士、視能訓練士	10,682	34.0	7.1	160	286.7	275.5
栄養士	10,135	38.6	8.5	165	261.1	250.3
看護助手	8,885	49.9	9.1	157	218.8	205.8
娯楽場等接客員	8,305	38.4	8.3	158	226.6	216.7
その他のサービス職業従事者	7,895	40.3	7.4	162	233.9	220.9

資料　厚生労働省「賃金構造基本統計調査」

19-19　主要職種別従業員数、平均年齢と平均給与月額 (令和5年)

職種	調査人員 (復元後) 1)	平均年齢	4月分平均給与月額　(円)		
			きまって支給 する給与	#時間外手当	#通勤手当
支店長 2)	4,341	53.8	776,427	4,451	24,553
事務部長 2)	113,602	52.5	731,547	4,752	14,507
事務課長	246,488	49.2	625,246	14,418	16,128
事務係長	219,795	45.3	483,577	60,886	15,608
事務主任	203,849	42.3	418,932	54,537	15,284
事務係員	944,597	37.5	345,272	42,962	12,406
工場長 2)	2,111	54.3	731,657	2,192	10,263
技術部長 2)	56,947	52.9	704,930	4,285	11,599
技術課長	174,722	49.7	606,279	12,159	11,251
技術係長	176,387	45.9	511,739	78,431	11,056
技術主任	172,150	42.8	439,393	69,867	11,142
技術係員	870,037	35.9	363,416	56,153	8,790
電話交換手 3)	307	45.1	293,739	13,810	10,090
自家用乗用自動車運転手 4)	483	53.6	347,069	51,109	5,922
守衛	1,099	49.3	365,034	65,027	9,712
用務員	774	51.2	306,589	23,341	14,138
研究所長 2)	325	55.5	812,884	1,334	14,024
研究部(課)長	7,332	51.1	689,425	17,536	10,769
研究室(係)長	7,819	47.3	591,191	46,741	10,700
研究員	28,767	37.5	411,047	52,697	11,073
病院長	589	62.7	1,775,506	29,953	17,031
医科長	9,943	51.9	1,404,782	197,161	22,909
医師	20,861	42.7	1,123,733	119,833	11,894
歯科医師	964	42.2	622,383	17,910	5,009
薬剤師	17,910	37.2	367,278	30,998	15,417
診療放射線技師	22,669	39.7	378,907	32,363	15,046
臨床検査技師	23,800	40.7	357,422	25,382	15,614
栄養士	13,637	36.1	282,204	17,157	12,640
看護師	310,219	39.0	380,837	47,225	9,794
大学学部長	1,374	59.7	803,750	5,659	35,309
大学教授	34,770	57.3	747,643	6,012	47,611
大学准教授	17,261	48.6	623,984	7,266	46,974
大学講師	12,124	45.5	556,885	13,141	42,483
高等学校校長	229	61.1	810,077	17,253	37,579
高等学校教頭	670	55.9	647,805	10,119	31,790
高等学校教諭	21,174	43.8	500,684	18,528	32,218
遠洋船長・機関長	131	52.5	1,182,228	0	0
遠洋一等航海士・機関士	169	40.9	1,052,664	0	0
遠洋二等航海士・機関士	111	30.0	686,668	11,772	0
近海船長・機関長	17	52.0	763,891	76,107	2,500
近海一等航海士・機関士	19	53.7	664,361	262,985	2,778
近海二等航海士・機関士	19	37.8	543,083	218,743	2,000
沿海・平水船長・機関長	243	51.6	732,714	57,252	138
沿海・平水一等航海士・機関士	102	47.0	617,593	123,462	1,620
沿海・平水二等航海士・機関士	132	41.3	518,230	130,156	713

「職種別民間給与実態調査」による。調査対象：令和5年4月分の最終給与締切日現在において、企業規模50人以上で、かつ、事業所規模50人以上の全国の民間事業所。　1)　母集団に復元して算出。　2)　取締役兼任者を除く。　3)　見習、外国語の電話交換手を除く。　4)　業務委託契約等に基づき、他の事業所において業務に従事している者を除く。
資料　人事院「職種別民間給与実態調査」

19-20 鉱工業・業種別労働生産性指数

(令和2年平均=100)

業種	令和元年平均	2年平均	3年平均	4年平均
製造工業	107.4	100.0	104.8	105.2
食料品・たばこ	101.6	100.0	98.8	96.4
繊維	108.5	100.0	105.0	105.2
木材・木製品	108.3	100.0	107.3	104.4
家具	106.2	100.0	104.8	105.7
パルプ・紙・紙加工品	106.1	100.0	105.3	105.7
印刷業	103.1	100.0	100.3	97.8
化学（石油・石炭を含む）	109.9	100.0	101.8	103.8
プラスチック製品	105.4	100.0	101.9	102.3
ゴム製品	115.5	100.0	110.2	107.6
窯業・土石製品	110.6	100.0	103.5	99.1
鉄鋼業	111.9	100.0	114.0	107.3
非鉄金属	104.8	100.0	105.4	104.8
金属製品	106.5	100.0	102.6	101.6
汎用機械	107.6	100.0	112.2	115.8
生産用機械	106.2	100.0	117.8	128.3
業務用機械	111.5	100.0	108.7	119.1
電子部品・デバイス	97.2	100.0	107.7	103.0
電気機械	105.0	100.0	106.3	107.8
情報通信機械	118.2	100.0	95.0	87.2
輸送機械	115.3	100.0	99.6	102.4
鉱業	104.0	100.0	102.2	113.7

本指数は製造業を中心とした鉱工業および非製造業の物的労働生産性の変化を示す。事業所規模5人以上。
資料　公益財団法人日本生産性本部「生産性統計」

19-21　産業別労働組合数と組合員数

年次、産業	単位労働組合							単一労働組合	
	労働組合数	労働組合員数					推定組織率	労働組合数	労働組合員数
		(1,000人) 1)	主要団体				(%) 3)		(1,000人)
			連合	全労連	全労協	その他 2)			
令和 2 年	49,098	10,044	6,854	510	94	2,718	16.9	23,761	10,115
3	48,239	10,011	6,841	495	90	2,710	16.7	23,392	10,078
4	**47,495**	**9,927**	**6,800**	**477**	**85**	**2,701**	**16.4**	**23,046**	**9,992**
農業、林業	298	7.6	4.8	0.1	0.3	2.3	*1.6	45	4.3
漁業	33	2.7	1.3	–	–	1.3	*	20	3.9
鉱業、採石業、砂利採取業	87	5.3	3.3	0.2	–	1.8	53.2	59	5.4
建設業	2,441	837	118	5.1	18	716	21.6	767	825
製造業	10,894	2,645	2,027	6.8	1.9	647	26.2	6,732	2,753
電気・ガス・熱供給・水道業	1,252	157	150	4.2	3.2	2.9	52.4	441	163
情報通信業	1,252	335	266	2.4	0.5	66	12.5	686	341
運輸業、郵便業	7,116	829	623	19	13	200	24.8	3,138	996
卸売業、小売業	5,189	1,534	1,329	57	1.6	149	15.8	1,762	1,472
金融業、保険業	2,727	724	370	3.8	0.1	351	44.7	602	719
不動産業、物品賃貸業	274	66	49	0.3	0.2	17	5.2	164	64
学術研究、専門・技術サービス業	1,111	140	96	3.3	2	41	6.7	421	95
宿泊業、飲食サービス業	412	328	208	0.5	0.1	119	10.2	283	301
生活関連サービス業、娯楽業	519	111	94	3.0	0.0	13	6.6	353	108
教育、学習支援業	3,319	426	266	61	13	102	13.7	2,080	416
医療、福祉	3,186	503	250	165	7.3	92	5.8	1,686	478
複合サービス事業	1,169	251	186	6.2	1.1	59	51.3	515	80
サービス業	1,433	196	142	3.8	2.0	51	4.5	826	183
公務	4,085	770	595	127	16	46	30.2	1,948	812
分類不能の産業　4)	698	59	22	7.2	7.6	22	…	518	171

「労働組合基礎調査」（6月30日現在）による。労働組合とは、労働者が主体となって自主的に労働条件の維持改善その他経済的地位の向上を図ることを主たる目的として組織する団体及びその連合団体。調査対象は我が国における全ての産業の労働組合。（国家公務員法又は地方公務員法に規定する職員団体を含む。）　1）複数の主要団体に加盟している労働組合員数は、それぞれの団体に重複計上。　2）連合、全労連及び全労協に加盟していない産業別組織等及び無加盟の組合員数。　3）雇用者数に占める労働組合員数の割合。本調査で得られた労働組合員数を、総務省統計局が実施している「労働力調査」の雇用者数（6月分の原数値）で除して計算している。　4）産業の異なる複数の企業の労働者で組織されている労働組合等を含む。
資料　厚生労働省「労働組合基礎調査報告」

19-22 労働争議

年次	総争議		#争議行為を伴う争議						主要要求事項総数
	件数	総参加人員	件数	行為参加人員	#半日以上の同盟罷業		#半日未満の同盟罷業		
					件数	行為参加人員	件数	行為参加人員	
		(1,000人)		(1,000人)		(1,000人)		(1,000人)	
令和 2 年	303	57	57	6	35	1	34	5	424
3	297	60	55	8	32	1	36	7	440
4	270	54	65	6	33	1	48	6	424

年次	主要要求事項総数								
	主要要求事項別争議件数								
	組合保障及び労働協約			賃金		賃金以外の労働条件		経営・雇用・人事		その他
		組合保障及び組合活動	労働協約の締結、改訂及び効力		#賃金額(基本給・諸手当)の改定		#所定内労働時間の変更		#解雇反対・被解雇者の復職	
	1)			1)		1)		1)		
令和 2 年	126	119	10	154	51	35	2	74	41	7
3	137	126	13	150	55	31	1	96	57	3
4	103	97	12	139	58	38	1	98	47	7

「労働争議統計調査」による。労働争議とは、労働組合又は労働者の団体とその相手方との間で生じた紛争のうち、争議行為が現実に発生したもの又は解決のために第三者が関与したもの。　1)　2つの主要要求事項が同一の区分内にある労働争議は1件として計上している。
資料　厚生労働省「労働争議統計調査」

第20章　物価・地価
20-1　国内企業物価指数

(令和2年平均＝100)

年次	総平均	工業製品	飲食料品	繊維製品	木材・木製品	パルプ・紙・同製品	化学製品	石油・石炭製品	プラスチック製品	窯業・土石製品	鉄鋼	非鉄金属
ウエイト	1,000.0	892.3	144.6	9.4	9.6	28.8	86.1	52.8	41.0	23.4	50.6	26.7
平成30年	101.0	100.7	98.2	97.6	101.2	93.2	107.9	125.4	98.9	95.0	98.5	104.2
令和元年	101.2	100.8	99.3	99.4	100.8	98.4	104.6	119.4	100.4	98.0	100.7	98.9
2	100.0	100.0	100.0	100.0	100.0	100.0	100.0	100.0	100.0	100.0	100.0	100.0
3	104.6	104.7	101.9	101.9	131.8	99.8	105.9	128.6	100.0	100.7	114.8	128.6
4	114.9	113.7	107.7	105.1	171.3	106.2	117.0	151.6	107.7	107.5	145.6	148.3

年次	工業製品									農林水産物	鉱産物	電力・都市ガス・水道	スクラップ類
	金属製品	はん用機器	生産用機器	業務用機器	電子部品・デバイス	電気機器	情報通信機器	輸送用機器	その他工業製品				
ウエイト	43.7	33.3	45.8	14.9	19.3	50.0	18.2	150.9	43.2	40.3	3.7	58.4	5.3
平成30年	95.7	96.3	97.4	99.0	99.3	99.7	101.2	98.7	96.6	101.8	98.4	101.7	130.2
令和元年	98.2	97.9	99.0	99.4	99.2	99.0	99.6	98.7	97.8	101.0	102.2	106.0	108.8
2	100.0	100.0	100.0	100.0	100.0	100.0	100.0	100.0	100.0	100.0	100.0	100.0	100.0
3	101.5	100.4	100.1	100.9	101.1	100.0	98.9	100.0	100.1	101.6	100.2	116.2	166.3
4	112.6	102.7	104.3	101.7	103.4	103.4	102.8	103.9	104.4	99.0	129.8	136.5	185.4

国内で生産した国内需要家向けの財（国内市場を経由して最終的に輸出するものを除く。）を対象とし、原則、生産者段階における出荷時点の価格を調査。ウエイト：工業製品は、令和元年の国内向け出荷額（元年「工業統計」の出荷額から、元年「貿易統計」の輸出額を控除した額）と、2年の国内向け出荷額（元年「工業統計」の出荷額を2年動態統計で延長推計した額から、2年「貿易統計」の輸出額を控除した額）の平均値を使用している。非工業製品などは、他の官庁・業界統計などを使用。算式：価格指数を基準時に固定した金額ウエイトにより加重算術平均する「固定基準ラスパイレス指数算式」。採用品目：515。消費税を含むベースで作成。
資料　日本銀行「企業物価指数」

20-2　輸出物価指数

(令和2年平均＝100)

年次	円ベース								契約通貨ベース
	総平均	繊維品	化学製品	金属・同製品	はん用・生産用・業務用機器	電気・電子機器	輸送用機器	その他産品・製品	
ウエイト	1,000.0	9.2	117.5	103.5	196.5	210.2	269.9	93.2	1,000.0
平成30年	107.4	104.1	129.1	106.1	101.8	106.0	103.4	115.4	104.9
令和元年	103.3	102.9	113.5	101.0	100.7	101.8	100.9	112.5	102.1
2	100.0	100.0	100.0	100.0	100.0	100.0	100.0	100.0	100.0
3	108.3	102.7	117.2	133.2	102.5	100.8	104.3	110.9	105.8
4	125.9	117.0	141.6	158.1	112.1	115.7	117.8	146.7	110.7

輸出品の通関段階における船積み時点の価格。調査価格：FOB価格　ウエイト：財務省「貿易統計」の令和元年と2年の輸出額の平均値を使用。算式：価格指数を基準時に固定した金額ウエイトにより加重算術平均する「固定基準ラスパイレス指数算式」。採用品目：184
資料　日本銀行「企業物価指数」

20-3 輸入物価指数

(令和2年平均＝100)

年次	円ベース											契約通貨ベース
	総平均	飲食料品・食料用農水産物	繊維品	金属・同製品	木材・木製品・林産物	石油・石炭・天然ガス	化学製品	はん用・生産用・業務用機器	電気・電子機器	輸送用機器	その他産品・製品	
ウエイト	1,000.0	85.1	58.6	101.6	16.6	213.6	108.4	75.9	206.7	51.2	82.3	1,000.0
平成30年	117.8	104.2	102.5	101.0	111.4	154.1	120.5	102.3	113.2	100.7	104.2	115.0
令和元年	111.5	101.4	101.2	98.3	106.4	139.8	111.2	102.0	106.3	100.1	102.6	110.2
2	100.0	100.0	100.0	100.0	100.0	100.0	100.0	100.0	100.0	100.0	100.0	100.0
3	121.6	117.5	103.1	145.5	136.9	152.9	108.5	103.6	105.6	104.1	109.9	118.7
4	169.1	150.3	116.4	166.8	189.0	303.0	123.1	118.5	125.5	119.0	125.4	144.1

輸入品の通関段階における荷降ろし時点の価格。調査価格：CIF価格　ウエイト：財務省「貿易統計」の令和元年と2年の輸入額の平均値を使用。算式：価格指数を基準時に固定した金額ウエイトにより加重算術平均する「固定基準ラスパイレス指数算式」。採用品目：210
資料　日本銀行「企業物価指数」

20-4 企業向けサービス価格指数

(平成27年平均＝100)

年次	総平均	金融・保険	金融	保険	不動産	運輸・郵便	旅客輸送	陸上貨物輸送	海上貨物輸送	航空貨物輸送	倉庫・運輸附帯サービス	郵便・信書便
ウエイト	1,000.0	48.3	34.7	13.6	94.5	158.0	37.0	55.9	20.0	1.4	34.2	9.5
平成30年	102.2	101.2	100.3	103.3	103.6	102.7	100.9	105.1	101.1	94.9	100.8	107.2
令和元年	103.3	101.5	101.4	103.1	104.0	104.4	101.8	108.5	102.2	87.3	101.5	108.0
2	104.2	102.8	102.8	102.7	105.6	105.6	103.0	110.5	98.9	119.0	102.6	109.3
3	105.1	103.2	102.5	105.6	107.3	107.0	103.8	110.8	107.4	143.4	101.7	109.7
4	107.0	105.5	103.3	111.9	109.0	110.9	105.7	111.2	128.4	191.5	102.6	110.7

年次	情報通信	#通信	#情報サービス	リース・レンタル	広告	諸サービス	下水道・廃棄物処理	自動車整備・機械修理	専門サービス	技術サービス	職業紹介・労働者派遣サービス	その他諸サービス
ウエイト	228.3	56.8	129.1	79.2	49.2	342.5	26.9	66.2	41.4	56.2	46.7	105.1
平成30年	100.9	98.2	102.1	99.2	102.9	103.1	101.7	101.0	98.8	106.5	105.9	103.3
令和元年	101.3	96.3	103.2	99.5	103.6	104.0	103.0	101.8	98.9	109.0	109.0	105.1
2	102.5	96.5	105.0	100.4	97.3	106.4	103.0	103.4	99.8	111.9	114.7	104.5
3	102.7	96.3	105.5	100.2	104.0	104.8	103.5	102.9	99.5	114.3	115.4	104.5
4	102.4	95.2	105.0	103.9	107.0	106.8	106.7	104.0	100.0	118.0	117.3	106.3

調査価格：原則として、サービス内容、取引先、取引条件などを特定した実際の取引価格。ウエイト：平成27年延長産業連関表におけるサービス部門の企業間取引額（中間需要部門＋国内総固定資本形成＋家計外消費支出）から、輸入取引該当額を控除した取引額を基礎データとして算出。算式：価格指数を基準時に固定した金額ウエイトにより加重算術平均する「固定基準ラスパイレス指数算式」。採用品目：146
資料　日本銀行「企業向けサービス価格指数」

20-5　消費者物価指数 (CPI) （全国）

（令和２年＝100）

年次	10大費目												
	総合	生鮮食品を除く総合	生鮮食品及びエネルギーを除く総合	食料	生鮮食品	生鮮食品を除く食料	住居	光熱・水道	家具・家事用品	被服及び履物	保健医療	交通・通信	教育
ウエイト	10,000	9,604	8,892	2,626	396	2,230	2,149	693	387	353	477	1,493	304
平成30年	99.5	99.5	99.2	98.2	99.9	97.9	99.2	100.2	95.7	98.5	99.0	100.9	110.1
令和元年	100.0	100.2	99.8	98.7	96.8	99.0	99.4	102.5	97.7	98.9	99.7	100.2	108.4
2	100.0	100.0	100.0	100.0	100.0	100.0	100.0	100.0	100.0	100.0	100.0	100.0	100.0
3	99.8	99.8	99.5	100.0	98.8	100.2	100.6	101.3	101.7	100.4	99.6	95.0	100.0
4	102.3	102.1	100.5	104.5	106.7	104.1	101.3	116.3	105.5	102.0	99.3	93.5	100.9

年次	10大費目		財・サービス分類									
	教養娯楽	諸雑費	財	農水畜産物	生鮮商品	他の農水畜産物	工業製品	食料工業製品	繊維製品	石油製品	他の工業製品	電気・都市ガス・水道	出版物
ウエイト	911	607	5,046	720	658	62	3,678	1,522	375	278	1,503	531	117
平成30年	99.0	102.1	98.9	99.0	99.0	99.7	98.8	98.4	98.7	106.7	97.4	100.3	95.9
令和元年	100.6	102.1	99.5	97.7	97.5	99.9	99.5	99.4	99.2	105.5	98.2	103.0	98.4
2	100.0	100.0	100.0	100.0	100.0	100.0	100.0	100.0	100.0	100.0	100.0	100.0	100.0
3	101.6	101.1	100.3	99.0	99.9	96.8	101.0	100.2	99.7	110.8	100.5	96.0	102.2
4	102.7	102.2	106.3	105.2	106.4	92.6	104.9	104.5	100.8	123.4	103.0	117.3	103.9

年次	財・サービス分類										
	サービス	公共サービス	一般サービス	外食	民営家賃	持家の帰属家賃	他のサービス	耐久消費財	半耐久消費財	非耐久消費財	公共料金
ウエイト	4,954	1,219	3,735	434	225	1,580	1,495	673	696	3,677	1,793
平成30年	100.2	102.5	99.4	96.2	100.0	100.0	99.9	97.8	98.1	99.2	101.5
令和元年	100.5	102.5	99.8	97.7	100.0	99.9	100.5	98.7	98.5	99.9	102.4
2	100.0	100.0	100.0	100.0	100.0	100.0	100.0	100.0	100.0	100.0	100.0
3	98.7	100.5	98.2	100.3	99.9	100.1	95.2	99.7	100.2	101.1	100.6
4	98.2	100.0	97.6	103.6	99.9	100.2	92.8	103.4	102.0	107.6	105.5

指数品目：582　価格資料：原則として小売物価統計調査（動向編）による小売価格。ウエイト：家計調査の令和元年及び２年の平均１か月間の１世帯当たり品目別消費支出金額による。算式：基準時加重相対法算式（ラスパイレス型）
資料　総務省統計局「消費者物価指数」

20-6　10大費目別消費者物価地域差指数（令和4年）

都道府県	総合	家賃を除く総合	食料	住居	光熱・水道	家具・家事用品	被服及び履物	保健医療	交通・通信	教育	教養娯楽	諸雑費
全国	100.0	100.0	100.0	100.0	100.0	100.0	100.0	100.0	100.0	100.0	100.0	100.0
北海道	101.1	102.0	101.9	85.7	114.7	101.7	106.9	101.5	100.6	93.1	99.1	101.5
青森	98.3	99.3	98.0	87.6	110.0	101.6	103.4	98.7	99.4	92.5	95.6	94.1
岩手	99.1	99.6	97.8	92.7	111.2	98.8	98.1	100.7	100.0	90.6	98.6	97.5
宮城	99.5	99.7	98.2	96.3	103.4	101.8	99.3	101.0	100.0	92.7	100.2	101.5
秋田	98.7	99.2	98.9	85.7	107.3	100.5	100.9	98.8	99.9	84.5	98.7	100.3
山形	100.7	101.1	102.3	96.3	110.4	96.5	93.6	97.3	101.4	101.6	97.0	97.0
福島	99.3	99.8	99.2	90.9	108.6	100.5	101.8	99.1	100.1	94.5	94.7	100.7
茨城	98.2	98.6	98.1	95.2	108.0	95.3	96.9	98.7	97.7	93.0	97.5	97.9
栃木	98.3	98.7	98.9	87.2	102.9	100.8	107.3	99.7	98.8	97.5	94.6	99.8
群馬	96.2	96.8	96.8	87.0	101.6	98.8	95.9	99.3	98.2	78.6	97.5	97.1
埼玉	100.5	100.1	98.4	108.9	96.2	102.6	104.4	100.1	100.6	97.5	102.7	101.5
千葉	101.0	100.5	100.3	111.6	101.7	101.9	97.7	99.7	99.4	96.8	101.9	100.2
東京	104.7	102.8	103.0	130.7	96.4	103.1	101.6	101.5	102.9	109.5	105.4	100.7
神奈川	103.1	102.4	101.1	114.8	99.6	100.4	101.2	101.1	101.3	106.9	104.5	105.0
新潟	98.4	98.7	100.1	86.4	99.2	96.6	102.9	99.3	99.2	92.6	99.3	99.4
富山	98.6	99.0	101.6	93.9	98.3	98.9	100.0	101.1	98.9	80.5	95.4	101.4
石川	99.4	100.1	102.7	82.7	99.6	98.2	108.6	100.3	98.5	103.5	97.2	99.8
福井	99.4	99.8	103.6	88.0	94.5	104.1	100.2	101.8	100.3	103.5	93.7	98.3
山梨	98.1	98.6	98.8	95.0	103.8	99.0	98.3	98.8	99.8	87.9	96.9	96.7
長野	97.5	98.0	95.5	88.1	105.4	98.1	99.7	98.8	100.9	87.5	98.2	98.9
岐阜	97.2	97.8	97.7	83.0	97.8	95.7	99.3	98.8	100.8	91.7	97.5	100.3
静岡	98.4	98.6	97.9	95.8	100.2	102.3	99.0	99.2	100.5	85.4	99.4	97.0
愛知	98.4	98.8	98.4	94.6	99.4	97.3	97.8	100.2	97.6	99.5	100.1	100.1
三重	99.3	99.7	100.7	95.4	101.2	98.6	98.6	98.2	100.4	95.4	96.9	99.4
滋賀	99.6	99.9	99.0	95.3	102.9	98.0	98.0	98.0	100.6	115.1	96.4	104.6
京都	100.9	100.7	100.9	101.0	97.0	97.1	96.8	98.4	101.3	115.7	101.6	102.9
大阪	99.4	99.5	99.3	95.6	90.6	99.1	98.2	99.3	100.7	120.8	101.0	99.7
兵庫	99.4	99.5	100.3	95.7	94.3	100.9	101.7	98.7	98.6	104.9	100.2	101.5
奈良	97.0	97.6	97.1	84.1	97.5	98.7	97.4	98.9	99.1	96.8	99.0	98.2
和歌山	99.2	100.0	100.2	88.8	96.7	98.0	98.2	100.9	100.8	124.5	95.7	97.4
鳥取	98.2	99.1	101.7	83.1	107.1	96.8	103.2	98.4	98.7	89.4	93.9	97.8
島根	99.6	100.2	102.4	87.7	110.3	97.1	95.8	100.0	99.9	96.0	95.0	98.4
岡山	97.8	98.4	100.0	84.0	104.2	98.0	99.7	100.8	98.0	88.8	95.5	99.5
広島	98.7	99.1	101.5	88.8	103.8	95.0	95.9	99.5	99.8	97.6	96.1	97.0
山口	99.9	100.7	102.3	96.1	108.7	100.9	99.0	101.2	98.8	84.2	96.0	99.0
徳島	99.2	99.8	101.1	92.6	101.5	99.8	102.4	98.3	98.4	95.8	96.9	99.9
香川	98.2	99.2	100.4	81.6	100.8	104.0	95.8	98.4	100.3	92.5	96.3	102.7
愛媛	98.1	98.9	100.3	85.3	102.6	101.4	100.9	100.0	99.0	88.4	97.1	96.4
高知	99.4	99.9	100.7	95.2	99.8	99.1	102.5	101.0	100.2	93.6	96.6	100.8
福岡	97.3	98.3	97.4	89.5	97.6	98.5	96.3	100.3	98.7	92.6	98.1	99.0
佐賀	97.9	98.8	96.9	91.6	107.4	98.8	101.7	100.1	100.3	89.5	93.5	99.0
長崎	99.1	99.8	99.9	92.1	107.9	98.0	106.7	100.1	99.7	87.0	95.0	96.6
熊本	98.9	99.7	100.8	95.4	97.6	99.3	100.2	100.6	99.2	90.5	96.8	100.2
大分	97.4	98.5	98.8	85.6	101.1	101.2	95.9	97.1	98.9	103.2	96.2	94.0
宮崎	96.1	97.0	96.0	90.5	98.0	100.1	95.9	96.1	99.3	93.8	92.1	95.7
鹿児島	96.6	97.1	98.3	90.4	98.8	98.7	92.1	99.8	98.1	96.9	93.0	95.2
沖縄	99.0	100.3	105.3	89.9	101.6	93.3	97.8	98.9	98.7	91.8	98.0	91.1

資料　総務省統計局「小売物価統計調査（構造編）結果」

20-7 農業物価指数

(令和2年＝100)

年次	農産物総合	米	麦	雑穀	豆	いも	野菜	果実	工芸農作物	花き	畜産物
ウエイト	10,000	1,572	80	6	84	274	2,464	966	297	352	3,905
平成30年	100.7	101.2	99.0	206.4	89.5	78.9	108.8	86.0	108.2	102.7	101.7
令和元年	98.5	101.7	96.1	156.1	98.3	82.2	95.9	87.5	104.7	107.9	102.2
2	100.0	100.0	100.0	100.0	100.0	100.0	100.0	100.0	100.0	100.0	100.0
3	100.8	88.6	106.1	126.0	99.8	113.9	96.7	100.9	113.4	107.8	105.6
4	102.2	82.0	118.4	161.6	105.0	103.7	106.2	101.4	113.1	117.2	105.3

年次	農業生産資材総合	種苗及び苗木	畜産用動物	肥料	飼料	農業薬剤	諸材料	光熱動力	農機具	自動車・同関係料金	建築資材	農用被服	賃借料及び料金
ウエイト	10,000	454	1,131	776	2,296	805	604	850	1,326	274	807	50	627
平成30年	98.9	96.2	111.2	95.4	98.2	97.2	93.7	108.0	97.9	96.9	96.5	95.4	97.1
令和元年	100.1	97.4	111.5	99.2	99.4	98.2	96.9	107.8	98.4	98.1	98.4	96.8	97.9
2	100.0	100.0	100.0	100.0	100.0	100.0	100.0	100.0	100.0	100.0	100.0	100.0	100.0
3	106.7	101.5	105.9	102.7	115.6	102.0	100.1	112.3	99.9	100.4	113.0	100.8	100.8
4	116.6	104.0	96.2	130.8	138.0	102.9	103.3	127.3	100.9	101.0	133.3	103.0	102.3

「農業物価統計調査」による。指数採用品目：農産物112、農業生産資材150　ウエイト：令和2年農業経営統計調査経営形態別経営統計（全農業経営体）結果の全国1農業経営体当たり平均を用いて、農業粗収益及び農業経営費から作成。算式：ラスパイレス式（基準時加重相対法算式）
資料　農林水産省「農業物価統計」

20-8　圏域、用途別地価変動率

(単位　%)

圏域	令和元年	2年	3年	4年	5年
全用途平均					
全国平均	0.4	−0.6	−0.4	0.3	1.0
東京圏	2.2	0.1	0.2	1.5	3.1
大阪圏	1.9	0.0	−0.3	0.7	1.8
名古屋圏	1.9	−0.8	0.5	1.8	2.6
三大都市圏	2.1	0.0	0.1	1.4	2.7
地方圏　　1)	−0.3	−0.8	−0.6	−0.2	0.3
#住宅地					
全国平均	−0.1	−0.7	−0.5	0.1	0.7
東京圏	1.1	−0.2	0.1	1.2	2.6
大阪圏	0.3	−0.4	−0.3	0.4	1.1
名古屋圏	1.0	−0.7	0.3	1.6	2.2
三大都市圏	0.9	−0.3	0.0	1.0	2.2
地方圏　　1)	−0.5	−0.9	−0.7	−0.2	0.1
#商業地					
全国平均	1.7	−0.3	−0.5	0.5	1.5
東京圏	4.9	1.0	0.1	2.0	4.3
大阪圏	6.8	1.2	−0.6	1.5	3.6
名古屋圏	3.8	−1.1	1.0	2.3	3.4
三大都市圏	5.2	0.7	0.1	1.9	4.0
地方圏　　1)	0.3	−0.6	−0.7	−0.1	0.5

7月1日現在。前年に対する地価変動率。　1)　三大都市圏を除く。
資料　国土交通省「都道府県地価調査」

20-9　都道府県、用途別宅地の平均価格（1 m² 当たり）（令和5年）

（単位　価格　円）

都道府県	住宅地		宅地見込地		商業地		工業地	
	基準地数	平均価格	基準地数	平均価格	基準地数	平均価格	基準地数	平均価格
北海道	725	23,600	–	–	255	107,800	15	14,900
青森	267	16,100	10	8,500	91	33,400	27	12,900
岩手	256	26,100	2	13,900	72	44,700	13	12,300
宮城	268	48,400	2	15,300	99	297,600	16	24,900
秋田	217	13,200	3	4,800	90	24,700	7	6,300
山形	160	20,000	–	–	68	40,800	23	10,200
福島　1)	385	23,700	6	12,200	102	46,600	28	13,300
茨城	402	33,700	5	11,000	97	69,200	38	21,400
栃木	307	33,900	12	14,800	103	67,700	13	16,400
群馬	257	31,400	–	–	96	71,400	14	21,200
埼玉	650	119,400	–	–	136	325,600	43	70,100
千葉	699	83,200	–	–	135	284,900	30	78,000
東京	773	404,400	6	17,900	479	2,228,300	19	306,700
神奈川	646	188,400	–	–	223	660,500	41	122,000
新潟	388	25,800	5	22,700	106	76,200	22	18,500
富山	145	30,900	3	16,700	68	80,200	5	14,200
石川	176	47,900	2	26,800	90	117,000	17	19,500
福井	127	29,400	–	–	80	55,800	2	12,000
山梨	189	23,300	9	14,700	45	44,100	14	14,600
長野	275	25,100	–	–	111	52,500	11	21,900
岐阜	247	31,900	–	–	84	86,900	21	20,200
静岡	410	64,100	–	–	149	140,800	26	46,000
愛知	571	112,300	–	–	273	480,600	39	60,900
三重	212	28,100	–	–	85	62,600	15	19,800
滋賀	256	47,200	11	21,200	92	96,500	22	26,900
京都	279	111,900	5	27,400	92	746,100	18	91,500
大阪	481	155,200	1	32,700	166	1,074,400	40	115,300
兵庫	470	110,000	1	29,500	163	325,300	32	55,300
奈良	211	52,900	5	21,900	46	172,900	6	42,700
和歌山	154	35,400	3	15,000	46	82,400	8	20,000
鳥取	129	19,000	2	10,600	35	44,500	6	13,200
島根	182	20,400	3	17,600	57	37,500	19	13,500
岡山	254	29,800	4	17,800	95	102,500	9	18,800
広島	282	59,400	1	14,500	120	228,600	14	44,100
山口	276	25,900	10	8,100	85	44,800	12	19,700
徳島	123	29,000	1	17,500	47	56,700	8	17,900
香川	123	32,600	–	–	40	73,600	19	16,200
愛媛	285	34,600	1	41,100	96	92,900	22	21,600
高知	159	30,500	2	34,500	68	69,100	4	15,400
福岡	627	65,800	2	28,600	231	412,100	50	38,800
佐賀	135	21,700	1	16,400	66	42,600	13	18,400
長崎	309	25,100	5	9,100	114	103,300	10	21,600
熊本	325	30,600	10	17,100	110	149,300	22	16,100
大分	203	26,300	4	6,900	83	54,700	9	16,900
宮崎	165	24,700	5	16,300	91	43,200	17	13,200
鹿児島	293	27,600	3	9,900	105	81,000	5	38,300
沖縄	193	68,100	5	31,400	77	189,400	5	114,400

7月1日現在。　1)　基準地数は、調査を休止した住宅地9地点、商業地1地点及び工業地1地点を含む。
資料　国土交通省「都道府県地価調査」

20-10　都道府県別住宅地・商業地の地価変動率

(単位　%)

都道府県	住宅地			商業地		
	令和3年	4年	5年	令和3年	4年	5年
全国	-0.5	0.1	0.7	-0.5	0.5	1.5
北海道	0.3	1.8	2.2	-0.6	0.8	2.2
青森	-1.1	-0.9	-0.6	-1.2	-1.0	-0.8
岩手	-0.8	-0.6	0.1	-1.9	-1.7	-1.2
宮城	0.3	1.3	1.7	1.6	2.7	3.9
秋田	-1.6	-1.1	-0.8	-1.8	-1.3	-0.7
山形	-0.9	-0.4	-0.2	-1.3	-0.7	-0.4
福島	-0.5	-0.5	-0.3	-0.7	-0.5	0.1
茨城	-0.5	0.0	0.3	-0.2	0.3	0.6
栃木	-0.9	-0.7	-0.5	-1.0	-0.8	-0.6
群馬	-1.2	-1.1	-0.9	-0.9	-0.8	-0.4
埼玉	-0.1	0.8	1.5	-0.3	1.0	2.0
千葉	0.0	1.0	2.5	0.4	2.0	3.7
東京	0.2	1.5	3.0	-0.3	2.0	4.5
神奈川	-0.2	0.8	2.1	0.8	1.9	4.3
新潟	-1.2	-1.1	-1.0	-1.3	-0.9	-0.8
富山	-0.5	-0.4	-0.4	-0.4	0.1	0.4
石川	0.3	0.9	0.6	-1.1	-0.3	0.5
福井	-1.3	-1.2	-0.9	-1.4	-1.1	-0.8
山梨	-1.3	-1.2	-1.1	-1.2	-0.9	-0.6
長野	-0.9	-0.7	-0.5	-1.3	-1.0	-0.4
岐阜	-1.6	-1.2	-0.9	-1.9	-0.9	0.0
静岡	-1.2	-0.9	-0.5	-1.2	-0.6	-0.2
愛知	0.2	1.5	2.1	1.0	2.3	3.4
三重	-1.6	-1.0	-0.5	-1.6	-0.8	-0.1
滋賀	-1.3	-0.9	-0.4	-0.5	0.0	0.6
京都	-0.6	-0.2	0.5	-0.6	1.4	3.0
大阪	-0.2	0.4	1.3	-0.9	1.6	4.3
兵庫	-0.8	-0.1	0.6	-0.6	0.4	1.7
奈良	-1.2	-1.0	-0.8	-1.1	0.0	0.9
和歌山	-1.4	-1.1	-0.8	-1.2	-0.9	-0.5
鳥取	-1.1	-0.9	-0.8	-1.5	-1.3	-1.1
島根	-1.1	-1.0	-0.9	-1.3	-1.1	-1.0
岡山	-1.1	-0.7	-0.5	-0.7	0.2	0.7
広島	-0.7	-0.3	0.0	-0.2	0.7	1.3
山口	-0.6	-0.5	-0.3	-0.8	-0.6	-0.3
徳島	-1.3	-1.2	-1.1	-1.8	-1.7	-1.6
香川	-1.0	-0.8	-0.6	-1.0	-0.8	-0.5
愛媛	-1.6	-1.5	-1.4	-1.7	-1.5	-1.3
高知	-0.8	-0.7	-0.6	-1.2	-1.0	-0.8
福岡	1.5	2.5	3.3	2.7	4.0	5.3
佐賀	-0.3	0.1	0.5	-0.4	0.1	1.3
長崎	-1.0	-0.7	-0.4	-0.8	-0.4	0.0
熊本	-0.2	0.2	0.7	-0.5	0.1	1.7
大分	0.0	0.2	0.7	-1.2	-0.8	-0.4
宮崎	-0.5	-0.4	-0.2	-1.2	-0.9	-0.6
鹿児島	-1.4	-1.3	-1.2	-1.8	-1.5	-1.3
沖縄	1.6	2.7	4.9	0.7	1.9	4.8

7月1日現在。前年に対する地価変動率。
資料　国土交通省「都道府県地価調査」

第21章　住宅・土地

21-1　住宅数、世帯数と世帯人員

（単位　住宅数・世帯数・世帯人員　1,000）

年次	住宅総数	世帯総数	主世帯	世帯人員	主世帯	居住世帯ありの住宅			
						1住宅当たり居住室数	1住宅当たり居住室の畳数 1)	1住宅当たり延べ面積 (m²)	1人当たり居住室の畳数 1)
平成 20 年	57,586	49,973	49,598	127,519	124,559	4.67	32.70	94.13	12.83
25	60,629	52,453	52,102	127,129	124,218	4.59	32.77	94.42	13.54
30	62,407	54,001	53,616	126,308	123,349	4.42	32.91	93.04	14.11

「住宅・土地統計調査」（10月1日現在）による。
1)　畳を敷いていない居住室も、3.3m²を2畳の割合で換算。
資料　総務省統計局「住宅・土地統計調査結果」

21-2　居住世帯の有無別住宅数

（単位　1,000戸）

年次	住宅総数								住宅以外で人が居住する建物総数（棟）
	総数	居住世帯あり			居住世帯なし				
		総数	同居世帯なし	同居世帯あり	総数	一時現在者のみ	空き家	建築中	
平成 20 年	57,586	49,598	49,323	276	7,988	326	7,568	93	75
25	60,629	52,102	51,843	259	8,526	243	8,196	88	70
30	62,407	53,616	53,330	286	8,791	217	8,489	86	72

「住宅・土地統計調査」（10月1日現在）による。
資料　総務省統計局「住宅・土地統計調査結果」

21-3　住宅の種類・建て方別住宅数

（単位　1,000戸）

年次	総数	住宅の種類		建て方		
		専用住宅	店舗、その他の併用住宅	#一戸建	#長屋建	#共同住宅
平成 20 年	49,598	48,281	1,317	27,450	1,330	20,684
25	52,102	50,982	1,121	28,599	1,289	22,085
30	53,616	52,642	974	28,759	1,369	23,353

「住宅・土地統計調査」（10月1日現在）による。居住世帯のある住宅。
資料　総務省統計局「住宅・土地統計調査結果」

21-4　住宅の構造・建築の時期別住宅数

（単位　1,000戸）

年次	総数 1)	構造			建築の時期					
		#木造	#防火木造	#鉄筋・鉄骨コンクリート造	昭和25年以前	26～55年	56～平成2年	3～12年	13～25年	26～30年9月
平成20年	49,598	13,445	15,788	16,277	1,859	14,021	9,958	11,583	a)8,624	－
25	52,102	13,263	16,845	17,665	1,640	12,551	9,663	11,054	b)13,083	－
30	53,616	12,162	18,385	18,204	1,356	10,655	9,123	10,784	12,913	4,077

「住宅・土地統計調査」（10月1日現在）による。居住世帯のある住宅。　1)　建築の時期の不詳を含む。
a)　平成20年9月まで。　　b)　平成25年9月まで。
資料　総務省統計局「住宅・土地統計調査結果」

21-5　住宅の所有の関係別住宅数、持ち家住宅率と空き家率

（単位　1,000戸）

年次	総数 1)	所有の関係						持ち家住宅率 (%) 2)	空き家率 (%)
		持ち家	借家						
			総数	公営	都市再生機構(UR)・公社	民営	給与住宅		
平成20年	49,598	30,316	17,770	2,089	918	13,366	1,398	61.1	13.1
25	52,102	32,166	18,519	1,959	856	14,583	1,122	61.7	13.5
30	53,616	32,802	19,065	1,922	747	15,295	1,100	61.2	13.6

「住宅・土地統計調査」（10月1日現在）による。居住世帯のある住宅。
1)　住宅の所有の関係「不詳」を含む。　　2)　（持ち家数÷居住世帯ありの住宅数）×100
資料　総務省統計局「住宅・土地統計調査結果」

21-6 住宅の所有の関係、建て方別専用住宅数と１住宅当たり延べ面積

（単位 住宅数 1,000戸）

建て方	総数 1)		持ち家		借家	
	平成25年	30年	平成25年	30年	平成25年	30年
住宅数						
総数	50,982	52,642	31,184	31,960	18,408	18,976
# 一戸建	27,603	27,906	25,401	25,948	1,731	1,434
長屋建	1,254	1,339	291	282	877	896
共同住宅	22,065	23,338	5,455	5,696	15,784	16,633
1住宅当たり延べ面積 (m²)						
総数	92.97	92.06	120.93	119.07	45.59	46.56
# 一戸建	128.63	126.63	131.72	128.93	83.24	85.06
長屋建	64.00	62.84	99.77	98.62	52.13	51.58
共同住宅	48.91	51.14	71.63	75.05	41.06	42.95

「住宅・土地統計調査」（10月１日現在）による。居住世帯のある住宅。 1) 住宅の所有の関係「不詳」を含む。
資料 総務省統計局「住宅・土地統計調査結果」

21-7 住宅の所有の関係、敷地面積別一戸建の住宅数

（単位 1,000戸）

敷地面積	持ち家			借家		
	平成20年	25年	30年	平成20年	25年	30年
総数 1)	25,187	26,302	26,714	1,921	1,807	1,494
49 m²以下	382	473	463	214	216	198
50 ～ 74	1,247	1,385	1,353	427	367	332
75 ～ 99	1,818	1,974	2,139	351	311	275
100 ～ 149	4,227	4,595	5,056	383	375	301
150 ～ 199	4,746	4,965	5,272	245	233	174
200 ～ 299	5,531	5,709	5,703	177	177	118
300 ～ 499	4,266	4,255	4,099	89	90	67
500 ～ 699	1,332	1,310	1,193	19	19	16
700 ～ 999	986	955	853	11	11	8.6
1,000 ～ 1,499	439	443	383	4.0	4.3	3.6
1,500 m²以上	215	239	201	2.1	3.0	2.0
1住宅当たり敷地面積 (m²)	285	281	267	134	140	132

「住宅・土地統計調査」（10月１日現在）による。 1) 敷地面積「不詳」を含む。
資料 総務省統計局「住宅・土地統計調査結果」

21-8　住宅の所有の関係・建て方、設備状況別住宅数 （平成30年）

（単位　1,000戸）

住宅の所有の関係・建て方	総数 1)	省エネルギー設備等がある			高齢者等のための設備がある			
		太陽熱を利用した温水機器等	太陽光を利用した発電機器	二重以上のサッシ又は複層ガラスの窓	総数 2)	#手すりがある	#またぎやすい高さの浴槽	#段差のない屋内
総数　　　　3)	53,616	1,865	2,190	15,532	27,270	22,386	10,070	11,227
所有の関係別								
持ち家	32,802	1,790	2,060	12,577	21,040	18,254	8,441	8,585
借家	19,065	76	130	2,955	6,230	4,132	1,629	2,643
建て方別								
一戸建	28,759	1,773	2,008	11,209	17,393	15,880	6,558	6,143
長屋建	1,369	13	20	272	523	457	134	147
共同住宅	23,353	76	158	4,019	9,289	5,991	3,357	4,917
# エレベーターがある	10,656	…	…	…	6,277	3,910	2,662	3,821
高齢者対応型	4,240	…	…	…	3,125	2,138	1,514	2,117
その他	136	3.5	3.5	32	65	58	22	20

「住宅・土地統計調査」（10月1日現在）による。居住世帯のある住宅。　1)　高齢者等のための設備状況及び省エネルギー設備等の不詳を含む。　2)　複数回答であるため、内訳の合計とは必ずしも一致しない。　3)　住宅の所有の関係「不詳」を含む。
資料　総務省統計局「住宅・土地統計調査結果」

21-9　建築の時期、平成26年以降における住宅の耐震診断の有無別持ち家数 （平成30年）

（単位　1,000戸）

建築の時期	持ち家総数	耐震診断の有無			
		耐震診断をした	耐震性が確保されていた	耐震性が確保されていない	耐震診断をしていない
総数　　　　1)	32,802	2,969	2,623	346	29,832
昭和25年以前	1,214	35	14	22	1,179
26〜45年	2,382	97	45	53	2,284
46〜55	5,320	339	182	158	4,980
56〜平成2年	5,730	298	245	53	5,432
平成3〜7年	3,129	152	139	13	2,978
8〜12	3,544	219	211	7.8	3,325
13〜17	3,162	299	294	5.3	2,862
18〜22	2,986	264	259	4.8	2,722
23〜25	1,732	210	206	4.1	1,523
26	569	221	217	4.2	348
27	539	245	241	4.4	294
28	506	230	226	4.4	276
29	458	220	215	4.5	239
30年1月〜9月	285	121	117	4.1	164

「住宅・土地統計調査」（10月1日現在）による。　1)　建築の時期「不詳」を含む。
資料　総務省統計局「住宅・土地統計調査結果」

21-10　家計を主に支える者の年齢、世帯の種類、住宅の所有の関係別普通世帯数 (平成30年)

(単位　1,000世帯)

家計を主に支える者の年齢	総数	主世帯					同居世帯	住宅以外の建物に居住する世帯
		総数 1)	持ち家	借家				
					#民営 (木造)	#民営 (非木造)		
総数　　　　2)	53,788	53,616	32,802	4,100	11,196	159	12
25歳未満	1,646	1,644	51	267	1,166	1.7	0.1
25～29	1,990	1,986	181	318	1,258	4.4	0.1
30～34	2,595	2,585	681	365	1,320	9.9	0.3
35～39	3,058	3,042	1,340	349	1,135	16	0.3
40～44	3,954	3,931	2,163	384	1,113	22	0.3
45～49	4,584	4,560	2,757	397	1,089	24	0.7
50～54	4,416	4,397	2,848	335	912	18	0.7
55～59	4,320	4,305	3,060	277	696	14	0.9
60～64	4,352	4,342	3,314	257	523	9.1	0.9
65～69	5,405	5,395	4,258	300	483	8.6	1.5
70～74	4,799	4,791	3,860	249	331	7.5	1.4
75歳以上	8,814	8,791	7,213	385	473	20	3.8

「住宅・土地統計調査」 (10月1日現在) による。住宅及び世帯に関する基本集計。　1)　住宅の所有の関係「不詳」を含む。　2)　家計を主に支える者の年齢「不詳」を含む。
資料　総務省統計局「住宅・土地統計調査結果」

21-11　世帯の年間収入階級、世帯の種類、住宅の所有の関係別普通世帯数 (平成30年)

(単位　1,000世帯)

世帯の種類、住宅の所有の関係	総数 1)	100万円未満	100～200	200～300	300～400	400～500	500～700	700～1000	1000～1500	1500～2000	2000万円以上
総数	53,788	3,159	6,529	8,703	7,670	6,234	7,893	5,813	2,655	545	373
主世帯　　　2)	53,616	3,152	6,513	8,677	7,643	6,210	7,861	5,790	2,645	543	372
持ち家	32,802	1,404	3,484	5,282	4,646	3,906	5,611	4,524	2,201	472	326
借家	19,065	1,748	3,029	3,395	2,997	2,304	2,250	1,267	443	71	46
公営	1,922	343	659	426	205	95	59	14	2.6	0.4	0.3
都市再生機構 (UR)・公社	747	39	141	174	115	76	86	55	21	4.2	1.7
民営 (木造)	4,100	394	727	754	643	490	472	229	64	9.4	6.7
民営 (非木造)	11,196	960	1,461	1,897	1,873	1,495	1,391	754	266	44	27
給与住宅	1,100	12	42	144	161	150	242	216	90	13	11
同居世帯	159	5.7	14	24	25	22	31	21	10	1.8	1.0
住宅以外の建物に居住する世帯	12	1.1	1.8	2.5	1.8	1.1	1.1	1.0	0.5	0.1	0.0

「住宅・土地統計調査」 (10月1日現在) による。　1)　年間収入階級「不詳」を含む。　2)　住宅の所有の関係「不詳」を含む。
資料　総務省統計局「住宅・土地統計調査結果」

21-12 土地の所有状況、世帯の年間収入階級・家計を主に支える者の従業上の地位別世帯数 (平成30年)

(単位 1,000世帯)

区分	総数 1)	#現住居敷地を所有	#現住居敷地以外の土地を所有 2)	農地	山林	宅地など	#現住居敷地と現住居敷地以外の土地の両方を所有
総数 1)	53,788	26,031	8,249	3,834	2,250	5,886	7,017
世帯の年間収入階級別							
100 万円未満	3,075	1,059	365	201	111	211	295
100 ~ 200	6,465	2,751	867	461	270	535	739
200 ~ 300	8,605	4,262	1,311	657	395	854	1,153
300 ~ 400	7,683	3,782	1,204	596	360	829	1,072
400 ~ 500	6,216	3,185	972	462	260	702	847
500 ~ 700	7,883	4,562	1,322	587	338	981	1,106
700 ~ 1000	5,819	3,730	1,146	486	289	881	925
1000 ~ 1500	2,742	1,930	677	258	151	553	560
1500 ~ 2000	581	435	199	69	38	171	165
2000 万円以上	391	309	180	55	38	164	151
家計を主に支える者の従業上の地位別							
自営業主	4,754	3,672	2,012	1,100	634	1,420	1,826
雇用者	22,809	12,580	3,434	1,435	838	2,542	2,678
無職	11,559	8,197	2,711	1,268	763	1,853	2,447

「世帯土地統計」(10月1日現在)による。 1) 不詳を含む。 2) 内訳には、複数の種類の土地を所有している世帯が重複計上されているため、内訳の合計とは一致しない。
資料 国土交通省「世帯土地統計」

21-13　業種・組織形態別法人の土地所有状況（平成30年）

業種・組織形態	法人総数	土地所有法人数	所有面積 (km²)	1法人当たり平均所有面積 (m²)
総数　　　　　　　　1)	1,959,980	713,150	26,203	36,743
業種別				
農業、林業	25,850	12,460	5,249	421,098
漁業	3,050	1,270	16	12,849
鉱業、採石業、砂利採取業	1,490	840	259	309,627
建設業	293,200	100,960	1,627	16,112
製造業	247,320	101,380	5,801	57,221
電気・ガス・熱供給・水道業	5,230	1,540	1,196	778,487
情報通信業	41,020	4,250	85	20,071
運輸業、郵便業	52,950	21,800	1,582	72,569
卸売業、小売業	397,830	121,110	1,746	14,414
金融業、保険業	25,260	4,580	102	22,255
不動産業、物品賃貸業	190,190	87,430	1,572	17,979
学術研究、専門・技術サービス業	93,050	13,900	241	17,307
宿泊業、飲食サービス業	93,630	23,970	264	11,006
生活関連サービス業	61,340	16,450	921	55,993
教育、学習支援業	26,730	10,640	1,740	163,602
医療、福祉	121,020	39,170	320	8,179
複合サービス事業	3,870	2,500	474	189,306
サービス業 (他に分類されないもの)	251,590	144,800	2,949	20,365
組織形態別				
株式会社・有限会社	1,630,930	529,950	16,164	30,502
東証一部・名証一部に上場	2,040	1,700	6,689	3,929,051
上記以外で上場	1,600	1,120	154	137,668
上場していない	1,627,290	527,130	9,321	17,683
合名会社・合資会社	13,450	4,370	51	11,590
合同会社	14,730	1,960	29	14,958
相互会社	10	10	7	1,367,025
会社以外の法人	300,600	176,810	9,948	56,263

「法人土地・建物基本調査」（1月1日現在）による。1法人当たり平均所有面積とは、土地を所有している法人の平均所有面積である。　1)　不詳を含む。
資料　国土交通省「法人土地・建物基本調査」

第22章　家計

22-1　1世帯当たり1か月間の収入と支出 (総世帯)

項目	令和3年平均	4年平均	#勤労者世帯					
				年間収入五分位階級別				
			I ～374万円	II 374～520	III 520～672	IV 672～890	V 890万円～	
世帯数分布 (抽出率調整)	10,000	10,000	10,000	2,000	2,000	2,000	2,000	2,000
世帯人員	2.25	2.22	2.50	1.49	2.11	2.64	3.04	3.22
有業人員	1.06	1.05	1.53	1.14	1.32	1.55	1.76	1.88
世帯主の年齢	59.4	59.5	48.0	45.9	46.7	47.9	48.9	50.4
実収入	…	…	535,177	259,123	382,175	477,107	622,321	935,158
# 世帯主の勤め先収入	…	…	416,583	215,271	313,475	375,885	490,463	687,822
世帯主の配偶者の勤め先収入	…	…	65,034	6,606	20,329	48,329	80,734	169,171
消費支出	235,120	244,231	273,417	162,304	213,352	254,559	312,304	424,565
食料	62,531	63,597	67,166	40,746	54,688	66,404	78,753	95,238
住居	19,667	20,330	24,148	27,468	26,176	21,974	22,844	22,277
光熱・水道	17,939	20,398	20,019	13,919	17,192	20,477	23,244	25,263
家具・家事用品	9,720	9,724	10,435	5,872	7,333	9,839	12,699	16,434
被服及び履物	7,255	7,640	9,776	4,603	7,384	9,081	11,184	16,626
保健医療	11,896	12,061	11,424	6,215	9,060	10,143	14,357	17,343
交通・通信	32,322	33,419	41,438	22,832	29,778	38,592	47,700	68,289
教育	7,690	7,306	12,100	1,497	3,941	9,301	14,276	31,487
教養娯楽	21,907	23,517	26,855	15,316	19,603	25,161	30,753	43,442
その他の消費支出	44,192	46,239	50,056	23,838	38,196	43,587	56,493	88,166
可処分所得　　　1)	…	…	435,001	222,597	321,462	395,996	505,128	729,824
平均消費性向(%)　2)	…	…	62.9	72.9	66.4	64.3	61.8	58.2

「家計調査」による。年平均。総世帯とは、二人以上の世帯と単身世帯を合わせた世帯。
1)　可処分所得＝実収入－非消費支出　2)　可処分所得に対する消費支出の割合。
資料　総務省統計局「家計調査結果　家計収支編」

22-2　年間収入五分位階級別1世帯当たり1か月間の支出（二人以上の世帯）

(単位　金額　円)

項目	令和3年平均	4年平均	構成比(%)	年間収入五分位階級別				
				I ～328万円	II 328～466	III 466～636	IV 636～876	V 876万円～
世帯数分布(抽出率調整)	10,000	10,000	–	2,000	2,000	2,000	2,000	2,000
世帯人員	2.93	2.91	–	2.33	2.56	3.03	3.29	3.34
有業人員	1.34	1.33	–	0.53	0.88	1.47	1.82	1.96
世帯主の年齢	60.1	60.1	–	71.4	66.9	56.6	52.8	53.0
消費支出	279,024	290,865	100.0	196,426	244,391	271,033	312,900	429,576
食料	75,761	77,474	26.6	61,134	70,890	74,773	82,396	98,179
住居	18,329	18,645	6.4	16,276	18,101	17,638	19,438	21,772
光熱・水道	21,530	24,522	8.4	21,902	23,906	24,182	25,278	27,342
家具・家事用品	11,932	12,121	4.2	8,258	10,244	11,858	13,348	16,898
被服及び履物	8,709	9,106	3.1	4,131	5,938	8,006	10,341	17,114
保健医療	14,238	14,705	5.1	11,925	14,386	13,395	14,781	19,041
交通・通信	39,702	41,396	14.2	21,763	32,774	39,765	46,916	65,760
教育	11,902	11,436	3.9	1,174	2,588	8,393	14,617	30,406
教養娯楽	24,545	26,642	9.2	15,289	21,047	24,192	29,223	43,460
その他の消費支出	52,377	54,817	18.8	34,573	44,517	48,830	56,563	89,604

「家計調査」による。年間収入五分位階級とは、世帯を年間収入（過去1年間の収入）の低い方から順番に並べ、それを調整集計世帯数（抽出率を調整した世帯数）により5等分する分類で、年間収入の低い方から順次第I、第II、第III、第IV、第V五分位階級という。

資料　総務省統計局「家計調査結果　家計収支編」

22-3　年間収入五分位階級別1世帯当たり1か月間の収入と支出
（二人以上の世帯のうち勤労者世帯）

（単位　金額　円）

項目	令和3年平均	4年平均	I ～488万円	II 488～625	III 625～775	IV 775～984	V 984万円～
			年間収入五分位階級別				
世帯人員	3.28	3.24	2.90	3.20	3.31	3.40	3.41
有業人員	1.78	1.79	1.54	1.70	1.86	1.89	1.97
世帯主の年齢	50.1	50.4	51.9	50.1	49.8	49.2	50.9
実収入	605,316	617,654	344,781	454,939	557,327	701,929	1,029,294
# 勤め先収入	550,973	564,011	284,057	399,930	506,366	657,913	971,791
# 世帯主収入	444,517	450,906	244,427	335,248	412,066	531,455	731,333
定期収入	360,299	365,128	216,943	286,176	336,772	422,942	562,804
臨時収入	4,234	3,966	2,708	3,345	4,229	4,028	5,520
賞与	79,984	81,812	24,776	45,727	71,065	104,484	163,008
世帯主の配偶者の収入	90,827	97,378	31,149	56,361	80,120	112,172	207,086
家賃収入	1,546	1,735	488	403	832	1,144	5,810
他の事業収入	1,343	2,485	762	1,282	1,064	4,309	5,006
実収入以外の受取 1)	439,626	451,936	295,102	353,717	418,287	510,365	682,212
実支出	422,103	437,368	276,112	333,543	390,157	491,155	695,870
消費支出	309,469	320,627	228,551	261,602	293,834	356,413	462,736
食料	78,576	80,502	63,621	71,101	78,343	87,315	102,130
住居	19,848	20,115	22,859	17,820	16,706	21,963	21,225
光熱・水道	21,448	24,421	22,071	23,216	24,544	25,248	27,028
家具・家事用品	12,720	13,000	9,066	11,091	12,511	14,384	17,950
被服及び履物	10,463	11,293	6,590	8,407	9,731	13,334	18,407
保健医療	13,130	13,708	10,131	11,085	12,939	15,390	18,997
交通・通信	49,512	50,688	34,373	40,414	46,507	58,101	74,046
教育	19,197	18,126	5,976	11,409	14,964	21,390	36,889
教養娯楽	27,452	29,737	17,343	22,396	26,846	34,139	47,960
その他の消費支出	57,124	59,036	36,522	44,665	50,742	65,149	98,104
非消費支出	112,634	116,740	47,561	71,940	96,323	134,742	233,134
実支出以外の支払 2)	642,190	652,518	380,253	492,381	604,422	740,523	1,045,011
可処分所得 3)	492,681	500,914	297,220	382,998	461,004	567,187	796,159
黒字 4)	183,213	180,286	68,669	121,396	167,170	210,774	333,423
# 金融資産純増	171,070	172,027	70,901	116,905	153,072	197,037	322,223
平均消費性向(%) 5)	62.8	64.0	76.9	68.3	63.7	62.8	58.1

「家計調査」による。　1）繰入金を除く。　2）繰越金を除く。　3）可処分所得＝実収入－非消費支出
4）黒字＝実収入－実支出＝可処分所得－消費支出　5）可処分所得に対する消費支出の割合。
資料　総務省統計局「家計調査結果　家計収支編」

22-4 年齢階級別1世帯当たり1か月間の支出 (単身世帯) (令和4年)

(単位 円)

年齢階級	消費支出	食料	住居	光熱・水道	家具・家事用品	被服及び履物	保健医療	交通・通信	教育	教養娯楽	その他の消費支出
平均	161,753	39,069	23,300	13,098	5,487	5,047	7,384	19,303	0	17,993	31,071
34歳以下	158,198	34,385	36,676	9,272	3,577	7,643	5,348	20,084	0	21,908	19,306
35～59	186,503	42,899	30,966	12,352	5,359	5,722	7,150	24,621	0	19,790	37,644
60歳以上	150,409	38,913	14,196	14,959	6,291	3,697	8,285	16,269	0	15,558	32,240
男	163,288	41,595	25,109	12,369	4,304	4,201	6,216	22,232	0	19,010	28,253
34歳以下	157,372	37,587	32,960	9,535	3,194	7,780	5,809	20,345	0	22,857	17,306
35～59	184,305	44,680	31,546	11,712	4,665	3,899	4,838	26,657	0	19,638	36,670
60歳以上	147,994	41,348	14,255	14,778	4,682	2,191	7,720	19,427	0	15,964	27,628
女	160,407	36,860	21,714	13,738	6,523	5,786	8,407	16,740	0	17,101	33,538
34歳以下	159,438	30,035	41,775	8,907	4,107	7,447	4,748	19,792	0	20,570	22,057
35～59	190,059	40,075	30,044	13,371	6,468	8,632	10,844	21,391	0	20,034	39,203
60歳以上	151,673	37,610	14,163	15,055	7,149	4,501	8,585	14,578	0	15,336	34,696

「家計調査」による。学生の世帯を除く全国の単身世帯。寮・寄宿舎単位区の世帯を含む。
資料 総務省統計局「家計調査結果 家計収支編」

22-5 消費動向指数 (CTI)

(令和2年平均＝100)

年次	世帯消費動向指数							総消費動向指数 1)	
	総世帯			二人以上の世帯		単身世帯		名目値	実質値
	名目値	実質値		名目値	実質値	名目値	実質値		
			分布調整値						
令和 元 年	105.2	105.2	106.8	106.2	106.2	105.5	105.5	105.4	105.8
令和 2 年	100.0	100.0	100.0	100.0	100.0	100.0	100.0	100.0	100.0
3	100.2	100.5	101.1	99.8	100.1	103.6	103.9	101.2	100.7
4	102.7	100.0	101.3	102.7	100.0	106.8	104.0	106.0	102.7

消費動向指数は、家計調査の結果を補完し、消費全般の動向を捉える分析用のデータとして総務省統計局が開発中の参考指標である。
1) 世帯の消費支出の平均額の推移を示す指数である。家計調査の結果に、家計消費状況調査及び家計消費単身モニター調査の結果を合成した支出金額によって作成している。消費支出の平均額について、基準年（令和2年）の消費支出の平均月額を100とする指数で表している。
資料 総務省統計局「消費動向指数」

22-6 世帯消費動向指数 (総世帯)

(令和2年消費支出平均月額＝100)

年次	消費支出	食料	住居	光熱・水道	家具・家事用品	被服及び履物	保健医療	交通・通信	教育	教養娯楽	その他の消費支出
名目											
令和 元 年	105.2	27.2	7.9	7.4	4.2	3.9	4.9	17.5	－	11.2	－
2	100.0	26.9	8.1	7.4	4.5	3.3	4.9	16.3	3.5	9.3	15.8
3	100.2	26.5	8.6	7.2	4.4	3.2	5.0	16.4	3.7	9.4	15.8
4	102.7	27.4	8.6	8.2	4.4	3.3	5.0	16.4	3.5	10.1	15.7
実質											
令和 元 年	105.2	27.5	8.1	7.2	4.3	4.0	4.9	17.5	－	11.1	－
2	100.0	26.9	8.1	7.4	4.5	3.3	4.9	16.3	3.5	9.3	－
3	100.5	26.5	8.5	7.1	4.3	3.2	5.0	17.2	3.7	9.2	－
4	100.0	26.2	8.2	7.1	4.2	3.3	5.0	17.5	3.4	9.9	－

資料 総務省統計局「消費動向指数」

22-7　年間収入五分位階級別貯蓄と負債の1世帯当たり現在高
（二人以上の世帯）

（単位　金額　万円）

項目	令和3年平均	4年平均	年間収入五分位階級				
			I ～331 万円	II 331～ 469	III 469～ 642	IV 642～ 896	V 896 万円～
二人以上の世帯							
世帯数分布（抽出率調整）	10,000	**10,000**	2,000	2,000	2,000	2,000	2,000
世帯人員	2.94	**2.91**	2.33	2.58	3.03	3.27	3.31
有業人員	1.35	**1.34**	0.55	0.92	1.47	1.79	1.95
年間収入　　　　1)	633	**641**	259	397	552	758	1,238
貯蓄	1,880	**1,901**	1,510	1,913	1,598	1,669	2,816
金融機関	1,851	**1,868**	1,508	1,906	1,586	1,630	2,709
通貨性預貯金	584	**634**	520	579	517	603	952
定期性預貯金	615	**578**	570	698	482	469	671
生命保険など　2)	357	**362**	265	343	295	339	566
有価証券	295	**294**	153	286	292	218	520
金融機関外	29	**33**	2	7	12	39	107
負債	567	**576**	95	221	557	905	1,103
# 住宅・土地のため	513	**526**	79	195	512	834	1,009

項目	令和3年平均	4年平均	年間収入五分位階級				
			I ～485 万円	II 485～ 627	III 627～ 789	IV 789～ 1012	V 1012 万円～
# 勤労者世帯							
世帯数分布（抽出率調整）	10,000	**10,000**	2,000	2,000	2,000	2,000	2,000
世帯人員	3.28	**3.23**	2.88	3.23	3.29	3.36	3.40
有業人員	1.78	**1.79**	1.55	1.71	1.84	1.86	1.99
年間収入　　　　1)	749	**768**	369	556	704	892	1,321
貯蓄	1,454	**1,508**	874	1,020	1,234	1,696	2,714
金融機関	1,411	**1,456**	868	1,006	1,204	1,628	2,572
通貨性預貯金	521	**556**	346	376	485	638	936
定期性預貯金	399	**384**	250	292	328	441	612
生命保険など　2)	293	**321**	194	222	263	355	570
有価証券	198	**194**	79	116	127	194	454
金融機関外	44	**52**	5	14	30	68	142
負債	856	**879**	429	713	1,011	1,046	1,197
# 住宅・土地のため	791	**813**	381	670	937	975	1,102

「家計調査」による。年間収入五分位階級とは、世帯を年間収入（過去1年間の収入）の低い方から順番に並べ、それを調整集計世帯数（抽出率を調整した世帯数）により5等分する分類で、年間収入の低い方から順次第I、第II、第III、第IV、第V五分位階級という。　1)　過去1年間の収入。　2)　損害保険会社の損害保険（火災・傷害保険のうち、満期時に満期返戻金が支払われる積立型のもの）を含む。
資料　総務省統計局「家計調査結果　貯蓄・負債編」

22-8 購入先別1世帯当たり1か月間の支出（二人以上の世帯）（令和元年）

（単位 金額 円）

品目	総数	購入先別			
		通信販売（インターネット）	通信販売（その他）	一般小売店	スーパー
	1)				
世帯数分布（抽出率調整）	32,575,312	32,575,312	32,575,312	32,575,312	32,575,312
世帯人員	2.98	2.98	2.98	2.98	2.98
有業人員	1.50	1.50	1.50	1.50	1.50
世帯主の年齢	58.1	58.1	58.1	58.1	58.1
消費支出	274,959	4,506	1,825	25,750	46,695
食料	76,319	620	618	7,059	39,553
住居	19,484	36	1	267	76
光熱・水道	20,564	1	5	864	18
家具・家事用品	10,283	605	215	1,965	1,816
被服及び履物	12,188	581	243	3,738	1,776
保健医療	14,769	292	305	1,138	757
交通・通信	39,512	431	38	6,077	175
教育	7,846	9	9	17	8
教養娯楽	26,137	1,446	114	2,980	1,214
その他の消費支出	47,858	486	279	1,646	1,301

品目	購入先別				
	コンビニエンスストア	百貨店	生協・購買	ディスカウントストア・量販専門店	その他
世帯数分布（抽出率調整）	32,575,312	32,575,312	32,575,312	32,575,312	32,575,312
世帯人員	2.98	2.98	2.98	2.98	2.98
有業人員	1.50	1.50	1.50	1.50	1.50
世帯主の年齢	58.1	58.1	58.1	58.1	58.1
消費支出	4,342	5,903	4,778	13,932	68,145
食料	3,066	1,994	3,903	3,389	14,413
住居	0	2	7	326	7,734
光熱・水道	0	0	43	90	1,318
家具・家事用品	52	327	265	3,432	1,179
被服及び履物	17	2,194	184	2,150	1,110
保健医療	78	61	62	1,039	10,597
交通・通信	69	31	64	505	11,961
教育	–	1	1	–	2,626
教養娯楽	251	492	143	1,771	9,071
その他の消費支出	807	802	106	1,231	8,137

「全国家計構造調査」による。10、11月の2か月間実施。　1）　不詳を含む。
資料　総務省統計局「全国家計構造調査（家計収支に関する結果）」

22-9　地方別１世帯当たり資産額（二人以上の世帯）（令和元年）

（単位　1,000円）

項目	全国	北海道	東北	関東	北陸	東海
二人以上の世帯						
純資産総額	32,194	17,189	21,258	41,739	24,823	35,177
純金融資産（貯蓄－負債）	8,386	5,969	6,963	8,507	9,689	9,971
金融資産残高（貯蓄現在高）	14,497	9,994	11,585	16,271	14,176	16,461
金融負債残高	6,110	4,025	4,622	7,763	4,487	6,489
住宅・宅地	23,808	11,220	14,295	33,232	15,135	25,206
現住居・居住地	19,762	9,591	11,809	27,975	12,649	20,107
＃宅地	15,693	6,957	8,408	23,478	9,013	14,956
現住居以外・居住地以外	4,046	1,629	2,486	5,257	2,486	5,099
＃勤労者世帯						
純資産総額	23,163	11,534	14,422	30,249	18,785	25,155
純金融資産（貯蓄－負債）	3,187	1,463	1,993	3,244	4,628	4,324
金融資産残高（貯蓄現在高）	11,082	7,110	8,457	12,554	10,974	12,797
金融負債残高	7,895	5,647	6,464	9,310	6,346	8,473
住宅・宅地	19,976	10,071	12,429	27,005	14,157	20,830
現住居・居住地	17,673	9,105	10,812	24,221	11,998	18,176
＃宅地	12,903	5,552	6,742	19,215	7,405	12,099
現住居以外・居住地以外	2,303	966	1,617	2,785	2,159	2,654

項目	近畿	中国	四国	九州	沖縄
二人以上の世帯					
純資産総額	31,985	26,006	25,090	19,518	24,748
純金融資産（貯蓄－負債）	9,518	9,422	9,478	5,585	1,858
金融資産残高（貯蓄現在高）	15,261	14,069	13,750	10,286	6,021
金融負債残高	5,743	4,647	4,272	4,701	4,164
住宅・宅地	22,467	16,584	15,612	13,933	22,890
現住居・居住地	18,778	13,153	12,329	11,542	17,422
＃宅地	14,761	9,494	8,906	8,500	12,831
現住居以外・居住地以外	3,689	3,431	3,283	2,391	5,468
＃勤労者世帯					
純資産総額	22,895	17,837	17,246	12,746	14,417
純金融資産（貯蓄－負債）	3,929	3,976	3,853	969	-302
金融資産残高（貯蓄現在高）	11,528	10,449	10,472	7,414	4,070
金融負債残高	7,599	6,473	6,618	6,445	4,372
住宅・宅地	18,966	13,862	13,393	11,776	14,720
現住居・居住地	16,760	11,800	11,345	10,302	11,974
＃宅地	12,046	7,342	6,939	6,519	8,286
現住居以外・居住地以外	2,206	2,061	2,048	1,474	2,745

「全国家計構造調査」による。10、11月の２か月間実施。
資料　総務省統計局「全国家計構造調査（家計資産・負債に関する結果）」

22-10　年齢階級別１世帯当たり資産及び負債の現在高
（単身世帯）（令和元年）

（単位　1,000円）

項目	平均	30歳未満	30-39	40-49	50-59	60-69	70歳以上
男							
純資産総額	18,546	1,992	5,151	13,898	24,630	31,621	37,434
純金融資産（貯蓄－負債）	7,877	229	1,136	4,379	11,289	17,032	14,972
金融資産残高 　（貯蓄現在高）	10,140	1,566	4,415	8,646	14,770	17,912	15,479
預貯金	6,021	1,142	2,593	5,254	7,903	10,679	9,667
通貨性預貯金	3,219	881	1,898	3,315	4,815	4,615	4,284
定期性預貯金	2,803	261	695	1,939	3,088	6,065	5,382
生命保険など	1,477	115	395	1,078	2,627	3,172	1,802
有価証券	2,477	242	1,305	2,099	3,907	3,833	3,966
その他	165	67	123	215	333	228	44
金融負債残高	2,263	1,336	3,279	4,267	3,481	880	507
#住宅・土地 　のための負債	1,732	440	2,847	3,708	2,627	677	376
月賦・年賦	205	307	182	340	231	88	46
住宅・宅地	10,670	1,763	4,015	9,519	13,341	14,589	22,462
女							
純資産総額	24,140	2,117	13,471	22,075	22,176	33,550	33,713
純金融資産（貯蓄－負債）	8,063	1,638	2,550	3,535	8,501	13,777	11,148
金融資産残高 　（貯蓄現在高）	9,189	1,867	4,079	7,997	11,107	14,233	11,489
預貯金	6,235	1,622	3,286	5,316	6,336	8,121	8,441
通貨性預貯金	2,571	970	2,029	2,836	2,668	3,250	3,031
定期性預貯金	3,664	652	1,257	2,481	3,668	4,871	5,410
生命保険など	1,593	143	412	1,402	2,980	2,862	1,695
有価証券	1,245	34	242	1,001	1,318	3,215	1,339
その他	116	68	139	279	472	35	14
金融負債残高	1,126	229	1,530	4,462	2,606	457	341
#住宅・土地 　のための負債	941	1	1,226	4,174	2,311	322	246
月賦・年賦	78	90	207	130	121	71	14
住宅・宅地	16,077	479	10,922	18,539	13,675	19,773	22,566

「全国家計構造調査」による。10、11月の２か月間実施。
資料　総務省統計局「全国家計構造調査（家計資産・負債に関する結果）」

第23章　社会保障

23-1　部門別社会保障給付費と対国民所得比

区分	平成17年度	22年度	27年度 1)	令和元年度	2年度	3年度
社会保障給付費（億円）						
合計	**888,540**	**1,053,660**	**1,168,144**	**1,239,243**	**1,322,149**	**1,387,433**
医療 2)	287,456	336,453	385,651	407,242	427,193	474,205
年金 3)	461,194	522,286	540,929	554,520	556,336	558,151
福祉その他 4)	139,891	194,921	241,564	277,480	338,621	355,076
1人当たり社会保障給付費(1,000円)	695.4	822.8	919.1	982.2	1,048.1	1,105.5
国民所得	3,881,164	3,646,882	3,926,293	4,020,267	3,753,887	3,959,324
国民所得に占める割合（%）						
合計	**22.89**	**28.89**	**29.75**	**30.82**	**35.22**	**35.04**
医療	7.41	9.23	9.82	10.13	11.38	11.98
年金	11.88	14.32	13.78	13.79	14.82	14.10
福祉その他	3.60	5.34	6.15	6.90	9.02	8.97

1)　集計の対象とする地方単独事業の範囲を変更したため、平成22年度とは接続しない。ただし、国民所得を除く。　2)　医療保険、後期高齢者医療の医療給付、生活保護の医療扶助、労災保険の医療給付、結核、精神その他の公費負担医療等を含む。　3)　厚生年金、国民年金等の公的年金、恩給、労災保険の年金給付等を含む。
4)　社会福祉サービスや介護対策に係る費用、生活保護の医療扶助以外の各種扶助、児童手当等の各種手当、医療保険の傷病手当金等、労災保険の休業補償給付等及び雇用保険の求職者給付等を含む。
資料　国立社会保障・人口問題研究所「社会保障費用統計」

23-2　政策分野別社会支出

(単位　億円)

区分	平成17年度	22年度	27年度 1)	令和2年度	3年度
合計	922,627	1,084,436	1,208,210	1,363,504	1,429,802
高齢	442,758	514,971	471,816	487,913	487,809
遺族	64,642	68,023	66,792	64,199	63,344
障害、業務災害、傷病 2)	35,292	44,857	55,423	66,020	66,818
保健 3)	310,331	354,907	495,802	558,991	605,208
家族	37,536	56,722	76,022	107,536	135,363
積極的労働市場政策	6,822	14,212	8,235	40,202	32,186
失業	11,714	12,912	9,285	12,717	13,015
住宅	4,290	5,129	6,228	6,481	6,349
他の政策分野	9,242	12,701	18,608	19,446	19,710
国内総生産	5,341,062	5,048,737	5,407,408	5,375,615	5,505,304

OECD社会支出の基準に従って算出している。　1)　集計の対象とする地方単独事業の範囲を変更したため、平成22年度とは接続しない。ただし、国内総生産を除く。　2)　平成27年度から、衆議院、参議院、国立国会図書館、裁判所、外務省及び防衛省における特別職の国家公務員に対する災害補償を含む。　3)　国立社会保障・人口問題研究所による集計。平成22年度以前はOECD Health Statistics の公的保健医療支出から補装具費等と介護保険のうち医療・看護系サービスに関する費用を除いて集計。
資料　国立社会保障・人口問題研究所「社会保障費用統計」

23-3　社会保障費用（令和3年度）

(単位　10億円)

区分	収入合計	#拠出		#国庫負担	支出合計	#給付		
		被保険者	事業主			#疾病・出産		#年金
						医療	現金	
総計	209,119	39,785	35,738	47,834	188,935	47,145	1,533	55,424
社会保険								
健康保険								
全国健康保険協会管掌健康保険	12,219	5,509	5,436	1,246	11,862	6,427	373	–
組合管掌健康保険	10,466	4,362	5,097	68	9,638	4,286	278	–
国民健康保険	13,334	3,064	–	3,725	12,575	9,313	15	–
後期高齢者医療制度	17,192	1,389	–	5,342	16,603	15,779	–	–
介護保険	11,869	2,431	–	2,711	11,357	–	–	–
厚生年金保険	58,391	16,677	16,677	10,254	48,520	–	–	23,408
厚生年金基金 1)	1,125	27	49	–	1,030	–	–	985
石炭鉱業年金基金	0.5	–	0.0	–	0.6	–	–	0.5
国民年金 2)	27,477	1,350	–	1,939	24,905	–	–	24,389
国民年金基金	416	101	–	3.5	278	–	–	248
農業者年金基金	169	–	–	118	169	–	–	71
船員保険	48	17	21	3.0	42	19	2.2	–
農林漁業団体職員共済組合	7.3	–	7.0	0.0	9.0	–	–	0.2
日本私立学校振興・共済事業団	1,518	437	431	138	1,304	149	12	335
雇用保険	5,930	586	1,172	2,610	4,779	–	645	–
労働者災害補償保険	1,173	–	851	0.0	987	–	–	–
家族手当								
児童手当	3,241	–	884	1,163	2,660	–	–	–
公務員								
国家公務員共済組合	4,065	1,013	1,160	303	3,757	262	16	1,410
存続組合等	91	–	82	0.3	119	–	–	61
地方公務員等共済組合	12,882	2,804	3,200	9.9	11,139	794	122	4,340
旧令共済組合等	2.6	–	–	2.6	2.6	0.0	0.3	0.3
国家公務員災害補償等 3)	11	–	11	–	11	–	–	–
地方公務員等災害補償	44	0.0	35	–	33	–	–	–
旧公共企業体職員業務災害	3.6	–	3.6	–	3.6	–	–	–
国家公務員恩給	4.9	–	4.8	0.0	4.9	–	–	4.8
地方公務員恩給	5.3	–	5.3	–	5.3	–	–	5.3
公衆保健サービス								
公衆衛生 4)	6,304	–	–	5,980	6,304	5,980	63	1.8
公的扶助及び社会福祉								
生活保護	3,613	–	–	2,710	3,613	1,812	0.3	–
社会福祉	11,958	–	–	7,893	11,958	566	–	–
雇用対策								
雇用対策	360	–	–	359	360	–	–	–
戦争犠牲者								
戦争犠牲者	177	–	–	177	177	0.0	–	130
他の社会保障制度	5,026	19	611	1,079	4,731	1,761	5.9	35

ILO事務局「第18次社会保障費用調査」の分類に従って算出している。　1)　年金額には代行部分を含む。　2)　福祉年金及び基礎年金を含む。　3)　衆議院、参議院、国立国会図書館、裁判所、外務省及び防衛省における特別職の国家公務員に対する災害補償を含む。　4)　結核医療等の公費負担医療を含む。
資料　国立社会保障・人口問題研究所「社会保障費用統計」

V

社会

23-4　機能別社会保障給付費

(単位　100万円)

区分	平成22年度	27年度	令和2年度	3年度
社会保障給付費	105,365,984	116,814,433	132,214,944	138,743,261
高齢	51,334,660	55,339,440	58,915,197	58,720,350
現金給付	43,890,131	45,913,807	47,600,717	47,614,069
退職年金	43,189,281	45,113,830	46,765,850	46,975,227
一括給付金	700,850	799,977	834,868	638,842
その他の現金給付	–	–	–	–
現物給付	7,444,529	9,425,633	11,314,479	11,106,281
遺族	6,794,732	6,670,145	6,409,668	6,323,859
現金給付	6,740,952	6,614,053	6,350,681	6,262,425
遺族年金	6,643,920	6,533,863	6,275,889	6,212,278
一括給付金	8,611	13,970	15,876	5,787
その他の現金給付	88,420	66,220	58,915	44,360
現物給付	53,780	56,091	58,988	61,434
埋葬費	53,780	56,091	58,988	61,434
障害	3,398,366	4,283,339	5,225,214	5,282,798
現金給付	2,098,910	2,237,509	2,444,647	2,467,789
障害年金	1,932,761	2,013,543	2,190,824	2,236,580
一括給付金	6,663	1,583	16,504	2,285
その他の現金給付	159,486	222,383	237,318	228,924
現物給付	1,299,455	2,045,830	2,780,567	2,815,009
労働災害	942,826	918,954	904,590	890,196
被保険者に対する現金給付	410,538	376,215	355,793	345,319
短期現金給付	142,667	135,186	132,860	129,202
長期現金給付（年金）	209,370	185,716	168,049	163,024
その他の現金給付	58,502	55,313	54,884	53,092
遺族に対する現金給付	274,999	265,555	251,017	246,342
定期的給付	253,033	245,615	232,722	227,780
その他の現金給付	21,966	19,939	18,295	18,562
現物給付	257,288	277,185	297,780	298,534
医療の現物給付	230,419	257,269	272,612	275,467
その他の現物給付	26,869	19,916	25,168	23,067

ILO事務局「第19次社会保障費用調査」の分類に従って算出している。

23-4　機能別社会保障給付費 (続き)

(単位　100万円)

区分	平成22年度	27年度	令和2年度	3年度
保健医療	**32,213,813**	**36,891,052**	**41,143,595**	**45,895,356**
現金給付	836,769	812,145	868,824	910,229
疾病給付	341,174	350,750	488,572	528,101
その他の現金給付	495,595	461,394	380,252	382,129
現物給付 (保健)	31,377,044	36,078,907	40,274,771	44,985,127
家族	**5,008,528**	**7,141,622**	**10,267,482**	**13,051,276**
現金給付	3,446,321	3,481,645	3,934,114	6,615,322
定期的現金給付	3,356,650	3,311,155	3,391,409	3,346,745
その他の現金給付	89,671	170,490	542,705	3,268,577
現物給付	1,562,207	3,659,977	6,333,368	6,435,954
失業	**2,250,143**	**1,442,363**	**5,023,945**	**4,259,914**
現金給付	2,250,143	1,442,363	5,023,945	4,259,914
正規失業手当	1,176,068	756,869	988,195	935,905
特別失業手当	249,460	325,923	364,767	341,027
退職／余剰手当	1,666	3,646	3,335	3,170
その他の現金給付	822,949	355,925	3,667,648	2,979,811
住宅	**512,935**	**617,234**	**648,070**	**656,864**
現物給付	512,935	617,234	648,070	656,864
家賃補助	512,935	617,234	648,070	656,864
生活保護その他	**2,909,982**	**3,510,285**	**3,677,183**	**3,662,649**
現金給付	1,187,778	1,380,726	1,471,924	1,449,538
定期的現金給付	1,185,973	1,230,438	1,445,446	1,437,252
その他の現金給付	1,804	150,287	26,478	12,286
現物給付	1,722,205	2,129,559	2,205,259	2,213,111

資料　国立社会保障・人口問題研究所「社会保障費用統計」

23-5　制度区分別国民医療費

（単位　億円）

区分	平成22年度	27年度	令和2年度	3年度
総額	374,202	423,644	429,665	450,359
公費負担医療給付分	26,447	31,498	31,222	33,136
医療保険等給付分	178,950	198,284	193,653	205,706
医療保険	176,132	195,244	190,562	202,569
その他	2,818	3,040	3,091	3,137
後期高齢者医療給付分	116,876	140,255	152,868	157,246
患者等負担分	50,103	52,042	51,922	54,270
全額負担	4,702	5,486	5,600	5,425
公費負担医療給付分・医療保険等給付分又は後期高齢者医療給付分の一部負担	45,401	46,556	46,322	48,845
軽減特例措置　　　　　　　　1)	1,826	1,565	–	–

国民医療費は、当該年度内の医療機関等における保険診療の対象となり得る傷病の治療に要した費用を推計したもの。　1)　平成20年4月から31年3月までの70～74歳の患者の窓口負担の軽減措置に関する国庫負担分。
資料　厚生労働省「国民医療費」

23-6　社会保険適用者数

（単位　1,000人）

区分	平成27年度末	令和2年度末	3年度末	区分	平成27年度末	令和2年度末	3年度末
医療保険適用者数				私立学校教職員共済	900	947	952
全国健康保険協会管掌健康保険							
一般被保険者	37,165	40,296	40,265	組合員	551	602	608
被保険者	21,577	24,877	25,072	被扶養者	350	345	344
被扶養者	15,587	15,419	15,193				
法第3条第2項　1)被保険者	19	16	16	国民健康保険	34,687	28,904	28,051
被保険者　　2)	13	11	11				
被扶養者	6.5	4.9	5.0				
組合管掌健康保険	29,136	28,681	28,382	**公的年金適用者数**			
被保険者	15,811	16,419	16,411	厚生年金保険	36,864	40,472	40,645
被扶養者	13,324	12,262	11,971	#厚生年金基金	2,539	126	125
船員保険	124	116	113	船員保険	52	51	50
被保険者	58	58	57	国家公務員共済組合	1,064	1,084	1,087
被扶養者	66	58	56	地方公務員等共済組合	2,833	3,001	3,040
国家公務員共済組合				私立学校教職員共済	529	580	586
組合員	1,079	1,094	1,097	国民年金	25,830	22,424	21,939
被扶養者	1,146	1,032	1,009	#農業者年金	48	46	45
地方公務員等共済組合							
組合員	2,875	3,022	3,062				
被扶養者	2,774	2,584	2,570				

1)　臨時に日々雇用され、1か月を超えない者あるいは2か月以内の期間を定めて使用される者等。　2)　有効手帳所有者数
資料　全国健康保険協会「全国健康保険協会管掌健康保険事業年報」　厚生労働省「健康保険・船員保険事業年報」「国民健康保険事業年報」「厚生年金保険・国民年金事業年報」「厚生年金基金の財政状況等」　財務省「国家公務員共済組合事業統計年報」　総務省「地方公務員共済組合等事業年報」　日本私立学校振興・共済事業団「私学共済制度統計要覧」　独立行政法人農業者年金基金「数字で見るのうねん」

23-7　医療保険制度別1人当たり医療費

（単位　円）

区分	平成27年度末	令和元年度末	2年度末	区分	平成27年度末	令和元年度末	2年度末
全国健康保険協会管掌健康保険				船員保険	194,728	203,420	197,033
一般被保険者	173,957	185,539	180,290	被保険者分	179,313	183,818	179,817
被保険者分	163,239	173,534	171,808	被扶養者分	190,325	197,922	184,789
被扶養者分	169,980	177,962	165,132	高齢受給者	554,481	484,209	490,694
高齢受給者	589,620	545,914	525,654				
法第3条第2項被保険者	113,275	58,973	48,198	共済組合　　　1)	156,817	162,575	153,714
被保険者分	107,954	62,917	52,488	組合員分	153,970	159,556	155,771
被扶養者分	124,880	59,001	47,654	被扶養者分	151,785	161,357	146,489
高齢受給者	106,662	44,522	35,692	高齢受給者	670,477	548,915	529,819
組合管掌健康保険	154,259	163,632	155,766	国民健康保険　2)	339,242	363,077	356,532
被保険者分	146,535	157,635	153,879	被保険者分	285,556	303,179	294,719
被扶養者分	154,634	161,856	148,326	高齢受給者	597,255	575,425	553,925
高齢受給者	570,554	537,784	508,120				

医療費とは、医療給付費に患者負担分及び公費負担医療制度併用時の公費負担分を含めたもの。
1人当たり医療費とは、被保険者及び被扶養者は70歳未満、高齢受給者は70歳以上加入者1人当たりの医療費である。
1)　国家公務員共済組合、地方公務員等共済組合、私立学校教職員共済の事業年報等に基づく推計値。　2)　国民健康保険市町村と国民健康保険組合の計。
資料　厚生労働省「医療保険に関する基礎資料」

23-8　国民健康保険

(単位　金額　1,000円)

| 年度 | 適用状況（年度末） | | 保険給付状況 | | | |
| | 世帯数 | 被保険者数 1) | 療養諸費 2) | | その他の給付 | |
			件数	金額	件数	金額
平成 22 年	21,914,489	38,769,393	566,453,367	11,328,528,261	3,670,730	114,300,246
27	20,824,245	34,686,828	566,769,139	12,027,203,799	2,763,476	87,478,863
令和 2 年	18,657,830	28,904,325	453,763,667	10,418,482,907	2,938,024	62,082,021
3	18,313,430	28,051,278	470,737,851	10,808,092,629	3,060,815	61,856,537

1)　一般被保険者及び退職被保険者等。退職被保険者等は65歳未満の者。　2)　退職者医療分を含む。
資料　厚生労働省「国民健康保険事業年報」

23-9　組合管掌健康保険

(単位　金額　1,000円)

年度	適用状況（年度末）		保険給付決定状況		
			法定給付		
			被保険者分		
	被保険者数	被扶養者数	件数	金額	#医療給付費 1)
平成 27 年	15,811,438	13,324,201	165,623,521	1,993,795,318	1,743,898,243
令和 2 年	16,418,565	12,262,268	166,681,148	2,231,021,190	1,923,248,190
3	16,410,805	11,971,135	179,176,179	2,409,833,427	2,086,459,299

年度	保険給付決定状況				
	法定給付			付加給付	
	被扶養者分				
	件数	金額	#医療給付費 1)	件数	金額
平成 27 年	169,538,313	1,649,053,475	1,560,930,019	2,072,262	81,292,773
令和 2 年	135,835,231	1,442,168,515	1,387,113,278	1,995,476	81,058,334
3	147,717,835	1,569,691,829	1,519,618,955	2,056,737	82,578,983

1)　診療費、薬剤支給、高額療養費等の計。70～74歳の現物給付（療養の給付又は家族療養費）を除く。
資料　厚生労働省「健康保険・船員保険事業状況報告」

23-10　全国健康保険協会管掌健康保険 (一般被保険者)

(単位　金額　1,000円)

| 年度 | 適用状況（年度末） | | 保険給付費 | | |
| | | | 被保険者分 | | |
	被保険者数	被扶養者数	件数	金額	#医療給付 1)
平成 27 年	21,577,484	15,587,451	230,206,370	2,931,642,059	2,633,433,306
令和 2 年	24,877,229	15,419,118	262,050,914	3,628,981,588	3,196,049,665
3	25,072,072	15,193,274	280,172,722	3,907,542,188	3,446,815,309

| 年度 | 保険給付費 | | | | |
| | 被扶養者分 | | | 高齢受給者分 | |
	件数	金額	#医療給付 1)	件数	金額
平成 27 年	188,982,732	2,096,963,543	2,005,541,205	17,379,661	344,689,006
令和 2 年	166,221,006	2,003,891,319	1,935,218,926	28,086,896	552,913,125
3	179,091,023	2,142,328,358	2,078,609,042	30,946,233	611,459,673

1)　診療費、薬剤支給、高額療養費等の計。高齢受給者分の一部を含む。
資料　全国健康保険協会「事業年報」

23-11　全国健康保険協会管掌健康保険 (法第3条第2項被保険者)

(単位　金額　1,000円)

年度	適用状況（年度末）			保険給付費			
	印紙購入通帳数（事業所数）	有効手帳所有者数（被保険者数）	平均標準賃金日額（円）	被保険者分		#医療給付　1)	
				件数	金額	件数	金額
平成 27 年	711	12,784	13,991	74,475	1,064,642	73,825	939,690
令和 2 年	484	10,989	15,388	25,549	425,661	25,262	361,386
3	430	11,287	15,596	26,629	425,576	26,345	358,889

年度	保険給付費					
	被扶養者分		#医療給付　1)		高齢受給者分	
	件数	金額	件数	金額	件数	金額
平成 27 年	50,442	630,594	50,352	595,400	8,176	145,330
令和 2 年	13,431	167,055	13,424	164,501	4,549	85,916
3	14,719	169,388	14,704	163,088	4,628	79,993

1)　診療費、薬剤支給、高額療養費等の計。
資料　全国健康保険協会「事業年報」

23-12　国民年金

(単位　金額　100万円)

年度	被保険者数（年度末現在）			納付率(%)　1)	年金受給者状況（年度末現在）　2)			
	総数	第1号、任意加入	第3号		旧法拠出制年金		基礎年金	
					受給者数	金額	受給者数	金額
平成 27 年	25,830,240	16,679,242	9,150,998	63.4	1,596,939	637,283	31,632,442	21,537,823
令和 2 年	22,424,275	14,494,591	7,929,684	71.5	680,603	278,022	35,280,411	24,043,213
3	21,938,849	14,312,055	7,626,794	73.9	559,555	229,753	35,582,390	24,269,908

年度	年金受給者状況（年度末現在）　2)				老齢福祉年金		死亡一時金裁定状況	
	基礎年金							
	#老齢基礎年金		#障害基礎年金		受給者数	金額	件数	金額
	受給者数	金額	受給者数	金額				
平成 27 年	29,740,388	19,874,029	1,801,979	1,568,660	447	179	26,722	3,830
令和 2 年	33,195,863	22,225,104	2,001,117	1,729,366	10	4	18,638	2,695
3	33,444,293	22,409,895	2,055,403	1,772,109	7	3	18,333	2,625

1)　納付率＝（到来済納付月数÷納付対象月数）×100　2)　一部支給停止されている金額を含む。
資料　厚生労働省「厚生年金保険・国民年金事業年報」

23-13　国家公務員共済組合年金受給権者 (令和3年度末)

区分	受給権者数 (人)	1人当たり年金額 (円)	区分	受給権者数 (人)	1人当たり年金額 (円)
合計	1,320,096	1,161,810	遺族給付計	341,841	1,248,189
老齢・退職給付計	957,090	1,135,015	遺族厚生年金　　　1)	113,170	1,184,301
老齢厚生年金　　1)	356,332	968,966	遺族共済年金	210,090	1,283,631
65歳以上	284,064	985,645	遺族年金	18,489	1,241,042
65歳未満	72,268	903,403	通算遺族年金	92	338,856
退職共済年金	562,002	1,178,055	その他の給付		
65歳以上	562,002	1,178,055	船員年金	102	1,155,289
65歳未満	…	…	公務災害給付	5	1,809,480
退職年金	19,223	2,211,667			
減額退職年金	19,096	1,889,829	**退職等年金給付**	41,997	12,947
通算退職年金	437	835,845	退職年金	41,792	10,254
障害給付計	21,058	977,345	公務障害年金	37	2,073,308
障害厚生年金　　1)	5,003	898,416	公務遺族年金	168	229,233
障害共済年金	14,559	937,824			
障害年金	1,496	1,625,922			

1)　年金額については、厚生年金及び経過的職域加算給付の合算額を集計。
資料　財務省「国家公務員共済組合事業統計年報」

23-14　地方公務員共済組合年金受給権者 (令和3年度末)

区分	受給権者数 (人)	1人当たり年金額 (円)	区分	受給権者数 (人)	1人当たり年金額 (円)
老齢厚生年金	1,061,794	1,118,918	遺族共済年金	421,955	1,463,284
旧職域加算退職給付	1,036,657	205,056	公務等	1,742	1,588,196
退職共済年金	1,352,797	1,503,686	公務外	420,213	1,462,766
退職年金	77,536	2,490,469	遺族年金	37,344	1,237,105
減額退職年金	8,800	1,794,654	公務等	1,143	2,022,347
通算退職年金	2,968	732,346	公務外	36,201	1,212,312
障害厚生年金	12,135	942,672	通算遺族年金	453	284,229
旧職域加算障害給付	7,961	174,217	厚生年金合計　　　1)	1,290,401	1,152,734
障害共済年金	41,361	1,103,564	旧職域加算給付合計	1,261,353	192,654
公務等	827	2,849,339	旧共済制度年金合計	1,946,962	1,520,890
公務外	40,534	1,067,946	**退職等年金給付**		
障害年金	3,748	1,722,048	退職年金		
公務等	160	3,360,543	終身退職金	168,058	3,602
公務外	3,588	1,648,983	有期退職年金 (240月)	79,237	3,862
遺族厚生年金	216,472	1,330,380	有期退職年金 (120月)	60,904	8,663
旧職域加算遺族給付	216,735	134,015	公務障害年金	48	1,768,729
			公務遺族年金	144	457,380

1)　老齢厚生年金、障害厚生年金及び遺族厚生年金の計。
資料　総務省「地方公務員共済組合等事業年報」

23-15　厚生年金保険

(単位　1,000人、1,000件、10億円)

年度末	適用状況　1)				受給者状況　1)2)			
	事業所数 (1,000)	#船舶 所有者数	被保険 者数	平均標準 報酬月額 (円)	計		老齢年金	
					受給者数	金額 5)	受給者数	金額 5)
平成 27 年	1,975	4.4	36,864	308,938	33,703	25,812	14,859	17,777
令和 2 年	2,509	4.1	40,472	313,099	35,815	25,572	15,530	17,201
3	2,598	4.1	40,645	318,593	35,878	25,500	15,615	17,110

年度末	受給者状況　1)2)							
	通算老齢年金 ・25年未満　3)		障害年金		遺族年金　4)		通算遺族年金	
	受給者数	金額 5)	受給者数	金額 5)	受給者数	金額 5)	受給者数	金額 5)
平成 27 年	13,110	2,392	410	300	5,292	5,334	32	8.4
令和 2 年	14,147	2,486	468	322	5,652	5,558	18	4.8
3	14,047	2,474	486	330	5,714	5,581	15	4.2

1)　厚生年金（第1号）数　2)　旧法厚生年金保険、旧法船員保険、新法厚生年金保険及び旧共済組合の総和。金額は基礎年金分を除く。　3)　平成27年度は、通算老齢年金。新法の老齢厚生年金のうち「老齢相当」以外のもの。特例老齢年金を含む。　4)　旧法の寡婦年金、かん夫年金、遺児年金を含む。　5)　一部支給停止されている金額も含む。
資料　厚生労働省「厚生年金保険・国民年金事業年報」

23-16　雇用保険

(単位　100万円)

年度	一般、高年齢及び 短期雇用特例被保険者 (年度末)		日雇労働 被保険者 (年度末)	一般求職者給付状況 (基本手当所定給付日数分)			日雇労働求職者 給付状況	
	適用事 業所数 (1,000)	被保険者数 (1,000人)	被保険者数 (1,000人) 1)	初回受 給者数 (1,000人)	受給者 実人員 (年度平均) (人)	支給 総額	受給者 実人員 (年度平均) (人)	支給 総額
令和 2 年	2,323	44,350	7	1,305	475,700	737,269	5,260	4,272
3	2,355	44,439	7	1,134	434,296	669,823	5,204	4,134
4	2,372	44,565	7	1,121	405,306	621,082	5,178	4,124

1)　有効な被保険者手帳を所持している者の数。
資料　厚生労働省「雇用保険事業年報」

23-17　介護保険

(単位　人数　1,000人、金額　10億円)

年度	適用状況　1)			要介護（要支援）認定者　1)			居宅介護（介護予防）サービス受給者　2)		
	第1号被保険者のいる世帯数(1,000)	第1号被保険者数		総数	#第1号被保険者		総数	#第1号被保険者	
		65〜75歳未満	75歳以上		要支援	要介護		要支援	要介護
平成 27 年	23,856	17,449	16,366	6,204	1,716	4,352	46,722	13,126	32,467
令和 2 年	25,274	17,462	18,326	6,818	1,879	4,810	47,105	9,263	36,818
3	25,385	17,152	18,735	6,896	1,894	4,872	48,545	9,637	37,862

年度	地域密着型（介護予防）サービス受給者　2)			施設介護サービス受給者　2)3)4)					
	総数	#第1号被保険者		総数	#第1号被保険者				
		要支援	要介護		介護老人福祉施設	介護老人保健施設	介護療養型医療施設	介護医療院	
平成 27 年	4,915	130	4,735	10,940	6,023	4,114	704	—	
令和 2 年	10,458	160	10,160	11,476	6,630	4,170	218	376	
3	10,650	158	10,358	11,503	6,711	4,122	152	438	

年度	保険給付　2)								
	介護給付・予防給付								
	居宅介護（介護予防）サービス			地域密着型（介護予防）サービス			施設サービス		
	件数(1,000)	費用額	給付費	件数(1,000)	費用額	給付費	件数(1,000)	費用額	給付費
平成 27 年	139,039	5,186	4,687	5,018	1,128	1,011	11,060	3,173	2,848
令和 2 年	140,488	5,337	4,787	10,953	1,848	1,646	11,585	3,540	3,163
3	146,335	5,528	4,960	11,168	1,900	1,692	11,626	3,575	3,194

年度	保険給付　2)					
	特定入所者介護（介護予防）サービス費				高額介護（介護予防）サービス費	
	食費		居住費（滞在費）			
	件数(1,000)	給付費	件数(1,000)	給付費	件数(1,000)	給付費
平成 27 年	9,762	231	5,987	114	17,319	181
令和 2 年	9,302	206	9,165	123	21,042	267
3	8,743	164	8,655	117	21,320	267

1)　年度末現在　2)　当該年の3月から翌年2月サービス分までの累計。ただし、高額介護（介護予防）サービス費については、当該年の4月から翌年3月の支出決定分の累計。　3)　平成30年度、介護医療院が新設され、介護療養型医療施設の介護医療院への発展的移行が進められている。　4)　同一月に2施設以上でサービスを受けた場合、施設ごとにそれぞれ受給者を1人と計上するが、総数では1人としているため、4施設の合計と総数が一致しない。
資料　厚生労働省「介護保険事業状況報告年報」

23-18　労働者災害補償保険

年度	適用状況 (年度末現在)		新規 受給者数	保険給付支払状況 (100万円)					
				計　1)		#療養補償		#休業補償	
	事業場数 (1,000)	労働者数 (1,000人)	(1,000人)	件数 (1,000件)	金額	件数 (1,000件)	金額	件数 (1,000件)	金額
平成 27 年	2,747	56,292	618	5,486	739,968	3,381	227,080	584	98,679
令和 2 年	2,911	61,335	653	5,733	732,830	3,608	244,243	689	97,974
3	2,950	60,681	679	5,699	724,999	3,710	248,436	606	95,471

災害とは業務災害及び通勤災害をいう。　1)　二次健康診断等給付を含む。
資料　厚生労働省「労働者災害補償保険事業年報」

23-19　公務災害補償費支払状況

年度	国家公務員災害補償　1)2)					地方公務員災害補償　2)3)				
	件数	総額 (100万円)	#療養 補償	#休業 補償	#遺族 補償 年金	件数	総額 (100万円)	#療養 補償	#休業 補償	#遺族 補償 年金
平成 27 年	5,494	5,892	1,009	336	3,194	38,472	21,453	7,407	507	9,026
令和 2 年	4,571	4,835	860	186	2,672	39,565	20,297	7,850	419	8,056
3	4,701	4,663	877	170	2,519	39,173	19,538	7,254	358	7,867

1)　一般職の国家公務員に対するもの。　2)　通勤災害を含む。　3)　常勤地方公務員に対するもの。休業補償は特別補償経理を含む。
資料　人事院「国家公務員災害補償統計」　地方公務員災害補償基金「常勤地方公務員災害補償統計」

23-20 社会福祉施設の概況 (令和4年)

施設		施設数	定員	在所者数	従事者数 (常勤換算数)
			1) 2)	1) 2)	1)
保護施設		290	19,192	17,966	6,376
救護施設		186	16,501	16,360	5,969
更生施設		19	1,446	1,030	286
医療保護施設	3)	57	…	…	…
授産施設		14	450	317	75
宿所提供施設		14	795	259	47
老人福祉施設		5,158	157,211	140,003	39,000
養護老人ホーム		932	61,518	53,011	16,561
軽費老人ホーム	4)	2,330	95,693	86,992	22,439
老人福祉センター	3)	1,896	–	–	…
障害者支援施設等		5,498	187,020	149,896	108,770
障害者支援施設	5)	2,575	137,962	148,660	98,123
地域活動支援センター		2,794	47,384	…	10,400
福祉ホーム		129	1,674	1,236	247
身体障害者社会参加支援施設	3)	315	…	…	…
婦人保護施設		47	1,205	276	383
児童福祉施設等		46,997	3,143,249	2,788,941	876,570
＃保育所等	6)	30,358	2,933,434	2,597,595	723,774
地域型保育事業所		7,392	118,160	106,970	63,006
児童館		4,301	–	–	19,264
母子・父子福祉施設		55	…	…	211
その他の社会福祉施設等		25,461	666,276	546,190	228,413

「社会福祉施設等調査」（10月1日現在）による。基本票と詳細票からなる。活動中の施設について集計している。　1）推計値　2）調査を実施した施設のみ計上している。　3）詳細票調査未実施。　4）ケアハウスを含む。　5）定員は入所者分のみ。また、在所者数は入所者数と通所者数の計。　6）幼保連携型認定こども園、保育所型認定こども園および保育所の計。
資料　厚生労働省「社会福祉施設等調査」

23-21　児童相談所における相談の種類別対応件数

相談の種類	平成29年度	30年度	令和元年度	2年度	3年度
総数	466,880	504,856	544,698	527,272	571,961
養護相談	195,786	228,719	267,955	280,985	283,001
障害相談	185,032	188,702	189,714	162,351	203,619
育成相談	43,446	43,594	42,441	38,908	41,534
非行相談	14,110	13,333	12,410	10,615	10,690
保健相談	1,842	1,644	1,435	1,269	1,441
その他の相談	26,664	28,864	30,743	33,144	31,676

「福祉行政報告例」による。
資料　厚生労働省「福祉行政報告例」

23-22　児童相談所における児童虐待相談の被虐待者の年齢別対応件数

区分	平成29年度	30年度	令和元年度	2年度	3年度
総数	133,778	159,838	193,780	205,044	207,660
0～2歳	27,046	32,302	37,826	39,658	38,752
3～6	34,050	41,090	49,660	52,601	52,615
7～12	44,567	53,797	65,959	70,111	70,935
13～15	18,677	21,847	26,709	28,071	30,157
16～18	9,438	10,802	13,626	14,603	15,201

「福祉行政報告例」による。
資料　厚生労働省「福祉行政報告例」

23-23　児童相談所における所内一時保護児童の
受付件数及び対応件数

年度	受付件数	対応件数						
	総数	総数	児童福祉施設入所	里親委託	他の児童相談所・機関に移送	家庭裁判所送致	帰宅	その他
平成29年	24,823	24,680	4,049	656	1,195	145	14,716	3,919
30	26,177	25,764	3,986	692	1,341	141	15,389	4,215
令和元年	27,704	27,814	3,889	760	1,502	119	17,162	4,382
2	26,548	26,519	3,310	632	1,473	107	16,506	4,491
3	26,435	26,358	3,256	573	1,686	108	16,169	4,566

「福祉行政報告例」による。
資料　厚生労働省「福祉行政報告例」

23-24　児童手当受給者数、支給対象児童数と支給額

年度、区分	受給者数	支給対象児童数	支給額 (1,000円)
平成27年度	10,425,604	17,203,630	2,185,515,234
令和2年度	9,754,255	16,114,845	2,029,697,645
3	9,601,945	15,872,314	1,990,466,656
児童手当	8,575,436	14,246,949	1,894,485,117
特例給付	1,026,509	1,625,365	95,981,539

受給者数及び支給対象児童数は2月末現在。
資料　内閣府「児童手当事業年報」

23-25　身体障害児童の育成医療と未熟児の養育医療給付

(単位　金額　1,000円)

年度	身体障害児童の育成医療給付支給状況							
	申請件数	支給認定件数 1)	入院	入院外	支払決定金額 2)	公費負担	社会保険負担	自己負担
平成 29 年	38,836	38,038	15,741	22,267	34,223,944	2,639,881	31,300,808	283,255
30	36,565	35,507	14,581	20,908	29,082,884	2,137,368	26,697,366	248,150
令和元年	31,441	30,629	12,313	18,273	23,690,030	1,774,940	21,702,475	212,615
2	26,270	25,618	10,325	15,275	20,318,367	1,425,424	18,711,008	181,935
3	24,107	23,536	9,223	14,303	18,947,906	1,311,545	17,467,708	168,653

年度	未熟児の養育医療給付支給状況					
	申請件数	決定件数	費用額	公費負担	#自己負担	社会保険負担 3)
平成 29 年	30,719	30,628	105,383,782	7,804,689	1,372,586	97,579,093
30	30,421	30,280	107,605,244	9,087,965	1,476,660	98,517,279
令和元年	29,489	29,297	106,053,889	8,018,039	1,442,946	98,035,850
2	29,635	29,479	110,070,283	8,094,742	1,537,112	101,975,541
3	30,018	29,925	109,655,372	7,848,878	1,588,494	101,806,494

「福祉行政報告例」による。　1)　訪問看護を含む。　2)　3月から翌年2月診療分まで。　3)　感染症の予防及び感染症の患者に対する医療に関する法律による負担を含む。
資料　厚生労働省「福祉行政報告例」

23-26　後期高齢者医療費と医療給付費

年度	被保険者数 1)	後期高齢者医療費 2) (億円)	1人当たり後期高齢者医療費 (円)	医療給付費 (億円)	#高額療養費	後期高齢者医療費の国民医療費に対する割合(%)
平成 27 年	15,944,315	151,323	949,070	139,551	5,952	35.7
令和 2 年	18,065,263	165,681	917,124	152,293	6,645	38.6
3	18,156,340	170,763	940,512	157,105	6,949	…

後期高齢者医療制度による。後期高齢者医療広域連合が行う後期高齢者医療の被保険者（75歳以上の者及び65歳以上75歳未満で障害認定を受けた者）。当該年の3月から翌年2月までの期間。　1)　各年度における各月末平均。　2)　一部負担金、食事療養・生活療養の標準負担額及び訪問看護に係る基本利用料を含む。
資料　厚生労働省「後期高齢者医療事業状況報告（年報）」

23-27　都道府県別介護保険施設

都道府県	介護老人福祉施設			介護老人保健施設			介護療養型医療施設		
	施設数	定員	在所者数 (9月末)	施設数	定員	在所者数 (9月末)	施設数	病床数	在院者数 (9月末)
令和 2 年	8,306	575,644	552,769	4,304	373,979	330,837	556	19,110	16,274
3	8,414	585,885	559,488	4,279	372,460	329,009	421	13,675	11,372
北海道	380	25,739	24,218	195	16,540	14,561	21	849	630
青森	99	5,707	5,502	61	5,244	4,816	11	488	436
岩手	122	7,475	7,337	67	5,981	5,410	7	146	117
宮城	167	10,527	9,974	96	9,194	8,300	2	19	19
秋田	124	7,247	7,028	55	4,988	4,596	–	–	–
山形	105	7,853	7,648	46	4,161	3,775	3	36	32
福島	164	11,804	11,444	89	7,696	6,355	7	154	144
茨城	274	16,042	15,283	142	11,477	10,245	8	174	167
栃木	144	8,636	8,259	65	5,622	5,034	5	284	271
群馬	181	10,909	10,386	100	6,728	5,877	1	88	64
埼玉	448	36,541	34,549	179	17,035	14,839	7	594	567
千葉	429	27,368	26,219	166	15,532	13,636	9	363	301
東京	571	50,437	47,775	213	21,978	19,240	28	1,729	1,545
神奈川	432	37,814	35,729	195	20,708	17,834	9	507	455
新潟	211	15,662	15,220	106	9,846	9,003	3	173	145
富山	86	5,559	5,353	46	4,250	3,605	6	226	208
石川	78	6,186	5,802	45	4,070	3,734	3	76	52
福井	69	4,548	4,243	36	3,082	2,777	6	68	53
山梨	59	3,493	3,411	32	2,911	2,646	2	32	18
長野	169	11,649	11,395	98	7,983	6,738	13	433	317
岐阜	141	10,464	9,835	80	6,509	5,501	10	214	172
静岡	257	17,964	17,424	124	12,781	11,845	7	345	318
愛知	290	25,074	23,842	193	18,445	16,364	7	274	237
三重	166	9,688	9,175	76	6,820	6,060	4	63	49
滋賀	93	6,128	5,871	34	2,827	2,423	2	77	74
京都	164	12,267	11,894	73	7,447	6,540	6	204	169
大阪	444	34,178	32,455	229	21,561	19,065	13	505	409
兵庫	360	25,222	24,326	173	14,964	12,840	8	332	308
奈良	115	7,548	7,133	57	5,189	4,587	1	16	14
和歌山	93	5,730	5,558	42	3,462	3,023	7	106	91
鳥取	44	2,971	2,872	54	3,043	2,726	3	50	38
島根	92	4,850	4,680	35	2,488	2,110	2	58	10
岡山	155	9,850	9,408	84	6,427	5,744	8	257	222
広島	192	11,872	11,359	109	8,775	7,859	22	881	633
山口	106	6,590	6,338	65	4,769	4,212	8	170	136
徳島	66	3,527	3,418	52	4,092	3,623	16	435	325
香川	90	5,133	4,948	51	3,892	3,550	9	236	200
愛媛	109	6,612	6,332	68	5,264	4,720	9	116	79
高知	59	4,221	4,063	31	1,985	1,765	8	169	141
福岡	336	22,064	20,646	175	14,591	12,725	24	653	530
佐賀	58	3,646	3,547	41	2,900	2,627	8	235	195
長崎	121	6,381	6,094	63	4,799	4,300	17	280	175
熊本	139	7,457	7,316	96	6,454	5,612	25	624	532
大分	85	4,911	4,764	69	4,484	4,149	13	138	82
宮崎	95	5,665	5,411	44	3,328	2,870	19	498	432
鹿児島	169	10,142	9,713	87	6,276	5,579	10	177	159
沖縄	63	4,534	4,289	42	3,862	3,568	4	124	104

「介護サービス施設・事業所調査」（10月1日現在）による。
資料　厚生労働省「介護サービス施設・事業所調査」

23-28　居宅サービスと地域密着型サービス事業所数

年次	居宅サービス事業所									
	訪問介護	訪問入浴介護	訪問看護ステーション	通所介護	通所リハビリテーション	短期入所生活介護	短期入所療養介護	特定施設入居者生活介護	福祉用具貸与	特定福祉用具販売
平成27年	34,823	2,190	8,745	43,406	7,515	10,727	5,348	4,679	8,056	8,135
令和2年	35,075	1,708	12,393	24,087	8,349	11,668	5,220	5,454	7,545	7,529
3	35,612	1,705	13,554	24,428	8,308	11,790	5,068	5,610	7,770	7,657

年次	地域密着型サービス事業所								居宅介護支援
	定期巡回・随時対応型訪問介護看護	夜間対応型訪問介護	地域密着型通所介護	認知症対応型通所介護	小規模多機能型居宅介護	認知症対応型共同生活介護	地域密着型特定施設入居者生活介護	複合型サービス 1)	
平成27年	616	224	-	4,308	4,969	12,983	301	250	40,127
令和2年	1,099	220	19,667	3,868	5,556	13,977	354	711	39,284
3	1,178	221	19,578	3,753	5,614	14,085	365	817	39,047

「介護サービス施設・事業所調査」（10月1日現在）による。　1）看護小規模多機能型居宅介護
資料　厚生労働省「介護サービス施設・事業所調査」

23-29　身体障害者の更生援護状況

年度	身体障害者手帳交付台帳登載数 (1,000人)				障害者総合支援 (1,000件)					
	新規交付数	総数（年度末）	18歳未満	18歳以上	自立支援医療（更生医療）		補装具			
							購入		修理	
					支給認定件数 1)	#公費負担額 (100万円) 2)	決定件数	#公費負担額 (100万円) 3)	決定件数	#公費負担額 (100万円) 3)
平成27年	285	5,194	104	5,091	342	169,195	162	20,801	123	5,572
令和2年	268	4,977	96	4,881	341	177,749	149	21,019	103	5,533
3	269	4,910	94	4,816	358	178,548	150	20,996	103	5,561

「福祉行政報告例」による。　1）平成27年度は給付決定件数。　2）当年3月から翌年2月診療分まで。
3）障害者総合支援法による。
資料　厚生労働省「福祉行政報告例」

23-30　障害者更生相談所における相談件数

年度	取扱実人員 1)	相談件数							
		総数	#自立支援医療（更生医療）	#補装具	#身体障害者手帳 2)	#職業	#施設	#医療保健	#生活
	身体障害者								
平成27年	271,098	256,201	102,377	97,447	40,674	619	1,354	-	3,299
令和2年	236,306	224,024	83,304	92,232	38,033	864	1,203	-	2,319
3	248,677	238,047	93,298	93,197	40,118	652	1,450	-	2,117
	知的障害者								
平成27年	88,408	102,331	-	-	67,455	3,315	3,034	2,948	9,901
令和2年	84,651	105,122	-	-	64,136	3,060	4,461	3,846	8,882
3	96,725	115,606	-	-	73,044	2,900	3,390	4,124	9,854

「福祉行政報告例」による。　1）月ごとの実人員の合計。　2）知的障害者は療育手帳。
資料　厚生労働省「福祉行政報告例」

23-31　生活保護法による被保護実世帯数と実人員

年度	被保護実世帯数 (月平均) (1,000)							被保護実人員 (月平均) (1,000)	保護率 (人口1,000につき) 1)
	総数	現に保護を受けた世帯					保護停止中の世帯		
		世帯類型別							
		高齢者世帯	母子世帯	障害者世帯	傷病者世帯	その他の世帯			
平成 27 年	1,630	803	104	190	253	272	8.4	2,164	17.0
令和 2 年	1,637	904	76	206	199	245	7.4	2,052	16.3
3	1,642	909	71	210	195	249	7.7	2,039	16.2

年度	扶助の種類別人員 2)								
	計	生活	住宅	教育	介護	医療	出産	生業	葬祭
	人員 (月平均) (1,000)								
平成 27 年	6,074	1,927	1,842	142	330	1,776	0.2	53	3.3
令和 2 年	5,809	1,796	1,755	101	405	1,710	0.1	39	3.9
3	5,788	1,781	1,747	94	416	1,709	0.1	37	4.1

1)　1か月平均の被保護実人員を10月1日現在の国勢調査人口又は推計人口で除した。　2)　人員は各扶助の延数。
資料　厚生労働省「被保護者調査」

23-32　社会福祉行政機関と民生委員

年度末	福祉事務所数	身体障害者更生相談所数	知的障害者更生相談所数	児童相談所数	民生 (児童) 委員数
平成 27 年	1,247	77	84	208	231,689
令和 2 年	1,250	78	86	220	230,690
3	1,250	78	88	225	231,111

資料　厚生労働省「福祉行政報告例」

第24章　保健衛生

24-1　国民の栄養摂取量

(1人1日当たり)

年次	エネルギー (kcal)	たんぱく質 (g)	脂質 (g)	炭水化物 (g)	カルシウム (mg)	鉄 (mg)	A (マイクログラム RAE) 2)	B₁ (mg)	B₂ (mg)	C (mg)
							ビタミン 1)			
平成 17 年	1,904	71.1	53.9	267	539	8.0	604	0.87	1.18	106
22	1,849	67.3	53.7	258	503	7.4	529	0.83	1.13	90
27	1,889	69.1	57.0	258	517	7.6	534	0.86	1.17	98
29	1,897	69.4	59.0	255	514	7.5	519	0.87	1.18	94
30	1,900	70.4	60.4	251	505	7.5	518	0.90	1.16	95
令和 元 年	1,903	71.4	61.3	248	505	7.6	534	0.95	1.18	94

栄養素等摂取量 / ビタミン — A (マイクログラム RAE) 2), B₁ (mg), B₂ (mg), C (mg)

食品群別摂取量 (g)

年次	総量 3)	穀類	いも類	砂糖・甘味料類	豆類	種実類	緑黄色野菜	その他の野菜 4)	果実類	きのこ類
							野菜類			
平成 17 年	2,080.7	452.0	59.1	7.0	59.3	1.9	94.4	185.3	125.7	16.2
22	1,994.5	439.7	53.3	6.7	55.3	2.1	87.9	180.0	101.7	16.8
27	2,205.8	430.7	50.9	6.6	60.3	2.3	94.4	187.6	107.6	15.7
29	2,038.0	421.8	52.7	6.8	62.8	2.6	83.9	192.2	105.0	16.1
30	1,994.0	415.1	51.0	6.4	62.9	2.4	82.9	186.3	96.7	16.0
令和 元 年	1,979.9	410.7	50.2	6.3	60.6	2.5	81.8	188.0	96.4	16.9

食品群別摂取量 (g)

年次	藻類	油脂類	菓子類	嗜好飲料類	調味料・香辛料類	魚介類	肉類	卵類	乳類
平成 17 年	14.3	10.4	25.3	601.6	92.8	84.0	80.2	34.2	125.1
22	11.0	10.1	25.1	598.5	87.0	72.5	82.5	34.8	117.3
27	10.0	10.8	26.7	788.7	85.7	69.0	91.0	35.5	132.2
29	9.9	11.3	26.8	623.4	86.5	64.4	98.5	37.6	135.7
30	8.5	11.0	26.1	628.6	60.7	65.1	104.5	41.1	128.8
令和 元 年	9.9	11.2	25.7	618.5	62.5	64.1	103.0	40.4	131.2

「国民健康・栄養調査」（11月中の1日（日曜日及び祝日を除く。））による。　1)　平成17、22年は強化食品、補助食品を除く。　2)　平成30年まではRE（レチノール当量）、令和元年はRAE（レチノール活性当量）。
3)　平成17、22年は補助栄養素・特定保健用食品を含む。　4)　野菜ジュース及び漬け物を含む。
資料　厚生労働省「国民健康・栄養調査」

24-2　年齢別青少年の体格

年次	幼稚園 1) 5歳	小学校					2)	中学校		3)	高等学校		4)
		6	7	8	9	10	11	12	13	14	15	16	17
男													
身長													
平成17年	110.7	116.6	122.5	128.2	133.6	139.0	145.1	152.5	159.9	165.4	168.4	170.0	170.8
22	110.7	116.7	122.5	128.2	133.5	138.8	145.0	152.4	159.7	165.1	168.2	169.9	170.7
27	110.4	116.5	122.5	128.1	133.5	138.9	145.2	152.6	159.8	165.1	168.3	169.8	170.7
令和2年	111.6	117.5	123.5	129.1	134.5	140.1	146.6	154.3	161.4	166.1	168.8	170.2	170.7
3	111.0	116.7	122.6	128.3	133.8	139.3	145.9	153.6	160.6	165.7	168.6	169.8	170.8
4	111.1	117.0	122.9	128.5	133.9	139.7	146.1	154.0	160.9	165.8	168.8	169.9	170.7
体重													
平成17年	19.1	21.6	24.3	27.4	30.9	34.7	39.1	44.9	50.1	55.3	60.3	62.2	63.8
22	19.0	21.4	24.0	27.2	30.5	34.1	38.4	44.1	49.2	54.4	59.5	61.5	63.1
27	18.9	21.3	23.9	26.9	30.4	34.0	38.2	43.9	48.8	53.9	59.0	60.6	62.5
令和2年	19.4	22.0	24.9	28.4	32.0	35.9	40.4	45.8	50.9	55.2	58.9	60.9	62.6
3	19.3	21.7	24.5	27.7	31.3	35.1	39.6	45.2	50.0	54.7	59.0	60.5	62.4
4	19.3	21.8	24.6	28.0	31.5	35.7	40.0	45.7	50.6	55.0	59.1	60.7	62.5
女													
身長													
平成17年	109.9	115.8	121.7	127.5	133.5	140.1	146.9	152.0	155.2	156.8	157.3	157.8	158.0
22	109.8	115.8	121.7	127.4	133.5	140.2	146.8	151.9	155.0	156.5	157.1	157.7	158.0
27	109.4	115.5	121.5	127.3	133.4	140.1	146.7	151.8	154.9	156.5	157.1	157.6	157.9
令和2年	110.6	116.7	122.6	128.5	134.8	141.5	148.0	152.6	155.2	156.7	157.3	157.7	157.9
3	110.1	115.8	121.8	127.6	134.1	140.9	147.3	152.1	155.0	156.5	157.3	157.7	158.0
4	110.2	116.0	122.0	128.1	134.5	141.4	147.9	152.2	154.9	156.5	157.2	157.7	158.0
体重													
平成17年	18.7	21.1	23.6	26.8	30.2	34.4	39.5	44.4	48.0	50.8	52.4	53.3	53.7
22	18.6	21.0	23.5	26.5	30.0	34.1	39.0	43.8	47.3	50.0	51.6	52.7	52.9
27	18.5	20.8	23.4	26.4	29.7	33.9	38.8	43.6	47.3	49.9	51.5	52.6	53.0
令和2年	19.0	21.5	24.3	27.4	31.1	35.4	40.3	44.5	47.9	50.2	51.2	51.9	52.3
3	19.0	21.2	23.9	27.0	30.9	35.0	40.1	44.4	47.6	50.0	51.3	52.3	52.5
4	19.0	21.3	24.0	27.3	31.1	35.5	40.5	44.5	47.7	49.9	51.2	52.1	52.5

「学校保健統計調査」による。調査の実施期間は４～６月（令和２～４年に限り４月～年度末）。年齢は４月１日現在の満年齢。　1)　令和２年以降は幼保連携型認定こども園を含む。　2)　令和２年以降は義務教育学校（第１～６学年）を含む。　3)　中等教育学校の前期課程を含む。令和２年以降は義務教育学校（第７～９学年）を含む。　4)　中等教育学校の後期課程を含む。
資料　文部科学省「学校保健統計調査」

234 保健衛生

24-3 年齢別体力・運動能力 (令和4年)

年齢	男				女			
	握力 (kg)	上体 起こし (回)	反復 横とび (点)	50m走 (秒)	握力 (kg)	上体 起こし (回)	反復 横とび (点)	50m走 (秒)
6歳	9.13	11.82	27.36	11.47	8.52	11.77	26.88	11.77
7	10.76	14.45	31.10	10.59	10.09	13.63	29.88	10.95
8	12.46	16.05	34.64	10.13	11.76	15.70	33.34	10.42
9	14.31	17.96	38.30	9.70	13.88	17.27	36.89	10.00
10	16.73	20.01	42.73	9.30	16.45	18.50	39.93	9.57
11	19.48	21.63	45.51	8.94	18.66	19.48	42.15	9.26
12	24.69	23.68	50.14	8.37	21.38	19.93	45.20	9.02
13	30.21	26.59	52.95	7.83	23.99	22.54	47.86	8.76
14	34.53	28.63	56.01	7.49	25.24	24.00	48.59	8.68
15	36.54	27.63	54.86	7.54	25.27	21.84	47.12	9.00
16	38.58	29.22	56.35	7.34	26.18	23.21	48.05	8.89
17	40.66	30.38	57.50	7.27	26.40	23.68	48.09	8.95
18	39.52	28.69	56.94	7.43	26.16	23.05	47.83	9.17
19	39.64	28.62	56.73	7.45	25.93	22.91	48.27	9.08
20〜24	44.80	28.63	55.08	…	27.35	21.19	45.97	…
25〜29	45.84	28.03	54.60	…	27.75	20.08	44.97	…
30〜34	46.47	26.65	52.18	…	28.05	18.11	43.16	…
35〜39	46.44	25.46	50.73	…	28.54	16.96	41.89	…
40〜44	46.17	23.44	48.23	…	28.38	15.90	40.97	…
45〜49	45.73	22.60	47.34	…	28.55	15.56	40.68	…
50〜54	45.42	21.76	45.83	…	27.34	14.63	39.66	…
55〜59	44.49	20.37	43.89	…	26.74	13.67	38.02	…
60〜64	42.38	19.01	41.98	…	26.27	13.11	36.77	…
65〜69	39.32	16.11	…	…	25.25	11.35	…	…
70〜74	37.70	14.62	…	…	23.96	10.79	…	…
75〜79	35.01	12.41	…	…	22.47	9.25	…	…

「体力・運動能力調査」による。調査の実施時期は、小学生・中学生・高校生は5〜7月。それ以外は5〜10月。年齢は4月1日現在。平均値
資料　スポーツ庁「体力・運動能力調査」

24-4　地域保健事業の状況

年度	健康診断			
	受診延人員			
	結核	生活習慣病		
			#悪性新生物	#循環器疾患
平成30年	7,359,299	3,863,089	2,623,600	432,677
令和元年	7,376,719	3,872,675	2,666,695	424,112
2	6,103,960	3,033,002	2,112,681	312,194
3	6,737,622	3,385,834	2,234,743	360,835

年度	母子保健（保健指導）		歯科保健 1)	
	被指導延人員		健診	保健指導
	妊産婦	乳幼児	受診延人員	被指導延人員
平成30年	1,303,334	2,219,089	*4,874,539	*
令和元年	1,301,818	2,075,861	*4,593,656	*
2	1,179,177	1,563,710	*3,548,523	*
3	1,176,606	1,600,018	3,008,327	2,368,289

年度	健康増進（栄養指導）	健康増進（運動指導）	精神保健福祉	難病
	被指導延人員	被指導延人員	相談、デイ・ケア、訪問指導被指導実人員	相談、機能訓練、訪問指導被指導実人員
平成30年	4,980,038	1,665,490	448,094	522,670
令和元年	4,567,394	1,459,420	444,331	532,262
2	2,210,957	662,394	387,930	302,250
3	2,379,453	660,225	382,846	472,682

調査対象は、全国の保健所及び市区町村。
1)　令和2年度までは、「歯科検診」と「保健指導」の双方を同じ人に同じ日に行った場合、又はどちらか一方を行った場合は1と計上している。3年度からは、「歯科検診」と「保健指導」を行った場合、双方に1と計上している。
資料　厚生労働省「地域保健・健康増進事業報告（地域保健編）」

24-5　原因食品・原因施設別食中毒事件数と患者数

原因食品、原因施設	平成27年		令和2年		3年		4年	
	事件数	患者数	事件数	患者数	事件数	患者数	事件数	患者数
総数	1,202	22,718	887	14,613	717	11,080	962	6,856
原因食品別								
魚介類	209	1,632	299	711	223	335	384	745
魚介類加工品	15	368	13	69	2	24	4	4
肉類及びその加工品	64	574	28	682	31	158	29	227
卵類及びその加工品	1	2	2	107	-	-	2	113
乳類及びその加工品	-	-	-	-	1	1,896	-	-
穀類及びその加工品	7	133	-	-	1	29	2	27
野菜及びその加工品	48	190	43	161	29	212	35	225
菓子類	4	147	2	63	5	106	-	-
複合調理食品	69	1,857	45	4,403	41	1,039	50	2,060
その他	629	16,442	284	8,089	202	6,773	209	3,131
不明	156	1,373	171	328	182	508	247	324
原因施設別								
家庭	117	302	166	244	106	156	130	183
事業場	42	1,217	31	984	31	1,189	25	949
学校	12	627	12	331	10	542	13	393
病院	7	253	4	81	5	283	2	43
旅館	64	2,016	11	508	12	386	8	245
飲食店	742	12,734	375	6,955	283	2,646	380	3,106
販売店	23	151	49	90	40	44	87	154
製造所	7	183	7	631	10	2,127	3	12
仕出屋	53	4,330	26	4,310	16	3,010	20	1,323
採取場所	-	-	-	-	1	3	-	-
その他	17	542	6	37	2	4	5	79
不明	118	363	200	442	201	690	289	369

「食中毒統計調査」による。
資料　厚生労働省「食中毒統計調査」

24-6　児童、生徒の主な疾病・異常被患率 (令和4年)

(単位　%)

区分	幼稚園 (5歳) 1)		小学校 (6～11歳) 2)	
	男	女	男	女
裸眼視力1.0未満	25.03	24.87	35.10	40.78
眼の疾病・異常	1.30	1.23	5.65	4.88
難聴	…	…	0.43	0.55
耳鼻咽頭				
耳疾患	2.39	2.32	6.67	6.52
鼻・副鼻腔疾患	3.55	2.48	14.08	8.68
口腔咽喉頭疾患・異常	0.70	0.60	0.79	0.64
歯				
むし歯 (う歯)	25.88	23.95	38.32	35.67
処置完了者	10.32	9.77	20.05	18.56
未処置歯のある者	15.56	14.18	18.27	17.11
栄養状態	0.36	0.41	2.46	1.66
せき柱・胸郭・四肢の状態	0.27	0.20	0.83	0.85
アトピー性皮膚炎	1.75	1.48	3.33	2.95
心臓の疾病・異常	0.29	0.26	0.80	0.79
心電図異常　　　　　　　5)	…	…	2.97	2.11
蛋白検出の者	0.72	1.04	0.68	1.30
ぜん息	1.41	0.80	3.43	2.23

区分	中学校 (12～14歳) 3)		高等学校 (15～17歳) 4)	
	男	女	男	女
裸眼視力1.0未満	58.86	63.72	70.81	72.33
眼の疾病・異常	5.57	4.29	3.97	3.19
難聴	0.31	0.36	0.24	0.27
耳鼻咽頭				
耳疾患	5.50	3.99	2.59	1.89
鼻・副鼻腔疾患	12.39	8.94	9.06	7.94
口腔咽喉頭疾患・異常	0.38	0.31	0.29	0.28
歯				
むし歯 (う歯)	26.98	29.56	36.69	39.96
処置完了者	15.64	18.02	21.80	25.84
未処置歯のある者	11.34	11.54	14.88	14.12
栄養状態	1.75	1.07	0.80	0.53
せき柱・胸郭・四肢の状態	1.32	1.77	0.96	1.29
アトピー性皮膚炎	3.11	2.81	2.87	2.49
心臓の疾病・異常	0.90	0.80	0.82	0.69
心電図異常　　　　　　　5)	3.51	2.77	3.66	2.38
蛋白検出の者	3.31	2.48	3.24	2.40
ぜん息	2.60	1.83	1.91	1.50

「学校保健統計調査」 (当年に限り4月～年度末実施) による。年齢は4月1日現在の満年齢。　1)　幼保連携型認定こども園を含む。　2)　義務教育学校 (第1～6学年) を含む。　3)　中等教育学校の前期課程及び義務教育学校 (第7～9学年) を含む。　4)　中等教育学校の後期課程を含む。　5)　6、12、15歳のみ実施。
資料　文部科学省「学校保健統計調査」

24-7　傷病分類、入院・外来別推計患者数 (令和2年)

| 傷病 | 推計患者数 (1,000人) | | | | | | 受療率 (人口10万対) 2) |
| | 総数 | | 病院 | | 一般診療所 | | |
	入院	外来 1)	入院	外来	入院	外来	
総数	1,211.3	7,137.5	1,177.7	1,472.5	33.6	4,332.8	6,618
感染症及び寄生虫症	16.3	130.4	16.0	25.7	0.2	104.7	116
# 結核	2.0	1.1	2.0	0.9	0.0	0.2	2
皮膚及び粘膜の病変を伴うウイルス性疾患	1.3	53.0	1.2	4.5	0.1	48.4	43
新生物	126.7	247.0	124.9	188.3	1.8	58.7	296
# 胃の悪性新生物	10.2	16.2	10.1	12.6	0.1	3.5	21
結腸及び直腸の悪性新生物	17.4	27.0	17.1	23.0	0.3	4.0	35
気管、気管支及び肺の悪性新生物	15.9	18.6	15.7	16.6	0.2	2.0	27
血液及び造血器の疾患並びに免疫機構の障害	5.7	18.1	5.6	9.4	0.0	8.7	19
内分泌、栄養及び代謝疾患	30.0	433.1	28.9	107.0	1.1	326.1	367
# 甲状腺障害	0.9	33.0	0.8	11.1	0.0	21.9	27
糖尿病	15.2	215.0	14.6	66.1	0.6	148.9	183
精神及び行動の障害	236.6	266.6	236.0	99.5	0.6	167.0	399
# 統合失調症、統合失調症型障害及び妄想性障害	143.0	50.0	143.0	34.9	0.0	15.0	153
気分〔感情〕障害(躁うつ病を含む)	28.0	91.4	27.9	24.2	0.1	67.2	95
神経系の疾患	125.8	165.8	123.9	62.5	1.9	103.2	231
眼及び付属器の疾患	10.2	298.9	8.9	49.6	1.2	249.3	245
耳及び乳様突起の疾患	2.4	95.5	2.3	12.1	0.1	83.4	78
循環器系の疾患	198.2	822.8	192.7	195.2	5.5	627.6	809
# 高血圧性疾患	4.5	594.4	3.6	84.6	0.9	509.8	475
心疾患(高血圧性のものを除く)	58.4	129.6	56.8	63.5	1.6	66.1	149
脳血管疾患	123.3	74.2	120.4	33.4	2.9	40.8	157
呼吸器系の疾患	74.9	468.1	73.5	55.0	1.5	413.1	431
# 急性上気道感染症	0.8	161.4	0.8	9.6	–	151.8	129
肺炎	24.0	4.1	23.3	2.3	0.6	1.8	22
喘息	1.9	89.9	1.8	13.5	0.1	76.4	73
消化器系の疾患	60.5	1,270.8	58.8	112.6	1.7	136.1	1,055
# う蝕	0.0	291.3	0.0	2.0	–	0.7	231
歯肉炎及び歯周疾患	0.1	505.4	0.1	9.5	–	0.6	401
胃炎及び十二指腸炎	0.5	60.2	0.4	13.1	0.1	47.1	48
肝疾患	6.2	24.8	6.0	11.6	0.1	13.2	25
皮膚及び皮下組織の疾患	12.0	311.6	11.6	42.7	0.4	268.8	256
筋骨格系及び結合組織の疾患	74.3	906.0	69.9	161.1	4.4	744.9	777
腎尿路生殖器系の疾患	51.5	304.3	49.7	110.9	1.9	193.4	282
妊娠、分娩及び産じょく	14.5	13.0	11.3	6.3	3.2	6.7	22
周産期に発生した病態	6.4	3.3	6.0	2.6	0.4	0.7	8
先天奇形、変形及び染色体異常	5.6	13.6	5.6	9.9	0.0	3.7	15
症状、徴候及び異常臨床所見・異常検査所見で他に分類されないもの	12.5	74.5	11.8	34.1	0.7	40.4	69
損傷、中毒及びその他の外因の影響	134.5	289.0	128.6	79.9	5.8	207.3	336
# 骨折	97.4	96.8	92.9	35.0	4.5	61.8	154
健康状態に影響を及ぼす要因及び保健サービスの利用	10.1	1,001.3	8.8	105.5	1.3	587.6	802
特殊目的用コード	2.9	3.8	2.9	2.5	–	1.3	5

「患者調査」(10月の3日間のうち医療施設ごとに定める1日に医療施設で受療した推計患者数) による。傷病の分類は、「疾病、傷害及び死因の統計分類 (ICD-10 (2013年版) 準拠)」による。
1)　歯科診療所を含む。　2)　国勢調査人口による算出。
資料　厚生労働省「患者調査」

24-8　主要死因別死亡者数

死因	平成27年	令和2年	3年	4年
全死因　　　　　　　　　1)	1,290,510	1,372,755	1,439,856	1,569,050
# 敗血症	11,357	9,801	9,989	11,346
悪性新生物	370,362	378,385	381,505	385,797
# 食道	11,740	10,981	10,958	10,918
胃	46,681	42,319	41,624	40,711
結腸	34,339	36,204	36,773	37,236
直腸S状結腸移行部及び直腸	15,363	15,584	15,645	15,852
肝及び肝内胆管	28,890	24,839	24,102	23,620
胆のう及びその他の胆道	18,153	17,773	18,172	17,756
膵	31,868	37,677	38,579	39,468
気管、気管支及び肺	74,382	75,585	76,212	76,663
乳房	13,706	14,779	14,908	16,021
前立腺	11,326	12,759	13,217	13,439
悪性リンパ腫	11,829	13,998	13,994	14,231
糖尿病	13,328	13,902	14,356	15,927
血管性及び詳細不明の認知症	11,120	20,815	22,343	24,360
アルツハイマー病	10,545	20,852	22,960	24,860
心疾患（高血圧性を除く）	196,127	205,596	214,710	232,964
# 急性心筋梗塞	37,224	30,538	30,578	32,026
慢性非リウマチ性心内膜疾患	10,656	11,797	12,118	12,305
不整脈及び伝導障害	30,306	30,996	32,804	36,291
心不全	71,864	84,085	89,950	98,671
脳血管疾患	111,974	102,978	104,595	107,481
# くも膜下出血	12,476	11,416	10,947	11,468
脳内出血	32,113	31,997	32,208	33,483
脳梗塞	64,524	56,864	58,489	59,363
大動脈瘤及び解離	16,887	18,795	19,351	19,987
肺炎	120,959	78,450	73,194	74,013
慢性閉塞性肺疾患	15,756	16,125	16,384	16,676
肝疾患	15,659	17,688	18,017	18,896
腎不全	24,561	26,948	28,688	30,739
老衰	84,819	132,440	152,027	179,529
不慮の事故	38,310	38,133	38,355	43,420
自殺	23,152	20,243	20,291	21,252

「人口動態調査」による。死因の分類は、平成27年は「疾病、傷害及び死因の統計分類（ICD-10（2003年版）準拠）」、令和2年以降は「疾病、傷害及び死因の統計分類（ICD-10（2013年版）準拠）」による。
1)　内訳は主要死因のため、総数とは一致しない。
資料　厚生労働省「人口動態統計」

24-9　医療施設数と病床数

年次	施設数						一般診療所	歯科診療所
	病院 1)	精神科病院	一般病院	地域医療支援病院	救急告示病院			
平成22年	8,670	1,082	7,587	316	3,876		99,824	68,384
27	8,480	1,064	7,416	515	3,849		100,995	68,737
令和2年	8,238	1,059	7,179	652	3,882		102,612	67,874
3	8,205	1,053	7,152	667	3,871		104,292	67,899
4	8,156	1,056	7,100	685	3,855		105,182	67,755

年次	病床数						一般診療所	歯科診療所
	病院	精神病床	感染症病床	結核病床	療養病床	一般病床		
平成22年	1,593,354	346,715	1,788	8,244	332,986	903,621	136,861	124
27	1,565,968	336,282	1,814	5,496	328,406	893,970	107,626	75
令和2年	1,507,526	324,481	1,904	4,107	289,114	887,920	86,046	61
3	1,500,057	323,502	1,893	3,944	284,662	886,056	83,668	58
4	1,492,957	321,828	1,909	3,863	278,694	886,663	80,436	58

「医療施設調査」（10月1日現在）による。病院とは医師又は歯科医師が医業又は歯科医業を行う場所で、患者20人以上の入院施設を有するもの。一般診療所とは医師又は歯科医師が医業又は歯科医業を行う場所で、患者の入院施設を有しないもの又は患者19人以下の入院施設を有するもの。　1)　平成22年は結核療養所を含む。
資料　厚生労働省「医療施設調査」

24-10　医療関係者数

年末	医師			歯科医師		薬剤師	
		人口10万対医師数	#医療施設の従事者		#医療施設の従事者		#薬局・医療施設の従事者
平成24年	303,268	237.8	288,850	102,551	99,659	280,052	205,716
26	311,205	244.9	296,845	103,972	100,965	288,151	216,077
28	319,480	251.7	304,759	104,533	101,551	301,323	230,186
30	327,210	258.8	311,963	104,908	101,777	311,289	240,371
令和2年	339,623	269.2	323,700	107,443	104,118	321,982	250,585

年末	保健師 1)	助産師 1)	看護師 1)	准看護師 1)	あん摩マッサージ指圧師、はり師、きゅう師、柔道整復師 1)2)
平成24年	47,279	31,835	1,015,744	357,777	367,881
26	48,452	33,956	1,086,779	340,153	392,267
28	51,280	35,774	1,149,397	323,111	414,455
30	52,955	36,911	1,218,606	304,479	433,486
令和2年	55,595	37,940	1,280,911	284,589	445,643

「医師・歯科医師・薬剤師統計」「衛生行政報告例」による。　1)　就業医療関係者（免許を取得している者のうち就業している者）　2)　あん摩マッサージ指圧師、はり師、きゅう師、柔道整復師として就業する者が重複計上されている。
資料　厚生労働省「医師・歯科医師・薬剤師統計」「衛生行政報告例」

第25章　教育

25-1　学校教育概況（令和4年）

区分	学校数	教員数 （本務者）	男	女	在学者数	男	女
幼稚園　　　　　1)	9,111	87,752	5,791	81,961	923,295	466,450	456,845
国立	49	357	46	311	4,751	2,392	2,359
公立	2,910	14,355	726	13,629	110,766	57,063	53,703
私立	6,152	73,040	5,019	68,021	807,778	406,995	400,783
幼保連携型　　　1) 認定こども園	6,657	136,543	7,138	129,405	821,411	420,327	401,084
公立	913	15,142	643	14,499	97,787	50,640	47,147
私立	5,744	121,401	6,495	114,906	723,624	369,687	353,937
小学校　　　　　1)	19,161	423,440	159,064	264,376	6,151,305	3,145,159	3,006,146
国立	67	1,716	1,100	616	36,041	17,929	18,112
公立	18,851	416,225	155,355	260,870	6,035,384	3,092,144	2,943,240
私立	243	5,499	2,609	2,890	79,880	35,086	44,794
中学校　　　　　1)	10,012	247,348	137,801	109,547	3,205,220	1,639,489	1,565,731
国立	68	1,551	1,031	520	27,156	13,621	13,535
公立	9,164	230,074	127,169	102,905	2,931,722	1,506,944	1,424,778
私立	780	15,723	9,601	6,122	246,342	118,924	127,418
義務教育学校　　1)	178	6,368	2,952	3,416	67,799	34,831	32,968
国立	5	232	137	95	3,782	1,896	1,886
公立	172	6,110	2,803	3,307	63,789	32,815	30,974
私立	1	26	12	14	228	120	108
高等学校　　　　1)	4,824	224,734	150,314	74,420	2,956,900	1,499,033	1,457,867
国立	15	566	390	176	8,172	4,146	4,026
公立	3,489	161,622	106,152	55,470	1,933,568	980,375	953,193
私立	1,320	62,546	43,772	18,774	1,015,160	514,512	500,648
中等教育学校　　2)	57	2,749	1,797	952	33,367	16,246	17,121
国立	4	196	116	80	2,876	1,323	1,553
公立	35	1,847	1,181	666	23,411	10,673	12,738
私立	18	706	500	206	7,080	4,250	2,830
特別支援学校　1)3)	1,171	86,816	32,466	54,350	148,635	98,397	50,238
国立	45	1,515	680	835	2,902	1,857	1,045
公立	1,111	84,986	31,614	53,372	144,858	96,021	48,837
私立	15	315	172	143	875	519	356
高等専門学校　　4)	57	4,025	3,537	488	56,754	44,486	12,268
国立	51	3,601	3,163	438	51,234	39,724	11,510
公立	3	287	257	30	3,780	3,235	545
私立	3	137	117	20	1,740	1,527	213
短期大学　　　　4)	309	6,785	3,145	3,640	94,713	11,946	82,767
公立	14	377	238	139	5,110	1,016	4,094
私立	295	6,408	2,907	3,501	89,603	10,930	78,673
大学　　　　　　5)	807	190,646	139,666	50,980	2,930,780	1,626,805	1,303,975
国立	86	63,671	51,491	12,180	596,195	385,320	210,875
公立	101	14,571	10,260	4,311	163,103	76,515	86,588
私立	620	112,404	77,915	34,489	2,171,482	1,164,970	1,006,512
専修学校　　　　1)	3,051	39,982	19,064	20,918	635,574	277,005	358,569
各種学校　　　　1)	1,046	8,482	4,780	3,702	102,108	54,854	47,254

「学校基本調査」（5月1日現在）による。　1)　学校数は分校を含む。　2)　在学者数は前期課程と後期課程の計。　3)　在学者数は幼稚部、小学部、中学部及び高等部の計。　4)　在学者数には専攻科等の学生を含む。　5)　在学者数には大学院、専攻科等の学生を含む。
資料　文部科学省「学校基本統計」

都道府県	保育所等(令和3年) 1)			幼稚園 2)			小学校 3)		
	保育所数	従事者数(常勤換算)	利用児童数(1,000人) 5)	園数	教員数(本務者)	在園者数(1,000人)	学校数	教員数(本務者)	児童数(1,000人)
全国	29,994	690,188	2,643	9,111	87,752	923	19,161	423,440	6,151
01 北海道	1,075	23,036	77	347	4,022	34	966	18,900	227
02 青森	472	8,778	31	85	643	3.8	259	4,444	54
03 岩手	393	8,253	29	70	503	3.9	289	4,586	54
04 宮城	506	10,436	41	212	2,060	21	367	7,941	111
05 秋田	272	6,493	22	32	304	1.8	177	3,040	38
06 山形	299	6,821	24	59	677	4.8	230	3,811	48
07 福島	389	8,712	32	218	1,611	15	397	6,604	85
08 茨城	627	14,014	56	206	1,783	18	451	9,549	133
09 栃木	438	11,644	41	74	1,001	8.4	345	6,831	93
10 群馬	468	11,358	45	114	1,075	7.4	303	6,745	92
11 埼玉	1,474	32,249	123	503	5,879	76	806	21,162	360
12 千葉	1,288	29,346	108	459	4,805	62	759	18,560	303
13 東京	3,523	90,017	290	969	10,546	123	1,327	36,041	624
14 神奈川	2,012	46,723	165	616	7,442	90	882	26,493	447
15 新潟	720	16,262	58	70	586	3.5	441	8,121	102
16 富山	295	6,937	29	30	227	1.7	178	3,627	47
17 石川	350	8,091	33	45	548	4.0	202	3,999	56
18 福井	284	5,994	25	63	183	1.0	193	3,116	38
19 山梨	231	4,537	21	55	501	3.5	177	3,232	38
20 長野	566	10,482	47	91	884	8.3	363	7,160	101
21 岐阜	415	7,792	39	149	1,843	17	359	7,273	100
22 静岡	683	16,359	66	340	2,857	28	500	11,481	180
23 愛知	1,558	33,561	148	399	4,558	63	968	25,091	402
24 三重	426	9,632	42	157	1,088	11	366	6,772	88
25 滋賀	335	8,767	35	125	1,077	9.4	220	5,605	79
26 京都	512	12,876	55	194	1,974	19	365	8,436	118
27 大阪	1,573	43,313	172	535	6,051	68	986	28,799	417
28 兵庫	1,090	26,664	107	446	3,796	39	742	18,336	275
29 奈良	221	5,968	26	143	964	9.3	190	4,807	64
30 和歌山	194	4,224	19	65	428	4.0	246	3,959	43
31 鳥取	185	4,123	17	19	222	1.7	117	2,366	28
32 島根	298	5,698	21	80	371	2.3	197	3,054	33
33 岡山	457	10,273	47	207	1,197	11	383	7,562	96
34 広島	689	15,882	64	213	1,755	18	466	10,013	145
35 山口	301	5,488	23	156	1,377	12	298	5,001	64
36 徳島	211	4,614	16	94	552	4.1	187	3,012	34
37 香川	223	5,485	22	108	797	7.5	159	3,528	48
38 愛媛	313	6,335	25	117	995	9.5	280	4,773	65
39 高知	248	4,819	18	36	294	2.2	223	2,885	31
40 福岡	1,054	25,972	118	415	4,971	51	720	17,964	278
41 佐賀	260	5,698	24	48	372	3.1	163	3,504	43
42 長崎	492	10,081	36	101	912	7.2	320	5,370	68
43 熊本	623	13,095	52	100	880	7.6	334	7,021	96
44 大分	335	7,060	27	152	819	6.9	263	4,308	56
45 宮崎	420	8,539	31	90	750	4.9	233	4,262	59
46 鹿児島	582	12,160	40	138	777	7.9	496	7,588	88
47 沖縄	614	15,527	57	166	795	8.1	268	6,708	101

「学校基本調査」（5月1日現在）による。ただし、保育所等については「社会福祉施設等調査」（10月1日現在）による。 1) 幼保連携型認定こども園及び保育所型認定こども園を含む。 2) 分園を含む。 3) 分校を含む。 4) 分校、定時制、全日・定時制の併置校を含む。 5) 9月末日の利用児童を対象。保育部分のみ。 6) 専科、別科を含む。 7) 本部の所在地による。 8) 在籍する学部・研究科等の所在地による。学部のほか大学院、専攻科、別科、科目等履修生等を含む。

教員数と在学者数 （令和4年）

中学校 3)			高等学校 4)			大学			都道府県
学校数	教員数 (本務者)	生徒数 (1,000人)	学校数	教員数 (本務者)	生徒数 (1,000人) 6)	学校数 7)	教員数 (本務者) 7)	学生数 (1,000人) 8)	
10,012	247,348	3,205	4,824	224,734	2,957	807	190,646	2,931	全国
573	11,390	121	272	9,853	112	37	6,668	91	01
156	2,945	29	71	2,712	29	10	1,371	17	02
151	2,798	30	79	2,854	29	6	1,352	12	03
203	4,875	58	95	4,492	54	14	5,043	58	04
110	2,156	21	52	2,001	21	7	1,007	10	05
94	2,198	26	60	2,409	27	6	1,035	13	06
214	4,090	45	102	3,859	44	8	1,594	16	07
224	5,851	71	117	5,470	70	11	3,127	36	08
161	4,032	50	75	3,497	48	9	4,260	23	09
160	4,003	50	77	3,539	47	15	2,049	31	10
447	12,594	186	193	11,082	162	27	4,548	114	11
388	10,842	157	181	9,598	139	27	4,081	119	12
801	20,199	313	429	19,096	300	144	52,989	767	13
473	14,776	225	231	12,922	193	31	5,483	186	14
230	4,713	53	101	3,866	50	22	2,802	33	15
76	2,036	26	49	2,175	25	5	1,125	13	16
89	2,220	30	56	2,358	29	14	2,739	32	17
81	1,860	21	32	1,638	21	6	1,040	11	18
92	1,834	21	40	1,780	22	7	1,279	17	19
196	4,717	54	99	4,225	51	11	1,699	20	20
182	4,222	54	82	4,014	49	13	1,961	22	21
288	6,961	97	138	6,392	90	14	2,171	37	22
438	14,012	209	220	12,211	183	52	11,643	194	23
167	3,769	47	70	3,348	43	7	1,279	15	24
103	3,135	41	56	2,722	36	9	1,096	35	25
189	5,135	64	108	5,204	66	34	10,373	166	26
515	16,914	219	254	14,096	203	58	14,204	252	27
376	10,388	142	205	9,649	126	35	6,807	125	28
107	2,771	35	58	2,495	32	11	1,506	23	29
127	2,301	23	47	2,031	23	5	745	9.9	30
57	1,353	14	32	1,385	14	3	823	7.8	31
95	1,811	17	47	1,722	17	2	877	8.1	32
164	4,126	50	86	3,907	49	18	3,919	43	33
263	5,636	75	128	5,135	67	21	4,130	61	34
161	2,981	33	78	2,770	30	10	1,458	20	35
89	1,717	17	37	1,545	16	4	1,538	14	36
74	2,059	25	40	2,024	24	4	753	10	37
132	2,774	33	65	2,735	31	5	1,087	18	38
124	1,963	16	46	1,980	17	5	1,003	10	39
361	10,211	141	163	8,361	123	35	9,008	122	40
91	2,131	23	44	1,994	22	2	771	8.5	41
184	3,225	35	79	3,107	34	8	1,698	19	42
172	4,106	49	73	3,675	44	9	1,608	27	43
129	2,521	29	54	2,597	29	5	1,050	16	44
133	2,736	31	51	2,571	29	7	1,045	11	45
223	4,289	45	89	4,154	42	6	1,446	17	46
149	3,972	50	63	3,484	43	8	1,356	20	47

資料　厚生労働省「社会福祉施設等調査」
文部科学省「学校基本統計」

25-3 幼稚園・保育所の在園者数と利用児童数

(単位 人)

年次	幼稚園等						
	総数	0歳児	1歳児	2歳児	3歳児	4歳児	5歳児
幼稚園							
令和 3 年	1,008,815	–	–	–	301,036	336,752	371,027
4	923,295	–	–	–	273,187	310,873	339,235
幼保連携型認定こども園							
令和 3 年	796,882	28,923	88,189	105,146	186,748	190,470	197,406
4	821,411	30,248	92,541	108,754	191,298	196,387	202,183

年次	保育所等 1)							
	総数	0歳児	1歳児	2歳児	3歳児	4歳児	5歳児	6歳児以上
保育所等 2)								
令和 3 年	2,643,196	75,686	357,195	494,198	423,831	514,098	512,986	265,202
4	2,597,595	79,773	354,852	494,823	407,337	504,124	502,788	253,899
地域型保育事業所								
令和 3 年	103,641	15,703	39,331	42,640	4,833	536	411	187
4	106,970	16,519	40,482	44,047	4,788	486	452	196

幼稚園等は「学校基本調査」（5月1日現在）、保育所等は「社会福祉施設等調査」（10月1日現在）による。
1) 詳細票が回収できた施設のうち、活動中の施設について集計。9月末日の利用児童を対象。保育部分のみ。
2) 幼保連携型認定こども園及び保育所型認定こども園を含む。
資料 文部科学省「学校基本統計」
　　　厚生労働省「社会福祉施設等調査」

25-4 小・中学校の学年別児童数と生徒数 (令和4年)

学年	総数	#男	国立	#男	公立	#男	私立	#男
小学校	6,151,305	3,145,159	36,041	17,929	6,035,384	3,092,144	79,880	35,086
1 学年	998,137	509,303	5,994	2,993	978,744	500,321	13,399	5,989
2	1,006,005	515,039	5,971	2,989	986,561	506,140	13,473	5,910
3	1,015,980	519,426	6,009	2,963	996,502	510,530	13,469	5,933
4	1,027,079	525,061	6,012	2,975	1,007,703	516,143	13,364	5,943
5	1,042,647	532,410	5,998	2,980	1,023,459	523,642	13,190	5,788
6	1,061,457	543,920	6,057	3,029	1,042,415	535,368	12,985	5,523
中学校	3,205,220	1,639,489	27,156	13,621	2,931,722	1,506,944	246,342	118,924
1 学年	1,054,898	539,492	9,043	4,539	962,481	494,641	83,374	40,312
2	1,070,857	546,989	9,013	4,521	980,008	502,932	81,836	39,536
3	1,079,465	553,008	9,100	4,561	989,233	509,371	81,132	39,076

「学校基本調査」（5月1日現在）による。
資料 文部科学省「学校基本統計」

25-5　特別支援学校の学校数、教員数と在学者数

年次	学校数 1)	教員数 (本務者)	在学者数	#男	幼稚部	小学部	中学部	高等部
平成22年	1,039	72,803	121,815	79,224	1,597	35,889	27,662	56,667
27	1,114	80,905	137,894	89,862	1,499	38,845	31,088	66,462
令和元年	1,146	85,336	144,434	94,823	1,438	44,475	30,374	68,147
2	1,149	85,933	144,823	95,232	1,329	46,273	30,649	66,572
3	1,160	86,141	146,285	96,412	1,301	47,815	31,810	65,359
4	1,171	86,816	148,635	98,397	1,203	49,580	32,497	65,355

「学校基本調査」（5月1日現在）による。　1）　分校を含む。
資料　文部科学省「学校基本統計」

25-6　不就学学齢児童生徒数

年次	不就学者数					
	就学免除者数		就学猶予者数		1年以上居所不明者数	
	6〜11歳	12〜14歳	6〜11歳	12〜14歳	7〜11歳	12〜14歳
平成22年	1,473	561	1,245	407	238	88
27	1,766	761	831	377	73	45
令和元年	1,830	874	909	400	40	29
2	1,779	918	897	401	44	34
3	1,847	1,004	726	381	56	31
4	1,919	1,015	744	367	56	35

「学校基本調査」（5月1日現在）による。外国人を除く。
資料　文部科学省「学校基本統計」

25-7　短期大学と大学の入学者数

区分	令和3年			4年		
	入学者数	男	女	入学者数	男	女
短期大学	**45,585**	**5,530**	**40,055**	**41,850**	**5,300**	**36,550**
公立	2,377	462	1,915	2,342	459	1,883
私立	43,208	5,068	38,140	39,508	4,841	34,667
大学	**627,040**	**339,127**	**287,913**	**635,156**	**342,466**	**292,690**
国立	98,156	60,705	37,451	98,471	60,891	37,580
公立	33,967	14,734	19,233	34,679	15,038	19,641
私立	494,917	263,688	231,229	502,006	266,537	235,469

「学校基本調査」（5月1日現在）による。
資料　文部科学省「学校基本統計」

25-8 高等専門学校・短期大学・大学・大学院の学科別学生数

学科	令和元年	2年	3年	4年 総数	男	女
高等専門学校 1)						
総数	53,882	53,699	53,662	53,511	41,715	11,796
# 機械工学	6,321	5,997	5,672	5,690	5,182	508
電気工学	1,363	1,272	1,189	1,186	1,040	146
電気電子工学	1,990	1,885	1,880	1,808	1,596	212
電子制御工学	2,781	2,708	2,629	2,545	2,273	272
情報工学	2,426	2,319	2,313	2,306	1,804	502
物質工学	2,480	2,210	2,029	1,957	1,084	873
環境都市工学	2,235	2,149	2,097	2,039	1,395	644
電気情報工学	2,460	2,320	2,200	2,146	1,819	327
短期大学（本科）						
総数	109,120	104,871	99,416	91,799	11,465	80,334
人文	10,948	10,717	9,570	7,839	1,192	6,647
社会	11,222	11,039	10,474	9,632	2,579	7,053
教養	1,739	1,163	1,078	998	32	966
工業	2,685	2,733	2,553	2,418	2,100	318
農業	629	801	902	823	390	433
保健	9,689	9,488	9,292	8,729	1,078	7,651
家政	19,222	18,202	17,233	16,412	1,036	15,376
教育	39,914	37,557	35,555	32,823	1,514	31,309
芸術	4,352	4,437	4,399	4,251	618	3,633
その他	8,720	8,734	8,360	7,874	926	6,948
大学（学部）						
総数	2,609,148	2,623,572	2,625,688	2,632,216	1,431,224	1,200,992
人文科学	365,163	364,474	362,542	359,027	127,129	231,898
社会科学	836,408	835,595	833,104	838,095	535,123	302,972
理学	77,997	78,353	78,464	79,520	57,379	22,141
工学	380,452	382,341	381,554	382,801	322,418	60,383
農学	77,100	77,622	77,810	78,493	42,770	35,723
保健	332,815	339,048	344,348	348,927	127,563	221,364
商船	406	411	623	691	578	113
家政	71,601	72,117	70,704	69,885	6,900	62,985
教育	189,343	189,986	189,046	186,274	76,000	110,274
芸術	72,920	74,755	76,835	77,855	24,948	52,907
その他	204,943	208,870	210,658	210,648	110,416	100,232
大学院（研究科）						
総数	254,621	254,529	257,128	261,782	176,202	85,580
# 人文科学	15,555	15,224	14,821	14,835	6,230	8,605
社会科学	33,333	33,364	33,166	33,207	20,581	12,626
理学	19,171	18,579	18,481	18,454	14,255	4,199
工学	79,754	78,894	80,688	83,306	70,279	13,027
農学	12,178	11,725	11,784	12,288	7,308	4,980
保健	42,599	42,493	42,118	41,688	24,160	17,528
教育	13,169	12,217	11,354	11,155	5,714	5,441
芸術	5,198	5,234	5,418	5,551	1,894	3,657

「学校基本調査」（5月1日現在）による。　1)　専攻科、科目等履修生等の学生を除く。
資料　文部科学省「学校基本統計」

25-9　専修学校の生徒数 (令和4年)

区分	総数			#高等課程	#専門課程
	計	男	女		
総数	635,574	277,005	358,569	33,634	581,522
国立	276	91	185	3	273
公立	22,452	4,725	17,727	379	22,068
私立	612,846	272,189	340,657	33,252	559,181
工業関係	102,910	86,639	16,271	4,363	98,530
#自動車整備	18,374	17,777	597	281	18,093
情報処理	38,315	32,512	5,803	1,713	36,602
農業関係	4,832	3,306	1,526	102	4,723
#農業	3,111	2,180	931	102	3,002
医療関係	187,993	53,424	134,569	7,117	180,876
#看護	87,559	11,425	76,134	80	87,479
歯科衛生	19,997	76	19,921	–	19,997
柔道整復	10,532	7,807	2,725	–	10,532
理学・作業療法	32,828	18,139	14,689	–	32,828
衛生関係	77,542	21,351	56,191	4,581	72,746
#調理	15,225	9,052	6,173	2,641	12,460
美容	38,219	7,798	30,421	1,376	36,802
教育・社会福祉関係	31,910	7,962	23,948	954	30,956
#保育士養成	13,311	1,896	11,415	99	13,212
介護福祉	10,030	3,791	6,239	193	9,837
商業実務関係	68,256	29,581	38,675	7,871	60,320
#経理・簿記	9,119	5,027	4,092	60	9,008
旅行	11,265	3,982	7,283	–	11,258
ビジネス	13,501	1,750	11,751	240	13,256
服飾・家政関係	16,951	5,012	11,939	2,240	14,604
#和洋裁	13,002	3,412	9,590	963	11,942
文化・教養関係	145,180	69,730	75,450	6,406	118,767
#音楽	13,939	5,319	8,620	1,172	12,767
デザイン	25,387	10,984	14,403	638	24,663
受験・補習	18,536	13,365	5,171	–	–
法律行政	15,821	11,547	4,274	–	15,808

「学校基本調査」（5月1日現在）による。
資料　文部科学省「学校基本統計」

25-10　各種学校の生徒数 (令和4年)

区分	総数			修業年限1年未満	修業年限1年以上	(再掲)昼の課程	(再掲)高卒以上を入学資格とする課程
	計	男	女				
総数	102,108	54,854	47,254	40,609	61,499	68,076	17,943
公立	444	140	304	178	266	97	23
私立	101,664	54,714	46,950	40,431	61,233	67,979	17,920
工業関係	18	3	15	18	–	18	6
農業関係	25	22	3	–	25	25	25
医療関係	4,384	833	3,551	168	4,216	4,157	520
衛生関係	121	65	56	–	121	121	8
教育・社会福祉関係	474	102	372	4	470	474	397
商業実務関係	5,696	2,484	3,212	1,959	3,737	2,008	90
家政関係	1,084	169	915	314	770	447	52
文化・教養関係	12,854	6,180	6,674	1,622	11,232	10,991	7,936
その他	77,452	44,996	32,456	36,524	40,928	49,835	8,909
#予備校	12,303	8,673	3,630	147	12,156	12,186	6,365
自動車操縦	35,254	21,176	14,078	35,163	91	8,366	–

「学校基本調査」（5月1日現在）による。
資料　文部科学省「学校基本統計」

25-11 学校卒業者の卒業後の状況

年次、学校	計 （卒業者数）	#進学者 1)	男	女	#就職者等	男	女
中学校							
令和 3 年	1,052,489	1,043,384	533,054	510,330	1,756	1,376	380
4	1,078,207	1,068,443	545,565	522,878	1,627	1,276	351
高等学校							
令和 3 年	1,012,007	755,735	353,244	402,491	162,900	101,262	61,638
4	990,230	754,825	354,705	400,120	149,335	93,134	56,201
中等教育学校 （前期課程）							
令和 3 年	5,438	5,430	2,661	2,769	–	–	–
4	5,699	5,692	2,843	2,849	–	–	–
中等教育学校 （後期課程）							
令和 3 年	5,090	4,450	2,082	2,368	47	23	24
4	4,879	4,190	2,000	2,190	39	23	16
高等専門学校							
令和 3 年	9,710	3,725	3,206	519	5,588	4,262	1,326
4	9,943	3,962	3,343	619	5,572	4,253	1,319
短期大学 （本科）							
令和 3 年	46,779	4,727	1,268	3,459	37,430	2,917	34,513
4	46,073	5,368	1,461	3,907	36,133	2,924	33,209
大学（学部）							
令和 3 年	583,518	63,334	46,011	17,323	444,499	220,132	224,367
4	590,137	66,976	47,853	19,123	450,436	222,397	228,039
大学院 （修士課程）							
令和 3 年	71,714	6,940	4,800	2,140	55,125	40,086	15,039
4	71,898	7,120	4,863	2,257	55,432	39,736	15,696
大学院 2) （博士課程）							
令和 3 年	15,968	143	92	51	12,055	8,605	3,450
4	15,837	152	101	51	12,086	8,612	3,474
大学院 （専門職学位課程）							
令和 3 年	7,883	104	69	35	5,273	3,530	1,743
4	8,237	110	77	33	5,607	3,757	1,850

「学校基本調査」（5月1日現在）による。各年3月卒業者。 1）中学校、高等学校及び中等教育学校は、専修学校（一般課程）等、公共職業能力開発施設等入学者は含まない。 2）所定の年限以上在学し、所定の単位を修得したが博士の学位を取らずに卒業した者を含む。
資料 文部科学省「学校基本統計」

25-12　進学率と卒業者に占める就職者の割合

(単位　％)

年次	中学校		高等学校			
	高等学校等進学率 1)	卒業者に占める就職者の割合 2)	大学等進学率 3)		卒業者に占める就職者の割合 2)	
			男	女	男	女
平成12年	97.0	1.0	42.6	47.6	20.7	16.5
17	97.6	0.7	45.9	48.6	19.8	14.9
22	98.0	0.4	52.7	55.9	18.4	13.1
27	98.5	0.4	52.1	56.9	21.5	14.1
令和2年	98.8	0.2	53.2	58.3	21.2	13.5
3	98.9	0.2	55.2	59.6	19.5	11.9
4	98.8	0.1	57.8	61.2	18.3	11.1

「学校基本調査」（5月1日現在）による。各年3月卒業者。　1)　高等学校、中等教育学校後期課程、特別支援学校高等部の本科・別科及び高等専門学校への進学率。　2)　平成22年以前は就職率。　3)　大学の学部・通信教育部・別科、短期大学の本科・通信教育部・別科、放送大学の全科履修生及び高等学校・特別支援学校高等部の専攻科への進学率。
資料　文部科学省「学校基本統計」

25-13　地方教育費

(単位　10億円)

年度	総額	財源別			支出項目別			国民1人当たり経費（円） 1)
		地方債・寄附金以外の公費	地方債	寄附金	消費的支出	資本的支出	債務償還費	
総額								
令和　元　年	16,384	15,333	1,038	13	13,199	2,175	1,010	…
2	16,799	15,830	954	15	13,385	2,445	969	…
3	16,207	15,360	828	19	13,246	2,021	940	…
学校教育費								
令和　元　年	13,817	12,956	855	5.8	11,210	1,744	863	…
2	14,163	13,391	764	7.8	11,339	1,995	830	…
3	13,637	12,970	658	9.3	11,216	1,621	800	…
社会教育費								
令和　元　年	1,559	1,381	173	5.2	1,019	404	136	12,263
2	1,514	1,336	172	6.3	998	389	127	11,956
3	1,507	1,335	164	8.4	1,006	372	129	11,970
教育行政費								
令和　元　年	1,008	995	11	2.1	971	26	11	7,931
2	1,122	1,103	18	1.1	1,049	61	12	8,857
3	1,063	1,056	6.1	1.4	1,024	27	12	8,443

「地方教育費調査」による。　1)　総額を人口で除した国民1人当たりの額。人口は、総務省「住民基本台帳に基づく人口、人口動態及び世帯数（当該年度1月1日現在）」による。（外国人住民を含む。）
資料　文部科学省「地方教育費調査」

25-14 幼児・児童・生徒1人当たり学習費 (令和3年度)

(単位 円)

区分	幼稚園		小学校		中学校		高等学校(全日制)	
	公立	私立	公立	私立	公立	私立	公立	私立
合計	165,126	308,909	352,566	1,666,949	538,799	1,436,353	512,971	1,054,444
学校教育費	61,156	134,835	65,974	961,013	132,349	1,061,350	309,261	750,362
# 入学金・入園料	270	13,005	99	42,756	253	72,542	7,211	43,570
授業料	5,533	27,972	–	536,232	–	476,159	52,120	288,443
修学旅行費	41	64	3,149	3,981	11,853	12,837	15,647	16,613
校外学習費	744	1,520	2,134	14,883	3,971	18,151	3,909	9,936
学級・児童会・生徒会費	2,144	837	3,473	9,393	5,434	12,330	8,821	13,061
PTA会費	4,146	3,359	2,566	5,880	3,465	8,598	5,931	9,325
その他の学校納付金 1)	1,907	3,204	1,907	26,542	4,440	24,017	12,558	20,301
寄附金	176	542	82	24,190	365	14,120	629	4,405
教科書費・教科書以外の図書費	2,991	4,509	4,866	18,804	9,584	33,196	31,249	38,461
学用品・実験実習材料費	8,049	11,575	19,420	31,128	22,784	35,382	21,854	25,798
教科外活動費	482	4,131	2,294	8,709	24,172	37,172	39,395	47,013
通学費	6,330	21,052	1,125	47,210	7,245	84,233	52,283	81,093
制服	3,216	6,713	2,698	35,859	21,253	50,696	26,110	36,086
通学用品費	12,800	11,341	16,637	21,398	11,018	17,558	12,776	11,976
その他	12,155	12,768	5,380	14,139	5,424	10,365	4,970	7,291
学校給食費	13,415	29,917	39,010	45,139	37,670	7,227	–	–
学校外活動費	90,555	144,157	247,582	660,797	368,780	367,776	203,710	304,082
補助学習費	29,885	42,118	120,499	377,663	303,136	262,322	171,377	246,639
家庭内学習費	8,982	11,881	14,398	42,699	16,276	40,028	22,640	31,786
通信教育・家庭教師費	8,404	11,969	23,237	52,946	29,379	36,964	16,301	26,530
学習塾費	11,621	17,636	81,158	273,629	250,196	175,435	120,397	171,149
その他	878	632	1,706	8,389	7,285	9,895	12,039	17,174
その他の学校外活動費	60,670	102,039	127,083	283,134	65,644	105,454	32,333	57,443
体験活動・地域活動	2,234	4,311	3,635	14,803	995	5,656	1,342	1,903
芸術文化活動	14,766	25,355	31,986	92,380	19,567	33,591	9,460	16,501
スポーツ・レクリエーション活動	24,765	46,424	56,751	87,705	30,247	28,795	6,778	12,956
国際交流体験活動	267	1,163	434	3,052	65	5,857	2,045	8,118
教養・その他	18,638	24,786	34,277	85,194	14,770	31,555	12,708	17,965

「子供の学習費調査」による。 1) 保健衛生費、日本スポーツ振興センター共済金等の安全会掛金、冷暖房費、学芸会費等、学校に対し支払った費用で、授業料・保育料、施設整備費等、修学旅行費、校外活動費、学級・児童会・生徒会費に該当しない経費。

資料 文部科学省「子供の学習費調査」

25-15　日本の大学に在籍する外国人学生数

年次	大学	#留学生	大学院	#留学生	短期大学	#私費留学生 1)
平成22年	79,745	69,470	40,875	38,649	2,462	2,100
27	77,739	66,372	43,398	41,068	1,776	1,488
令和元年	99,908	87,911	55,718	52,654	3,156	2,819
2	93,366	80,409	56,477	53,164	2,931	2,640
3	86,791	72,985	57,466	53,156	2,717	2,427
4	**87,982**	**73,956**	**57,686**	**53,508**	**2,215**	**1,913**
男	49,086	41,580	30,830	28,657	994	909
女	38,896	32,376	26,856	24,851	1,221	1,004

「学校基本調査」（5月1日現在）による。留学生とは、日本の大学に留学する目的を持って入国した外国人学生。　1)　自費による者のほか、都道府県又は本国から奨学金を支給されている留学生。
資料　文部科学省「学校基本統計」

25-16　外国人児童生徒数と帰国児童生徒数

年次	外国人児童生徒数			帰国児童生徒数　1)		
	小学校	中学校	高等学校	小学校	中学校	高等学校
平成22年	43,187	23,276	12,338	7,010	2,995	2,049
27	45,721	22,281	12,979	6,862	2,663	2,050
令和元年	66,017	25,822	14,996	7,083	2,481	1,889
2	71,163	27,878	14,959	8,868	2,906	1,868
3	75,597	29,391	15,330	7,336	2,529	1,685
4	78,173	30,207	16,201	6,261	2,293	1,436

「学校基本調査」（5月1日現在）による。高等学校は全日制及び定時制の計。
1)　5月1日現在の在学者のうち、海外勤務者等の子供で、引き続き1年を超える期間海外に在留し、前年4月1日から当年3月31日までに帰国した児童生徒数。
資料　文部科学省「学校基本統計」

25-17 青少年教育施設、女性教育施設と公民館類似施設状況 (令和3年)

設置者	青少年教育施設						女性教育施設			公民館類似施設数
	施設数	#少年自然の家	#青年の家	#児童文化センター	職員数	利用者数(前年度間)(1,000人)	施設数(前年度間)1)	職員数	利用者数(前年度間)(1,000人)	
総数	840	195	141	28	7,736	7,553	358	4,130	4,302	635
独立行政法人	28	14	13	−	556	…	1	75	43	−
都道府県	154	56	36	1	1,952	…	44	735	1,546	−
市 (区)	551	118	77	26	4,692	…	216	2,034	2,545	425
町村	105	6	14	1	503	…	11	35	33	210
組合	2	1	1	−	33	…	−	−	−	−
一般社団法人・一般財団法人・公益社団法人・公益財団法人	−	−	−	−	−	−	86	1,251	135	−

「社会教育調査」(10月1日現在)による。公民館類似施設とは、公民館と同様の事業を行うことを目的に掲げる社会教育会館、社会教育センター等をいう。
資料 文部科学省「社会教育調査」

25-18 公民館

年次設置者	公民館数	設置率(%)2)	利用者数 (前年度間) (1,000人)					個人利用	諸集会件数(前年度間)1)		
			団体利用						講習会・講演会・実習会	体育事業	文化事業
			青少年団体	女性団体	成人団体	その他の団体3)					
平成 27 年	14,171	83.2	12,858	12,361	64,290	72,362		18,753	97,939	31,651	50,489
30	13,632	81.6	12,450	10,335	59,482	72,355		15,846	146,009	30,647	49,384
令和 3 年	13,163	79.7	6,149	7,912	51,208	31,155		7,768	88,359	15,050	24,643
市 (区)	9,282	81.7	5,133	4,030	23,283	26,597		6,614	81,031	11,637	18,487
町	3,272	79.4	929	3,841	27,719	4,274		1,033	6,587	3,041	5,557
村	607	72.1	87	40	204	281		122	740	372	599
一般社団法人・一般財団法人・公益社団法人・公益財団法人	2	−	1	1	1	3		−	1	−	−

「社会教育調査」(10月1日現在)による。　1) 主催と共催の計。　2) 設置率＝(公民館を設置する市(区)町村数÷市(区)町村数)×100　3) 高齢者団体を含む。
資料 文部科学省「社会教育調査」

第26章　文化

26-1　博物館数

年次、区分	総数	総合博物館	科学博物館	歴史博物館	美術博物館
平成 27 年	1,256	152	106	451	441
30	1,286	154	104	470	453
令和 3 年	**1,305**	**157**	**100**	**476**	**457**
登録博物館	911	133	65	331	360
博物館相当施設	394	24	35	145	97

年次、区分	野外博物館	動物園	植物園	動植物園	水族館
平成 27 年	16	35	10	7	38
30	16	34	11	6	38
令和 3 年	**18**	**36**	**11**	**7**	**43**
登録博物館	11	1	2	–	8
博物館相当施設	7	35	9	7	35

「社会教育調査」（10月1日現在）による。
資料　文部科学省「社会教育調査」

26-2　国立国会図書館（令和4年度）

区分	所蔵図書数 （年度末）	受入 図書数	#和漢書	来館者数	貸出し点数	レファレンス 件数
東京本館　　　　　1)	5,832,462	*186,646	*166,885	334,626	3,663	434,018
関西館	5,407,173	*	*	67,188	1,985	57,974
国際子ども図書館	472,744	*	*	107,209	10,279	12,663
行政・司法支部図書館	3,099,493	26,245	…	97,734	105,929	15,555

1)　国会分館を含む。（貸出し及びレファレンスを除く。）
資料　国立国会図書館「国立国会図書館年報」

26-3　公共図書館

年次 設置者	図書館数	# 本館	蔵書冊数別				年間開館日数別　　1)			
			3,000冊 未満	3,000〜 9,999	10,000〜 49,999	50,000冊 以上	199日 以下	200〜 249	250〜 299	300日 以上
平成 27 年	3,331	1,909	22	119	969	2,221	68	131	2,147	967
30	3,360	1,925	36	124	923	2,277	68	134	2,091	1,048
令和 3 年	**3,394**	**1,946**	**40**	**102**	**924**	**2,328**	**169**	**852**	**2,085**	**271**
都道府県	59	53	1	–	–	58	3	10	42	4
市（区）	2,670	1,296	30	85	709	1,846	123	683	1,632	222
町	590	522	7	9	178	396	28	135	388	33
村	53	53	1	4	25	23	5	16	20	12
一般社団法人・ 一般財団法人・ 公益社団法人・ 公益財団法人	22	22	1	4	12	5	10	8	3	–

「社会教育調査」（10月1日現在）による。　1)　前年度間の実績であり、前年度間未開館及び当年度新設の図書館（平成27年度18館、30年度19館、令和3年度17館）を除く。
資料　文部科学省「社会教育調査」

26-4　文化遺産（令和5年）

区分	種類（件）								
	総数 1)	絵画	彫刻	工芸品	書跡・典籍・古文書	考古資料	歴史資料	建造物	
								件数	棟数
重要文化財	13,437	2,053	2,732	2,475	2,718	660	234	2,565	5,406
# 国宝	1,137	166	140	254	294	49	3	231	295

史跡、名勝、天然記念物（件）		重要無形文化財				その他	
		芸能		工芸技術			
史跡	1,862	各個認定		各個認定		重要有形民俗文化財（件）	226
# 特別史跡	62	指定件数	37	指定件数	34	重要無形民俗文化財（件）	329
		保持者数	55	保持者数	53	選定	
名勝	385					# 重要伝統的建造物群	126
# 特別名勝	30					保存地区（地区）	
		保持団体等認定		保持団体等認定		選定保存技術（選定件数）	86
天然記念物	992	指定件数	15	指定件数	16	保持者　　　　（件）	53
# 特別天然記念物	72	保持団体等数	15	保持団体等数	16	（人）	62
						保存団体　　　（件）	43
						（団体）	a)45
						# 登録有形文化財（建造物）（件）	13,761

11月1日現在、国指定、選定又は登録のもの。　　1)　建造物の棟数は含まない。　　a)　重複認定があり、実団体数は38。
資料　文化庁「文化財指定等の件数」

26-5　書籍新刊点数と平均価格

部門	書籍新刊点数（点）				部門	書籍新刊平均価格（円）			
	令和元年	2年	3年	4年		令和元年	2年	3年	4年
総数	71,903	68,608	69,052	66,885	総平均	1,197	1,207	1,241	1,268
総記	804	805	760	705	総記	1,608	1,562	1,683	1,821
哲学	3,743	3,507	3,402	3,280	哲学	1,278	1,252	1,369	1,355
歴史・地理	3,890	3,927	3,902	3,339	歴史・地理	1,488	1,550	1,575	1,820
社会科学	15,482	14,068	14,159	13,537	社会科学	1,638	1,643	1,661	1,716
自然科学	5,066	5,117	5,043	4,972	自然科学	2,075	2,020	2,103	2,083
工学・工業	3,951	3,608	3,662	3,659	工学・工業	2,094	2,083	2,237	2,167
産業	2,444	2,310	2,275	2,177	産業	1,726	1,754	1,745	1,841
芸術・生活	12,383	12,068	12,289	12,104	芸術・生活	1,106	1,106	1,101	1,118
語学	1,473	1,329	1,332	1,161	語学	1,517	1,445	1,510	1,541
文学	12,979	12,104	12,071	12,108	文学	870	896	922	948
児童書	4,583	4,295	4,446	4,465	児童書	1,123	1,140	1,190	1,175
学習参考書	5,105	5,470	5,711	5,378	学習参考書	1,394	1,277	1,403	1,425

書籍新刊とは、新刊として、委託または買切条件で出荷されたと推定される部数及び金額。重版は除く。
資料　公益社団法人全国出版協会・出版科学研究所「出版指標年報」

26-6　雑誌の出版点数

部門	令和2年	3年	4年	#月刊	部門	令和2年	3年	4年	#月刊
総数	2,626	2,536	2,482	1,144	社会	23	22	22	17
児童	179	173	173	77	時局	22	20	20	17
女性	129	128	120	75	哲学	13	12	11	7
大衆	401	382	373	130	学参	9	9	9	4
総合	98	95	93	53	語学	46	49	41	33
文芸	41	40	37	29	教育	75	74	72	52
芸能	57	59	57	28	地歴	13	13	13	8
美術	19	19	19	8	法律	34	29	33	18
音楽	63	59	59	30	科学	25	25	25	20
生活	179	174	172	45	工学	129	127	123	83
趣味	539	514	509	153	医学	226	215	210	132
スポーツ	101	100	96	48	農水	21	20	17	11
経済	100	96	96	66	週刊誌	84	82	82	-

当該年中に発行された雑誌の種類数。発行回数に関係なく、1号でも刊行があった銘柄はすべて1点と数えた。
雑誌扱いコミック本とムックは1シリーズ1点としてカウント。
資料　公益社団法人全国出版協会・出版科学研究所「出版指標年報」

26-7　新聞発行状況

年次	発行部数（1,000部）				普及度　1)	
	総数	朝夕刊セット	朝刊のみ	夕刊のみ	1部当たり人口（人）	1世帯当たり部数（部）
平成 7 年	52,855	19,192	31,645	2,017	2.36	1.19
12	53,709	18,187	33,703	1,819	2.35	1.13
17	52,568	17,112	33,928	1,529	2.41	1.04
22	49,322	13,877	34,259	1,185	2.58	0.92
27	44,247	10,874	32,366	1,007	2.85	0.80
30	39,902	9,025	29,994	883	3.14	0.70
令和 元 年	37,811	8,422	28,554	835	3.30	0.66
2	35,092	7,253	27,064	775	3.54	0.61
3	33,027	6,485	25,914	628	3.75	0.57
4	30,847	5,928	24,400	518	3.99	0.53

総数は朝夕刊セットを1部として算出した各年10月のもの。平成7年は121紙、12年は122紙、17、22年は120
紙、27、30年は117紙、令和元、2年は116紙、3年は113紙、4年は112紙を対象としている。
1)　算出に用いた人口及び世帯数は、平成22年以前は3月31日、27年以降は1月1日現在の住民基本台帳による。
資料　一般社団法人日本新聞協会「日刊紙の都道府県別発行部数と普及度」

26-8 ラジオとテレビジョン放送

年度末	民間放送						日本放送協会（NHK）		
	事業者数				放送局数		受信契約数（1,000）		
	地上系 1)		衛星系	ケーブルテレビ	テレビ	ラジオ	総数	地上契約	衛星契約
	テレビ	ラジオ			2)	3)			4)
平成 17 年	127	290	133	535	6,736	894	37,512	24,969	12,543
22	127	346	113	528	10,641	896	39,751	24,079	15,672
27	131	398	44	510	4,399	922	42,583	22,650	19,933
30	127	425	41	492	4,401	943	44,714	22,499	22,215
令和 元 年	127	432	41	471	4,399	949	45,225	22,335	22,891
2	127	432	39	464	4,399	953	44,773	22,031	22,742
3	127	436	42	464	4,399	958	44,611	21,895	22,715
4	127	438	42	-	4,399	959	44,477	21,797	22,680

1) 地上系放送。文字放送（単営）及びマルチメディア放送を除く。兼営の事業者数はラジオ、テレビともに計上した。 2) 総合、教育放送局所の合計数。 3) 第1、第2、FM放送局所の合計数。 4) 特別契約を含む。
資料 総務省「情報通信白書」 日本放送協会「放送受信契約数統計要覧」

26-9 映画

年次	映画館数（スクリーン数）		入場者数（1,000人）	公開本数		
		#シネコン		総数	邦画	洋画
平成 17 年	2,926	1,954	160,453	731	356	375
22	3,412	2,774	174,358	716	408	308
27	3,437	2,996	166,630	1,136	581	555
令和 2 年	3,616	3,192	106,137	1,017	506	511
3	3,648	3,229	114,818	959	490	469
4	3,634	3,228	152,005	1,143	634	509

映画館数（スクリーン数）は12月末現在。
資料 一般社団法人日本映画製作者連盟「日本映画産業統計」

26-10　媒体別広告費の推移

（単位　億円）

年次	総広告費	国内総生産に対する比率 (%)	マスコミ四媒体 1)	新聞	雑誌	ラジオ	地上波テレビ	衛星メディア関連 2)	プロモーションメディア 3)	インターネット
平成 22 年	58,427	1.16	27,749	6,396	2,733	1,299	17,321	784	22,147	7,747
27	61,710	1.15	28,699	5,679	2,443	1,254	18,088	1,235	21,417	11,594
30	65,300	1.17	27,026	4,784	1,841	1,278	17,848	1,275	20,685	17,589
令和 元 年	69,381	1.24	26,094	4,547	1,675	1,260	17,345	1,267	22,239	21,048
2	61,594	1.14	22,536	3,688	1,223	1,066	15,386	1,173	16,768	22,290
3	67,998	1.24	24,538	3,815	1,224	1,106	17,184	1,209	16,408	27,052
4	71,021	1.28	23,985	3,697	1,140	1,129	16,768	1,251	16,124	30,912

1)　平成22年は衛星メディア関連を除く。　2)　衛星放送、CATVなど。　3)　屋外広告、交通広告、折込広告、ダイレクト・メール、フリーペーパー、店頭販促物、イベント・展示・映像ほか。
資料　株式会社電通「日本の広告費」

26-11　公園

年次	国立公園		国定公園		都道府県立自然公園	
	公園数	公園面積 (1,000ha)	公園数	公園面積 (1,000ha)	公園数	公園面積 (1,000ha)
令和 2 年	34	2,195	57	1,445	311	1,949
3	34	2,195	58	1,478	311	1,928
4	34	2,196	58	1,494	310	1,913

年次	都市公園		# 街区公園		# 近隣公園	
	箇所数	面積 (ha)	箇所数	面積 (ha)	箇所数	面積 (ha)
令和 2 年	111,171	126,773	89,192	14,328	5,813	10,477
3	112,356	127,686	90,030	14,457	5,832	10,510
4	113,470	128,864	90,943	14,524	5,865	10,849

年次	都市公園					
	# 地区公園		# 総合公園		# 運動公園	
	箇所数	面積 (ha)	箇所数	面積 (ha)	箇所数	面積 (ha)
令和 2 年	1,626	8,630	1,376	26,174	832	12,931
3	1,632	8,685	1,389	26,401	838	13,069
4	1,646	8,733	1,402	26,666	840	13,139

3月31日現在
資料　国土交通省「都道府県別都市公園整備水準調査」　環境省「自然公園について」

26-12　年齢、行動の種類別総平均時間（週全体）（令和3年）

（単位　分）

区分	総数	男	10～14歳	15歳以上	女	10～14歳	15歳以上
1次活動	657	650	673	649	663	693	662
睡眠	474	478	525	476	469	525	467
身の回りの用事	84	74	60	75	92	78	93
食事	99	97	88	98	101	91	102
2次活動	407	396	374	398	417	388	418
通勤・通学	31	38	33	38	24	33	23
仕事	208	267	0	281	152	0	159
学業	38	40	331	25	37	339	23
家事	87	25	2	26	146	3	153
介護・看護	3	2	0	2	4	0	4
育児	14	6	0	7	21	0	22
買い物	26	18	7	19	33	13	33
3次活動	376	394	393	394	360	359	360
移動（通勤・通学を除く）	22	21	19	21	23	17	23
テレビ・ラジオ・新聞・雑誌	128	131	52	136	125	48	129
休養・くつろぎ	117	119	135	119	116	143	114
学習・自己啓発・訓練（学業以外）	13	13	37	12	12	47	10
趣味・娯楽	48	60	76	59	37	55	37
スポーツ	13	16	49	15	10	25	9
ボランティア活動・社会参加活動	2	2	0	2	2	0	2
交際・付き合い	10	8	9	8	12	9	12
受診・療養	7	6	5	7	8	4	8
その他	16	15	11	15	17	11	17

「社会生活基本調査」による。10月16日から10月24日までの9日間のうち、調査区ごとに指定された連続する2日間を調査日として選定。1人1日当たりの平均行動時間数。調査対象：平成27年国勢調査調査区から選定された調査区の世帯のうち約9万1千世帯の10歳以上の世帯員。
資料　総務省統計局「社会生活基本調査結果」

26-13　年齢、学習・自己啓発・訓練と主なスポーツの種類別行動者率 （令和3年）

(単位　%)

区分	総数	男	10～14歳	15歳以上	女	10～14歳	15歳以上
学習・自己啓発・訓練							
総数	39.6	39.8	53.6	39.0	39.5	57.8	38.6
外国語	14.1	14.3	41.9	12.9	13.9	44.8	12.4
英語	12.8	13.5	41.4	12.0	12.2	43.7	10.7
英語以外の外国語	4.2	3.5	4.8	3.5	4.8	7.4	4.7
商業実務・ビジネス関係（総数）	20.1	25.0	19.0	25.3	15.5	17.0	15.4
パソコンなどの情報処理	16.5	20.1	18.9	20.2	13.0	16.8	12.8
商業実務・ビジネス関係	8.5	11.5	1.6	12.1	5.6	1.6	5.7
介護関係	3.6	2.8	1.6	2.8	4.4	1.5	4.6
家政・家事（料理・裁縫・家庭経営など）	13.5	9.1	12.4	9.0	17.7	17.5	17.7
人文・社会・自然科学	9.8	11.9	18.3	11.6	7.8	18.6	7.3
芸術・文化	11.2	9.7	14.1	9.5	12.5	22.6	12.1
その他	7.9	8.3	10.3	8.2	7.6	10.7	7.4
主なスポーツ							
総数	66.5	69.9	90.5	68.8	63.3	81.8	62.4
♯野球（キャッチボールを含む）	6.3	9.9	32.1	8.7	2.8	9.6	2.5
サッカー（フットサルを含む）	4.7	7.7	34.4	6.3	1.9	9.0	1.6
卓球	4.9	5.3	21.6	4.4	4.5	15.2	4.0
ゴルフ（練習場を含む）	6.9	11.7	2.4	12.1	2.3	1.5	2.4
ボウリング	5.1	6.3	12.6	6.0	3.9	8.7	3.7
つり	7.8	12.1	21.0	11.6	3.7	9.7	3.4
水泳	5.7	6.2	30.6	4.9	5.1	25.0	4.2
登山・ハイキング	7.7	8.4	9.8	8.3	7.0	9.5	6.9
ジョギング・マラソン	11.1	14.9	29.8	14.1	7.4	23.5	6.7
ウォーキング・軽い体操	44.3	40.3	29.5	40.9	48.2	34.7	48.8
器具を使ったトレーニング	12.9	14.8	9.9	15.1	11.1	7.3	11.3

「社会生活基本調査」による。調査期日（10月20日）前の1年間。調査対象：平成27年国勢調査調査区から選定された調査区の世帯のうち約9万1千世帯の10歳以上の世帯員。行動者とは過去1年間に該当する種類の活動を行った人。行動者率＝（行動者数÷属性別の人口）×100
資料　総務省統計局「社会生活基本調査結果」

26-14　年齢階級別旅行・行楽の行動者率 （令和3年）

区分	10歳以上推定人口 (1,000人)	総数	行楽 （日帰り）	旅行 （1泊2日以上）				
				総数	国内			海外
					総数	観光旅行	帰省・訪問などの旅行	観光旅行
総数	112,462	49.5	40.5	32.3	32.2	25.0	14.3	0.4
10～14歳	5,338	60.9	50.4	40.2	40.1	31.9	17.0	0.3
15歳以上	107,124	48.9	40.0	31.9	31.8	24.7	14.2	0.4
男	54,829	48.8	40.1	32.1	32.0	25.1	14.2	0.4
10～14歳	2,736	62.2	51.3	40.7	40.6	33.2	16.9	0.4
15歳以上	52,094	48.2	39.5	31.6	31.5	24.7	14.0	0.4
女	57,633	50.1	40.9	32.5	32.5	24.9	14.4	0.4
10～14歳	2,602	59.6	49.5	39.6	39.5	30.6	17.0	0.2
15歳以上	55,031	49.6	40.5	32.2	32.1	24.7	14.3	0.4

「社会生活基本調査」による。調査期日（10月20日）前の1年間。調査対象：平成27年国勢調査調査区から選定された調査区の世帯のうち約9万1千世帯の10歳以上の世帯員。行動者とは過去1年間に該当する種類の活動を行った人。行動者率＝（行動者数÷属性別の人口）×100
資料　総務省統計局「社会生活基本調査結果」

第27章　公務員・選挙

27-1　国家公務員数

年度	計	給与法職員 1)	適用俸給表別					
			行政職	税務職	公安職	海事職	教育職	研究職
令和元年	281,427	272,836	164,507	53,154	48,140	584	168	1,482
2	282,882	274,086	165,065	53,561	48,395	605	172	1,477
3	284,105	274,954	165,386	53,832	48,610	609	180	1,505

年度	給与法職員 1)				任期付職員 2)	任期付研究員 3)	行政執行法人職員
	適用俸給表別						
	医療職	福祉職	専門スタッフ職	指定職			
令和元年	3,287	265	269	980	1,469	88	7,034
2	3,285	270	255	1,001	1,592	109	7,095
3	3,282	267	276	1,007	1,935	159	7,057

年度	府省別給与法職員							
	計	会計検査院	人事院	内閣	内閣府	総務省	法務省	外務省
令和元年	272,836	1,221	606	1,096	14,647	4,832	50,849	5,908
2	274,086	1,209	601	1,157	14,747	4,792	51,378	5,928
3	274,954	1,210	596	1,146	15,101	4,693	51,686	5,984

年度	府省別給与法職員							
	財務省	文部科学省	厚生労働省	農林水産省	経済産業省	国土交通省	環境省	防衛省
令和元年	70,924	2,177	31,676	20,247	7,438	58,241	2,949	25
2	71,432	2,188	31,805	19,953	7,481	58,428	2,964	23
3	71,983	2,179	31,895	19,719	7,433	58,588	2,715	26

「一般職の国家公務員の任用状況調査」（1月15日現在）による。調査対象は、一般職の国家公務員。ただし、臨時的任用の職員、常勤労務者及び非常勤職員を除く。　1）　「一般職の職員の給与に関する法律」の適用を受ける職員。　2）　「一般職の任期付職員の採用及び給与の特例に関する法律」の適用を受ける職員。　3）　「一般職の任期付研究員の採用、給与及び勤務時間の特例に関する法律」の適用を受ける職員。
資料　人事院「一般職の国家公務員の任用状況調査報告」

27-2　地方公務員数

(単位　1,000人)

団体	令和3年	4年				
		総数	一般職員	教育公務員	警察官	臨時職員
総数	2,803	2,806	1,635	856	261	54
都道府県	1,434	1,437	426	706	261	44
市区町村組合	1,369	1,369	1,209	150	–	9.6
指定都市	358	358	223	126	–	9.1
市	707	708	688	19	–	0.4
町村	138	138	134	3.5	–	0.1
特別区　　　1)	63	63	62	1.0	–	–
一部事務組合等	102	102	102	0.3	–	0.0

職種	令和3年	4年	職種	令和3年	4年
全職種	2,803	2,806	消防職	162	163
一般行政職	863	866	企業職	213	215
税務職	68	67	技能労務職	74	70
海事職	1.9	1.9	特定任期付職員　　2)	0.5	0.5
研究職	12	12	教育職	857	856
医師・歯科医師職	10	10	警察職	261	261
薬剤師・医療技術職	37	36	臨時職員	51	54
看護・保健職	85	85	特定地方独立行政法人職員	2.1	2.1
福祉職	106	106			

「地方公務員給与実態調査」（4月1日現在）による。教育長を除く。　1)　東京都23区　2)　任期付研究員を含む。
資料　総務省「地方公務員給与の実態」

27-3　都道府県別地方公務員数 (令和4年)

都道府県	都道府県	市	町村	一部事務組合等	都道府県	都道府県	市	町村	一部事務組合等
総数	1,437,009	1,129,144	137,548	102,063	三重	24,281	16,558	2,503	1,311
北海道	62,635	52,336	20,321	5,217	滋賀	19,992	13,286	876	1,275
青森	18,608	9,867	4,052	4,481	京都	22,733	30,285	1,738	1,859
岩手	24,293	9,408	2,835	1,838	大阪	74,226	84,397	1,650	3,262
宮城	22,879	26,240	4,229	2,972	兵庫	57,671	54,538	2,611	3,913
秋田	14,629	10,437	1,355	1,228	奈良	16,467	9,409	3,207	2,161
山形	18,052	9,266	3,203	2,133	和歌山	14,939	7,548	3,264	2,563
福島	27,116	13,470	4,927	3,351	鳥取	11,821	3,521	2,487	979
茨城	36,025	20,618	2,718	2,668	島根	14,544	7,543	1,479	898
栃木	23,381	12,771	2,020	1,318	岡山	21,075	20,028	1,699	822
群馬	25,588	13,586	2,965	4,123	広島	26,829	30,326	1,777	1,001
埼玉	61,892	54,085	4,092	5,292	山口	19,372	13,331	1,025	920
千葉	58,576	51,741	2,695	4,585	徳島	13,471	6,127	2,510	738
東京	175,473	a)88,506	1,487	3,576	香川	14,575	8,037	1,629	1,925
神奈川	54,101	98,305	2,941	492	愛媛	20,153	11,671	2,101	1,071
新潟	28,063	25,598	1,291	1,298	高知	13,863	6,609	2,936	1,984
富山	15,553	10,924	1,237	575	福岡	44,131	43,561	4,756	3,172
石川	16,245	9,760	2,065	1,576	佐賀	13,405	5,925	1,596	1,445
福井	14,055	6,315	1,532	1,526	長崎	20,507	11,186	1,261	1,938
山梨	14,026	7,347	1,415	1,512	熊本	19,949	18,039	4,056	2,204
長野	27,284	15,854	6,100	5,171	大分	17,726	11,362	673	233
岐阜	25,990	18,278	2,908	1,242	宮崎	18,513	7,891	2,563	298
静岡	33,779	38,565	2,272	3,247	鹿児島	26,513	14,686	3,286	1,134
愛知	64,904	80,973	3,519	4,699	沖縄	27,106	9,030	3,686	837

「地方公務員給与実態調査」（4月1日現在）による。教育長を除く。　a)　特別区（東京都23区）を含む。
資料　総務省「地方公務員給与の実態」

27-4　国家公務員予算定員

区分	令和3年度末	4年度末	5年度末	区分	令和3年度末	4年度末	5年度末
総数	581,281	582,407	583,415	農林水産省	19,913	19,668	19,414
				経済産業省	5,112	5,119	5,141
	一般会計			国土交通省	51,162	51,501	51,825
計	558,324	559,721	560,968	環境省	1,889	2,019	2,081
国会	3,911	3,914	3,916	防衛省	20,932	20,976	21,046
裁判所	25,682	25,616	25,570	自衛官	247,154	247,154	247,154
会計検査院	1,253	1,254	1,254	特別会計			
内閣	1,990	2,104	2,057	計	22,957	22,686	22,447
内閣府	15,235	15,421	15,906	内閣府	94	94	110
デジタル庁	396	414	497	復興庁	881	814	799
総務省	4,747	4,757	4,810	財務省	418	418	418
法務省	54,791	55,026	55,222	厚生労働省	9,997	9,851	9,681
外務省	6,430	6,504	6,604	農林水産省	230	216	201
財務省	72,156	72,314	72,467	経済産業省	2,864	2,867	2,866
文部科学省	2,134	2,137	2,148	国土交通省	7,735	7,692	7,632
厚生労働省	23,437	23,823	23,856	環境省	738	734	740

こども家庭庁（内閣府所管）の令和5年度末予算定員は430人。
資料　財務省「予算及び財政投融資計画の説明」

27-5　会派別国会議員数

会派	議員数	会派	議員数
衆議院		参議院	
総数	465	総数	248
自由民主党・無所属の会	262	自由民主党	117
立憲民主党・無所属	96	立憲民主・社民	40
日本維新の会	41	公明党	27
公明党	32	日本維新の会	20
国民民主党・無所属クラブ	10	国民民主党・新緑風会	13
日本共産党	10	日本共産党	11
有志の会	4	れいわ新選組	5
れいわ新選組	3	沖縄の風	2
無所属	6	NHKから国民を守る党	2
欠員	1	各派に属しない議員	10
		欠員	1

衆議院は令和5年11月10日、参議院は5年11月30日現在。
資料　衆議院事務局「会派名及び会派別所属議員数」　参議院事務局「会派別所属議員数」

27-6　国会議員選挙の推移

年月	定数	立候補者数 1)	選挙当日有権者数 (1,000人)	# 男	投票者数 (1,000人)	# 男	投票率 (%) 総数	男	女
衆議院議員									
平成 21 年 8 月 小選挙区	300	1,139	103,949	50,240	72,020	34,895	69.3	69.5	69.1
比例代表	180	888 (653)			72,004	34,887	69.3	69.4	69.1
24　12　小選挙区	300	1,294	103,960	50,205	61,669	30,194	59.3	60.1	58.6
比例代表	180	1,117 (907)			61,663	30,190	59.3	60.1	58.6
26　12　小選挙区	295	959	103,963	50,181	54,743	26,927	52.7	53.7	51.7
比例代表	180	841 (609)			54,736	26,923	52.7	53.7	51.7
29　10　小選挙区	289	936	106,091	51,271	56,953	27,728	53.7	54.1	53.3
比例代表	176	855 (611)			56,948	27,725	53.7	54.1	53.3
令和 3 年 10 月 小選挙区 2)	289	857	105,321	50,892	58,902	28,532	55.9	56.1	55.8
比例代表 2)	176	817 (623)			58,894	28,528	55.9	56.1	55.8
参議院議員									
平成 22 年 7 月 比例代表	48	186	104,029	50,269	60,251	29,344	57.9	58.4	57.5
選 挙 区	73	251			60,256	29,347	57.9	58.4	57.5
25　 7　比例代表	48	162	104,153	50,294	54,796	26,905	52.6	53.5	51.8
選 挙 区	73	271			54,799	26,907	52.6	53.5	51.8
28　 7　比例代表	48	164	106,203	51,327	58,086	28,292	54.7	55.1	54.3
選 挙 区	73	225			58,094	28,297	54.7	55.1	54.3
令和 元 年 7 月 比例代表	50	155	105,886	51,181	51,667	25,288	48.8	49.4	48.2
選 挙 区	74	215			51,672	25,291	48.8	49.4	48.2
4　 7　比例代表 2)	50	178	105,019	50,740	54,655	26,517	52.0	52.3	51.8
選 挙 区 2)	74	367			54,660	26,520	52.1	52.3	51.8

在外選挙人を含む。　1)　（ ）内は重複立候補者数で内数である。　2)　速報値
資料　総務省「衆議院議員総選挙・最高裁判所裁判官国民審査結果調」「参議院議員通常選挙結果調」

27-7　地方公共団体の議会の議員と長 (令和4年)

区分	総数	自由民主党	立憲民主党	日本維新の会	公明党	日本共産党	国民民主党
知事	47	-	-	-	-	-	-
都道府県議会議員	2,570	1,246	58	15	197	139	14
市長	792	1	-	-	-	-	-
市議会議員	17,641	1,779	223	151	2,097	1,568	47
特別区長	23	-	-	-	-	-	-
特別区議会議員	868	275	5	10	172	118	-
町村長	925	1	-	-	-	-	-
町村議会議員	10,646	119	26	6	413	689	6

区分	れいわ新選組	社会民主党	NHK党	参政党	諸派	無所属
知事	-	-	-	-	1	46
都道府県議会議員	-	27	-	-	279	595
市長	-	-	-	-	13	778
市議会議員	1	118	19	10	757	10,871
特別区長	-	-	-	-	-	23
特別区議会議員	-	7	16	-	141	124
町村長	-	-	-	-	4	920
町村議会議員	1	12	-	2	72	9,300

12月31日現在、在職する者に係る各々の立候補の届出時の所属党派による。
資料　総務省「地方公共団体の議会の議員及び長の所属党派別人員調」

第28章　司法・警察

28-1　刑法犯の認知件数と年齢階級別検挙人員

罪種	認知件数　1)			検挙人員		
	令和2年	3年	4年	令和2年	3年	4年
総数	614,231	568,104	601,331	182,582	175,041	169,409
凶悪犯	4,444	4,149	4,437	4,291	4,093	3,978
♯ 殺人	929	874	853	878	848	785
強盗	1,397	1,138	1,148	1,654	1,460	1,322
粗暴犯	51,829	49,717	52,701	48,108	45,724	45,682
♯ 暴行	27,637	26,436	27,849	24,883	23,993	23,964
傷害	18,963	18,145	19,514	18,826	17,525	17,532
脅迫	3,778	3,893	4,037	2,862	2,964	2,993
恐喝	1,446	1,237	1,290	1,515	1,230	1,159
窃盗犯	417,291	381,769	407,911	88,464	84,360	79,234
知能犯	34,065	36,663	41,308	10,547	12,483	12,534
♯ 詐欺	30,468	33,353	37,928	8,326	10,400	10,507
偽造	2,090	1,893	1,790	1,023	991	929
風俗犯	7,723	7,880	8,133	5,202	5,422	5,432
♯ わいせつ	7,605	7,764	7,969	4,707	4,918	4,890
その他	98,879	87,926	86,841	25,970	22,959	22,549

罪種	年齢階級別検挙人員　（令和4年）					
	14・15歳	16・17	18・19	20～29	30～39	40歳以上
総数	4,249	5,943	5,184	30,265	24,600	99,168
凶悪犯	84	196	242	1,086	745	1,625
♯ 殺人	7	24	20	171	170	393
強盗	20	93	132	403	194	480
粗暴犯	767	1,047	1,066	8,601	8,587	25,614
♯ 暴行	260	253	289	4,117	4,400	14,645
傷害	397	597	579	3,692	3,558	8,709
脅迫	55	55	77	474	477	1,855
恐喝	51	136	108	310	152	402
窃盗犯	2,396	3,089	2,210	10,636	8,385	52,518
知能犯	93	293	509	4,221	2,273	5,145
♯ 詐欺	79	255	477	3,856	1,832	4,008
偽造	12	32	27	177	175	506
風俗犯	167	162	172	1,184	1,233	2,514
♯ わいせつ	167	161	170	1,057	1,063	2,272
その他	742	1,156	985	4,537	3,377	11,752

年齢階級は犯行時の年齢による。交通業過（道路上の交通事故に係る業務上（重）過失致死傷、危険運転致死傷及び自動車運転過失致死傷）を除く。　1)　警察において発生を認知した事件の数。
資料　警察庁「犯罪統計書」

28-2　刑法犯少年の検挙・補導人員

年次	総数	凶悪犯	殺人	強盗	放火	強制性交等	粗暴犯	窃盗犯	知能犯	風俗犯	その他
犯罪少年検挙人員											
令和2年	17,466	522	50	323	33	116	3,060	9,222	731	400	3,531
3	14,818	410	35	214	27	134	2,815	7,421	923	469	2,780
4	14,887	495	49	235	38	173	2,844	7,503	750	477	2,818
触法少年補導人員											
令和2年	5,086	55	1	3	25	26	864	3,111	33	174	849
3	5,581	54	3	3	28	20	975	3,270	28	206	1,048
4	6,025	77	4	0	39	34	1,123	3,464	30	191	1,140

「犯罪少年」とは、犯行時及び処理時の年齢が共に14歳以上20歳未満の少年、「触法少年」とは、14歳未満で刑罰令法に触れる行為をした少年をいう。交通業過を除く。犯罪少年検挙人員は28-1表の内数。
資料　警察庁「犯罪統計書」

28-3　特別法犯の検挙件数と検挙人員

法令	令和2年	3年	4年
検挙件数	72,913	71,005	67,477
検挙人員	**61,345**	**58,156**	**55,639**
# 公職選挙法	58	183	194
軽犯罪法	9,193	8,455	7,820
迷惑防止条例	6,291	6,702	7,526
ストーカー規制法	811	801	817
風営適正化法	1,195	926	959
売春防止法	396	378	366
児童福祉法	161	130	114
二十歳未満ノ者ノ喫煙ノ禁止ニ関スル法律　1)	589	541	304
青少年保護育成条例	2,069	1,817	1,772
児童買春・児童ポルノ禁止法	2,529	2,529	2,569
銃砲刀剣類所持等取締法	4,819	4,521	4,552
火薬類取締法	102	54	66
麻薬等取締法	546	526	647
大麻取締法	4,904	5,339	5,184
覚せい剤取締法	8,245	7,631	5,944
毒物及び劇物取締法	180	165	127
廃棄物処理法	6,680	6,651	6,007
狩猟法	227	200	205
出入国管理及び難民認定法	5,005	3,528	3,129
労働基準法	38	34	10
職業安定法	79	59	112
出資法	108	122	81
犯罪収益移転防止法	2,133	2,072	2,554
電波法	211	178	162

交通関係法令を除く。　　1)　令和4年4月1日施行。3年以前は「未成年者喫煙禁止法」。
資料　警察庁「犯罪統計書」

28-4　検察庁で扱った被疑事件の処理状況

年次	全被疑事件　1)						
	受理人員	#新受	既済人員	起訴	不起訴	中止	移送・送致
令和 2 年	955,260	936,360	932,289	253,444	511,024	715	167,106
3	917,082	894,111	895,161	244,425	492,098	721	157,917
4	884,493	862,572	859,986	227,597	479,094	671	152,624

年次	全被疑事件	#道路交通法等違反被疑事件　2)				
	未済人員	受理人員（新受）	既済人員	#起訴	#不起訴	未済人員
令和 2 年	22,971	284,192	283,316	107,358	104,613	4,175
3	21,921	268,292	270,087	103,162	99,135	3,050
4	24,507	252,162	252,277	95,433	94,183	3,676

1)　時効再起事件を含む。　　2)　道路交通法及び自動車の保管場所の確保等に関する法律違反。
資料　法務省「検察統計年報」

28-5　検察庁で扱った罪名別被疑事件の処理状況 (令和4年)

罪名	通常受理人員	既済人員　1)	
		#起訴	#不起訴
総数	741,103	227,597	479,092
刑法犯	465,163	96,284	342,379
公務執行妨害	1,886	798	987
逃走	9	1	3
放火	773	220	428
失火	127	51	86
住居侵入	5,541	1,991	2,943
文書偽造　　　　　　　　2)	2,471	681	1,701
支払用カード電磁的記録関係	11	8	13
わいせつ・わいせつ文書頒布等	2,065	1,139	783
強制わいせつ	4,430	1,251	2,568
強制性交等	1,720	481	1,016
賭博・富くじ	572	305	258
職権濫用	1,014	4	1,077
収賄	168	52	124
贈賄	115	56	60
殺人　　　　　　　　　　3)	1,322	281	640
傷害	32,819	9,349	21,679
危険運転致死傷	666	322	120
過失傷害	290,482	37,739	243,896
# 業務上過失致死傷	856	253	612
自動車による過失致死傷等	283,365	37,159	238,292
逮捕・監禁	450	143	290
脅迫	2,320	765	1,447
略取・誘拐・人身売買	483	81	347
名誉毀損	1,103	280	790
窃盗	72,616	27,413	35,718
強盗	959	211	359
強盗致死傷	1,212	156	522
強盗・強制性交等	64	16	30
詐欺	16,732	7,669	8,324
背任	158	48	135
恐喝	1,644	324	976
横領	6,408	1,189	4,330
盗品等関係	620	82	330
毀棄・隠匿	7,275	1,576	5,321
暴力行為等処罰に関する法律	1,876	552	1,198
その他の刑法犯	5,052	1,050	3,880
特別法犯（道路交通法等違反を除く）	80,251	35,880	42,530
道路交通法等違反　　　　4)	195,689	95,433	94,183

「通常受理人員」とは、検察官が認知又は直接受理した事件及び司法警察員から送致された事件の人員をいう。
1)　時効再起事件を除く。　　2)　公文書偽造、偽造公文書行使及び私文書偽造。　　3)　嬰児殺及び自殺関与を含む。　　4)　道路交通法及び自動車の保管場所の確保等に関する法律違反。
資料　法務省「検察統計年報」

28-6 民事・行政事件

(単位 1,000件)

年次	総数			訴訟事件			調停事件			その他の事件		
	新受件数	既済件数	未済件数	新受件数	既済件数	未済件数	新受件数	既済件数	未済件数	新受件数	既済件数	未済件数
令和 2 年	1,350	1,324	456	491	466	224	31	31	10	828	827	222
3	1,374	1,400	429	509	521	211	32	33	9	833	846	209
4	1,369	1,380	418	509	516	205	34	34	8	825	829	205

訴訟事件の範囲：第一審、控訴、上告、再審、控訴提起、上告提起及び上告受理申立ての各事件。
資料 最高裁判所「司法統計年報（民事・行政編）」

28-7 刑事事件

年次	総数			訴訟事件			訴訟事件以外の事件		
	新受人員	既済人員	未済人員	新受人員	既済人員	未済人員	新受人員	既済人員	未済人員
令和 2 年	852,259	850,619	32,489	250,488	249,115	30,668	601,771	601,504	1,821
3	845,299	847,040	30,748	241,682	243,631	28,719	603,617	603,409	2,029
4	812,872	813,163	a)30,458	225,235	225,702	a)28,253	587,637	587,461	2,205

医療観察事件を含む。　　a）最高裁判所の訴訟事件で平成30年に上告棄却決定となった事件について、未告知の間に令和4年に控訴棄却決定があったため、既済が二重に計上されているのを調整した数値。
資料 最高裁判所「司法統計年報（刑事編）」

28-8 家事事件

年次	総数			#家事審判事件			#家事調停事件		
	新受件数	既済件数	未済件数	新受件数	既済件数	未済件数	新受件数	既済件数	未済件数
令和 2 年	1,105,379	1,092,001	159,267	926,830	921,166	67,227	130,936	124,346	77,202
3	1,150,372	1,155,617	154,022	967,412	966,778	67,861	132,556	139,190	70,568
4	1,147,682	1,146,464	155,240	976,082	972,985	70,958	123,760	125,428	68,900

年次	#訴訟事件						#家事抗告提起事件		
	人事訴訟事件			通常訴訟事件					
	新受件数	既済件数	未済件数	新受件数	既済件数	未済件数	新受件数	既済件数	未済件数
令和 2 年	8,568	8,156	10,072	262	229	233	3,678	3,593	291
3	10,094	9,173	10,993	281	290	224	4,508	4,480	319
4	8,985	9,171	10,807	246	234	236	4,442	4,434	327

年次	#家事共助事件			#家事雑事件		
	新受件数	既済件数	未済件数	新受件数	既済件数	未済件数
令和 2 年	10,739	10,515	1,509	22,834	22,465	2,616
3	11,166	11,336	1,339	22,643	22,656	2,603
4	10,140	10,277	1,202	22,347	22,256	2,694

資料 最高裁判所「司法統計年報（家事編）」

28-9　少年事件

年次	総数			少年保護事件　1)			準少年保護事件		
	新受人員	既済人員	未済人員	新受人員	既済人員	未済人員	新受人員	既済人員	未済人員
令和 2 年	52,765	53,904	7,973	51,485	52,619	7,884	534	536	89
3	46,978	47,637	7,314	45,873	46,527	7,230	494	503	80
4	45,740	44,966	8,088	44,629	43,802	8,057	413	465	28

年次	少年審判等共助事件			少年審判雑事件		
	新受人員	既済人員	未済人員	新受人員	既済人員	未済人員
令和 2 年	6	8	–	740	741	–
3	4	3	1	607	604	3
4	1	1	1	697	698	2

全国の家庭裁判所が取り扱った事件の人員である。
1)　一般保護事件と道路交通保護事件である。
資料　最高裁判所「司法統計年報（少年編）」

28-10　刑務所・拘置所等と少年院の収容人員 （令和4年）

区分	刑務所・拘置所等						
	総数	受刑者					禁錮、拘留
		計	懲役				
			無期	有期			
				累犯	非累犯		
総数	41,541	35,843	1,688	14,540	19,503		112
男	37,848	32,687	1,595	13,413	17,570		109
女	3,693	3,156	93	1,127	1,933		3

区分	刑務所・拘置所等					少年院
	死刑確定者	被告人	被疑者	労役場留置者	その他	
総数	106	5,065	73	453	1	1,350
男	98	4,590	54	418	1	1,210
女	8	475	19	35	–	140

年末収容人員
資料　法務省「矯正統計年報」

28-11 刑務所・拘置所等の罪名別新受刑者数と
少年院の非行名別新収容人員

罪名・非行名	刑務所・拘置所等		少年院	
	令和3年	4年	令和3年	4年
総数	16,152	14,460	1,377	1,332
刑法犯計	10,265	9,438	1,029	1,004
# 放火	70	78	4	10
住居侵入	207	179	18	11
文書偽造等 1)	49	45	1	1
わいせつ 2)	289	283	38	43
強制性交等 3)	247	280	45	42
賭博・富くじ	7	13	-	-
殺人	188	170	15	17
傷害、暴行 4)	657	602	271	237
危険運転致死傷	44	49	6	8
過失運転致死傷	187	194	38	31
脅迫	51	61	5	11
窃盗	5,732	5,259	297	311
強盗 5)	364	270	63	50
詐欺	1,424	1,343	133	143
恐喝	97	61	51	49
横領・背任	225	171	2	4
盗品等関係	16	11	1	-
暴力行為等処罰に関する法律	113	96	4	7
特別法犯計	5,887	5,022	299	288
# 銃砲刀剣類所持等取締法	44	38	3	6
売春防止法	8	9	-	-
麻薬及び向精神薬取締法	55	86	16	23
覚せい剤取締法	4,071	3,266	57	35
道路交通法	839	787	85	85
ぐ犯	-	-	49	40

1) 有価証券偽造、支払用カード電磁的記録関係、印章偽造及び不正指令電磁的記録関係を含む。 2) わいせつ文書頒布等、強制わいせつ及び同致死傷を含む。 3) 同致死傷を含む。 4) 傷害致死を含む。 5) 強盗致死傷、強盗・強制性交等及び同致死を含む。
資料 法務省「矯正統計年報」

28-12　人権侵犯事件の受理・処理件数 (令和4年)

種類	受理	旧受	新受	#申告		処理件数	#措置	未済
				職員受	委員受		#援助	
総数	8,644	785	7,859	4,882	2,516	7,627	6,415	1,017
私人等に関するもの	6,808	710	6,098	3,893	1,769	5,926	4,851	882
＃暴行・虐待	1,014	11	1,003	564	437	1,003	991	11
私的制裁	2	-	2	2	-	1	1	1
医療関係	64	-	64	50	11	60	56	4
人身の自由関係	33	2	31	25	5	30	27	3
社会福祉施設関係	78	4	74	56	14	60	52	18
差別待遇	1,101	302	799	286	91	752	299	349
プライバシー関係	1,825	363	1,462	1,304	155	1,368	848	457
教育を受ける権利関係	1	-	1	-	1	1	1	-
労働権関係	1,155	17	1,138	757	380	1,134	1,096	21
住居・生活の安全関係	610	4	606	290	316	603	588	7
強制・強要	808	5	803	480	323	799	783	9
公務員等の職務執行に関するもの	1,836	75	1,761	989	747	1,701	1,564	135
＃特別公務員関係	55	3	52	38	13	51	44	4
教育職員関係	482	27	455	288	145	451	391	31
学校におけるいじめ	1,065	18	1,047	482	565	1,047	1,027	18
刑務職員関係	86	17	69	67	2	33	9	53

資料　法務省「人権侵犯事件統計年報」

第29章　災害・事故

29-1　都道府県別自然災害被害状況 (令和3年)

都道府県	り災世帯数	り災者数	人的被害（人）		建物（住家）被害（棟）				その他	
			死者、行方不明者	負傷者	全壊	半壊	床上浸水	床下浸水	河川（箇所）	崖くずれ（箇所）
全国	5,774	10,909	150	2,055	286	4,605	1,586	7,816	5,931	868
北海道	18	37	18	315	1	2	14	32	214	7
青森	68	125	11	126	8	50	2	12	29	–
岩手	–	–	6	63	1	–	1	6	1	–
宮城	146	289	2	76	5	141	–	2	23	–
秋田	66	124	13	211	5	3	55	145	38	–
山形	7	8	14	198	4	3	–	1	18	2
福島	2,083	3,389	2	147	139	2,926	–	14	5	–
茨城	27	36	–	10	–	1	26	13	–	4
栃木	1	1	–	10	–	1	–	11	–	7
群馬	–	–	–	4	–	–	–	4	1	–
埼玉	3	7	–	14	–	2	–	4	–	–
千葉	35	47	–	32	1	2	31	81	32	–
東京	22	45	–	7	–	1	17	–	–	7
神奈川	13	25	1	37	3	–	18	443	21	248
新潟	20	31	21	344	5	8	7	100	20	–
富山	7	14	5	131	1	4	–	6	3	–
石川	1	1	2	56	–	1	–	2	5	1
福井	22	38	8	104	2	2	18	61	49	–
山梨	–	–	–	3	–	–	1	–	–	–
長野	17	30	4	38	11	4	2	517	235	–
岐阜	27	64	1	5	1	2	24	63	306	–
静岡	268	591	28	10	54	21	159	295	51	32
愛知	9	13	–	–	–	–	17	37	14	1
三重	–	–	–	2	–	–	–	4	48	19
滋賀	7	13	–	17	1	–	6	48	6	59
京都	19	30	–	4	–	–	17	54	39	1
大阪	6	6	–	13	–	–	8	67	–	4
兵庫	–	–	–	9	–	1	–	12	30	7
奈良	–	–	–	–	–	–	–	10	1	–
和歌山	1	1	–	11	–	–	1	7	14	15
鳥取	10	18	–	7	–	–	23	252	132	–
島根	146	356	2	7	3	38	92	705	1,359	–
岡山	1	1	–	3	–	1	–	7	64	–
広島	401	601	3	3	12	157	219	861	1,061	84
山口	9	13	–	–	2	2	7	36	81	13
徳島	–	–	–	–	–	–	19	67	4	15
香川	–	–	–	7	–	–	–	5	2	–
愛媛	11	20	–	1	1	–	10	28	79	–
高知	21	53	–	–	1	–	22	117	272	2
福岡	659	1,465	–	6	10	55	360	1,211	138	153
佐賀	1,485	3,151	–	9	5	1,168	303	2,091	219	–
長崎	11	19	5	4	7	1	2	21	136	63
熊本	14	35	2	2	1	4	4	49	552	28
大分	14	32	–	–	2	1	3	6	89	–
宮崎	23	34	–	–	–	3	21	107	41	–
鹿児島	66	120	1	–	–	–	68	198	498	60
沖縄	10	26	–	9	–	–	9	4	1	36

自然災害とは、暴風、豪雨、豪雪、洪水、高潮、地震、津波、その他の異常な自然現象をいう。
資料　消防庁「消防白書」

29-2　火災

年次	総数					
	出火件数		損害額 (100万円)	り災世帯数	り災人員数	死者数	負傷者数
平成 22 年		46,620	101,762	23,865	57,623	1,738	7,305
27		39,111	82,520	19,701	44,443	1,563	6,309
令和 2 年		34,691	103,739	17,931	37,754	1,326	5,583
3		35,222	104,213	17,844	38,196	1,417	5,433

年次	#建物火災				#林野火災		
	出火件数	焼損棟数	焼損床面積 (1,000m²)	損害額 (100万円)	出火件数	焼損面積 (a)	損害額 (100万円)
平成 22 年	27,137	37,210	1,187	94,195	1,392	75,549	71
27	22,197	31,780	1,036	75,754	1,106	53,844	255
令和 2 年	19,365	27,476	1,015	97,378	1,239	44,885	201
3	19,549	28,448	992	97,987	1,227	78,947	176

出火原因	全火災の総合原因別出火件数			
	平成22年	27年	令和2年	3年
総計	46,620	39,111	34,691	35,222
#たばこ	4,475	3,638	3,104	3,042
たき火	2,515	2,305	2,824	2,764
こんろ	4,694	3,497	2,792	2,678
放火	5,612	4,033	2,497	2,333
放火の疑い	3,939	2,469	1,555	1,555
火入れ	1,033	1,343	1,684	1,640
電気機器	936	1,104	1,611	1,816
電灯・電話等の配線	1,362	1,341	1,398	1,473
配線器具	1,143	1,160	1,206	1,354
ストーブ	1,469	1,228	1,076	1,091
排気管	700	722	641	633
電気装置	676	627	585	626
マッチ・ライター	822	730	571	587
灯火	535	462	354	424
火あそび	1,678	752	321	313
交通機関内配線	508	452	358	364

資料．消防庁「火災年報」

29-3 業種別労働災害死亡者数

業種	平成22年	27年	令和2年	3年	4年
総数	1,195	972	802	867	774
製造業	211	160	136	137	140
鉱業	5	10	8	11	4
建設業	365	327	258	288	281
運輸交通業	167	140	90	112	93
貨物取扱	14	15	13	7	7
農林業	85	53	53	47	37
畜産・水産業	28	19	19	24	14
商業	118	92	74	72	81
金融広告業	8	5	4	3	4
映画・演劇業	1	1	1	2	1
通信業	6	5	4	4	1
教育研究	6	7	4	7	6
保健衛生業	8	8	11	39	8
接客娯楽	30	14	13	18	7
清掃・と畜	62	41	48	38	35
官公署	1	0	0	0	0
その他の事業	80	75	66	58	55

令和2、3年は新型コロナウイルス感染症へのり患件数を含む。
資料　厚生労働省「死亡災害報告」

29-4 業種、事故の型別労働災害死傷者数 (令和4年)

業種	総数	#墜落、転落	#転倒	#はさまれ、巻き込まれ	#交通事故(道路)
総数	132,355	20,620	35,295	14,099	6,773
製造業	26,694	2,867	5,757	6,416	236
鉱業	198	53	42	43	4
建設業	14,539	4,594	1,734	1,706	479
運輸交通業	17,735	4,333	3,385	1,641	1,525
貨物取扱	2,102	303	431	271	33
農林業	2,637	552	422	234	25
畜産・水産業	1,701	311	264	317	10
商業	21,702	2,717	7,541	1,467	1,703
金融広告業	1,138	170	425	21	302
映画・演劇業	123	25	17	8	3
通信業	2,274	153	685	112	756
教育研究	1,441	236	545	37	44
保健衛生業	17,237	1,171	6,182	396	687
接客娯楽	9,140	882	3,053	394	256
清掃・と畜	6,889	1,219	2,440	633	167
官公署	128	17	46	7	5
その他の事業	6,677	1,017	2,326	396	538

資料　厚生労働省「労働者死傷病報告」

29-5　道路交通事故

年次	事故件数	死亡事故	負傷事故	死者数 1)	負傷者数	人口10万人当たり 2) 死者数	負傷者数
平成 7 年	761,794	10,232	751,562	10,684	922,677	8.54	737.9
12	931,950	8,713	923,237	9,073	1,155,707	7.16	912.3
17	934,346	6,691	927,655	6,937	1,157,113	5.43	906.2
22	725,924	4,808	721,116	4,948	896,297	3.88	702.9
27	536,899	4,028	532,871	4,117	666,023	3.24	524.1
30	430,601	3,449	427,152	3,532	525,846	2.79	415.0
令和 元 年	381,237	3,133	378,104	3,215	461,775	2.54	365.2
2	309,178	2,784	306,394	2,839	369,476	2.25	292.8
3	305,196	2,583	302,613	2,636	362,131	2.09	287.1
4	300,839	2,550	298,289	2,610	356,601	2.08	284.1

交通事故とは、道路交通法に規定する道路において、車両等及び列車の交通によって起こされた事故で、人の死亡又は負傷を伴うものをいい、物損事故は含まない。　1)　交通事故の発生から24時間以内に死亡した人数。
2)　人口は国勢調査又は人口推計（10月1日現在人口）による。
資料　警察庁「交通事故の発生状況」

29-6　鉄道運転事故

年度	JR								
	運転事故件数					死傷者数			
	計	列車事故	踏切障害	人身障害	物損	計	死者	負傷者	
平成 17 年	455	9	229	213	4	1,074	313	761	
22	387	7	126	251	3	339	190	149	
27	355	3	102	248	2	345	167	178	
30	301	1	101	196	3	268	142	126	
令和 元 年	270	2	79	186	3	237	116	121	
2	232	2	75	154	1	204	127	77	

年度	民営鉄道（JR以外）　　　1)								
	運転事故件数						死傷者数		
	計	列車事故	踏切障害	道路障害	人身障害	物損	計	死者	負傷者
平成 17 年	402	19	185	41	155	2	323	131	192
22	485	7	176	91	211	–	371	163	208
27	371	7	134	63	167	–	280	119	161
30	337	12	127	23	171	4	267	110	157
令和 元 年	345	13	129	38	165	–	375	138	237
2	251	7	89	25	130	–	212	109	103

1)　鉄道及び軌道の計。
資料　国土交通省「鉄道統計年報」

29-7　海難

年次	海難発生隻数						死傷者数			
	計	海難種類	船種別				計	死亡	行方不明	負傷
		# 衝突	# 旅客船	# 貨物船	# 漁船					
	1)									
平成 27 年	1,386	762	59	305	386		275	25	7	243
令和 元 年	1,203	613	58	221	349		385	27	16	342
2	1,262	659	69	242	306		266	25	3	238
3	1,148	630	56	239	298		224	26	14	184
4	1,123	623	55	219	282		224	17	4	203

理事官が立件したもの。海難審判法の対象となる海難は、海難審判法第2条に定められており、そのいずれかに
該当すれば理事官は調査を開始する。　　1)　船種の不詳を含む。
資料　国土交通省海難審判所「レポート海難審判」

資料作成機関一覧

機関名及び（代表）番号は、令和5年11月30日現在によるものです。

機関名	（代表）番号	機関名	（代表）番号
衆議院	03-3581-5111	日本銀行	03-3279-1111
参議院	03-3581-3111	日本私立学校振興・共済事業団	03-3230-1321
国立国会図書館（東京本館）	03-3581-2331	地方公務員災害補償基金	03-5210-1342
人事院	03-3581-5311	日本放送協会	0570-077-077
内閣府	03-5253-2111	独立行政法人国際観光振興機構	03-5369-6020
経済社会総合研究所	同上	（日本政府観光局（JNTO））	
警察庁	03-3581-0141	独立行政法人農業者年金基金	03-3502-3942
総務省	03-5253-5111	全国健康保険協会	03-6680-8871
統計局	03-5273-2020	日本証券業協会	03-6665-6800
政策統括官（統計制度担当）	同上	公益財団法人日本関税協会	03-6826-1430
公害等調整委員会	03-3581-9601	公益財団法人日本生産性本部	03-3511-4001
消防庁	03-5253-5111	公益社団法人日本缶詰びん詰レトルト食品協会	03-5256-4801
法務省	03-3580-4111	公益社団法人日本水道協会	03-3264-2395
出入国在留管理庁	同上	公益社団法人全国出版協会・出版科学研究所	03-3269-1379
外務省	03-3580-3311	一般社団法人生命保険協会	03-3286-2624
財務省	03-3581-4111	一般社団法人全国銀行協会	03-3216-3761
財務総合政策研究所	同上	一般社団法人投資信託協会	03-5614-8400
国税庁	03-3581-4161	一般社団法人日本映画製作者連盟	03-3243-9100
文部科学省	03-5253-4111	一般社団法人日本ガス協会	03-3502-0111
スポーツ庁	同上	一般社団法人日本新聞協会	03-3591-4401
文化庁（京都庁舎）	075-451-4111	一般社団法人日本船主協会	03-3264-7171
厚生労働省	03-5253-1111	一般社団法人日本損害保険協会	03-3255-1844
国立社会保障・人口問題研究所	03-3595-2984	日本ハム・ソーセージ工業協同組合	03-3444-1211
農林水産省	03-3502-8111	日本郵政株式会社	03-3477-0111
林野庁	同上	株式会社ゆうちょ銀行	同上
経済産業省	03-3501-1511	株式会社かんぽ生命保険	同上
資源エネルギー庁	同上	株式会社電通	03-6216-5111
特許庁	03-3581-1101	株式会社東京証券取引所	03-3666-0141
国土交通省	03-5253-8111	株式会社日本経済新聞社	03-3270-0251
国土地理院	029-864-1111		
海難審判所	03-6893-2400		
観光庁	03-5253-8111		
気象庁	03-6758-3900		
環境省	03-3581-3351		
最高裁判所	03-3264-8111		

総務省統計局が編集・刊行する総合統計書

　総務省統計局では、国勢調査などの調査報告書のほか、次のような総合統計書を編集・刊行しています。
　これらの総合統計書は、電子媒体でも提供しています。

日本統計年鑑
　我が国の国土、人口、経済、社会、文化などの広範な分野にわたる基本的な統計を網羅的かつ体系的に収録した総合統計書。
約540の統計表を収録

第 73 回日本統計年鑑

日本の統計
　我が国の国土、人口、経済、社会、文化などの広範な分野に関して、よく利用される基本的な統計を選んで体系的に編成し、ハンディで見やすい形に取りまとめた統計書。約370の統計表を収録

世界の統計
　世界各国の人口、経済、文化などに関する主要な統計を、国際機関の統計年鑑など多数の国際統計資料から選んで収録した統計書。約130の統計表を収録

社会生活統計指標　－都道府県の指標－
　都道府県の経済、社会、文化、生活などあらゆる分野に関する主要な統計を幅広く、体系的に収録した統計書。約560の統計指標は、原則として2015年度、2020年度及び最新年度の数字を収録

統計でみる都道府県のすがた
　「社会生活統計指標」に収録された統計データの中から主なものを選び、各指標における都道府県別の順位を参考として掲載している。

統計でみる市区町村のすがた
　市区町村の経済、社会、文化、生活などあらゆる分野に関する主要な統計を幅広く、体系的に収録した統計書。約100の基礎データの数字を収録

Statistical Handbook of Japan
　我が国の最近の実情を統計表、グラフを交え、英文で紹介

「日本の統計」の利用案内

「日本の統計」は、次の方法により利用（閲覧・入手など）することができます。

◆「日本の統計」の閲覧

国立国会図書館及び各支部、都道府県統計主管課、都道府県立図書館で閲覧できます。

　　総務省統計図書館

　　　　　〒162-8668　東京都新宿区若松町19-1

　　　　　　　　図書閲覧係　　　TEL：03-5273-1132

　　　　　　　　統計相談係　　　TEL：03-5273-1133

◆刊行物の入手

　　一般財団法人 日本統計協会を通じて入手できます。また、全国各地の官報販売所でも取り扱っています。

　　一般財団法人 日本統計協会

　　　　　〒169-0073　東京都新宿区百人町2-4-6　メイト新宿ビル6階

　　　　　TEL：03-5332-3151

　　　　　https://www.jstat.or.jp/

　　政府刊行物センター（霞が関）

　　　　　〒100-0013　東京都千代田区霞が関1-4-1　日土地ビル1階

　　　　　TEL：03-3504-3885

　　　　　https://www.gov-book.or.jp/sc/kasumi-sc/?op=1

◆ホームページ

　　総務省統計局では、インターネットを通じて統計データや各種統計関連情報を提供しています。

　　https://www.stat.go.jp/

　　また、政府統計の総合窓口（e-Stat）でも、統計データ等の各種統計情報が御覧いただけます。

　　https://www.e-stat.go.jp/

日　本　の　統　計　2024年版

令和6年3月　発行

編　集　　総　務　省　統　計　局

発行所　　一般財団法人　　日　本　統　計　協　会

〒169-0073　東京都新宿区百人町2丁目4番6号メイト新宿ビル6F

TEL　(03)5332-3151　　E-mail：jsa@jstat.or.jp

FAX　(03)5389-0691　　http://www.jstat.or.jp

振　替　00120-4-1944

印　刷　　勝美印刷株式会社

ISBN978-4-8223-4219-7　C0033　¥2200E